U0895989

■中国现代文学社团史研究书系

陈思和　丁　帆／主编

一群被惊醒的人

——狂飙社研究

廖久明／著

武汉出版社
WUHAN PUBLISHING HOUSE

(鄂)新登字 08 号

图书在版编目(CIP)数据

一群被惊醒的人 = 狂飙社研究/廖久明著. —武汉:武汉出版社,2009.10

(中国现代文学社团史研究丛书/陈思和,丁帆主编)

ISBN 978-7-5430-4444-9

Ⅰ.①一… Ⅱ.①廖… Ⅲ.①文学—社会团体—研究—中国—现代 Ⅳ.①I209.6

中国版本图书馆 CIP 数据核字(2009)第 147573 号

主　　编:陈思和　丁　帆

著　　者:廖久明

责任编辑:孙　敏

装帧设计:刘福珊

出　版:武汉出版社

社　址:武汉市江汉区新华下路 103 号　　邮　编:430015

电　话:(027)85606403　85600625

http://www.whcbs.com　　E-mail:zbs@whcbs.com

印　刷:武汉精一印刷有限公司　　经　销:新华书店

开　本:880mm×1240mm　1/32

印　张:12.5　　字　数:240 千字　　插　页:3

版　次:2011 年 1 月第 1 版　　2011 年 1 月第 1 次印刷

定　价:37.00 元

目录

Contents

一群被惊醒的人——狂飙社研究

总　序 ---- 1

绪　论 ---- 1

一　确定狂飙社成员 / 1

二　基本情况介绍 / 5

三　研究现状述评 / 9

四　对历史研究的一点感想 / 20

五　凡例 / 24

第一章 ---- 27

狂飙社成立

第一节　五四前后的山西思想文化界 / 27

第二节　结社太原 / 38

第三节　太原《狂飙》月刊时期 / 45

第四节　狂飙社最初六位成员：高长虹、高沐鸿、高歌、段复生等 / 48

第二章 ---- 59

北京前期狂飙社

第一节　高长虹意外得到鲁迅赏识 / 59

第二节　北京《狂飙》周刊的创办、革新与停刊 / 64

第三节　借用《京报副刊》进行思想革命 / 68

第四节　是谁首先再次举起“思想革命”的旗帜 / 75

第五节　加入狂飙社的向培良、阎宗临等 / 79

目录
Contents

一群被惊醒的人——狂飙社研究

第三章 《莽原》时期 88

第一节 《莽原》周刊时期 / 88
第二节 《莽原》周刊与“五四后思想革命” / 97
第三节 莽原改组 / 110

第四章 北京后期狂飙社 119

第一节 《狂飙》不定期刊 / 119
第二节 《弦上》周刊 / 124
第三节 加入狂飙社的尚钺、郑效洵、黄鹏基、陈德荣等 / 132

第五章 上海前期狂飙社 143

第一节 出师不顺 / 143
第二节 中国版“狂飙运动” / 149
第三节 “狂飙运动”受挫 / 173
第四节 加入狂飙社的柯仲平、鲁彦等 / 180

第六章 与周氏兄弟的冲突 188

第一节 “退稿事件”——冲突爆发的导火线 / 188
第二节 高长虹与鲁迅的冲突 / 191
第三节 高长虹与周作人的冲突 / 197
第四节 围攻周氏兄弟与周刊停刊 / 203

第五节　严重后果 / 208

第七章 213

上海后期狂飙社

第一节　卷土重来的“狂飙运动” / 213
第二节　狂飙出版部大事记 / 238
第三节　狂飙演剧运动大事记 / 267
第四节　“狂飙运动”夭折 / 299
第五节　加入狂飙社的张申府、陈凝秋等 / 316

结　语 342

狂飙社研究的意义

一　有助于深化中国现代文学史研究 / 343
二　有助于中国现代思想史研究 / 346
三　有助于西方文艺思潮在中国传播的研究 / 351
四　有助于西方哲学社会思潮在中国传播的研究 / 358
五　有助于行为主义心理学在中国传播的研究 / 361

附录 364

狂飙刊物及发表作品

参考文献 377

后　记 392

绪　论

一　确定狂飙社成员

研究社团，起码得搞清楚到底有哪些成员，这件事对狂飙社研究来说并不轻松。狂飙社重要成员高沐鸿说"狂飙是否有'社'就是一个问题"[①]，另一重要成员尚钺更是直截了当地说"《狂飙》无社"[②]，与狂飙社有过密切关系的张稼夫也说："'狂飙社'并没有任何严格的组织章程，凡是在《狂飙》周刊上写文章的人，就是狂飙社的成员了"[③]，三者结合起来似乎可以肯定地得出结论："凡是在《狂飙》周刊上写文章的人，就是狂飙社的成员了"——如果坚持认为狂飙有"社"的话。但事实并没有这么简单。

首先，"狂飙"有社，并且多数时候是一个社团意识极其强烈的社。高长虹在谈到莽原社成立时说："当由兄弟周刊而变成朋友周刊的狂飙停刊之后，便是快入于莽原时期的时候了。但中间也还又有一点牵连，颇有一述的必要。当时有一个朋友愿意介绍狂飙到京报做一附属物，条件却是要他加入狂飙社。培良是偏于主张这样办的。听说那时

① 陈漱渝：《鲁迅与狂飙社》，《高长虹研究文选》，北岳文艺出版社，1991年，第138页。

② 尚钺：《〈狂飙〉琐忆》，《高长虹研究文选》，第45页。

③ 张稼夫：《我和"狂飙社"》，《高长虹研究文选》，第29页。

鲁迅也赞成这样。我同高歌是反对这样办法。因为这个朋友，我们知道是不能合得来的，再则我们吃尽了附属的苦，而且连自己的朋友都隔膜太多。狂飙遂不得出。"①为了拒绝一个人②加入狂飙社，甚至不惜以《狂飙》不得复刊为代价，这样强烈的社团意识确实少见。上海《狂飙》周刊第 4 期一篇文章中有这样的话："本刊接受投稿的，只有'有话大家说'一栏，但必须'言出真实，事无捏造'。希望投稿专家们不要来碰钉子，自讨无趣。"③这段话告诉我们，此时的《狂飙》周刊甚至拒绝外稿。从这两件事可以看出，尽管狂飙社没有组织章程一类形式化的东西，多数时候却是一个不收外稿、社团意识极其强烈的社团。高沐鸿、尚钺、张稼夫等认为"《狂飙》无社"应与当时的社会环境有关。长期以来，高长虹被认为是一个无政府主义者，并被当作"攻击鲁迅的急先锋"和"坏青年的典型"，在人们还心有余悸的 20 世纪 80 年代，与高长虹保持必要距离当是一些狂飙社成员否认狂飙有"社"的重要原因。其次，"凡是在《狂飙》周刊上写文章的人，就是狂飙社的成员了"的说法也难成立。北京《狂飙》周刊并不是有计划进行的，而是因冯玉祥班师北京"应运而来"④的，欢迎来稿是该刊用稿原则："凡不悖本刊宗旨之投稿，均所欢迎"⑤，所以不能将在该刊上发表文章的人全算作狂飙社成员。另外，《世界》周刊是高长虹与张申府合办的，"是德谟克拉西的"⑥，若将在该刊上发表文章的人全算作狂飙社成员也显得非常

---

① 《走到出版界·1925，北京出版界形势指掌图》，《高长虹文集》中卷，中国社会科学出版社，1989 年，第 149 页。该文发表时题为《1925……》，结集出版时改为《1926……》。该文主要讲的是 1925 年的事情，所以本书用发表时的题目，以后不再说明。

② 此人为荆有麟(董大中：《鲁迅日记笺释(一九二五年)》，秀威资讯科技股份有限公司，2007 年，第 116 页)。

③ 《走到出版界·为投稿狂飙者略进数言》，《高长虹文集》中卷，第 135 页。

④ 《走到出版界·1925，北京出版界形势指掌图》，《高长虹文集》中卷，第 145 页。

⑤ 《本刊启事》，北京《狂飙》周刊第 15 期(1925 年 3 月 8 日)。

⑥ 《补白》，《高长虹文集》下卷，第 146 页。

勉强。

为此，笔者拟定了三条标准，至少符合其中一条才算是狂飙社成员：一、除去发表通信和在《有话大家说》栏发表文章的陌生作者，在上海《狂飙》周刊发表文章的人；二、至少在其他两份及以上狂飙刊物发表文章的人；三、尽管只发表了一篇文章，却有其他材料证明的人。根据以上标准，在刊物发表过文章的狂飙社成员有：高长虹、高沐鸿（劣者）、高歌、段复生（沸声）、藉雨农、荫雨（荫宇、宇）——以上为太原时期加入的成员，向培良、阎宗临（已燃）、高远征、王绪琴（欲擒）、吕蕴儒、云坞——以上为北京前期加入的成员，尚钺、郑效洵、黄鹏基（朋其）、常燕生、荆有麟、亦我、陈德荣——以上为北京后期加入的成员，柯仲平、王鲁彦、张敬、尚彤声——以上为上海前期加入的成员，张申府、任白涛、卢剑波、王培义（皎我）、朱谦之（前人）、欧阳山（罗西）、罗石君、朱鹃华、吴化霖——以上为上海后期加入的成员。

狂飙社还成立了出版部和演剧部，一些参与其中的人并没有在狂飙刊物发表文章，这些人到底哪些算狂飙社成员，只能根据其他成员的文字记载或以后的回忆了。《长虹周刊》第 10 期的封面画是"新近到狂飙出版部来的袁学易的照像"[①]，据此可断定袁学易（袁殊）为狂飙社成员。《狂飙出版部》不定期刊第 2 期《出版部的消息》告诉我们，曾有 9 人入股狂飙出版部；《狂飙出版部》不定期刊第 3 期《狂飙出版部协社入社章程》、《狂飙流通一览表》告诉我们，狂飙出版部协社招股委员会有 21 位成员，狂飙流通处有 12 位负责人。这 32 人只有同时在狂飙刊物发表了文章或参与了狂飙社其他活动才被认为是狂飙社成员，其他人则被认为是"与狂飙社有过密切关系的人"，他们是：张友渔、高成哲、武灵初、周曙山、宋梦甜、张用五、郭瑞庭、梁痴若、纪医凡、

① 《关于插画》，《高长虹文集》下卷，第 343 页。

王兰、梁雪亭、家珍、简鹏翰、张长工等。参加狂飙演剧运动的成员指那些具体参加了狂飙演剧活动的人(参加活动情况详见《狂飙演剧运动大事记》),他们是:陈凝秋(塞克)、吴似鸿、沉樱、马彦祥、丁月秋、赵特夫、王莹、李剑英、朱××、王玉堂(冈夫)、甄梦笔(甄华)、郭森玉、张恒寿、陈楚桥、陈××、任××等。

这些成员在狂飙社中的地位和作用是不同的,所以有必要分为重要成员和一般成员。在笔者看来,重要成员有(按加入时间为序):高长虹、高沐鸿、高歌、段复生、向培良、阎宗临、尚钺、郑效洵、黄鹏基、柯仲平、王鲁彦、陈德荣、张申府、陈凝秋。郑效洵却认为黄鹏基只是"重要撰稿者":"比如朋其,是《狂飙》的重要撰稿者之一。他的短篇小说集《荆棘》就是作为'狂飙丛书'之一出版的。但是,朋其 1926 年从北京大学毕业后,回到了老家四川,从此跟狂飙同人毫无往来"[①];鲁彦夫人覃英认为鲁彦从未加入过什么社团:"鲁彦投稿的范围广,出书的书店杂,从来没有自己的'根据地'。"[②]由于上海《狂飙》周刊是一个不收外稿的刊物,黄鹏基却在上面发表文章 5 篇,鲁彦 9 篇,仅此一点便可说明郑效洵和覃英的说法与事实不符——何况他们都有作品集以"狂飙丛书"名义出版。由于一些较少参加狂飙社活动的人却在刊物上发表了大量文章,并且其作品集还以"狂飙丛书"名义出版,这些人会被外人认为是狂飙社重要成员;一些参与了狂飙社很多活动的人由于没有多少文章发表,反而有可能不被外人知道。为了照顾到这两种情况,笔者拟定了以下三个条件,至少符合其中两个才为重要成员:一、参与了狂飙社大量活动,二、作品集曾作为"狂飙丛书"出版,三、与其他成员保持密切关系半年以上。

---

① 陈漱渝:《〈鲁迅与狂飙社〉补正》,《新文学史料》,1982 年第 2 期。

② 刘增人、陈子善:《鲁彦夫人覃英同志访问记》,《新文学史料》,1980 年第 2 期。

就像创造社有“小伙计”一样，狂飙社也有“小伙计”，他们是：高远征、王玉堂（冈夫）、张磬石、任行健、赵石宾、李远青、王仙三、张青萍、郭子明、李政平、孙大悲、马延龄、张丽云（张艾丁）、裴丽生、辛安亭、席尚谦、宋劭文、常风、杨达三、狄景襄、张琦。由于高远征在3份狂飙刊物发表文章3篇，冈夫直接参加了狂飙演剧运动，所以把他们列入狂飙社一般成员。

尽管郑效洵认为张稼夫是狂飙社成员[①]，张稼夫却坚持认为自己不是：“其实，我既没有参加过‘狂飙社’，也不曾在《狂飙周刊》上写过文章。当然，这决非是我认为‘狂飙社’有什么不好的地方。同时我自己也未公开否认过说我自己不是狂飙社的人。”[②]张稼夫的回忆文字告诉我们，将他算作狂飙社成员确实有些牵强，所以笔者便将张稼夫这类人也叫做“与狂飙社有过密切关系的人”。除张稼夫外，还有鲁迅、高君宇、景梅九、孙伏园、郁达夫、侯外庐、武新宇、潘汉年、史济行、卢汉（六汗）、杜逵、声柏、袁牧之、朱穰承等。

需要说明的是，按照笔者设定的标准，一方面也许漏掉了一些成员，一方面也许将一些自认为（或他认为）不是狂飙社成员的人算作了狂飙社成员。遇到这两种情况笔者都只能请求谅解：为了避免随意性，我必须设定一个标准；标准一旦设定，我就只能遵照执行。在确定狂飙社“重要成员”、“一般成员”、“小伙计”、“与狂飙社有过密切关系的人”时我面临着同样的困难，解决办法只好如法炮制，因而也同样希望得到谅解。

二 基本情况介绍

狂飙社成立于1923年暑假，1930年2月因高长虹赴日而结束。

① 陈漱渝：《〈鲁迅与狂飙社〉补正》，《新文学史料》，1982年第2期。

② 张稼夫：《我和“狂飙社”》，《高长虹研究文选》，第29页。

在这6年多时间里，先后有十多个省市的49人加入(单就有事迹可考的人而言，并且不包括与狂飙社没有直接关系的19位“小伙计”)，是名副其实的全国性社团。在这6年多时间里，已知他们创办了12种刊物共出版103期(不包括狂飙社“小伙计”创办的《SD》、《蜜蜂》、《山羊》、《蝴蝶》等)：太原《狂飙》月刊3期、北京《狂飙》周刊17期、《狂飙》不定期刊1期、《弦上》周刊24期、上海《狂飙》周刊17期、《狂飙》增刊1期、《世界》周刊10期、《世界》月刊1期、《狂飙出版部》不定期刊3期、《长虹周刊》22期、《狂飙运动》3期、《狂飙演剧部》不定期刊1期。出版丛书4种共26本：一、《光与热》(高长虹)、《荆棘》(朋其)——以上为上海开明书店出版的“狂飙丛书”，二、《病》(尚钺)、《清晨起来》(高歌)、《献给自然的女儿》(高长虹)、《曙》(高长虹)、《夜风》(高沐鸿)、《斧背》(尚钺)、《死城》(向培良译)、《游离》(高长虹)、《走到出版界》(高长虹)、《红日》(高沐鸿)、《狭的囚笼》(高沐鸿)、《中国戏剧概评》(向培良)——以上为上海泰东书局出版的“狂飙丛书”第二，三、《我离开十字街头》(向培良)、《天河》(高沐鸿)、《给海兰的童话》(鲁彦译)、《沉闷的戏剧》(向培良)、《高老师》(高歌)、《给——》(高长虹)、《时代的先驱》(高长虹)、《春天的人们》(高长虹)、《从荒岛到莽原》(高长虹)——以上为上海光华书局出版的“狂飙丛书”第三，四、《青白》(高长虹)、《草书纪年》(高长虹)、《革命与艺术》(柯仲平)——以上为狂飙出版部出版的“狂飙丛书”。

在这6年多时间里，他们不但办刊物、出丛书、成立狂飙出版部，还开展狂飙演剧运动，1929年2月28日至3月3日曾在南京公演。在高歌留下的文字中，可以知道柯仲平当时表演自己创作的《海夜歌声》的情景：“他的海夜歌声又是我们的最后一幕，他喝[唱]，他歌，他舞，他跳，狂的，暴的，狂飙是属于他的——我在替他司灯光！最后，幕闭了,我用力击了他一掌,在他那有力的肩上!”[①]另外,在高长虹主持下,1929 年 11 月还在北京、天津演出了《火》、《当兵去》等[②]。

再来看狂飙社在当时的影响。高长虹 1940 年在回忆他与鲁迅交往时如此写道:“我当时也有过过不去的事情。比如说,培良本来是同鲁迅很接近的,但从同我认识后参加到狂飙这面来了,尚钺是他的学生,也参加到这面。他们因为对未名社诸人的不满,同鲁迅的感情也越来越疏远。后来朋其也参加了狂飙。北京一时有希望的青年作家都被狂飙席卷了去。鲁迅精神上不觉显得孤立。”[③]这段文字虽然有些自高身价,却反映了狂飙社在当时部分青年作家中的影响。要知道,不管是地位还是声望,高长虹都完全不能与鲁迅相提并论,向培良、尚钺、朋其等青年作家宁愿疏远鲁迅加入狂飙社,除了“对未名社诸人的不满”外,应该说与狂飙社有很大吸引力有一定关系。上海时期,狂飙社还“席卷”了柯仲平、张申府、陈凝秋、吴似鸿等人:柯仲平曾是创造社“小伙计”,离开创造社后加入狂飙社,并成为重要成员;在狂飙社重要成员中,张申府是一位五四时期即已成名的人物,1928 年与高长虹共同创办了《世界》周刊;1929 年春节前后,南国社成员陈凝秋、吴似鸿为了参加狂飙演剧运动,甚至没有随南国社去广州。在一篇 1929 年底写作的、介绍 1928 年到 1929 年中国话剧运动的文章中,作者重点介绍了四个演剧团体,其中一个便是狂飙演剧部。[④]

就是从显示了第一个十年文学成就的《中国新文学大系》中与狂

---

① 《情书四十万字·归来到我的乐园吧》,《高歌作品集》下卷,第 380 页。

② 刘尚达:《两年来中国话剧运动之进展》,《大公报》副刊《大公戏剧》第 100—102 期(1929 年 12 月 27 日,1930 年 1 月 10 日,1930 年 1 月 17 日)。

③ 《一点回忆——关于鲁迅和我》,《高长虹文集》下卷,第 518 页。

④ 刘尚达:《两年来中国话剧运动之进展》,《大公戏剧》第 100—102 期。其他三个团体为:“复活后之‘戏剧系’”、“继续努力之‘葳娜社’”、“改组后的南国社”,摩登社、艺术剧社、辛酉剧社、大夏剧社、复旦剧社则作为“沪上其他剧团”一并介绍。

飙社有关的资料也可看出，狂飙社决不是一个可有可无的团体。一、鲁迅编选的《小说二集》中与狂飙社有关的资料有：（一）鲁迅的《导言》共 17 页，介绍狂飙社差不多用了 3 页，并且全文抄录了发表在 1925 年 3 月 1 日《京报副刊》第 75 号的《狂飙周刊宣言》[①]；（二）在收录的 33 位作家 59 篇小说中，狂飙社重要成员占了 4 位 9 篇：王鲁彦的《灯》和《柚子》、朋其的《我的情人》和《蛋》、尚钺的《子与父》和《谁知道？》、向培良的《飘渺的梦》和《六封书》及《吸引及吸烟之类的故事》。二、洪深编选的《戏剧集》收录了 18 个剧本，其中便包括向培良的《暗嫩》；还在《导言》中两处提到向培良及其作品：（一）"白薇底《琳丽》和向培良的《暗嫩》，都是充满着热情的作品，并且都带着一点'歇斯蒂利亚'——这类戏，非有极能干的演员，是绝对演不了的——《暗嫩》比较地有力一点。……向培良写有一册《中国戏剧概评》，内中虽不免有偏见，但颇值得一读"，（二）"民国十五年国民革命军从广东出发，十六年初到达了长江。一部分剧作者，如郭沫若田汉欧阳予倩白薇向培良等都参加政治去了"。三、阿英选编的《史料·索引》卷中与狂飙社有关的资料有：（一）阿英在《序例》中认为狂飙社"也是有相当影响的组织"，"主要干部是高长虹，向培良"；（二）陈子展在《文学革命运动》中提到狂飙社或成员 3 次：1．"在这里有许多戏剧的团体，有田汉欧阳予倩诸人成立的南国社，有洪深王怡庵诸人的戏剧协社，有朱穰丞马彦祥诸人的辛酉剧社，有向培良长虹诸人的狂飙社"，2．"戏剧论著者，则有余上沅的《戏剧论集》，《国剧运动》，熊佛西的《佛西论剧》，向培良的《中国戏剧概评》，以及最早出版的宋春舫的《宋春舫论剧》等几种"，3．"罗黑芷（已死）王鲁彦叶鼎洛沈从文等都是新近这几年很努力的作家"；（三）《会社史料》中选录了《狂飙周刊的开始》，《作家小传》收录的 142 位作

---

① 在北京《狂飙》周刊第 14 期（1925 年 3 月 1 日）发表时题为《本刊宣言》。

家中有4位狂飙社重要成员：高长虹、向培良、高歌、王鲁彦；（四）《创作编目》中收录了12部狂飙社重要成员著译的作品集：《精神与爱的女神》（高长虹）、《心的探险》（高长虹）、《光与热》（高长虹）、《中国戏剧概评》（向培良）、《飘渺的梦》（向培良）、《我离开十字街头》（向培良）、《柚子》（鲁彦）、《给海兰的童话》（王鲁彦译）、《天河》（高沐鸿）、《病》（尚钺）、《清晨起来》（高歌）、《荆棘》（朋其）；（五）《杂志编目》中提到了北京和上海的《狂飙》周刊[①]。

《中国新文学大系（1927—1937）》中与狂飙社有关的资料很少，并不是因为狂飙社在新文学发展的第二个十年取得的成绩很小，而是因为这套丛书编辑出版于1980年代，与狂飙社有关的资料已相当缺乏。收录了1138种期刊的《期刊编目》却没有收录狂飙社出版的《世界》（周刊10期、月刊1期）、《长虹周刊》（22期）、《狂飙运动》月刊（3期）等，仅此一斑便可知道狂飙社资料缺乏到何种程度。实际上狂飙社在第二个十年取得的成绩更大：不但主要成员的多数作品集出版于1928、1929年，并且还成立了狂飙出版部，开展了狂飙演剧运动。由于《中国新文学大系（1927—1937）》收录的材料不能准确反映狂飙社在当时的实际成就，罗列在此意义不大，故从略。

三 研究现状述评

对那些读过《鲁迅全集》的人来说——其他人姑且不论，狂飙社是一个熟悉而陌生的团体。熟悉是因为："20年代在中国文坛活跃一时的狂飙社，是与鲁迅关系较为密切的青年文艺团体，成员有高长虹、高歌、向培良、尚钺、黄鹏基、柯仲平、高沐鸿、郑效洵等。仅在《鲁迅日记》中，关于上述诸人的记载就有260余次。在鲁迅杂文中，涉及该社

① 还提到了《狂飙季刊》，有误。该季刊本准备由开明书店出版，后因故未出。

的也有15篇30余处。鲁迅在书信中,还多次谈及他与狂飙社成员的交往。因此,研究鲁迅与狂飙社的关系,对于了解鲁迅生平和注释鲁迅作品都是必不可少的。"陌生是因为:"长期以来,对于这方面的情况却缺少必要的研究,致使不少史料湮没。"①

就笔者所知,20世纪80年代以前研究狂飙社的文章只有两篇。第一篇是左联成员韩起写作的《狂飙社论》,写作于狂飙社解体当年(1930年)的12月15日,发表在次年5月15日《流露月刊》2卷1期。该文认为狂飙社成员"虽只是中国几个少数的青年,然而也可以说是某一种社会势力的代表","他们之所以能结合到现在者,纯然是因为都同在一个被压抑的命运之下,生活一向就没有好过,他{们}虽是以个人主义为出发点,而终结却是替新时代说教",这样的分析较为准确地把握住了狂飙社成员的特点。不过,该文长于理论分析却短于事实介绍:尽管作者反复强调"史的批判"、"史的眼光"、"史的分析"、"遵循着史的法则"等,在具体分析时却并未深入细致了解狂飙社历史。将狂飙社分成以下三个时期便值得商榷:一、"长成时期"(即上海《狂飙》周刊时期的1926年10月至1927年2月),二、"开始停顿的时期"(即成立狂飙出版部、开展演剧运动的1928年8月至1929年3月),三、"完全停顿时期"(即向培良创办《青春月刊》的1929年秋)。此处的"长成时期"实际上是狂飙社在全国产生较大影响的时期:"脱离莽原社在国内明显地树起狂飙的旗帜,反鲁迅,反胡适,反一切,如此个人地虚无地向前大踏步勇敢地走了去,如一个孩子离开母亲的怀抱而向陌生的社会走了去似地";将《青春月刊》看作是狂飙社刊物也与事实不符:"青春月刊的诞生,不但目录上缺了长虹的名字,且事实上已放弃了狂飙运动的目标与口号"。不过韩起的分期却告诉我们,尽管狂

① 陈漱渝:《鲁迅与狂飙社》,《高长虹研究文选》,第137页。

飙社成立于1923年暑假，产生全国影响的时间却是“反鲁迅，反胡适，反一切”的上海《狂飙》周刊时期；同时告诉我们《青春月刊》的创办与狂飙社有着密切关系——从向培良发表在《世界》周刊第9期(1928年2月)的《我们》和《狂飙运动》月刊第1期(1929年1月)的《在我们的祭坛下祈祷》可以知道，向培良在《青春月刊》提倡的“人类的艺术观”产生于他参加“狂飙运动”时期。

第二篇文章是林辰的《鲁迅与狂飙社》，写作于1945年11月，发表在1948年4月《文艺春秋》6卷4期，收入1948年7月出版的《鲁迅事迹考》。该文由七部分构成：第一部分简单介绍了狂飙社；第二部分笼统介绍了狂飙社中“最主要的干部”高长虹、向培良、尚钺；第三至五部分分别介绍这三人；第六部分介绍冲突发生后鲁迅对这三人“不念旧恶”；第七部分介绍鲁迅逝世后这三人对鲁迅的不同态度：尚钺在多篇文章中“深深表现了他对鲁迅的景仰和忏悔”，高长虹、向培良则继续攻击。从上面介绍可以看出，该文重在介绍狂飙社社员高长虹、向培良、尚钺，并紧紧围绕着与鲁迅的关系进行。由于该文写作于战争年代，查找资料相当困难，出现错误在所难免。比如，单从时间上说，下面说法也与事实不符：“本来，长虹等人，在一九二四年便曾在北平出过几期《狂飙》周刊……此外，虽然又出了《弦上》周刊和《狂飙》不定期刊，但也未给人留下什么印象。直到他们参加《莽原》之后，才逐渐为人所知。”《弦上》周刊创刊于1926年2月14日，《狂飙》不定期刊出版于1925年12月，它们都晚于《莽原》周刊的创刊时间1925年4月24日。

一直到狂飙社解体50年后的1980年，刊物上才再次出现与狂飙社有关的文章：该年《汾水》第12期发表了《狂飙社及其他》，是曹平安对狂飙社重要成员高沐鸿的访问记。该文题为《狂飙社及其他》，实际上主要回忆了高长虹和高沐鸿两人的情况：去掉高沐鸿谈自己的内容就能以《高沐鸿忆长虹》为题收入《高长虹研究文选》便是最好说明。该文发表后,《汾水》1981 年第 7 期发表了陈漱渝的《关于〈狂飙社及其他〉的几点补正》(为新时期发表的与狂飙社有关的第二篇文章),《山西文学》1982 年第 8 期又发表了武俊和的《关于〈狂飙社及其他的几点补正〉的补正》。由于这三篇文章写作于狂飙社解体五十多年后,所以,哪怕就是"'补正'的补正"也存在严重错误:高长虹母亲去世的时间是 1926 年 5 月而不是 1924 年 4 月。高歌在 1926 年 5 月 14 日写的一篇文章中如此写道:"母亲还活着,我根据前日舜妹的来信报告你。她的生命,早已刻满了伤痕,我为她恐怖,颤战而流泪,我为她惫乏,我为她胆怯。我为她诅咒生,我为她歌诵死。"[1]高长虹母亲大概就是在高歌写这篇文章后不久去世的。

新时期与狂飙社有关的第三篇文章是陈漱渝的《鲁迅与狂飙社》,发表在《新文学史料》1981 年第 3 期。该文由五部分构成:一、"狂飙社及其刊物",二、"高长虹的家世及与鲁迅交往的始末",三、"狂飙社解体之后的高长虹",四、"关于《弦上》周刊",五、"《〈狂飙丛书〉略目》"。写作这篇文章前,陈漱渝不但查阅了大量相关资料,还走访了郑效洵、林辰、高戈武、舒群、张稼夫等,所以该文被认为是"刚刚进入 80 年代后最全面介绍高长虹的一篇文字"[2],对狂飙社研究同样如此。该文发表后,高长虹的身前好友张稼夫、郑效洵,亲戚高戈武,儿子高曙,以及与之有过交往的姚青苗等又提供了不少回忆资料,于是陈漱渝又写了《〈鲁迅与狂飙社〉补正》(《新文学史料》1982 年第 2 期),"补正"了以下五方面内容:"高长虹的家世及轶闻"、"狂飙社的点滴情况"、"高长虹赴延安前后"、"高长虹的结局之谜"、"几点订正"。由于陈漱渝当时没

---

① K(高歌):《给几个兄弟们》,《弦上》周刊第 14 期(1926 年 5 月 15 日)。

② 郝雨:《以学术的态度求取真实——近年高长虹研究综述》,《河北大学学报》,2000 年第 3 期。

能找到处理高长虹后事的当事人，所以“高长虹的结局之谜”出现错误很正常——高长虹去世时间应是 1954 年春[①]，而不是三种说法中的任何一种。文章认为高长虹与早期共产党人高君宇“同班”则是偏信了回忆的结果：高君宇 1912 年入太原模范中学校（1913 年被正式命名为山西省立第一中学），高长虹 1914 年入山西省立第一中学，两人怎可能同班？

陈漱渝的《鲁迅与狂飙社》发表后，高长虹研究受到重视。现已发表相关文章 100 多篇，出版书籍 8 部：《高长虹研究文选》（1991 年）、《孤云野鹤之恋——高长虹爱情诗集〈给——〉鉴赏》（1993 年）、《一生落寞，一生辉煌——高长虹评传》（1996 年）、《历史的沉重》（1996 年）、《鲁迅与高长虹》（1999 年）、《造神的祭品——高长虹冤案探秘》（2003 年）、《高长虹与鲁迅及许广平》（2005 年）、《高鲁冲突——鲁迅与高长虹论争始末》（2007 年）。甚至日本也有人研究高长虹：《高长虹与石评梅》（南云智，1992 年 3 月东京都立大学《人文学报》第 234 期）、《高长虹与景梅九》（南云智，1992 年 3 月樱美林大学《中国文学论丛》第 17 期）、《就刊物〈莽原〉论高长虹与韦素园》（南云智，收入 1996 年 1 月汲古书院出版《中村璋八博士古稀纪念东洋学论集》）、《鲁迅与高长虹》（山内一惠，1999 年 10 月《日本中国学会学报》第 51 辑）、《高长虹与高君宇》（南云智，2000 年 3 月日本东京都立大学《人文学报》第 311 号）……尽管这些成果多集中在高鲁冲突上，但由于高长虹是狂飙社发起人和负责人，高鲁冲突又发生在狂飙社时期，并对狂飙社产生了重要影响，所以它们的重要性不容低估：在狂飙社和其他成员研究很少的情况下，这些成果对狂飙社研究显得非常重要。相对于较为热闹

---

① 崔运清、闫振琦、李庆祥：《高长虹是病逝在东北旅社的》，《鲁迅研究月刊》，2006 年第 2 期。

的高长虹研究而言，狂飙社研究确实相当冷清：到2008年2月底止，笔者只看见18篇相关文章（包括上面已经提到的两篇补正文章），为叙述方便将剩下的文章分成三类。

第一类是回忆文章：《“狂飙”琐忆》（尚钺，《新文学史料》1981年第4期）、《我和“狂飙社”》（张稼夫，《山西文学》1982年第12期）、《我所知道的高长虹及狂飙社二三事》（赵铭彝，《新文学史料》1993年第3期）。尚钺是狂飙社的重要成员，张稼夫是高长虹的多年好友，南国社成员赵铭彝1928年就认识了高长虹，但他们的回忆或多或少都有错误。柯仲平、尚钺、郑效洵、欧阳山并没有如张稼夫所说在北京《狂飙》周刊发表文章。高歌解放后并没有如赵铭彝所说“改行搞社会科学研究，一直在人民大学教课”——抗战爆发后，高歌“只身到了重庆，隐去高歌旗号，以其字普苏为名，靠自食其力维持生活”，文革期间病逝于重庆。[①] 错误更多的是尚钺的《“狂飙”琐忆》，正如他自己所说：“由于年代久远，一些事可能记得不准确”[②]，所以错误满篇，笔者在研究高长虹和狂飙社时，便不以这篇文章中提到的事情作为立论依据。

第二类属常识性介绍和与高长虹直接有关的文章：《关于〈弦上〉周刊》（姜德明，《新文学史料》1982年第2期）、《关于〈狂飙运动〉月刊》（许志浩，《新文学史料》1984年第4期）、《有关高长虹和狂飙社研究的几个问题——答郝亦民》（董大中，《黄河》1996年第6期）、《高长虹与狂飙社》（赵润生，《文史月刊》2002年第5期）。这四篇文章中，前两篇介绍狂飙社的两种刊物。在介绍《弦上》周刊时，由于照引目录而没有核对文章，致使第4期《翻译一点》和《一歌》的作者搞错：目录为C、H，

---

① 言行：《高歌小传》，《历史的沉重》，百花文艺出版社，1996年，第154页。

② 尚钺：《“狂飙”琐忆》，《高长虹研究文选》，第48页。

实际应为H、C[①]。在介绍《狂飙运动》时,许志浩只能介绍自己看见的第一期——目前仅见该期。从高长虹写给史济行的信可以知道,《狂飙运动》至少出版两期:"狂飙运动第一,第二两期,我都没有文字发表"[②];据冈夫回忆,《狂飙运动》共出版三期:"仲平和高歌支持着又办了三期《狂飙》"[③]。后两篇都与高长虹直接有关。董大中与郝亦民讨论了十一个问题,只有前三个问题与狂飙社有关:一、狂飙社被人遗忘的原因,二、"狂飙"是否有社,三、高长虹提倡的"狂飙运动"与歌德提倡的"狂飙突进运动"之间的关系。《高长虹与狂飙社》是一篇全面介绍高长虹和狂飙社的文章,为人们大致了解这方面情况提供了方便,但由于作者在使用资料时没有进行必要的甄别,致使其中有不少错误,比如关于高歌的介绍、关于狂飙出版物的介绍等。

第三类为旨在研究狂飙社的文章。《关于〈狂飙〉的质疑与商榷》(陶沙,《山西党史通讯》1984年第2期)通过事实有力地驳斥了山西省党史研究界流行的一种观点:高长虹创办《狂飙》是为了宣传无政府主义以抵制马克思主义在山西的传播——这实际上是高长虹和狂飙社研究受到冷落的重要原因之一;文章还对怎样看待《狂飙》、如何评价高长虹等问题提出了自己的看法。《狂飙社的思想倾向和文学创作》(汤哲声,《江海学刊》1987年第5期)由三部分构成:一、"狂飙社及其刊物",二、"狂飙社的思想倾向和发展",三、"狂飙社的文艺思想和文艺创作",对狂飙社作了较全面介绍。《狂飙社编年纪事》(董大中,《新文学史料》2002年第3期)较为详细地罗列了狂飙社的重要活动,朱金

① 该文在收入《高长虹研究文选》时,又将第7期的出版时间误写成3月18日——本为3月28日。

② 《通信四则》,《高长虹文集》下卷,第385页。

③ 冈夫:《严正宽厚 立己立人——忆念沐鸿同志》,《冈夫文集》第3卷,山西人民出版社,2001年,第1422页。

顺在《〈狂飙社编年纪事〉订误》(《新文学史料》2005 年第 2 期)中评价该文是一篇“内容丰富,有史料价值”的文章,事实确实如此。《一个不该忽视的社团——狂飙社研究的意义》(廖久明,《山西大学学报》2002 年第 6 期)将狂飙社研究的意义归纳为五个方面:一、“没有狂飙社的中国现代文学史是一部不完整的中国现代文学史”,二、“对狂飙社的研究有助于中国现代文学史研究”,三、“为中国现代文学研究提供一个独特的案例:非封杀的漠杀”,四、“前车之覆,后车之诫:如何正确认识自己”,五、“狂飙社悲剧,具有发人深省的历史意义”。由于写作该文时作者对高长虹尚缺乏深入研究——遑论对狂飙社进行深入研究,所以所谓的“狂飙社研究的意义”最多可称为“高长虹研究的意义”,并且所举事例还有值得商榷的地方。《狂飙社与第二次思想革命》(廖久明,《山西大学学报》2006 年第 2 期)分析了狂飙社在“第二次思想革命”中的作用:“《新青年》分裂后,各种‘反动’思潮甚嚣尘上,远在太原的高长虹感到了苦闷,与人成立狂飙社,‘把文艺界团结起来与现实的黑暗势力作战’。北京《狂飙》周刊时期,高长虹发出了‘我们要作强者,打倒障碍或者被障碍压倒’的誓言。《莽原》时期,高长虹与其他狂飙社成员一道,协助鲁迅与黑暗势力进行了坚决斗争。上海时期,高长虹团结志同道合者继续进行思想革命的工作,其工作的重点为‘科学与艺术’。”由于 1924 年底以《语丝》、《现代评论》等刊物创刊为标志的“思想革命”至今未引起人们注意,所以该文尤其对中国现代思想史研究有一定启发意义。不过将 1924 年底到 1927 年底这一时段的“思想革命”称作“第二次思想革命”值得商榷。考察一下参与其中的人和“思想革命”的内容便可看出,它实际上是曾经一度中断的“五四新文化运动”的继续,所以称为“五四后思想革命”应当更恰当一些。《关于 2005 年版〈鲁迅全集〉与狂飙社有关的部分注释》(廖久明,《鲁迅研究月刊》2006 年第 4 期)指出与狂飙社有关的部分注释有 24 处值得商榷的地方,内容涉及狂飙社团、刊物、主要成员三方面。《莽原社·狂飙社·未名社述考》(廖久明,《湖南人文科技学院学报》2007 年第 2 期)通过具体事例说明了莽原社、狂飙社、未名社之间的复杂关系:"莽原周刊时期以狂飙社作家群和安徽作家群为主,以狂飙社作家群为'第一集团军',安徽作家群为'第二集团军';莽原改组后,'退稿事件'发生前,狂飙社成员仍属莽原社成员,只不过由'第一集团军'变成了'第二集团军',以安徽作家群为主的未名社成员则成了'第一集团军';'退稿事件'发生后,狂飙社成员再未在半月刊上发表作品,这时的莽原社已名存实亡,《莽原》半月刊成了未名社的机关刊物。"《狂飙社成立时间考证》(廖久明,《山西大学学报》2008 年第 1 期)根据高长虹、高沐鸿、冈夫等的相关文字推断出狂飙社的成立时间为 1923 年暑假,将狂飙社成立时间提前了一年。

需要说明的是,尽管第三类文章旨在研究狂飙社,但看看具体内容便可知道,它们多围绕着高长虹或鲁迅进行。《狂飙社与第二次思想革命》便在文章中明确交代:"由于该论题涉及人数五十多人,时间五年多,详细论述不是一篇万多字的文章能够完成的,故本文以高长虹为主,并以高长虹每个时期有代表性的、思想性强的文章为主,兼及高长虹的其他文章和狂飙社其他成员的文章。"造成此种现象的原因在于:一、高长虹是狂飙社盟主,理应多作介绍;二、鲁迅与狂飙社成员有很多交往,并且留下了大量相关文字,有进行研究所必需的材料;三、其他方面的资料实在匮乏。同时需要指出的是,这类文章也多存在事实错误。朱金顺便指出《狂飙社编年纪事》有两处错误:一、应是《我离开十字街头》而不是《我走在十字街头》,二、向培良的小说集《飘渺的梦》应为《乌合丛书》第三种而不是第二种。

除刊物上发表的文章外,专著中也出现了专门介绍狂飙社的章节。1993 年 11 月出版的《山西文学史》用 1 章 14 页的篇幅介绍了《狂飙社高长虹等人的创作》，该章由 3 节构成：《高长虹的生平与文学活动》、《高长虹的文学创作》、《高沐鸿等人的文学创作》。从章节标题即可看出，该章以高长虹为主，并以"文学创作"为主，对社团本身并不重视。[①] 2000 年 3 月出版的《尼采与中国现代文学》用两个半页的篇幅专门介绍了《狂飙社》，认为狂飙社与沉钟社是 1925 年至 30 年代"仍受尼采影响"的两个社团。[②] 从引文可以知道，时在德国攻读博士学位的殷克琪能够找到的只有赵家璧主编的《中国新文学大系》，占有资料相当不全，所以出现了这样的论述："这两个文学社团成员很少，大约只有四到七人，因此与其说是文学社团，不如说是几个知心的朋友。"这段话也许适用于沉钟社，却不适用于狂飙社。并且该书还将发表在 1925 年 3 月 1 日《京报副刊》第 75 号《狂飙周刊宣言》(全文抄录在鲁迅的《〈中国新文学大系〉小说二集 · 导言》)和上海《狂飙》周刊第 1 期的《狂飙周刊的开始》(全文收入《中国新文学大系》第 10 卷)混为一篇文章。2006 年 6 月出版的《在"我"与"语丝"之间：语丝社研究》用 1 节 9 页的篇幅介绍了《狂飙社及其出版物》，从引文可以看出，该文主要吸收的是《鲁迅与高长虹》(董大中)、《一生落寞，一生辉煌——高长虹评传》(言行)、《鲁迅与狂飙社》(陈漱渝)等书籍、文章中的观点。[③] 由于该书的主要目的不是研究狂飙社，所以难免出现一些错误，比如：北京《狂飙》周刊第 1 期的出版时间当为 1924 年 11 月 9 日而不是 11 月 1 日；据《鲁迅日记》，高长虹首次拜访鲁迅的时间是 1924 年 12 月 10 日而不是 1925 年 2 月 24 日。

渐渐地，工具书中也有了狂飙社及刊物的一席之地：一、《狂飙》

---

① 崔洪勋、傅如一：《山西文学史》，北岳文艺出版社，1993 年，第 358—371 页。

② 殷克琪：《尼采与中国现代文学》，南京大学出版社，2000 年，第 22—23 页。

③ 陈离：《在"我"与"语丝"之间：语丝社研究》，东方出版中心，2006 年，第 213—221 页。

(《中国现代文学期刊目录汇编》,天津人民出版社,1988 年),二、《狂飙社》(《中国现代文学社团流派》上卷,江苏教育出版社,1989 年),三、《狂飙社》(《中国文学艺术社团流派辞典》,吉林人民出版社,1992 年),四、《狂飙社》(《中国现代文学社团流派辞典》,上海书店,1993 年),五、《狂飙社》(《中国文学大辞典》,上海辞书出版社,1997 年),六、《长虹周刊》、《狂飙》、《狂飙汇刊》、《狂飙运动》(《中文期刊大词典》,北京大学出版社,2000 年)。不过这些介绍都不同程度地存在事实错误,《中文期刊大词典》甚至认为《长虹周刊》为“孙长虹编”——中国国家图书馆馆藏目录也著录为“孙长虹编辑”。

由于狂飙社是一个备受冷落的团体,研究狂飙社不存在追风现象。从已有成果可以看出,人们研究狂飙社的态度是极其严肃认真的。态度如此仍有不少错误的原因在于:与狂飙社有关的资料实在缺乏。现在找不到《狂飙社资料》这类书籍;不但找不到狂飙刊物的影印本,中国国家数字图书馆网站上也没有它们的身影,高等学校中英文图书数字化国际合作计划网站上只有第 4 期《长虹周刊》,多数刊物收藏在上海、北京等地图书馆,姜德明所藏《弦上》周刊(原件)很可能是海内孤本,还有一些刊物也许早已从地球上完全消失。14 名狂飙社重要成员中(其他成员姑且不论),出版过文集的只有高长虹、高沐鸿、高歌、柯仲平、张申府、陈凝秋,并且这些人的文集并不完整,笔者收集到的高长虹佚文便多达二十多万字;向培良、尚钺、郑效洵、黄鹏基、阎宗临、陈德荣、段复生不但未出版过文集,他们狂飙时期的作品集解放后也未再版过,寻找起来更为困难。鲁彦的情况则相当特殊,他的作品尽管在解放前后不断选编出版,但直到目前为止还没有一部稍微完整的作品集。可以这样说,目前极不尽如人意的狂飙社研究很大程度上是资料严重缺乏造成的。

四 对历史研究的一点感想

写作该书，我真切地感受到了什么叫“蜀道之难，难于上青天”！

坦率地说，我原来的历史观非常传统，认为通过努力是能够认识历史真相并发现其规律的。通过写作该书，我明白这是痴心妄想。

首先就史料的记录而言。每天世界上发生那么多事情，不可能全部记录下来，记录下来的常常是我们认为最重要的。但某种史料是否重要会随着时代变化和研究目的等而改变，曾经以为不重要的史料，说不定恰恰是最重要的。这一问题似乎可以通过详细记录来解决。首先，存在这一可能吗？我想哪怕是皇帝的起居注也达不到这一标准。即使有这可能，大量宝贵的史料反而会淹没在一些细枝末节中而名存实亡。其次就史料的保存而言，不管是人力、物力都不可能将记录下的所有史料保存起来，况且还有不以人的意志为转移的天灾人祸，所以大浪淘沙是史料保存的必然法则。即使能保存下来，需要的史料同样会淹没在浩如烟海的史料库中而名存实亡。所以，“往古来今之史料，殆如江浪淘沙，滔滔代逝。盖幸存至今者，殆不逮吾侪所需求之百一也”[①]的现象便是司空见惯寻常事。面对这样残缺的史料，我们还能真正认识历史真相并发现其规律吗？

结合狂飙社研究而言，我明明知道向培良是狂飙社中仅次于高长虹的二号人物，但向培良写文章与高长虹、高歌等不同，他很少在作品中写自己的经历，为数不多的回忆狂飙社的文章也很少提到他。为了寻找与向培良有关的资料，我花了不少心血，看了不少戏剧方面的书籍——向培良是狂飙演剧运动的核心人物，但收获甚微。当我发现收

---

① 梁启超:《中国历史研究法》，上海古籍出版社，2006年，第40页。

录了向培良 18 个剧本[①]的《中国现代戏剧总目提要》也漏掉了《淡淡的黄昏》、《从人间来》、《生之完成》3 个剧本时[②]，我强烈感到与向培良有关的资料是多么缺乏。到目前为止，笔者只看见洪宏在《戏剧艺术》发表了两篇专门研究向培良的文章：《论向培良的戏剧理论》（2000 年第 6 期）、《唯美而激越的“情绪表现”——论向培良的戏剧创作》（2003 年第 1 期）；只看见四部话剧著作用专门章节介绍了向培良及其著作：《向培良的“表现的动作”论及其他》[③]、《向培良：现代戏剧批评中不可忽视的人物》[④]、《试图模仿“替代物”的〈暗嫩〉》[⑤]、《向培良与〈暗嫩〉》[⑥]。但这些文章或书籍中都没有多少我需要的资料。为此，我只好发出“噫吁嚱！危乎高哉！蜀道之难，难于上青天”的感叹了！

高长虹与向培良有很大不同：一、不但他的大量散文、诗歌是自己生活的实录，他的小说也被认为“一色是自叙传体”[⑦]；二、不但鲁迅作品中有大量与高长虹有关的内容，新时期还有不少人专门写了回忆高长虹的文章——就是回忆狂飙社的文章也以高长虹为主，并且出版了收录较为齐全的《高长虹文集》。有这么丰富的资料，人们对高长虹应

---

① 包括：三幕四场剧《不忠实的爱情》、独幕剧《生的留恋与死的诱惑》、独幕剧《冬天》、四幕剧《离婚》、独幕剧《黑暗中的红光》、独幕剧《白蛇与许仙》、独幕剧《母亲利巴的悲哀》、独幕剧《落月》、三幕悲剧《继母》、五幕剧《民族战》、独幕剧《文大哥》、独幕剧《大时代的插曲》、独幕剧《征夫行》、独幕剧《救荒》、三幕剧《齐式之》、独幕剧《和泥土打仗》、三幕悲剧《彪炳千秋》、独幕剧《山寨》。

② 这应该是没有找到 1929 年由南华图书局出版的《光明的戏剧》（1936 年又改名为《黑暗中的红光》，由龙虎书店出版）的缘故，因这三个剧本都收入该独幕剧集中。

③ 焦尚志：《中国戏剧美学思想发展史》，东方出版社，1995 年，第 250—260 页。

④ 宋宝珍：《残缺的戏剧翅膀：中国现代戏剧批评史稿》，北京广播学院出版社，2002 年，第 96—111 页。

⑤ 王列耀：《基督教文化与中国现代戏剧的悲剧意识》，上海三联书店，2002 年，第 125—133 页。

⑥ 郭富民：《插图中国话剧史》，济南出版社，2003 年，第 161—163 页。

⑦ 吴福辉：《我读高长虹的小说》，《高长虹研究文选》，第 190—191 页。

该有比较准确的认识吧？实际情况并不如此。单就著名的“月亮风波”而言，目前也是“三家分晋”：董大中、言行坚决否认“月亮诗”①中的“月亮”与许广平有关；从2005年版《鲁迅全集》第11卷《261229致韦素园·注5》可以看出，鲁迅研究界的代表观点仍然没变：“《给——》短诗，高长虹作，载《狂飙》周刊第七期（1926年11月26日）。诗中他自比为太阳，以月亮喻许广平，以黑夜影射鲁迅”；尽管董大中和言行私下对笔者的下列观点提出过严厉批评，但我仍然不打算改变它：“在创作‘月亮诗’时，高长虹对因‘退稿事件’而导致的高鲁冲突的爆发是感到遗憾、伤感的，高长虹创作‘月亮诗’，只是他深深的失落感的自然流露，与成心攻击实在是风马牛不相及”；“‘月亮诗’中的‘月亮’有可能是许广平，但‘月亮诗’不是攻击之作”。② 为了“月亮风波”，人们花费的时间和精力还少吗？直接相关的专著就出版了三本：《鲁迅与高长虹》（董大中，河北人民出版社，1999年）、《高长虹与鲁迅及许广平》（廖久明，东方出版社，2005年）、《高鲁冲突：鲁迅与高长虹论争始末》（董大中，中国工人出版社，2007年），间接相关的四本：《孤云野鹤之恋——高长虹爱情诗集〈给——〉鉴赏》（董大中，北岳文艺出版社1993年）、《一生落寞，一生辉煌——高长虹评传》（言行，百花文艺出版社1996年）、《历史的沉重》（言行，百花文艺出版社1996年）、《造神的祭品——高长虹冤案探秘》（言行，中国文史出版社2003年）。出版这么多专著还搞不清楚这样一个问题，还痴谈什么认识历史真相？

造成这一现象的原因除史料不充分外，还有一个非常重要的原因

① “月亮诗”即高长虹发表在上海《狂飙》周刊第7期的《给——》的第2首，收入同名集子时为第28首。该诗发表后，社会上产生了这样的“流言”：“《狂飙》上有一首诗，太阳是自比，我是夜，月是她。”（鲁迅1927年1月11日给许广平信）为叙述方便，人们通常简称为“月亮诗”。

② 廖久明：《高长虹与鲁迅及许广平》，东方出版社，2005年，第202页。

即如何对待史料问题。任何人搞研究都是带着已有的知识、情感、观点等去接触史料,在对接触到的史料做出选择和评判时,难免受到这些前见的影响,所以产生"一千个读者就有一千个哈姆雷特"的现象是非常正常的。即使时刻提醒自己:"要客观!要客观!"但还面临这样一个尴尬:"不管何种研究,都得选定一个角度——否则便不成其为研究,叫读者直接看原始材料好了;角度一旦选定,偏见由此产生——这与盲人摸象并无本质区别。所以,在现在的我看来,研究中出现抓住一点不及其余的现象并不是什么大不了的事情。"①

由于以上原因,我终于认识到"绝大多数历史事件都可以有多种不同的编码方式,结果就有关于历史事件的不同解释,赋予它们以不同意义"②这一说法实际上揭示了历史研究中存在的客观现象,我不再认为"一切真历史都是当代史"③是一派胡言,我终于明白了认识历史真相并发现其规律是一件"难于上青天"的事情。

尽管如此,我仍不愿"戏说"历史,仍不愿"史从论出"而坚持"论从史出"!在现在的我看来,尽管不可能认识历史真相并发现其规律,但历史研究的价值却在于认识历史真相并发现其规律的过程中——尽管目的也许永远达不到:对历史真相的追求能培养我们实事求是的作风、对历史真相的追求能培养我们直面惨淡人生的勇气、对历史真相的追求能培养我们坚忍不拔的毅力……这简直就是救治"瞒和骗"、"巧滑"④、"无特超"⑤等国民劣根性的药石。所以为了改变国民劣根

① 廖久明:《"素描"里的另一半面孔》,《中华读书报》,2007年6月27日。

② 海登·怀特:《作为文学仿制品的历史文本》,《后现代历史叙事学》,中国社会科学出版社,2003年,第177页。

③ 贝奈戴托·克罗齐著,傅任敢译:《历史学的理论和实际》,商务印书馆,1982年,第2页。

④ 《坟·论睁了眼看》,《鲁迅全集》第1卷,人民文学出版社,第254页。

⑤ 《华盖集·马上支日记》,《鲁迅全集》第3卷,第346页。

性，中国人在研究历史时尤其应该持一种严肃认真的态度。以后，随着不断碰壁，我也许会改变现在的历史观，就像我现在改变了过去的历史观一样，但至少在写作本书过程中，我是坚持这一历史观的。

五　凡例

陈思和在为《"中国现代文学社团史"研究书系》写的《总序》中如此写道："以往的研究往往将社团与流派混为一谈，其实两者所反映的文人群体面貌并不一样。前者研究的是社团的兴衰聚散，重点在人事；后者研究的是创作风格的流变，重点在创作。两者混在一起研究，结果往往是流派因素压倒社团因素，理论概括压倒作家活动。这次我们组织人力撰写社团史书系，重点在人事，这是事先就规定好的，强调社团是如何形成的，各个成员之间的关系是如何相处的，社团与社团之间的冲突又是如何展开的，人物的行状、言论、个性都作为我们描述的对象，把研究的关注点集中到现代文学最原初的起点：个人的文学活动。"尽管人们对社团流派的研究方法存在分歧，但在笔者看来，"重点在人事"尤其适合于狂飙社研究：在人们对狂飙社知之甚少的情况下，狂飙社研究的首要任务应该是搞清楚它的基本情况。也正因为人们对狂飙社知之甚少，要想达到这一目的，必须"重点在人事"的同时适当介绍其创作。所以，"人事为主创作为辅"是本书的写作特点。

由于人们对多数狂飙社成员情况极不了解，所以有必要介绍其一生经历。在6年多时间里，狂飙社几起几落，为了让人们清楚每一阶段加入狂飙社的成员，故在相应阶段最后一节集中介绍他们。介绍其经历时，以狂飙社时期为重点，除已注明出处的之外，狂飙社以外的情况参考了他人的研究成果——已在"主要资料来源"中说明。由于狂飙社成员分为重要成员和一般成员，介绍他们时理应有所区别。凡属重要成员，笔者采取以下方式将他们与一般成员区别开来：一、姓名出现在章节目录中，二、姓名同时出现在正文三级目录中，三、详细介绍其一生经历和作品集。一般成员姓名只出现在正文四级目录中，且不详细介绍其作品集。为了让人们通过作品集出版情况直观了解重要成员在当时及以后的命运，同时了解他们的作品在当时及以后的影响，重要成员的作品集包括以作者名义出版的各种版本（当然限于笔者知道的）。

狂飙社的“小伙计”与一度挑起大梁的创造社“小伙计”不同，他们主要是在狂飙社发源地太原自己创办“小型文艺刊物”①，属于在狂飙社成员影响和帮助下从事文学活动的成员，这群人很明显不能与其他狂飙社成员相提并论。所以，除被列为一般成员的高远征、冈夫外，不对他们一一介绍，只在第七章第五节末尾附录《我和高长虹》（张磐石）、《严正宽厚　立己立人——忆念沐鸿同志》（冈夫）、《高远征与“石燃社”》（言行）中的相关文字。至于“与狂飙社有过密切关系的人”，单独介绍他们更是离题太远，故只在介绍狂飙社人事活动情况时顺便涉及他们。

需要说明的是，单从介绍的文字看，一些成员与狂飙社的关系不很密切，实际情况不会如此。就连高沐鸿、郑效洵这样的重要成员都否认狂飙社的存在，要想在其他成员中找到与狂飙社有关的资料就更加困难。由于狂飙社成员和同时代人已全部作古，主体部分只能让它永远淹没在历史长河中。

由于狂飙社资料长期没人整理，不少资料已模糊不清，凡遇此种情况用“口”代替。由于不少狂飙刊物和成员作品有不少错误，如果此种错误影响到人们理解，笔者进行了校正：[ ]内为正确的内容、〈 〉内为删去的内容、{ }内为补充的内容，实在无法校正时只好用[?]表示。

---

① 冈夫：《严正宽厚　立己立人——忆念沐鸿同志》，《冈夫文集》第 3 卷，第 1420 页。

为使行文简洁，哪怕是写到笔者非常尊敬的老师、前辈也不称"先生"、"女士"。为避免过度繁琐并节省篇幅，下面两种情况的的引文不再注释：一、已在正文中交代发表刊物的文章，二、已在正文中说明写作时间的鲁迅书信、日记。

转述可能失真，并且，"除尽枝叶，单留花朵"式的"折花"，"折花固然是折花，然而花枝的活气却灭尽了"[①]，同时为了让读者不时接触到不同风格的文字以保持一种新鲜感，本书尽量直接引用而少间接引用。

① 《华盖集·忽然想到》，《鲁迅全集》第3卷，第16页。

第一章

狂飙社成立

第一节 五四前后的山西思想文化界

一 阎锡山对山西的严密控制

山西省位于中国西北部，四周有群山河流环绕，交通极为不便：东界太行山，西有吕梁山和黄河，北亘北岳恒山、五台山，南耸中条山，中立太岳山。同时，山西省是中华民族发祥地之一，被誉为“华夏文明摇篮”。“女娲补天”的传说就发生在山西。华夏民族的始祖黄帝和炎帝都曾在山西活动。我国上古时代的三个帝王尧、舜、禹均在山西南部建都，为尧都平阳（今临汾市）、舜都蒲坂（今永济市）、禹都安邑（今夏县）。由于地理和历史原因，山西人“对过去的思想和制度十分尊崇，具有非常保守的观念”[①]，身为山西人的高长虹便认为山西人有“悭吝，保守，狭隘，迟钝”[②]的缺点。

辛亥革命胜利后，阎锡山成为山西都督，一直到 1949 年 4 月 24

① 唐纳德·G·季林：《阎锡山研究》，黑龙江教育出版社，1990 年，第 3 页。

② 《每日评论·山西人经商》，《高长虹文集》下卷，第 269 页。

日太原解放，统治山西达38年之久。阎锡山治理山西可谓殚精竭虑，在加强军事、政治、经济等控制的同时加强了思想控制。1915年他编写了《军国主义谭》的小册子，认为“今当以包罗万象之军国主义立国”[①]。同年2月在太原文庙发起成立“宗圣会社”，创建了山西最大的尊孔社团。1918年，“成立洗心总社于太原，各县成立分社，全省各地每逢星期日举行集会，军、政、学、绅、商、妇女自由参加，公开演讲，重在阐明孔孟之儒学，介绍欧美之新知”。1919年，“感于世人多由糊涂力大于明白力，老死于过错之中，无以自救，焉得救人，不能救国，遑论救世。欲使人由糊涂而变明白，再求明白力增大，糊涂力减少，以期自觉。进而以自己之明白力，减少他人之糊涂力，以期觉人。从自身深切之体验，莫若‘自省’之为有效。今欲扩大其功效，又莫若与人‘共省’。遂于太原洗心总社建筑可容五千人之大‘自省堂’，以‘悔过自新’题颁堂内，每逢星期日晨，躬亲领导文武官员举行集体自省。并随时请中外名人讲演古今中外圣贤豪杰成已成人之学，修德建功之宝，发行洗心周刊，名曰《来复》，盖取《易经》‘七日来复’之义。按期印发至各村，广为宣讲，至北伐后，举行总理纪念周时，始代替之。”[②]在演讲中，他常常对孔教推崇备至：“吾国素崇孔教，既有此伟大之教主，则发挥其教育，以灌输于人人之心中，既可以维持社会，又可补助政治。”所以非常希望各县知事能够利用星期天在洗心社为大家演讲，这样“既可收放心，又可以振作人民之精神”[③]。他甚至认为“非尊孔不能救国”：“你们知道孔子是讲正心，讲爱国的。本上孔子的道理作去，不会

---

① 《军国主义谭》，《阎百川先生言论类编》第5卷，第2页。该书无版权页。

② 《附录：阎公锡山传略》，阎锡山：《阎锡山早年回忆录》，传记文学出版社，1968年，第82—84页。

③ 《强迫教育》，《阎百川先生言论类编》第6卷，第8页。

救不住亡国的，社会也不会不安宁的，人心也不会不和睦的。”[①]从洗心社、自省堂开办时间和他对孔教的推崇可以看出，阎锡山采取这些措施是为了控制山西人民思想，以抵抗五四新文化运动对儒家思想的否定。

阎锡山多利用报纸和其他文字材料进行宣传，却遭遇山西人普遍不识字的尴尬，所以他非常重视“强迫教育”即“国民教育”。在关于“强迫教育”的专题讲演中，他说的第一句话便是：“治本的要政，为强迫教育。”他希望学生通过四年的“强迫教育”增添四种能力：“（一）能阅通俗报，（二）能看白话告示，（三）能写信，（四）能升学。”在演讲快结束时他说：“行政上之极致，在能看得住百姓，此义鄙人前曾为诸君说过。何谓看得住？国家要人民上学，则人人均来上学；要征兵，则人人均来入伍；禁烟，即无一人能吃烟；禁赌，即无一人能赌博；如此方算看得住。”[②]“因为阎把教育看作是教育群众忠诚于他的政权的一种强有力的手段，他坚决要求国民学校把他的著作《人民须知》、《关于国家军国主义》等作为课本。国民学校任用的许多教师都来自贫穷的家庭，曾在省政府发给费用和监督下的太原国民师范学校读书，在那里他们被鼓励去充当为阎扩张势力和取消地方自治的先锋。毕业后，安排他们对严密监督他们的省教育厅直接负责。”[③]

对中学教育阎锡山也进行了严格控制：“他们穿制服，经常进行军事训练，并要求表现出平常只是对士兵期望的那种绝对忠诚和服从。据一位作者说，教育中学生对阎锡山的忠诚为最高品德，并告知他们的未来要靠他们的品德来维持。教师鞭打不听话的学生，政府把敢于攻击阎的学说和主张的人开除出校。曾经担任国民师范学校校长多

---

① 《救国必先救人心》，《阎百川先生言论类编》第 8 卷，第 5 页。

② 《强迫教育》，《阎百川先生言论类编》第 6 卷，第 3—9 页。

③ 唐纳德·G·季林：《阎锡山研究》，第 62 页。

年的赵戴文，把他的一个儿子逮捕，后死于狱中，因为这个孩子攻击阎的政权。他曾威胁要逮捕在北京积极参加学生运动的第二个儿子，如果他回来的话。阎锡山和赵戴文一样敌视从北京回来的学生，从北京大学的毕业学生他都以布尔什维克为借口，拒绝任用他们。”[①]1926 年 2 月，高长虹听说自己的一个好朋友在山西被抓后如此愤激地写道："一个人活在现社会之下，本来都是头上顶着死亡而旅行的；尤其是住在娘子关外的山西青年，谁个不被认为反阎的健将？”[②]由此可见阎锡山政府对山西的严密控制。

二　新思想在山西的传播和萌芽

尽管如此，阎锡山仍然阻挡不住时代前进的步伐。1915 年袁世凯称帝时阎锡山格外卖力：一、先后给筹安会(8 月 25 日)、袁世凯(9 月 3 日)、参政院(9 月 16 日)发去电报，呈请袁世凯改共和为君主；二、指使山西商务总会、山西蔚丰厚和各处票号，假借山西公民名义分电请援，希望袁世凯废共和立君主。阎锡山这种行为却遭到山西进步青年的抵抗："消息传到太原，高君宇和省立一中同学上街宣传，揭露袁世凯卖国、专制、独裁罪行。他还将《袁氏窃国记》寄回家乡让父兄看，并寄一信指出：'洪宪过不了百日'”[③]。在这次反袁斗争中，高长虹用另一种方式参与了反抗："正是袁世凯帝制的时候，有一次全省的学政界开提灯会劝进，我同一个朋友偏没有去。我却写了一首'提灯行'对于全城的黑暗空气肆其所谓骂。”[④]

五四运动爆发后，山西青年更是积极响应。5 月 7 日，大中学生三

---

① 唐纳德·G·季林：《阎锡山研究》，第 64 页。

② 《光与热·忆 W》，《高长虹文集》上卷，第 225 页。

③ 《高君宇年表》，《高君宇文集》，山西古籍出版社，1996 年，第 271 页。

④ 《走到出版界·答周作人》，《高长虹文集》中卷，第 231 页。

千多人在海子边公园文瀛湖畔隆重集会，愤怒声讨日本帝国主义，抗议北洋军阀的卖国行为，声援北京学生的爱国行动，大会决定成立“太原大中学校学生联合会”，会上还宣读了致巴黎中国代表团电文，希望拒绝在“巴黎和约”上签字。该年8月，正在北京大学读书的高君宇指导山西一中学生王振翼创办了《山西平民周刊》，办刊宗旨为：“以山西实况报告世人，代人民呼号，将世界思潮输入娘子关内，供晋民以奋斗有效的途径。”1921年5月1日，经过近一年酝酿的太原社会主义青年团成立。该年暑假，旨在传播新文化的晋华书社成立。据股东之一的张稼夫回忆，他与后来成为狂飙社盟主的高长虹便是在这个书社认识的：“我们筹办‘书社’。高长虹并没有参加，但他经常来‘书社’买书。我也常去那里，互相见面的次数多了，自然也就认识了。那时，他在太原文庙博物馆工作，管理文化资料。”当时的高长虹给张稼夫的印象是：“个头不高，身体瘦弱，生活非常俭朴。他是太原一中的高材生，语文和英文的基础均比较好。他为人文质彬彬，稳重憨厚，很爱学习。他接受新东西快，思想敏捷，见解也比较深刻尖锐。比如，对爱因斯坦的‘相对论’，在当时一般人是看不懂的，可他都能有较深刻的认识和理解。高长虹性情孤僻，愤世嫉俗，反帝、反封建的思想很坚决，敢于直言不讳地表白自己的观点，所以，我们很能谈得来。他的诗写得好，不同于当时流行的所谓‘白话诗’，他的诗讲究音韵和节奏，类似离骚体诗，所以我很喜欢。他也写小说，但不如诗歌写得好。”①

高长虹从山西一中“逃出来”后，于同年冬到了北京，第二年还“偏尔在一个大学校听讲”：“教员只有两个好的，一个讲心理学，一个讲伦理学，偏都是章太炎的门生。教员初上台的时候，总务长一经介绍，台

---

① 张稼夫：《我和“狂飙社”》，《高长虹研究文选》，第30—31页。

下的学生便立刻都眉飞色舞，可知章太炎的名字在那时有多么漂亮！”[①]尽管这年冬天便因家庭无力供他费用而不得不回家，但高长虹在北京期间，应该看过当时有很大影响的《新青年》。

回到家乡后，高长虹开始苦学练笔。从高长虹后来写的一篇文章可以知道，1919 年他最喜欢看的小说是《茶花女》和《安娜》：“《茶花女》，我是苦情地爱看。《安娜》，我是人情地爱看。”[②]他的努力终于有了结果：1921 年 5 月 20 日出版的《晨报》发表了他翻译的《译惠特曼小诗五首》；1922 年 2、3、5 月出版的《妇女杂志》发表了他翻译的雪莱、惠特曼的诗歌 13 首；1922 年 5 月 10 日出版的《小说月报》第 13 卷第 5 期不但发表了他给编辑沈雁冰的信，还发表了一首诗歌《红叶》。[③] 1922 年春或夏，高长虹来到太原市文庙博物馆任书记员，晋华书社为他提供了更丰富的营养。

在后来成为狂飙社首批成员的 6 人中，高沐鸿当时的情况为：

1918 年(民国七年)十八岁

夏，以优异的学业成绩，考入太原山西省立五年制第一师范学校(校址在现太原第十中学校内)，被分到第十二班学习。课余常到王振翼、贺昌和张稼夫等在太原开化寺内合办

① 《走到出版界·读谢本师》，《高长虹文集》中卷，第 103 页。

② 《每日评论·茶花女和安娜》，《高长虹文集》下卷，第 379 页。

③ 《高长虹研究文选》作为佚文收入了发表在 1919 年 11 月 10《晨报》上的散文诗《晚秋底公园落日》(署名 C. H)，尽管高长虹在《莽原》周刊第 2 期(1925 年 5 月 1 日出版)发表《什么？》时署名 C. H，笔者仍然怀疑此处的 C. H 是高长虹。理由有四：一、《小说月报》第 14 卷第 3 号上发表《柳建君的〈一夕〉》的 CH 不是高长虹；二、该文写的是“晚秋底公园落日”，此时的高长虹正在家乡练笔，他的家乡并没有文中所写的公园；三、文风与高长虹其他作品大异其趣；四、《小说月报》第 12 卷第 9 号上发表的《风雨之下》、第 13 卷第 9 号上发表的《人道主义的失败》署名高歌，但此高歌并非高长虹的弟弟高歌已成定论，由此说明哪怕同名也并非同人。综合以上理由，笔者认为不能因为该文署名 C. H 便贸然断定它是高长虹佚文。

的“晋华书社”，借阅《唯物史观》和《俄国革命纪实》等革命书籍，增长了知识，开阔了视野，爱憎更加分明。

1919年(民国八年)十九岁

北京爆发的“五·四”学生爱国运动波及太原。在同乡学长武灵初(学生纠察队长)和堂兄高成哲等带领下，高呼“打倒列强，铲除军阀!”等口号，参加了声势浩大的示威游行。

这期间，深受“五·四”新思想、新文化的影响，与同校的张友渔、张磐石、郭树棠、刘蕙基等志同道合的热血青年，组成了“共进学社”，办起了《共鸣》刊物，着重宣传新思想、新文化；提倡科学与民主，抨击黑暗的旧世界……

1921年(民国十年)二十一岁

九月五日，自编《新诗集》一本，共选了42首习作新诗，分为写景、写实、写意、写情等四类，并且自作《新诗引子》序文；同时写了短篇小说《梦里的爱》、《寡妇语》和评论《文学略谈》等作品。[①]

高歌当时的情况为：

高歌在太原一师读书时，正赶上伟大的五四运动。民众高昂的爱国主义热情，科学与民主的口号，对他有巨大的影响。他结识了进步青年高沐鸿、高隽夫、张磐石等，经常一起阅读陈独秀、李大钊、胡适、鲁迅、茅盾等人的文章，议论国是，研究新文学，逐步确立了反帝反封建的革命民主主义立

① 李东光:《高沐鸿生平及创作年谱》,《高沐鸿诗文集》下册,第793—794页。

场。他曾在学校操场的雪地上，用脚画出大大的两个字——革命。

1923年春，高歌踏入他人生的第一站，他在母校盂县一高任国文教员。任教期间，他提倡新文化，反对旧礼教，主张教育革新，反对体罚。他完成了规定的文言文教学课程后，就抽空教授新文学，讲鲁迅、茅盾、俞平伯、冰心等人的作品，讲新文学知识，很受学生欢迎。他性格开朗，作风民主，讲课生动活泼，师生关系非常好。他还利用节假日组织学生演文明戏，请乡亲们来观看。演出的剧目有高歌改编的《兰芝与仲卿》和他创作的《少奶奶的扇子》、《犹是春闺梦里人》。演出取得成功后，他又组织学生们到乡下去演出，上演他编写的通俗小戏《赌博之害》、《鸦片之害》、《逃荒》、《穷人翻身》、《革命》等，很受乡亲们的欢迎。高歌的活动得到当时的新派县长——江苏人张清哲的支持，县长的儿子张瑜张玠都参加他的演剧活动并扮演角色。然而这些活动却遭到以校长田秀麓为首的封建顽固派的仇视和抵抗，他们散布流言蜚语，造谣中伤，说高仰慈行为不检，伤风败俗，有失师道尊严，实属“误人子弟”。高歌受到这种无端的攻击与排挤，便决定离开这里，到更加广阔的天地里去驰骋，他于1924年冬辞职了。①

需要说明的是，尽管笔者坚持尽量使用第一手材料，但实在找不到第一手材料时也只好使用第二手材料——别人的研究成果。这些材料有些却是值得怀疑的，比如关于高歌的介绍。中国现代文学史上

---

① 言行:《高歌小传》,《历史的沉重》,第146—147页。

最先编导《少奶奶的扇子》的人是洪深，时间是 1924 年 4 月。更重要的是，笔者从根本上怀疑高歌这个时候“创作”、“编写”了这么多剧本：高歌留下的约一百万字作品以小说、散文为主。如果高歌在话剧方面有如此丰富的经验，狂飙演剧部 1929 年 2 月 23 日至 3 月 3 日到南京公演时，他不会写下如此羞愧难当的文字：“利那，我不是一个演员！而且，又没有自己的一个剧本！虽然自己知道朋友的是和自己的一样；但是，自己总觉着有点羞！羞！羞！羞！羞自己没得这样的创作！”[①]不过笔者却相信五四时期山西确实演出过上面提到的戏剧。首先，五四时期，太原便有了话剧活动：“太原的话剧活动，是受了‘五四’运动的影响才开始的。最初是在一些有进步思想的中等以上学校，利用假期结业的游艺会上演出。我曾看过以朝鲜革命志士反抗民族压迫为题材的《山河泪》，以反对军阀战争为主题的《可怜闺里月》等等。”[②]其次，认为是高歌“创作”、“编写”的七个剧本实际上多与阎锡山正在推行的大政方针密切相关，它们更可能与阎锡山周围的人有关。《犹是春闺梦里人》很可能就是《可怜闺里月》，对该剧的演出，阎锡山至少不会反对。因为在军阀混战期间，他也“备受风云险恶之苦”：1914—1925 年间，“全国革命形势大为削弱，山西被包围于北洋军阀势力范围内，公周旋于袁、黎、冯、徐、曹、段、张、吴各期间，备受风云险恶之苦。”[③]在军阀混战时期，阎锡山至少名义上是国民党员，他的军队还属于“民军”，所以对《革命》的演出也应该是大力支持的。为了让妇女在山西经济生活中发挥更大作用，阎锡山一面提倡“天足”：“为努力在

---

① 《情书四十万字 · 归来到我的乐园吧》，《高歌作品集》下卷，北岳文艺出版社，1993 年，第 378 页。

② 张季纯：《太原话剧活动的回忆》，中国艺术研究院话剧研究所：《中国话剧史料集》第 1 集，中国戏剧出版社，1985 年，第 214 页。

③ 《附录：阎公锡山传略》，阎锡山：《阎锡山早年回忆录》，第 79 页。

本省革除缠足的弊端，阎在每一个区设立了他主办的‘天足会’，并鼓励学生佩带徽章，宣布他们不与缠足的女子结婚。他威胁着要惩罚和这种女子结婚的男性青年，并经常处罚要女儿继续缠足的母亲到省立工厂去做苦工”，一面“在每个区至少建立一所职业学习所，让农民的女儿在那里学习识字和纺线、编制、养蚕技能”。[①]《兰芝与仲卿》这一剧目应该与此有关。阎锡山非常讨厌赌博，一次差点将袁世凯派到太原来监视他的袁世凯侄子“查扣送京”，原因是“此人酷嗜赌博，日夜打牌，一反袁氏指赌博为‘牧猪奴戏’之谕示”[②]；阎锡山在山西开展了非常严厉的禁烟运动：“每年当局都查获数以吨计鸦片烟土，并关押和处决数以百计的贩毒者。甚至仅仅是被怀疑为贩运鸦片的人，除非有本家族的人或行业会担保，也被投入监狱。阎怒喝：‘那些贩卖鸦片的人是可恶的！’‘枪毙他们，枪毙他们！’”而《赌博之害》和《鸦片之害》正是宣传禁赌、禁烟的。此处的《逃荒》、《穷人翻身》表现的绝对不是后来人们常见的新旧社会的对比，而应当是阎锡山当政前后山西的对比：“在 1922 年太原有几十万人集会聆听一个接着一个的讲演者，颂扬阎‘变山西为天堂’所作的努力。”[③]从上面分析可以看出，五四前后的山西完全有可能演出过这些剧本。由于演出内容与阎锡山当时的大政方针密切相关，自有阎锡山内部的人操办，用不着高歌捉刀——才开始接触话剧的高歌也不可能达到这种水平，他最多不过“利用节假日组织学生”演出罢了。

实际上，阎锡山非常重视教员在推行他的大政方针方面所起的作用。1919 年在对第二次模范示教学员毕业训词时，要求他们除办理模范示教的事情外，还委托了三件事：“宣布新政的宗旨”、“担任社会的

---

① 唐纳德·G·季林：《阎锡山研究》，第 28 页。

② 阎锡山：《阎锡山早年回忆录》，第 50 页。

③ 唐纳德·G·季林：《阎锡山研究》，第 31—58 页。

教育”、“普及注音字母”。[①] 1922年7月30日对泰谷县各校教职员讲话时，希望他们除了关心学校自身外，还要“协助村范”：“你们在乡村间，不但教育学生，并且要作全村人民的教习，因为村民识字不多，遇事都要向先生请教；你们有这个机会，向他们宣传整理村范的事宜，他们信先生的话，恐怕比村长副和闾邻长还要信服些。”[②]高歌组织学生演出遭到“封建顽固派的仇视和抵抗”也很正常，因为阎锡山的新政本身便遭到了“封建顽固派的仇视和抵抗”：“阎同士绅的利益一致，他所提倡的革新是为了维护现存秩序并保持地主阶级在山西的首要地位的模式而制定的。不过，士绅们常常拒绝合作，并且不断地运用他们的财富和势力对他所实行的集中政府管理权力，扫除文盲，严禁吸毒，和贪污等表示怀疑或暗中加以破坏。”[③]需要说明的是，高歌组织学生演出这些剧本时，哪怕“照本宣科”也没大错，因为除歌功颂德成分外，多数剧本表现的具体内容就是按现在的标准要求也基本正确。尽管当时山西演出这些话剧是为了推行阎锡山的大政方针，但因其形式是中国未曾有过的话剧，表现内容也多与时代要求基本一致，所以同时传播了新文化，高歌理所当然是受这些话剧影响的人之一。

从上面分析可以看出，高长虹、高沐鸿、高歌这些20世纪20年代初成长起来的山西作家，确实是“在‘五四’新文学直接哺育下走上文学道路的”[④]。实际上，狂飙社成员中除常燕生、张申府等少数几人在五四时期便已成名外，多数是在五四新文学直接哺育下走上文学道路的，他们可以看作是被五四新文化运动“惊醒”的人。

这群人的行为和命运很容易让人想起著名的“铁屋子”的比喻：

---

① 《传热发芽》，《阎百川先生言论类编》第6卷，第40—46页。

② 《从整理村范说到教育方法》，《阎百川先生言论类编》第6卷，第92页。

③ 唐纳德·G·季林：《阎锡山研究》，第40页。

④ 董大中：《山西现当代文学概观》，《瓜豆集》，北岳文艺出版社，1991年，第68页。

"假如一间铁屋子，是绝无窗户而万难破毁的，里面有许多熟睡的人们，不久都要闷死了，然而是从昏睡入死灭，并不感到就死的悲哀。现在你大嚷起来，惊起了较为清醒的几个人，使这不幸的少数者来受无可挽救的临终的苦楚，你倒以为对得起他们么？"[①]当时的中国像一个"铁屋子"，狂飙社成员多有类似感受。高长虹曾这样写道："北京是一个陈腐和债务编织成的囚笼，但那里失陷着我的朋友。我能够不自愿地回到囚笼中去吗？"[②]高沐鸿的一部中篇小说的标题是《狭的囚笼》；高歌的《情书四十万字》的一章标题是《生活在藩篱里》；尚钺一篇文章的标题是《狭室里的呻吟》……从已经知道自己的生活环境是"囚笼"、"藩篱"、"狭室"等可以知道，他们确实已经醒来。从一系列行动可以看出，他们不但醒来了，并且没有睁着眼睛等死，而是呼唤着同伴，用自己的血肉之躯一次又一次地向"铁屋子"撞去。

第二节　结社太原

一　成立时间考证

狂飙社的成立时间至今没有定论，比较流行的三种说法是：得到多数人认同的是《所谓"思想界先驱者"鲁迅启事》和鲁迅 1927 年 10 月 14 日给台静农、李霁野信后对狂飙社的注释中出现的说法："高长虹、向培良等所组织的文学团体。1924 年 11 月，曾在北京《国风日报》上出过《狂飙》周刊"，1981 年版、2005 年版的《鲁迅全集》均持此观点；

---

① 《呐喊·自序》，《鲁迅全集》第 1 卷，第 441 页。

② 《游离·游离》，《高长虹文集》中卷，第 320 页。

第二种说法是根据太原《狂飙》月刊的出版时间为1924年9月1日而认为是1924年8、9月份，狂飙社研究者董大中、言行、郝雨、赵润生等多持这种观点；第三种说法是根据鲁迅的“莽原社内部冲突了，长虹一流，便在上海成立了狂飙社”[①]认为成立于1926年，代表人物是鲁迅研究者林辰、陈漱渝等[②]。笔者在《狂飙社与第二次思想革命》(《山西大学学报》2006年第2期)、《关于2005年版〈鲁迅全集〉与狂飙社有关的部分注释》(《鲁迅研究月刊》2006年第4期)等文章中认同第二种观点，认为成立时间为1924年8月。在编撰《高长虹年谱》第一稿过程中，我发现该成立时间有问题，但由于材料不足，只好存疑；在编撰《高长虹年谱》第二稿过程中，我便注意收集相关资料，并最终得出结论，狂飙社成立时间当为1923年暑假。

先来看狂飙社盟主高长虹的相关文字。高长虹在1926年10月28日写的一篇文章中如此写道：“在三年以前，我对于出版界的情形是什么也不知道。我当时曾听人说过，鲁迅即周建人的别字，我便信以为真。……那时狂飙社虽已成立，然潜声默影，初无表示。我个人为生活所苦，日惟解决出国问题，他无所顾。沐鸿尔时已有诗稿不少，我亟称之，而彼不信，要我就正于北京负时望之作者。我虽允许，然机缘既少，我又自信多而信人者少，所以终未成为事实。后来，不用说是些什么原因了吧，我们在1924,9,1，办起一个小小的狂飙月刊，虽只出了三期，然因此我们在出版界终于便成为‘闯入者’了。”[③]高长虹在1928

---

① 《且介亭杂文二集·〈中国新文学大系〉小说二集序》，《鲁迅全集》第6卷，第259页。

② 林辰：《鲁迅与狂飙社》，《鲁迅事迹考》，第65页；陈漱渝：《鲁迅与狂飙社》，《新文学史料》，1981年第3期。作为狂飙社重要成员的高沐鸿晚年竟然也如此说：“到达上海后，他便和几个志同道合的青年组织起了‘狂飙社’”(曹平安：《高沐鸿忆长虹》，《高长虹研究文选》，第51页)，由此可见该说法影响之大。

③ 《走到出版界·1925，北京出版界形势指掌图》，《高长虹文集》中卷，第144页。

年11月10日写的一篇文章中如此写道:"光就狂飙运动的艺术运动来说,已有五年的历史了。狂飙初生的时候,纯洁清新,如不说他是云中的天使,他也是人间的婴儿。半年之后,一年之后,之后之后,他入世既久,他恶化了,他已不象[像]那初生时候的狂飙。"[①]

在此需要搞清楚的是,这两段文字中的"三年"、"五年"是按整年计算的还是按年头计算的。第二段文字太过简单,无从考证,第一段文字却留下了四条线索。一、"那时狂飙社虽已成立,然潜声默影,初无表示"与1924年8月的情况不符——9月1日他们在太原出版了《狂飙》月刊。二、"我个人为生活所苦,日惟解决出国问题,他无所顾"说的应当是1923年的情况。该年暑假,石评梅大学毕业后,她的父母便从太原迁回老家平定居住,高长虹的一首诗记下了他到车站送行的情景:"二次我走到火车站,/送你父女归家乡,/无家无爱一游子,/从今永别地与天。"[②]该年9月8日至10月15日的《晨报副刊》上,高长虹以《家庭之下》为总题发表了6首诗歌:《红叶》(9月8日)、《永久的青年》(9月10日)、《祷歌》(9月12日)、《懊恼》(9月19日)、《一刹那的回忆》(9月24日)、《槛中之狼》(10月15日)。《一刹那的回忆》收入诗集《给——》时为第二首,该诗集是献给石评梅的——尽管其内容并不全与石评梅有关。由此可以推断,在送石评梅父女回平定的时候,高长虹已经知道自己没有希望了——石评梅与高君宇已经通信好几个月[③]。在这种情况下,"为生活所苦"的高长虹只好写下他与石评梅1922年暑假见面的"一刹那"情景准备出国。从发表文章时间和高

---

① 《出了那股毒气便好了》,《高长虹文集》下卷,第251页。

② 《给——·30》,《高长虹文集》上卷,第342页。

③ 现在能够见到的第一封信是高君宇1923年4月16日写给石评梅的,信中有这样的话:"来书嘱以后行踪随告,俾相研究"(《石评梅作品集·诗歌小说》,书目文献出版社,1984年,第1页),从信中透露出来的熟悉程度可以推断,两人通信已有一段时间。

沐鸿要他"就正于北京负时望之作者"可以知道,高长虹1923年暑假后确实到过北京。三、高长虹接着第一段文字如此写道:"便在这一年的冬天,我又因为出国问题,认识了晨副编辑孙伏园,也便送了他两份狂飙月刊",从"又"可以知道,1924年的冬天已不是高长虹第一次计划出国。四、"沐鸿尔时已有诗稿不少,我亟称之,而彼不信,要我就正于北京负时望之作者。我虽允许,然机缘既少,我又自信多而信人者少,所以终未成为事实",这两句话说的不是高长虹1924年9月底到北京的情况。一则因为该年高长虹到北京后,将自己主办的《狂飙》月刊送给了孙伏园和郁达夫,已经有了"机缘";二则此时的狂飙社自己办有刊物,已用不着"就正于北京负时望之作者"——此话的意思当是请"北京负时望之作者"推荐发表,而不是请他们指教。由此可以推断,这两段文字中的"三年"、"五年"是按整年计算的,也就是说,狂飙社成立时间至迟当在1923年10月。

再看高沐鸿的相关文字。高沐鸿是狂飙社重要成员,1980年接受采访时说到了他与高长虹的初期交往情况:"在师范学校读书时,我在第12班,我的一位叔伯哥哥叫高隽夫,比我高一班,在第11班。和我哥哥同班的有个叫高仰慈的同学,笔名叫高歌,是山西省盂县人,和我哥哥很要好,通过我哥哥的关系,我也和高仰慈很快熟惯了。高歌有个哥哥叫高仰愈,也叫高长虹,出身于破落的书香门第,因而,他也曾用过'高残红'的名字。在我们上学期间,高长虹在盂县老家,由于从小舞文弄墨,又受'五四'运动的影响,在1925年前后,就在茅盾主编的《小说月报》上,用'残红'的笔名发表短诗。1923年,我师范毕业,被正式分配到太原师范附属小学当教师,校址就在太原市三桥街。由于高歌的引荐,我和高长虹在太原见了面。他吃苦耐劳、能个人奋斗的事儿,我早有所闻,所以对他很崇拜。特别是由于文字的姻缘,我便和高长虹成了好朋友。在文学创作上,我俩互学共勉,在他的影响下,我开始以极大的热情从事文学创作活动。”[①]高沐鸿接受采访时说狂飙社成立地点是上海——此说法很明显受到“长虹一流，便在上海设立了狂飙社”的影响，所以当然不会说狂飙社1923年暑假成立于太原。但从他与高长虹1923年暑假见面后“互学共勉”的情况可以推断——结合高长虹的相关文字，狂飙社应该成立于高长虹、高沐鸿见面后不久，即1923年暑假。

最后看冈夫的相关文字。冈夫在一篇回忆高沐鸿的文章中如此写道：“沐鸿是作为五四新文化运动时期山西最早的一批积极的参加者并开始进行文学创作活动的。当时他在太原省立第一师范读书时便和同校的张友渔、张磐石等组成‘共进学社’，办起《共鸣》杂志。在一九二二年山西《教育杂志》上发表了他最初的白话体新诗多首和提倡新文学的论文。稍后又和磐石、雨农等在太原组织起‘贫民艺术团’（按：当为‘平民艺术团’）。接着又参加了高长虹倡导的狂飙文艺运动，于1924年9月间创刊了《狂飙》月刊。”[②]据冈夫的回忆可以知道，狂飙社成立时间当为1922年至1924年之间。结合高长虹、高沐鸿的相关文字可以断定，狂飙社的成立时间为1923年暑假。

由于掌握资料不一样，或由于依据的标准不同，对社团成立时间存在争议是非常正常的事情，比如创造社成立时间就曾有多种说法：1921年6月8日[③]、1921年6月13日或21日[④]、1921年6月中旬[⑤]

---

① 曹平安：《高沐鸿忆长虹》，《高长虹研究文选》，第49—50页。

② 冈夫：《严正宽厚　立己立人——忆念沐鸿同志》，《冈夫文集》第3卷，第1418页。

③ 郑延顺：《创造社成立的准确时间》，《新文学史料》，1995年第3期；陈福康：《再谈创造社的成立时间》，《新文学史料》，2001年第1期；龚济民、方仁念：《郭沫若传》，北京十月文艺出版社，1988年，第65页；秦川：《郭沫若评传》，重庆出版社，1992年；咸立强：《寻找流浪的归宿者》，东方出版中心，2006年，第109页。

④ 朱寿桐：《日本博多湾风物与郭沫若研究的几个问题》，《新文学史料》，2000年第3期。

⑤ 郁云：《郁达夫传》，福建人民出版社，1984年，第48页。

等。就狂飙社而言,令人遗憾的不是存在几种说法,而是这几种说法基本上是自说自话,没有形成对话,由此可见狂飙社受漠视的程度:人们尽管在各自领域里涉及到狂飙社成立时间问题,却并不关心——或根本就不知道——其他领域的人对这一问题的研究。到改变这一现状的时候了!

二 平民艺术团与狂飙社

由于狂飙社出版物一度使用“平民艺术团编”的字样,所以不少人认为平民艺术团是“‘狂飙社’最初的名字”①,此说值得商榷。

据冈夫的回忆文字可以知道,平民艺术团是由高沐鸿和张磐石、藉雨农等成立的。尽管狂飙出版物一度使用“平民艺术团编”的字样,但需要注意的是,是平民艺术团的成员“参加了高长虹倡导的狂飙文艺运动”,而不是高长虹加入了平民艺术团。“退稿事件”发生后,高长虹要韦素园搞清楚的四件事中的第三件事是:“三请先生或先生等认清这几件事的性质,则未名丛刊是一事,未名丛刊经售处又是一事。莽原又是一事,莽原编辑又是一事,未名丛刊经售处发行莽原又是一事。”②从高长虹如此细致的区分可以看出,“莽原编辑”与“莽原”之间并不能划等号。以此为标准,如果要在平民艺术团与狂飙社之间划等号,必须有其他资料。在找不到其他资料的情况下,笔者只能相信冈夫的话,并认为狂飙出版物一度使用“平民艺术团”的字样,只不过是借平民艺术团这块牌子,而不能认为平民艺术团是狂飙社最初的名字。

高沐鸿、藉雨农、张磐石等已经成立了平民艺术团,为什么要加入高长虹发起成立的狂飙社呢?由于与藉雨农有关的资料极其缺乏,而

① 董大中:《狂飙社编年纪事》,《新文学史料》,2002 年第 3 期。

② 《走到出版界·给韦素园先生》,《高长虹文集》中卷,第 122 页。

张磐石正式参加狂飙社活动的时间是1927年，所以只要搞清楚高沐鸿愿意加入狂飙社的原因就行了。尽管高沐鸿1922年5月就在山西《教育杂志》8卷1、2期合刊发表了《新诗集》、《梦里的爱》、《寡妇语》、《文学略谈》等，但不仅文章数量有限，而且刊物也是地方性的。高长虹却在《晨报》、《妇女杂志》、《小说月报》、《晨报副刊》等有全国影响的报刊发表了不少作品：在1921年5月20日出版的《晨报》发表《译惠特曼小诗五首》（署名残红），在1922年2、3、5、8、11月出版的《妇女杂志》发表诗歌15首（署名残红，其中14首为译诗），在1922年5月10日出版的《小说月报》13卷5期发表诗歌《红叶》和给沈雁冰的信，在1922年10月10日出版的《小说月报》13卷10期发表诗歌《永久的青年》，在1923年9月8日至10月15日的《晨报副刊》发表《家庭之下》6首……并且，高长虹从山西省立一中"逃出来"[①]后，曾到北京"偏尔在一个大学校听讲"[②]近一年，阅历也比未出过娘子关的高沐鸿丰富。正如高沐鸿自己所说："他吃苦耐劳、能个人奋斗的事儿，我早有所闻，所以对他很崇拜。"[③]

高沐鸿愿意"参加"高长虹倡导的狂飙文艺运动，除对高长虹很"崇拜"外，还与高沐鸿希望高长虹能将自己的诗歌"就正于北京负时望之作者"[④]有关：高长虹曾到过北京、在北京的刊物发表过并正在发表着文章、《国风日报》的负责人景梅九"很爱"[⑤]高长虹。

---

① 《走到出版界·答周作人》，《高长虹文集》中卷，第231页。

② 《走到出版界·读谢本师》，《高长虹文集》中卷，第103页。

③ 曹平安：《高沐鸿忆长虹》，《高长虹研究文选》，第49页。

④ 《走到出版界·1925，北京出版界形势指掌图》，《高长虹文集》中卷，第144页。

⑤ 《土仪》，《高长虹文集》下卷，第46页。

第三节 太原《狂飙》月刊时期

1924年9月1日,《狂飙》月刊在太原创刊,每期8页,仅出3期。编辑者署“平民艺术团”,发行者署“太原桥头街少年书社”。月刊的出版与同样深爱着石评梅的高君宇有着密切关系:“我有一个朋友叫‘君宇’的,曾做向导记者,在思想上我们可以说是互相反对的,但是却听说过他很希望是[我]办一个刊物出来说话。也正在这年暑假中,我在一个地方遇到他了。谈话当然是没有结果的,所以他又说希望我出来办一刊物。”①

太原《狂飙》月刊共出3期——后两期为合刊,第一期已佚。不过张磐石的回忆能让我们知其大概:

> 大约在1924年底,在太原第一师范附属小学执教的沐鸿同志处,我见到高长虹,同时看到了他主编的“狂飙”创刊号,红色套版,刊头“狂飙”二字是沐鸿的笔迹。内容大部分是长虹的文章,也有沐鸿的。我读了“狂飙”创刊号后,内心觉得长虹的某些文章语气似有些“狂妄”,但我同他谈起话来不仅平易近人,而且坦率、诚恳、热情,我极喜爱他对旧思想、旧制度、旧社会的反抗精神。②

在11月7日给狂飙社成员藉雨农的信中,高长虹生动地描述了月刊创办前后的情形:

---

① 《走到出版界·1925,北京出版界形势指掌图》,《高长虹文集》中卷,第145页。

② 张磐石:《我与高长虹》,《高长虹研究文选》,第37页。

这些时，我常在回忆我们前两月聚首的情况。我们坐在汾堤旁的树上，把衣服搁在地下，赤条条地迎受着那风的凉吻，我们应着宇宙的谐调，不自觉地唱着自由的歌子……现在想起来，我还很真切地感到一种幻渺的甜蜜的壮美。一天，我同沐鸿，复生在海子边游玩，他们在凳子上坐了，我攀在他们旁边一棵树上。及至他们要去的时候，我装着要往下跳的样子，引得我们的多情，小胆的朋友，沐鸿，一叠连声地嚷着不叫我跳……这是多么生动的回忆，而今——一切都完了，过去的永久成为过去了……[①]

月刊刚出版一期，高长虹就带着刊物前往北京，却并未得到多少人重视：

狂飙到京，送出十几份，虽只得到郁达夫君一封回信，然而在我，已经觉得十分欣慰了，我对于郁君盼望我们继续努力的丰富的同情，要表示我最大的感激，但是，我们应该知道惭愧，我们太对郁君不住，我们太浪费他的盼望了。[②]

高长虹尽管离开了太原，仍然非常关心月刊的出版：

我从太原走时，沐鸿曾和我说，我走后怕有狂飙不起来的危险，复生也有同样的意见，但是我却铁一般坚定地安慰他们，说那是决不会有的事，因为你们的情绪都时常在紧张

---

① 《通讯一则》，《高长虹文集》下卷，第19—20页。
② 《通讯一则》，《高长虹文集》下卷，第19页。

着，而且沐鸿荫宇，都有很多的存稿，印费有限，也不至发生什么问题。九月二十八日，我从家里到测石时，东车已开走了，我当时很想趁此机会，回太原一走，待狂飙第二期出版后再行北上，但终于因为这是不必要的，所以竟没有去。到北京后，我每天很焦躁地等着寄来，一直等到七日，渺无音信，我几乎绝望了，然而又希望或者由于复生事忙，没有顾得寄的缘故。我只得写信问他。接着我又焦燥[躁]了十来天，直到十八日，才接到他的信，于是我真的绝望了。我几乎要学着玉骅唱起倒霉之歌来了。雨农，你会知道我当时是如何懊恼，如何颓丧。但是，到我想到以你们那样爱好狂飙，而竟至并此也淡漠视之，所显示的你们的深沉的悲哀时，我禁不住又在为你们哭了。[①]

太原传来月刊停刊消息后，高长虹在异常“悲哀”的同时，鼓励同人们要“舍命地苦斗下去”：

前天接复生来信，说你不久要回家去，我从狂飙月刊的停刊，已经知道你近来的生活越发苦闷了。回家，至少也可以变换一下环境。这本来是一种无聊的想头，回去在不了三天，你便又嚷着要走了。雨农，以现在的社会，以我们的性格，要想找一块能给我们以片刻快乐的地方绝对是不可能的事情。让我们漂流去吧！我们的快乐，只有在漂流中才能够找得，只有不断的漂流，随时随地的顽强的反抗，才能够使我们的精神得到一些安愉。社会同我们，已处在势不两立的境

① 《通讯一则》,《高长虹文集》下卷，第 19 页。

地，社会不容我们存在，我们也在一息不忘地要把它置之于死地。我们便把人类的幸福搁在一边，只为了我们自己的生趣的维持，我们都不能够不舍命地苦斗去，“苦斗呵，苦斗便是幸福！”我们应该这样叫了，我们相信在这个呼声之下，胜利终要归于我们的！

雨农！你看了我的徘徊和风——心，你可以知道我近来的心弦上在弹着什么调子了。悲哀几乎要融化了我，我的心中的火花，几乎要完全熄灭了。但是，雨农！你决不要为我担心，我无论在如何急剧的悲哀中，我终时常要感到一种快乐，一种在旁的境遇中所不能感到的悲壮的快乐。所有存在的东西，我相信，没有一个能够使我屈服的，便是最残酷的死神——便到我被压在那死神的盾牌之下挣最后之一息的时候，我相信，我一定能够保持住我的征服的态度，你听着，雨农——我又在要用鹰的调子唱起野蛮的狂飙之歌来了！[①]

第四节　狂飙社最初六位成员：高长虹、高沐鸿、高歌、段复生等

一　高长虹

(一)简历(1898 年 2 月 12 日至 1954 年春)

山西省盂县人，原名高仰愈，曾用笔名残红、A、C、D、CH 等，用得

① 《通讯一则》，《高长虹文集》下卷，第 18—19 页。

最多的是长虹。1910 年暑期以第一名小学毕业，知县特赏银牌一块，上刻"高仰愈"。1914 年 5 月，与祖父为其作主的王巧弟结婚，演出"悲剧的第二幕"（"第一幕"为二弟高歌的婚姻）。是年暑假，以全校第一名成绩考入山西省立第一中学。1915 年袁世凯实行帝制时，山西省学政界举行提灯会"劝进"，不但未去参加，还写了一首《提灯行》"对于全城的黑暗空气肆其所谓骂"。该行为对高长虹一生造成重大影响："次年我终于从那里逃出来了。那里的一个国文教员，本来很'恭维'我的，那时也以为我不可救药了。那里的校长，本来很'恭维'我的，那时说我是被人们'恭维'坏了。"[①]1916 年到北京，后在一所大学旁听，1917 年冬因家庭无力供他费用回家自学。1918 年与人创办全县第一所女子学堂"清城镇女子小学校"。1922 年春或夏，父亲指责其在家自学、写作而不出去挣钱赌气来到太原，在太原市文庙博物馆任书记员，与石评梅之父石鼎臣同在一个办公室。暑假看见从北京回太原度假的石评梅，立即被其迷住。1923 年暑假在高歌引荐下结识高沐鸿，发起成立狂飙社。1924 年 5 月下旬，高君宇回到太原劝其办一刊物，于 9 月 1 日创办《狂飙》月刊，共出 3 期。9 月底将《狂飙月刊》托付给太原的狂飙社成员只身前往北京。因出国无望，又遇冯玉祥班师北京，景梅九主办的《国风日报》复刊，于是在上面创办《狂飙》周刊，共出 17 期。停刊后加入鲁迅领衔的莽原社，为莽原社中"奔走最力者"。1925 年 6 月计划创办《狂飙》月刊，意图将《莽原》、《语丝》、《猛进》合并起来开展"思想革命"，因未得到鲁迅、徐旭生等支持未办成。10 月《莽原》改组，鲁迅计划将半月刊交给未名社印行并叫高长虹担任编辑，高长虹因多种原因辞谢了编辑责任。1926 年 2 月 14 日创办《弦上》周刊，共出 24 期。4 月 16 日偕郑效洵到上海开展狂飙运动。10 月 10 日

① 《走到出版界·答周作人》，《高长虹文集》中卷，第 231 页。

《狂飙》周刊在上海复刊，共出 17 期。1928 年 1 月与张申府合办《世界》周刊，共出 10 期。在世界周刊社入股 33 元(9 人共 159 元，后全部移交狂飙出版部)。1928 年 8 月中旬发起成立狂飙出版部，并于 11 月初发起成立狂飙演剧部。10 月 13 日刊登与个人有关的文章的《长虹周刊》创刊，目前见 22 期。1929 年 3 月中旬离开上海，一路旅行到北京，夏、秋曾在北京开展狂飙演剧运动。1930 年 2 月前往日本。1931 年九一八事变后离开日本，其间的工作为："一、建立行动学，二、由比较语言学进而草创新国际语"[①]，编辑字典并从事经济研究。1931 年 4 月 15 日《书报评论》1 卷 4 期《中外出版消息及其他》登载了高长虹的消息："狂飙社高长虹自从去国以后，消息久绝。近闻他在日本东京努力创作，起草一长至二百万字的长篇小说，现已写成七十多万字了。"1932 年在德国时，"差不多每天午后都得在普鲁士邦大图书馆内的东方部碰见他在翻阅中文的书籍。有时也在杂志部见他读英文的刊物"[②]。"一九三四年在荷兰创办救国会，编印救国周报，于对日作战，略有陈述。一九三五年负责旅法救国会工作，一二八纪念日在巴黎创刊中国人民报，对民族总动员，有较具体的意见发表。同年夏秋旅行瑞士德国间，草《行动，科学与艺术》一书，分上下两部。上部论中国的民族意识形态，下部为国防政策。后译入德文，西友见者，不无重视。惟因种种缘故，除一二篇英，德译文零星发表外，全书终未公布。"[③]1936 年 9 月在巴黎参加"全欧华侨抗日救国联合会"，被安排在宣传部。曾写过一部长篇小说《中国》，"当他每一章写完之后，就有人替他译成英、意、德、西班牙文"[④]。1938 年经由意大利、伦敦于 6 月到香

---

① 《关于高长虹在国外的资料二则》，《高长虹研究文选》，第 107 页。

② 张小红：《高长虹在柏林》，《书城》，1994 年第 6 期。

③ 高长虹：《自序》，《政治的新生》(佚著)，长虹出版社，1938 年。

④ 马蹄疾：《高长虹旅欧轶事》，《高长虹研究文选》，第 104 页。

港，潘汉年在香港码头看见他衣衫破烂。7月经广州、长沙达到武汉参加“文协”，10月中旬随“文协”转移到重庆。1940年4月1日至6月28日主编《大江日报》副刊《街头》。1941年4月离开重庆，1941年秋经当时二战区司令部所在地秋林镇到达延安。1942年边区文协召开第二次理事会“推定柯仲平、高长虹为正、副主任，统筹一切”[①]，高长虹未接受这一任命。1942年5月“延安文艺座谈会”召开时，“高长虹被邀请参加了，但因故未去”[②]。1943年，“在延安开展的‘抢救运动’中，被康生诬为青年党，要挨整，在张闻天，秦邦宪的保护下，幸免于难。对‘抢救运动’中出现的‘左’的倾向颇为不满，经常直言不讳地给党中央提意见，提要求，甚至还给斯大林提意见。之后，情绪逐渐消沉，整日伏案写作，极少参与社会活动”[③]。1945年8月与毛泽东的谈话“不欢而散”[④]。1946年初离开延安前往东北，于同年10月到达东北局所在地哈尔滨。1948年11月沈阳解放后，东北局由哈尔滨迁沈阳，高长虹也随之到了沈阳，住在东北局宣传部招待所东北旅社，直至1954年春突发脑溢血去世[⑤]。

---

① 艾克恩：《延安文艺运动纪盛》，文化艺术出版社，1987年，第305页。

② 黎辛：《关于“延安文艺座谈会”的召开、〈讲话〉的写作、发表和参加会议的人》，《新文学史料》，1995年第2期。

③ 《高长虹年表》，《高长虹文集》下卷，第735页。

④ 言行：《高长虹晚年的“萎缩”》，《历史的沉重》，第71页。具体经过为：“抗战胜利后，延安的文艺工作者要‘下山’。毛主席很尊重文艺工作者，亲自和艾青、萧军、塞克、高长虹等著名文艺家谈话，征求他们的意见。毛主席和高长虹谈话时，毛主席问：‘高长虹先生，抗战胜利了，文艺工作者要下山了，你有什么想法，是留在延安，还是到哪个解放区去？’高长虹说：‘我想到美国去考察经济！’听了高长虹这突如其来的话，毛主席大怒，立刻把他请出去了，使谈话闹了个不欢而散。据说这次谈话在党内高级干部中传达了。以后对高长虹就不再信任了，不再重用他了。”

⑤ 崔运清、闫振琦、李庆祥：《高长虹是病逝在东北旅社的》，《鲁迅研究月刊》，2006年第2期。

（二）作品集目录

1.《精神与爱的女神》，狂飙小丛书第一种，平民艺术团1925年3月。

2.《闪光》，狂飙社1925年9月。

3.《心的探险》，乌合丛书第四种，北新书局1926年6月。

4.《光与热》，狂飙丛书第一种，开明书局1927年2月。

5.《给——》，狂飙丛书第三第六种，光华书局1927年9月。

6.《献给自然的女儿》，狂飙丛书第二第三种，泰东书局1928年1月初版，6月再版，1929年4月第三版。

7.《时代的先驱》，狂飙丛书第三第七种，光华书局1928年2月初版，10月再版。

8.《曙》，狂飙丛书第二第四种，泰东书局1928年4月初版，1929年1月再版。

9.《春天的人们》，狂飙丛书第三第八种，光华书局1928年4月初版，1929年1月再版，1929年8月三版，大光书局1936年10月第五版。

10.《实生活》，狂飙社出版物之一，现代书局1928年6月。

11.《走到出版界》，狂飙丛书第二第九种，泰东书局1928年7月初版，1929年3月再版，上海书店编入《中国现代文学史参考资料》1985年3月影印出版。

12.《青白》，狂飙丛书，北平狂飙出版部1928年8月。

13.《游离》，狂飙丛书第二第八种，泰东书局1928年12月初版，1929年9月再版。

14.《从荒岛到莽原》[①]，狂飙丛书第三第九种，光华书局1928年

① 由《心的探险》和《精神与爱的女神》（改名为《精神与爱的憧憬》）合编而成。

12 月。

15.《草书纪年》,上海狂飙出版部 1929 年 7 月。

16.《神仙世界》[1],上海狂飙出版部 1929 年。

17.《政治的新生》(佚著),长虹出版社 1938 年。

18.《延安集》,张家口文协分会"和平野营"1946 年 9 月。

19.《中国现代作家名作文库·高长虹卷·光与热》,姜德明主编,中国戏剧出版社 2001 年。

20.《高长虹文集》(3 卷本),社会科学出版社 1989 年。

二 高沐鸿

(一)简历(1900 年 11 月 21 日至 1980 年 8 月 25 日)

山西省武乡县人,乳名高福锁,学名高成均,字鸿甫,曾用笔名劣者、B、马丁、毕未朽、佛量等。1921 年自编《新诗集》1 本,选新诗习作 42 首。1922 年 5 月在《教育杂志》上发表处女作。求学期间受五四运动影响,与同校张友渔、张磐石等组织共进学社,创办《共鸣》刊物。1923 年从太原山西省立第一师范学校毕业后到太原一师附小工作。1923 年暑假在高歌引荐下认识高长虹,并加入高长虹发起成立的狂飙社。1924 年 9 月《狂飙》月刊在太原创刊时,为其题写刊名。1925 年在高长虹推荐下在《莽原》周刊发表作品 17 篇。1926 年夏与武乡籍进步青年武灵初、李逸三等在太原组织星光社,亲任社长,出版油印小报

---

① 《神仙世界》在收入《高长虹文集》中卷时有如此说明:"该书原在 1928 年《长虹周刊》第 1—4 期连载,1929 年初由上海出版部印行。原版本未见,本书是根据《长虹周刊》排印的。"尽管《长虹周刊》第 18 期刊登的广告《狂飙出版部新出版物》中包括《狂飙运动》月刊第一期、《草书纪年》(高长虹)、《革命与艺术》(柯仲平)、《神仙世界》(高长虹),但笔者仍然怀疑《神仙世界》是否真的出版过单行本。理由有三:一、第 21、22 期的《长虹周刊》刊登的广告《狂飙出版部新出版物》中,其他三种出版物仍然保留,惟独没有《神仙世界》;二、这两期刊登的广告《本刊编者的著作》中,《神仙世界》既无价格,也无出版单位;三、目前并未看见《神仙世界》的单行本。鉴于以上原因,《神仙世界》是否出版过单行本存疑。

《星光》月刊，专门揭露和批判武乡县的贪官劣绅，寒假回家时被逮捕入狱，后经营救出狱。1927 年 2 月下旬支持狂飙社“小伙计”张磐石、王玉堂(冈夫)、赵石宾、李选青等筹办小型文艺刊物《SD》。在世界周刊社入股 15 元(9 人共 159 元，后全部移交狂飙出版部)。1928 年 9 月下旬应高长虹之邀到上海负责狂飙出版部。1929 年 1 月中旬因肺病住院，6 月 1 日离开上海回老家。1930 年 4 月 27 日参与创办《山西日报》文艺副刊《前线上》；秋末经朋友介绍到绥远省立第一图书馆工作，其间主办过《绥远民国日报》文艺副刊。因吐血病复发，于 1932 年初冬回到太原，在同乡武灵初办的山西青年图书馆上临时班并加入社会主义青年团。1933 年回到武乡发动群众开展以“五抗”(抗租、抗债、抗粮、抗税、抗丁)为中心的农民运动并遭通缉。1936 年到北平参加左翼文化运动，同年加入中国共产党。抗日战争爆发后受山西省委的派遣到晋东南发展群众，曾任榆社县第一任抗日县长、晋东南文艺界抗日救国总会主任理事兼任秘书、《黄河日报》总编辑、太行文联主任等职。解放后历任山西省文联主任、山西省人民政府监察委员会副主任、中共山西省委宣传部副部长、山西省第四届政协副主席等职。①

(二)作品集目录

1.《天河》，狂飙丛书第三第二种，光华书局 1927 年 1 月。

2.《夜风》，狂飙丛书第二第五种，泰东书局 1928 年 4 月初版，1929 年 1 月再版。

3.《红日》，狂飙丛书第二第十种，泰东书局 1928 年 9 月初版，1929 年 5 月再版。

4.《狭的囚笼》，狂飙丛书第二第十一种，泰东书局 1929 年 5 月。

---

① 主要资料来源：《高沐鸿传略》(李志宽、程高翔、朱玉楼、李东光)、《高沐鸿生平及创作年谱》(李东光)(《高沐鸿诗文集》下册，第 776—811 页)。

5.《湖上曲》,南华图书局 1929 年 9 月。

6.《少年先锋》,震东印书馆 1931 年 4 月。

7.《美满家庭》,华北书店 1944 年。

8.《古话正误》第一集[①],韬奋书店 1945 年 3 月。

9.《太行吟(又名:太行战影)》,山西人民出版社 1956 年。

10.《十二月之歌》,山西人民出版社 1957 年。

11.《回春室诗抄》,山西人民出版社 1980 年 7 月。

12.《高沐鸿诗文集》(上、下)[②],北岳文艺出版社,1992 年 12 月。

三　高歌

(一)简历(1900 年 9 月 14 日至文革前期)

山西省盂县人,原名高仰慈,字普苏,乳名秋海,高长虹二弟。1922 年毕业于山西省立第一师范学校,回母校盂县一高任国文教员。教书期间利用节假日组织学生演文明戏,受到乡亲欢迎,并得到当时新派县长支持,却遭到以校长为首的顽固派的仇视和抵抗。1923 年暑假介绍高沐鸿加入高长虹发起成立的狂飙社。1924 年 11 月初到北京投奔高长虹,并在鲁迅任教的北京世界语专门学校学习,结识鲁迅、张稼夫、吕蕴儒等人,12 月 20 日在高长虹带领下拜访鲁迅。1925 年初与吕蕴儒、向培良到河南开封筹办《豫报副刊》(5 月 18 日创刊)。1925 年 8 月《豫报副刊》停刊后回老家照顾病重的母亲。高长虹到上海开

---

① “作为向即将召开的太行区模范文教工作者大会的献礼,后又陆续编辑出第二集和第三集,这实质上是对传统习俗和封建文化思想的反驳。”(李东光:《高沐鸿生平及创作年谱》,《高沐鸿诗文集》下卷,第 805 页)

② 共 126 万字,为“选编”,在已出版的集子中,未收入《古话正误》。《编后记》中还有如此说明:“最可惜的是战争年代连续发表在油印刊物《文化动员》中的长篇小说《遗毒记》、石印出版的《抗日读本》和《黄河日报》上刊载的《纵断面与横断面》等当时颇有影响的作品,现在却荡然无存了。”

展狂飙运动后，于1926年5月初到北京接编《弦上》周刊。1926年10月中旬结束北京的狂飙事宜，赴上海协助高长虹编辑上海《狂飙》周刊。1927年4月初应潘汉年之邀，与向培良一起赴武汉编辑《革命军日报》副刊《革命青年》。七一五政变发生后离开武汉回到上海。1927年10月中旬到杭州与高长虹见面，商定同返上海重振"狂飙运动"。年底三弟高远征牺牲的消息传来，高长虹埋怨他不该让高远征当兵，一气之下来到西湖，认识一婚姻不如意的妇女，并坠入爱河，于是情书不断——后曾以《加里的情书》和《情书四十万字》结集出版。1928年4月1日回到上海，与高长虹重归于好。1928年6月由其编辑的《世界》月刊出版，仅出一期。狂飙出版部1928年8月中旬成立后，为《狂飙运动》月刊的6位编辑之一，负责小说。狂飙社成员逐渐星散后，与柯仲平一起支持着又办了两期《狂飙运动》月刊(共3期)，并负责处理善后事务。为了支撑狂飙社，曾尽力而为，但收效甚微。抗战爆发后，只身到重庆，隐去高歌旗号，以其字普荪为名，靠自食其力维持生活，与同乡贺郁亭过从甚密。其时，高长虹在重庆呆了三年，并经常在报刊上发表文章，但从未与高长虹联系。解放后在重庆市劳动局任科长，后又调市计划委员会工作。文革初期，重庆曾有人到老家调查情况。贺郁亭1970年初回老家探亲时，说高歌已经病故。①

---

① 主要资料来源：《高歌小传》(言行，《历史的沉重》，第146—154页)。未采用下面一些非常重要的说法："1929年底狂飙运动开始解体时，高歌便继尚钺、柯仲平之后加入了中国共产党"，"1930年初，高歌曾在上海中华全国总工会宣传部工作，编写宣传材料，刻钢板、印刷，工作很努力。不久被捕，关进苏州反省院。出狱后失掉了党的关系"。理由为：一、发表在《青春月刊》1卷3期(1929年12月1日)上的《没有接到回信的朋友》(向培良)中有这样一段文字："口漫君的芥小龙之介的译稿我转到安庆国民日报副刊高歌那儿去了"，由此可知1929年底高歌在安庆编辑《国民日报》副刊；二、据《柯仲平评传》后的《大事年表》可以知道，柯仲平加入共产党的时间是1930年3月，"继尚钺、柯仲平之后加入了中国共产党"的高歌便不可能在1929年底加入中国共产党；三、根据高歌的一贯言行，他加入共产党的可能性不大。

(二)作品集目录

1.《清晨起来》,狂飙丛书第二第二种,泰东书局1927年10月初版,1928年8月再版,1929年9月三版。

2.《高老师》,狂飙丛书第三第五种,光华书局1928年2月。

3.《压榨出来的声音》,泰东书局1928年5月。

4.《我的日记》,启智书局1929年1月初版,1934年三版。

5.《野兽样的人》,狂飙别集第一种,泰东书局1929年3月。

6.《加里的情书》,光明书局1935年6月。

7.《情书四十万字》,仿古书店1936年9月。

8.《高歌作品集》(上、下),北岳文艺出版社1993年2月。

四　段复生(沸声)

(一)简历

山西省平陆县人,本名段重造,《鲁迅日记》常写作"段沸声"。1919年前后在太原上中学。1924年8月间在太原参与《狂飙》月刊编辑工作。1926年赴北京,在《弦上》周刊以F为笔名发表文章12篇。上海《狂飙》周刊创刊后,在上面以沸声为笔名发表文章7篇。1932年跟梁缍武在北京西单办一沙泉书店,后到绥远省任《绥远日报》主编。1935年参加十九路军,为该军军部政训处处长,继而又抵陕北榆林,为山西省民族革命通讯社绥蒙第一分社社长。1940年8月携全家奔赴延安,被组织分配到西安办事处工作,不久回延安,在陕甘宁边区政府任林伯渠主席秘书。建国以后,任财政部税务总局办公室副主任,兼任读书出版社编辑主任等职,其间曾请即将调到中央宣传部工作的张磐石设法请求中央将高长虹调回北京安置。1959年调河南师范学院任教授，因患肝癌再回北京，住北京中医医院，不久病逝。[①]

（二）作品集目录

无。

四　一般成员

（一）藉雨农

山西省武乡县人。目前只知道以下情况：一、在太原《狂飙》月刊第2、3期合刊发表《青春之叹息》；二、高长虹在北京《狂飙》周刊第1期发表了给藉雨农的公开信；三、在《狂飙》不定期刊发表《春之消息》；四、1928年夏高长虹邀请其到上海参加"狂飙运动"时，给高沐鸿、高长虹来信表达了自己对"狂飙运动"的不同看法，高长虹在《长虹周刊》第9期发表公开信进行答复。

（二）荫雨（荫宇、宇）

山西人。目前只知道以下情况：一、在太原《狂飙》月刊第2、3期合刊发表《别文瀛湖》、《扫墓》；二、在北京《狂飙》周刊第9期发表《诗》（内含《家书》、《别夕》、《送我底魂儿南归》3首，署名宇）；三、在北京《狂飙》周刊第13期发表《火灾之后》（署名荫宇）。

---

① 主要资料来源：《人物简介》（董大中、郭汾阳、王骏峰：《鲁迅与山西》，北岳文艺出版社，1998年，第445—446页）。

第二章

北京前期狂飙社

第一节　高长虹意外得到鲁迅赏识

高长虹到北京后，送了一份《狂飙》月刊给创造社的郁达夫，“得到郁达夫的两信”；通过孙伏园送了一份给文学研究会的周作人，周作人看了，“但没有说什么”。[①] 需要说明的是，与周氏兄弟关系都很密切的孙伏园，将《狂飙》月刊送给周作人却不送给鲁迅应是高长虹自己的意思。刚到北京时，高长虹对鲁迅的印象并不好：“怎么样认识起来的呢？原因是我在1924年的冬天，同几个狂飙朋友在北平创办了狂飙周刊，获得鲁迅的同情反应。在这以前，我有些朋友在一个世界语学校里做了鲁迅的学生，我时常听到他们谈说鲁迅。呐喊恰好也在这年出版，这也是给鲁迅传说增加兴味的原因。不过我看了呐喊，认为是很消极的作品，精神上得不到很多鼓励。朋友们关于他的传说，给我的印象也不很好。他们都喜欢传述鲁迅讲书时说的笑话。比如，这个说了，鲁迅今天说：‘中国人没有孙悟空主义，都是猪八戒主义，我也是猪八戒主义。’这已经不很好听。可是另一个还曾说，鲁迅说了：‘人人都以为梅兰芳好看，这我不能理解，我觉得梅兰芳也没有什么。’诸如

① 《走到出版界·1925，北京出版界形势指掌图》，《高长虹文集》中卷，第144页。

此类。这种传说，给看呐喊的人所增加的印象，当然不会是很积极的。”[①]周作人在当时高长虹心目中却有很高地位：“周作人在当时的北京是唯一的批评家”，“鲁迅文名的普遍，在呐喊出版以前，是远赶不上周作人的”，“直到语丝初出版的时候，鲁迅被人的理解还是在周作人之次”。[②]

尽管高长虹对周作人寄予厚望，但高长虹与周作人终身只是“见过两面的朋友”[③]。据现有资料，高长虹与周作人的交往情况如下：一、1924年12月22日下午高长虹拜访了周作人：“下午高长虹来”[④]；二、高长虹的《假话》发表后，得到了周作人的称赞：“后来听说岂明很称读这篇文字，他当面也同我说过一次，说是把玉君的坏处说尽了”[⑤]。周作人曾如此谈到他与高长虹的交往：“高长虹是什么人，我不很知道，因为我只见过他一次，通过三五次信，我还记得一回是寄《弦上》的目录来，最后一回是来借什么书。我没有帮助也没有受帮助过，也没有参加他的什么运动，所以可以说简直是等于路人，一点儿都没有关系。”[⑥]高长虹遭遇周作人冷淡是很正常的：此时的周作人连“自己的园地”都没兴趣耕种——周作人1922年1—10月在《晨报副刊》开辟了“自己的园地”专栏，已在大谈“生活之艺术”——《语丝》创刊号《发刊辞》后的第一篇文章便是周作人的《生活之艺术》，哪还会赏识“槛中之狼”[⑦]高长虹。

---

① 《一点回忆(一)》，《高长虹研究文选》，第455—456页。

② 《一点回忆——关于鲁迅和我》，《高长虹文集》下卷，第508—509页。

③ 《留别鲁迅》，《高长虹文集》下卷，第165页。另见《走到出版界·“天才”一下子》，《高长虹文集》中卷，第221页。

④ 《周作人日记》，大象出版社，1996年，第414页。

⑤ 《时代的先驱·批评工作的开始》，《高长虹文集》上卷，第400页。

⑥ 周作人：《素朴一下子——呈常燕生君——》，《语丝》第115期(1927年1月22日)。

⑦ 高长虹在1923年10月15日《晨报副刊》发表了《槛中之狼》，这“槛中之狼”简直就是高长虹绝妙的象征，引文见后。

尽管高长虹对鲁迅印象并不好，却意外得到鲁迅赏识："十一、二月之间吧，京副出世，我又见了伏园，但不过随便谈谈，因我此时已无稿可卖了。我问起关于狂飙周刊的舆论。他说：'鲁迅曾问过长虹何人，那日请客，在座人很多，有麟也在。大家问狂飙如何，他说，据他看是好的。'"[①]

鲁迅赏识高长虹首先与郁达夫的推荐有关："当达夫初次同我见面的时候，也说他在鲁迅那里他们也谈起狂飙，他还为狂飙发不平，说狂飙社人如是从外国回来的时，则已成名人了"[②]；其次与鲁迅正在寻找"不问成败而要战斗的人"[③]有关，而已经出版的北京《狂飙》周刊1、2、3期的文章表明高长虹正是这样一个人[④]。在给藉雨农的信中高长虹如此写道："以现在的社会，以我们的性格，要想找一块能给我们以片刻快乐的地方绝对是不可能的事情。让我们漂流去吧！我们的快乐，只有在漂流中才能够找得，只有不断的漂流，随时随地的顽强的反抗，才能够使我们的精神得到一些安愉。社会同我们，已处在势不两立的境地，社会不容我们存在，我们也在一息不忘地要把它置之于死地。"[⑤]第1期《幻想与做梦・两种武器》表达了一种不成功便成仁的决心："我本来便决定十年之内要造两种武器：理想的大炮和一支手枪，如大炮造不成时，我便用手枪毁灭了我这个没有能力的废物"；第2期《狂飙之歌・序言》是一篇拟尼采的《查拉图斯特拉如是说》的文章："你们委靡的朋友们，安眠歌用姑息的爱而施其暗杀的狡计。你们尚

① 《走到出版界・1925，北京出版界形势指掌图》，《高长虹文集》中卷，第145页。

② 《走到出版界・1925，北京出版界形势指掌图》，《高长虹文集》中卷，第147页。

③ 《250331致许广平》，《鲁迅全集》第11卷，第471页。另外，鲁迅在3月23日、4月8日给许广平的信中也说了类似的话。

④ 鲁迅赏识高长虹与他是否看过《狂飙》月刊关系不大，因为这3期月刊以诗歌为主，高长虹的作品还全是情诗，它们的战斗性不直接也不强。

⑤ 《通讯一则》，《高长虹文集》下卷，第18页。

未完全死灭了的朋友们,请来听狂飙之歌吧! 预言未来的狂飙,在霹雳一声的惊喊之后,要继之以进行曲了";第3期《狂飙之歌·青年》所歌颂的青年很容易让人想到鲁迅笔下的夏瑜:"他的身上振着凛凛的威风,/他的腹中蕴着蔼蔼的慈心,/他曾以左手去杀该死的暴客,/右手去援救无助的苦人。//从群众的围攻中他跑回斗室,/他本欲救他们,而反被他们所逐,/暴客还没有被他打散,/而他们反把他认做了暴客"。就是高长虹在这三期发表的四首诗歌:《徘徊》、《风——心》、《雨的哀歌》、《给——》,除最后一首为情诗外,其他三首都让人感到一个绝望的灵魂在那儿躁动不安:"我燃着愤怒的余火,/向人类而致最后的留赠:/停息了你的仇视呵,我的敌人! /消灭了你的伪笑呵,我的友朋"①。

高长虹是什么样的人,《槛中之狼》是这样写的:

这不断的声音,
越发搅乱了我睡不宁贴的心神,
夜静时,
苍凉而悲壮,
槛中之狼,
为不自由而哀鸣。

我也说不要回想,
我却禁不住的又要回想。
破碎的灵魂呵,
你已经失掉了制驭你自己的思虑的力量了!

---

① 《心的探险·徘徊》,《高长虹文集》上卷,第124—125页。

我回想过去——
槛中之狼，
是我的生命的象征。[①]

在那“黑沉沉的暗夜”，“一切都睡熟了，死一般的，没有一点声音”[②]的情况下，“槛中之狼”声嘶力竭的长嗥，是能够打破“死一般”的静寂的，这应该是受到周作人冷遇的高长虹却意外得到鲁迅赏识的根本原因。看看狂飙刊物发表的文章便可知道，大部分狂飙社成员都像高长虹一样是“槛中之狼”。

得知鲁迅赏识《狂飙》后，高长虹于12月10日拜访了鲁迅：

当我在语丝第三期看见野草第一篇秋夜的时候，我既惊异而又幻想，惊异者，以鲁迅向来没有过这样文字也。幻想者，此人[入]于心的历史，无从证实，置之不谈。自我从伏园处得到消息，于是鲁迅之对于狂飙，我已确知之矣。在一个大风的晚上我带了几份狂飙，初次去访鲁迅。这次鲁迅的精神特别奋发，态度特别诚恳，言谈特别坦率，虽思想不同，然使我想象到亚拉籍夫与绥惠略夫会面时情形之仿佛。我走时，鲁迅谓我可常来谈谈，我问以何时在家而去。[③]

为了支持《狂飙》周刊，鲁迅译了日本人伊东干夫的《我独自远行》发表在周刊第16期(1925年3月16日)上，并且还“时常说想法给《狂

---

① 《槛中之狼》，《高长虹文集》下卷，第16页。
② 《本刊宣言》，《高长虹文集》下卷，第36页。
③ 《走到出版界·1925，北京出版界形势指掌图》，《高长虹文集》中卷，第146页。

飙》推广销路”。[①] 1925 年 3 月高长虹的《精神与爱的女神》出版后，鲁迅把这本书送给许寿裳、许钦文等朋友。3 月 22 日（这天，北京《狂飙》周刊停刊）、3 月 31 日、4 月 8 日，鲁迅在给许广平的信中都提到自己准备联合“几个不问成败而要战斗的人”“对于根深蒂固的所谓旧文明，施行袭击”。这“几个不问成败而要战斗的人”很明显包括高长虹在内，甚至可以说高长虹是最主要的一个。

第二节　北京《狂飙》周刊的创办、革新与停刊

1924 年 11 月 9 日，北京《狂飙》周刊创刊：“于是，便到了双十节。北京政局起了剧变：即冯玉祥班师是也。应运而来的，一个老朋友所办的被曹政府封闭的日报（按：景梅九办的《国风日报》）复活了。我们在那里便又办起两个周刊：一，世界语周刊；一，即狂飙周刊也。狂飙因此也便再生，我同北京出版界的关系也便正式开始了。”[②]

高长虹下面这句话说的当是创办北京《狂飙》周刊前后的情况：“我向我的朋友们提议办日报，他们有的说：‘没有名气，没有学识的人办报是不成功的。’”[③]所以前两期除高远征的《慈母》（第 1 期）和绿旗的《一封信》（第 2 期）外，都是高长虹在那儿自写自编。从这两篇文章的“附识”也可看出，《狂飙》周刊当时是多么孤独寂寞。高长虹在《慈母》后如此写道：“这篇小说是我的三弟弟远征做的。当他在太原一个书社里给我的时候，我一看那个题目，便没有勇气往下读了”；绿旗在《一封信》后如此写道：“这封信本来是给后之写的，一则是长虹索稿无

---

① 《走到出版界·1925，北京出版界形势指掌图》，《高长虹文集》中卷，第 149 页。

② 《走到出版界·1925，北京出版界形势指掌图》，《高长虹文集》中卷，第 144—145 页。

③ 《我的悲哀》，《高长虹文集》下卷，第 34 页。

以应，二则我也很愿意教我的朋友们知道我一年来的生活及思想的变迁，及最近无勇气和苦恼的原因，所以就在狂飙社发表了。阅者祈谅之”。从“附识”可以看出，仅有的这两篇文章都不是专门为《狂飙》周刊写的。所以在得知鲁迅、郁达夫“赞赏狂飙”后，高长虹非常高兴：“当时的狂飙是没有多少人看的，我们当时的无经验的心实私自欣慰，以为此两人必将给我们一些帮助，而狂飙亦从此可行得去也。”

因“鲁迅，郁达夫已都赞赏狂飙”，高长虹一度对前途充满信心：“在那时我曾看见一个很好的时代的缩图，这可以使我想象到未来的那一个时代，我相信那一个时代是一定要到来，那决不是一个黄金时代，但比过去的时代却好得多了。那时，我并没有多大的妄想，但我终没有料到它会那样恍惚的，它会象[像]做了一个刹那的梦，那一个光明的缩图他才只做了现在这一形势指掌图中的一个不重要的沙洲。那时，我在幻想与做梦中想写一篇——那是什么名字呵？我那时没有写得出来，我现在还是写不出来，我想，它将来是总可写得出来的吧！”但情况变化很快：“当幻想与做梦还没有写完的时候，我写了一篇精神的宣言起来走了，到那篇文字发表出时，我早已离开北京了。这个宣言，是不久便证明是说谎。我不久便又回到北京，已经入了 1925 年的初间，于是我看见一切都变态了。于是我的幻想与做梦便写了第十六篇噩梦，于是便一切都完了。我知道我所希望的无论什么，都还在辽远的将来呢！”

“一切都变态了”的情况为：“当我们的周刊办成兄弟周刊的时候，朋友们没有给我们表同情的，因为他们正在四处攻击我们：他们有的是在袖手旁观我们。但是，我把那个困难解决了，我质问一个攻击我们的朋友到他无话可说的时候，我们又变成原来的朋友了。我从此也便同培良开始了初次的长谈，我们开始做了形式上的同路人。但是，那个形式同形式以外的一切，对于我们都不大合适，所以还是到那个形式破灭之后，我们才渐渐入于实际的朋友。”[①]向培良在《狂飙》周刊第13期(2月22日)发表的短篇小说《爱情》，应当是高长虹与向培良“入于实际的朋友”的反应。

按高长虹自己的说法，北京《狂飙》周刊诞生是因为冯玉祥班师北京“应运而来”的——并非有计划地进行，所以创刊时高长虹没想到给周刊写一发刊词定一基调。现已出版13期，并且团结了一批作者，为刊物写一篇发刊词便在情理之中了。周刊第14期(3月1日)的《本刊宣言》(该文在同日出版的《京报副刊》发表时题为《狂飙周刊的开始》)全文为：

黑沉沉的暗夜，一切都睡熟了，死一般的，没有一点声音，一个动作，阒寂无聊的长夜呵。

这样的，几百年几百年的时期过去了，而晨光没有来，黑夜没有止息。

死一般的，一切的人们，都沉沉地睡着了。

于是有几个人，从黑暗中醒来，便互相呼唤着。

——时候到了，期待已经够了。

——是呵，我们要起来了。我们呼唤着，使一切不安于期待的人们也起来罢。

——若是晨光终于不来，那么，也起来罢。我们将点起灯来，照耀我们幽暗的前途。

——软弱是不行的，睡着希望是不行的。我们要作强者，打倒障碍或者被障碍打倒。我们并不惧怯，也不躲避。

---

① 《走到出版界·1925，北京出版界形势指掌图》，《高长虹文集》中卷，第146—148页。

> 这样的呼唤着，虽然是很微弱的罢，听呵，从东方，从西方，从南方，从北方，隐隐的来了强大的应声，比我们要大的应声。
>
> 一滴水泉可以作江河的始流，一张树叶之飘动可以兆暴风之将来，微小的起源可以生出伟大的结果，因为这个缘故，我们的周刊，便叫作狂飙。

同期周刊还发表了高长虹的《攻城欤？攻心欤？》，内云：

> 我们的计划很凶，我们不攻人类的城，却去攻人类的心。
>
> 我们并不是对于攻城，有所轻视，我们觉着心是更为基础，更为坚固的城，心一攻破，城立刻便没有了，因为城本来是建筑在心上面的。然而我们并没有对于攻城，有所轻视，所以我们一面也常自筹备如何开始我们攻城的计划。

两篇文章结合起来可以看出，“从黑暗中醒来”的狂飙社成员“要作强者”：“打倒障碍或者被障碍打倒”；“打倒障碍”的重点是“人类的心”而不是“人类的城”，换一种通俗说法即进行“思想革命”而不是“社会革命”。

《狂飙》周刊出至第17期却突然停刊，原因为：“这时，狂飙社内部发生问题。这时，狂飙的销路逐期递降。这时，办日报的老朋友也走了，印刷方面也发生问题。终于，狂飙周刊到十七期受了报馆的压迫便停刊了。”①

---

① 《走到出版界·1925，北京出版界形势指掌图》，《高长虹文集》中卷，第148页。

第三节　借用《京报副刊》进行思想革命

由于革新后的《狂飙》周刊很快停刊，狂飙社成员还没来得及大展身手便失去了阵地，在《莽原》创刊前，他们的文章主要拿到《京报副刊》发表。所以在分析他们这段时间的创作时，还应包括已成为狂飙社成员的高长虹、向培良、吕蕴儒、阎宗临在《京报副刊》发表的文章。

在这段时间里，高长虹在上面发表的文章有：《土仪》(第59、61、62、68、84、97、109、110、123、126号)、《创伤》(第69、70、75、81、90—92、99、105、128号)、《花园之外》(第82号)、《诗人的梦》(第119号)、《关羽与财神》(第125号)、《假话》(第127号)；向培良发表的文章有：《梦要消了》(第7号)、《相思子》(第8号)、《挂号信的命运》(第15号)、《不忠实的爱情》(三幕剧，第34—44号)、《〈少奶奶的扇子〉之厄运》(第59号)、《评〈画家之妻〉》(第83号)、《我严重地警告你们：看女师大演古装的卓文君》(第94号)、《致戏剧的演者》(第98号)、《评玉君》(第110号)、《依违》(第112—114号)、《再评玉君并答琴心女士》(第115号)；吕蕴儒发表的文章有：《世界语与中国》(第11号)；阎宗临发表的文章有：《读琴心女士"明知是……"以后》(第118号)。为节省篇幅起见，分析一下他们对《玉君》的批判便可基本明白他们当时的情况。

杨振声的《玉君》是现代评论派极力推崇的一部小说，尚未面世就造足了声势。《现代评论》9、10期在1—4期刊登《本刊启事》的地方刊登了《现代丛书出版预告》，全文如下：

近年来虽然名义上有种种新思潮的输入，著述界的空气依旧是非常的沉寂而混乱。一个爱读书求知热的人常常苦于找不到几本可读的作品。推求其故,实在是出版的书太少了,而且在这寥寥几本新出的书中,不满人意或甚至毫无价值的还居十之八九,一般的读者自然没有搠沙求金的精神与时间,只可废然而返了。所以目前智识阶级的最大企求,便是多些学术文艺上真实的贡献,和批评指导。在批评指导方面,"创造社"和"太平洋"已经略略尽过些绵力。他们以后还想努力的进行。"现代评论"也具着同样的目标。

同时他们虽然曾在文艺学术方面有些零碎的贡献,他们还是觉得没有充分的努力。他们想在这一方面多尽些力,这不久将出版问世的"现代丛书"便是代表这种努力的产物。"现代丛书"的作者都是每一种学术或文艺的专家,而且现代社对于出版的书籍都负完全的责任。他们不敢说"现代丛书"都是些杰作,虽然希望有不少的杰作,他们可敢说"现代丛书"中不会有一本无价值的书,一本读不懂的书,一本在水平线下的书。他们要做到"现代丛书"四个字,便是一种极有力量的保证。

"现代丛书"暂分四类(一)文艺之部(二)自然科学之部(三)社会科学之部(四)哲学之部。最先拟与读者相见的便是文艺丛书的最初的四集。

从该广告可以看出,现代社出版"现代丛书"是为了给智识阶级以"学术文艺上真实的贡献,和批评指导",换个角度说就是要占领思想阵地。

第 11 期(1925 年 2 月 21 日)在同一地方刊登了《现代丛书出版预告》,全文如下:

"现代丛书"分四类(一)文艺丛书(二)自然科学丛书(三)社会科学丛书(四)哲学丛书。最先拟与读者相见的便是文艺丛书的最初的四集。

(一)玉君　杨振声的长篇小说

(二)志摩的诗　徐志摩的第一部诗集

(三)独幕剧三种　西林的独幕剧集

(四)寒灰集　郁达夫的短篇小说集

第12期(1925年2月28日)在同一地方用略近于标题大小的字体刊登了如下广告:

"文艺丛书"第一种杨振声的长篇小说《玉君》准下星期出版

第13期(1925年3月7日)在同一地方刊登了《杨振声的〈玉君〉出版了》的广告,内云:

这是在中国创作界别开生面的长篇小说。

作者自己在序文中述书中情节道:"林一存海外归来,孑然独居。回首盛时,自愿玉君一如昔日。而偏偏玉君已有了情人;有了情人也罢,又偏偏是他的朋友;既是他的朋友,自愿此生此世,不再见到玉君。偏偏杜平夫又以玉君相托;偏偏要他作个红娘;作个红娘也罢,偏偏玉君处又来提亲……"究竟怎样结果呢?读者自己去读这本书罢。

作者又说:"至于此书为何要这般写,只是为了不肯那般写的缘故。第一,《水浒》《红楼》等长篇小说,都是偏于横面的写法，所以写了个全社会，写来又那么长，作者终身只能作一部。如西洋长篇小说的体裁，从纵面写下去的在中国几乎没有。第二，中国小说与诗的哲学，总是要写人生如梦，越是好的作品，梦越深沉。所以此书不那般写，就不得不这般写。”究竟这部书是怎样写的呢？读者自己去找罢。

接下来的时间里，《现代评论》第14、16、17、19、20、21期还刊登了《玉君》广告，该广告同时刊登在3月7日—14日的《晨报副刊》上。

在刊登广告的同时，3月15日《晨报副刊·文学旬刊》对该书进行了介绍：

近一年余除在去年小说月报内所登载之《旅途》外，未见有长篇小说之创作出现，惟有现代丛书新出版之第一种文艺丛书《玉君》。作者杨君振声向系研究心理学者，故此书中描写人物及事实，应用分析心理方法为多。堪称新小说中之别开生面者。印刷及装订皆甚精美，其价目及售处阅报上广告即悉。

现代评论社如此重视《玉君》，一定程度上可以说它是现代评论社集体智慧的结晶：

先谢谢邓叔存先生，为了他的批评，我改了第一遍。再谢谢陈通伯先生，为了他的批评，我改了第二遍。最后再谢谢胡适之先生，为了他的批评，我改了我[第]三遍。①

① 杨振声：《自序》，《玉君》，1925年。

最先评论《玉君》的是张友鸾，他在1925年3月14日《京报副刊·文学周刊》第12期发表《幽默的〈玉君〉》，认为《玉君》的特点是“幽默”：“只这一点，就可以有五十年的不朽”。接下来是此时尚未成为狂飙社成员的尚钺，他用“心地怡然”和“心地涩拗”两个词概括了两次读《玉君》的不同感受。[①] 在狂飙社成员向培良发表《评玉君》之前，还有三人评论了《玉君》：培尧认为《玉君》简直就是十全十美，“坏处呢，我不敢说它有没有，只是我没有找出来”[②]；囿庄指出《玉君》有三处情节“太远乎事实”，并没达到《玉君·自序》中所说的“以理想与意志去补天然之缺陷”的目的[③]；孙伏园认为《玉君》“是一部表现作者个性的小说，所以也是一部道学先生气极重的小说”，“‘玉君’中所含有的思想，是无论在东方或西方，与古训都是没有冲突的。基督十诫中，治家格言中，都深戒淫人妻女。这些思想深入人心，差不多已经变了民众自己的意见；‘玉君’主人公的思想正与这个意见相吻合，所以这部小说也许可以销行到一百版二百版，但价值到底是没有多少的。”[④]

1925年4月5日《京报副刊》第110号发表了向培良的《评玉君》。在向培良看来，《玉君》是“浅薄的东西，无聊的东西”，“不过用中国式的笔法，写中国式的恋爱”。向培良的文章发表后，琴心撰文认为向培良的《评玉君》是“闭目谩骂”、“四面狂奔”，“没有精密的分析，没有公正的评衡”[⑤]。向培良在答辩文章中如此写道：“我的态度是这样的：对

---

① 尚钺：《读〈玉君〉之后》，《京报副刊》第91号（1925年3月17日）。尚钺在1925年4月4、7日出版的《晨报副刊》上发表了《野鸡的厄运》，至少说明此时的尚钺对现代评论派尚无成见。

② 培尧：《读〈玉君〉后》，《京报副刊》第92号（1925年3月18日）。

③ 囿庄：《读〈玉君〉后》，《京报副刊》第93号（1925年3月19日）。

④ 伏园：《“玉君”》，《京报副刊》第108号（1925年4月3日）。

⑤ 琴心：《明知是得罪人的话》，《京报副刊》第113号（1925年4月9日）。

于坏的无聊的社会固执地保守着的东西，便显然地猛烈地加以攻击；虽然如琴心女士所说的，礼拜六或什么缘什么楼之类，也未尝没有一两处好字句，但正如不必和平地一条一条分析出来。坏的东西是应该整个攻击的。”[①]阎宗临也发表文章声援向培良：“琴心女士不满意培良先生处，是在没有用和平的语气，轻轻的把他所见到的写出来。我以为这也不必，只要他批评的对，那么用和平也好，激烈也未尝不可。这与他批评文的本身，没有什么大关系的。再说琴心女士在她自己的文章里，也看不出和平的态度。”[②]现在要搞清楚的是，向培良为何要“闭目谩骂”、“四面狂奔”？

向培良在《评玉君》中如此写道：“若是‘玉君’是一本石印的卖十几个铜子的书，题作什么楼什么梦什么缘的，那我自然不敢来多嘴。然而玉君是经过许多名人称赞而号为新近文坛上名作的小说，那么我自然要出来说几句话。就是说得唐突点，本孔老先生责备贤者之议，想也不为过份。”答辩文章中向培良则明确地说《玉君》“经过许多名人修改”，由此可知，向培良酷评《玉君》是针对现代评论派的。结合《酒后》（凌叔华，1925 年 1 月 10 日《现代评论》1 卷 5 期）、《酒后》（丁西林，1925 年 3 月 7 日《现代评论》1 卷 13 期）、《绣枕》（凌叔华，1925 年 3 月 21 日《现代评论》1 卷 15 期）等作品可以看出，向培良下面这段话很大程度上也是针对现代评论派的：“现在的作者，最喜欢用什么花吓月吓爱吓上帝吓等等诗趣的东西。文学里常有夜莺，蔷薇，紫罗兰，忏悔，祷告，爱神之类，完全不是我们民族里底。作者大概在旁的书上看见这类名词，以为是有诗意的，便大用而特用了。而所用的题材，又大抵是失恋，或带点感伤性的自怜的故事，或者有诗意的 romantic 故事。

① 培良：《再评玉君并答琴心女士》，《京报副刊》第 115 号（1925 年 4 月 11 日）。

② 阎宗临：《读琴心女士“明知是……”之后》，《京报副刊》第 118 号（1925 年 4 月 14 日）。

因为这些都是假艺术的作者所乐用的东西。若是有人问我'玉君'的借引同仿效是那[哪]里来的，我便毫不迟疑地答应是红学家的红楼梦，不过加了些所谓新思潮的门面语。"他希望的文艺作品是："作者把自己燃烧着的，奔驰着的，跳跃着的生命精神，像母亲生育孩子似的，再产生出一个新的生命来。"[①]从下面这段话还可以看出他对当时的文坛是多么失望："嗳！在我们民族里，像易卜生萧伯纳之类狂呼着痛骂着世人的精神是向来没有的。退一步说，就是平素为我们民族所轻视的东洋矮子，武者小路实笃厨川百村一流的人，毫无忌讳地指责着自己国度的短处一类的精神也是没有的。在我们的民族里，老年人埋头于国故中，夸张着昔日的荣光，迷恋着枯朽的骸骨去了。青年人呢？青年人都患了失眠同神经衰弱的病症，都是生梯曼将 Sentimental 地忙着恋爱同写恋爱的文学，自鸣其情畅[场]之得意与失意——老实说，能不能占有一个男人或女人的身体同金钱。"[②]

1925 年 4 月 23 日，高长虹在《京报副刊》第 127 号发表《假话》批评《玉君》。杨振声在《自序》中说"说实话的是历史家，说假话的才是小说家"，高长虹借用罗丹的"照像说谎，而图书真实"的观点进行批驳："作者既然把小说认为是某个人要用他的理想与意志去补天然之缺陷的一种东西，则作者不特不能在玉君里表现出人类的内部的生命，而且也不能够说出真实的事实，自是当然的结果。所以小说不必是假话，而玉儿[君]之确乎是假话，则不特作者自己承认，怕爱读玉君的人，也没有能够反对的吧？艺术之所以有他的特殊的价值，是因为他能够表现出内部的生命为别的东西——如历史和科学——所不能故。艺术家的惟一的工作，也便是去感觉内部的生命为一般人所不能

① 培良：《再评玉君并答琴心女士》，《京报副刊》第 115 号（1925 年 4 月 11 日）。

② 培良：《评玉君》，《京报副刊》第 110 号（1925 年 4 月 5 日）。

感觉到的。”后来，高长虹说自己写作《假话》的目的是“对于现代评论社的夸张的一个打击，并想借这一篇文字贡献给小说的普通读者以一些较正确的认识”。该文发表后，“听说岂明很称读这篇文字，他当面也同我说过一次，说是把玉君的坏处说尽了。”[①]尽管鲁迅没有写作评论《玉君》的文章，但从他4月22日给许广平的信可以知道，他是赞同向培良观点的：“向培良（也是我的学生），则识力比他坚实得多，琴心的扫帚，未免太软弱一点。但培良已往河南去办报，不会有答复的了，这实在可惜，使我们少看见许多痛快的议论。”由此说明，此时的狂飙社成员高长虹、向培良、阎宗临等与语丝派成员鲁迅、周作人、孙伏园等思想存在相通的地方。不同的是，狂飙社成员已经向现代评论派发起攻击，语丝派成员中除孙伏园发表了语气温和得多的《“玉君”》外，周氏兄弟还保持着沉默。

第四节　是谁首先再次举起“思想革命”的旗帜

“退稿事件”发生后，高长虹曾如此谈到这次“思想革命”：

> 大家想来知道当时引人注意的周刊可以说有四个，即：莽原，语丝，猛进，现代评论。莽原是最后出版的，暂且不说。最先，那三个周刊并没有明显的界限，如语丝第二期有胡适的文字，第三期有徐志摩的文字，现代评论有张定璜的《鲁迅先生》一文，孙伏园又在京副说这三种刊物是姊妹刊物，都是例证。徐旭生给鲁迅的信说，思想革命也以语丝，现代评论，猛进三种列举，而办文学思想的月刊又商之于胡适之。虽然

① 《时代的先驱·批评工作的开始》，《高长虹文集》上卷，第399—400页。

内部的同异是有的，然大体上却仍然是虚与委蛇。最先对于当时的刊物提出抗议的人却仍然是狂飙社的人物，我们攻击胡适，攻击周作人，而漠视现代评论与猛进。我们同鲁迅谈话时也时常说语丝不好，周作人无聊，钱玄同没有思想，非攻击不可。鲁迅是赞成我们的意见的。而鲁迅也在那时才提出思想革命的问题。①

情况真的如此吗？先来看看当时思想界的情况。

1921年初《新青年》分裂后，胡适与人于1922年5月7日创办了《努力周报》，1923年10月21日《努力周报》出版至75期停刊。胡适在《一年半的回顾》中回顾了一年半来国内政局后承认："我们谈政治的人，到此地步，真可谓止了壁了。"②在《努力周报》停刊前的10月9日，胡适就在给高一涵、陶孟和等信中如此写道："《新青年》的使命在于文学革命与思想革命。这个使命不幸中断了，直到今日。倘使《新青年》继续至今，六年不断的作文学思想革命的事业，影响定然不小了。//我想，我们今后的事业，在于扩充《努力》，使他直接《新青年》三年前未竟的使命。再下二十年不绝的努力，在思想文艺上给中国政治基础建筑一个可靠的基地。"③1924年9月12日胡适致信《晨报》副刊记者："今日政治方面需要一个独立正直的舆论机关，那是不消说的了。即从思想方面看来，一边是复古的思想，一边是颂扬拳匪的混沌思想，都有彻底批评的必要。"④由此可知，胡适在谈了一年半政治后，重新认识到了思想革命的重要性，于是决定创办《努力月刊》，以"直接

---

① 《走到出版界·1925，北京出版界形势指掌图》，《高长虹文集》中卷，第150页。
② 《胡适文存二集·一年半的回顾》，《胡适全集》第2卷，第510页。
③ 《致高一涵、陶孟和、张慰慈、沈性仁》，《胡适全集》第23卷，第415页。
④ 《致〈晨报〉副刊》，《胡适全集》第23卷，第440页。

《新青年》三年前未竟的使命”。遗憾的是，由于种种原因，该月刊最终未能办成。

胡适的《努力月刊》虽然夭折了，他的办刊思想却在《现代评论》上得到一定程度的体现。《现代评论》创刊于 1924 年 12 月 13 日，主要撰稿人有王世杰、陈源、高一涵、唐有壬、胡适、杨振声、陶孟和等，多为留学英美的自由主义分子。尽管对胡适与《现代评论》的关系存在较大争议，笔者仍认可下列观点：“尽管胡适没有参与《现代评论》的组织和编辑工作，但他在《现代评论》上发表过文章，更重要的是，他与‘现代评论派’有着必然的精神联系，他与‘现代评论派’的观点同出于一个精神母胎。我们可以这么说，胡适是中国现代文化史上自由主义的代言人。”①《现代评论》的《本刊启事》交代了办刊宗旨：“本刊内容，包涵关于政治、经济、法律、文艺、哲学、教育、科学各种文字。本刊的精神是独立的，不主附和；本刊的态度是研究的，不尚攻讦；本刊的言论是趋重实际问题，不尚空谈。”刊物命名“现代评论”，“意即采取旁观的评论时政态度，此中显露出资产阶级自由主义色彩”②。“欧美派知识分子在政治上抱有自由主义的态度，希望借启蒙的手段，培养一种自由、平等、民主的意识，以建立一个欧美式的法制社会；在文化上，他们主张把中国的固有文明与近代西方新文明结合起来，摆脱传统的思想模式以适应世界变化；在价值取向上，他们企图坚持独立的知识分子人格，以自由者的身份参与现实政治，追求独立、公正、客观。”③

在《现代评论》创刊前的同年 11 月 17 日，孙伏园联合周氏兄弟等人创办了《语丝》。周作人代拟的《发刊辞》交代了《语丝》的办刊宗旨：“我们并没有什么主义要宣传，对于政治经济问题也没有什么兴趣，我

---

① 倪邦文：《现代评论派的团体构成》，《新文学史料》，1995 年第 3 期。

② 黄裔：《追本溯源：重谈现代评论派》，《中国文学研究》，1991 年第 4 期。

③ 倪邦文：《现代评论派的团体构成》，《新文学史料》，1995 年第 3 期。

们所想做的只是想冲破一点中国的生活和思想界的混浊停滞的空气。我们个人的思想尽自不同,但对于一切专断与卑劣之反抗则没有差异。我们这个周刊的主张是提倡自由思想,独立判断,和美的生活。”

1925年3月6日《猛进》在北京创刊后,鲁迅12日在给主编徐旭生的信中如此写道:“看看报章上的论坛,‘反改革’的空气浓厚透顶了,满车的‘祖传’,‘老例’,‘国粹’等等,都想来堆在道路上,将所有的人家完全活埋下去。‘强聒不舍’,也许是一个药方罢,但据我所见,则有些人们——甚至于竟是青年——的论调,简直和‘戊戌政变’时候的反对改革者的论调一模一样。你想,二十七年了,还是这样,岂不可怕。”为此,鲁迅提出了再次进行“思想革命”的主张:“我想,现在的办法,首先还得用那几年以前《新青年》上已经说过的‘思想革命’。还是这一句话,虽然未免可悲,但我以为除此没有别的法。”16日徐旭生在回信中如此写道:“‘思想革命’,诚哉是现在最重要不过的事情,但是我总觉得《语丝》,《现代评论》和我们的《猛进》,就是合起来,还负不起这样的使命。我有两种希望:第一希望大家集合起来,办一个专讲文学思想的月刊。”[①]从徐旭生的建议也可看出,《语丝》、《现代评论》、《猛进》的主张尽管有所不同,但都在进行“思想革命”。这三份刊物的创办在当时便产生了很大影响:“这年来自《语丝》、《现代评论》、《猛进》三刊出后,国内短期出版物骤然风起云涌,热闹不可一世。”[②]

再来看看高长虹。尽管北京《狂飙》周刊创刊于1924年11月9日,比《语丝》(1924年11月17日)、《现代评论》(1924年12月13日)、《猛进》(1925年3月6日)都早,但正如高长虹自己所说,他同高歌“向来不满意新青年时代的思想,但那时也并没有想开始批评,而我

---

① 《华盖集·通讯》,《鲁迅全集》第3卷,第22—24页。

② 伏园:《一年来国内定期出版界略述补》,《1913—1983鲁迅研究学术论著资料汇编》第1卷,中国文联出版公司,1985年,第119页。

自己又还在妄想着出国"[①]。所以前13期周刊上的文章,只有高歌发表在第6期的杂文《解剖》有较明显的"思想革命"味道,其他多是对黑暗的社会进行控诉,颇像一群"槛中之狼"在声嘶力竭地长嗥。狂飙社成员是在《狂飙》周刊第14期提出"思想革命"的——并且还是以一种形象而模糊的语言提出,该期出版时间是1925年3月1日,此时《语丝》已出版三个多月,《现代评论》已出版两个多月。

因不是论功行赏,所以五四后这次"思想革命"到底是谁最先提出的并不重要,但有一点可以肯定,尽管语丝派、现代评论派、猛进社成员、狂飙社成员等都先后提出了再次进行"思想革命"的主张,但它们是能指相同,所指却异:语丝派是"想冲破一点中国的生活和思想界的混浊停滞的空气",现代评论派是"趋重实际问题",猛进社成员主要关注政治问题,狂飙社成员则把现代评论派作为革命对象。如果"思想革命"仅指批判现代评论派的话,那么狂飙社成员即使不是最先提出的,也是最先付诸行动的:对《玉君》的批判便是明显例证。

第五节　加入狂飙社的向培良、阎宗临等

一　向培良

(一)简历(1905年4月7日至1959年)

湖南省黔阳县人,狂飙演剧运动主要负责人。求学经历为:"初等小学三年,私塾一年,高小两年,中学两年半,大学预科一学期,专门学

① 《走到出版界·1925,北京出版界形势指掌图》,《高长虹文集》中卷,第145页。

校一年。”[①]1922 年 9 月考入北京中国大学，“第二学期，家里的钱来晚了，便索性不交费，不久又转到一个专门学校读了一下，便结束了我的学校过程”[②]。首次出现在《鲁迅日记》中的时间是 1924 年 1 月 9 日。曾得到鲁迅大力帮助：“最初的文字，都是经过他看过之后才敢于发表的。”[③]1925 年 2 月与高长虹长谈后加入狂飙社，在辟才胡同 51 号的住址遂成为北京《狂飙》周刊投稿地址，并在该刊发表文章 4 篇，还因狂飙事与高长虹一起找过《猛进》主编徐旭生。同年 4 月 11 日参加筹办《莽原》周刊的“五人吃酒”。4 月 14 日，“晚培良以赴汴来别，赠以《山野掇拾》一本及一支铅笔”(《鲁迅日记》)。《豫报副刊》停刊前后离开开封，10 月中旬回到北京，与高长虹等人筹办《狂飙》不定期刊。鲁迅 1926 年 1 月 1 日曾看过向培良的三幕剧《不忠实的爱情》的演出：“夜往北大第三院观于是剧社演《不忠实的爱情》”(《鲁迅日记》)。1926 年 2 月 14 日至 8 月 1 日，以 P 为笔名在 24 期《弦上》周刊发表文章 26 篇，为高长虹(71 篇)外在上面发表文章最多的人。1926 年 9 月未名社成员退掉自己的《冬天》后给远在上海的高长虹写信，导致莽原社内部矛盾公开爆发。1926 年 10 月 10 日至 1927 年 1 月 30 日在 17 期上海《狂飙》周刊上发表文章 18 篇，仅次于高长虹(135 篇)、高沐鸿(31 篇)、尚钺(22 篇)。1927 年 1 月 1 日离开北京来到杭州，在孤山广化寺住了一月余，在编辑《狂飙》周刊的同时，创作了独幕剧《淡淡的黄昏》并翻译了邓南遮的《死城》。4 月应潘汉年之邀与高歌一起前往武汉，任《革命军日报》副刊《革命青年》编辑。七一五政变后到衡阳任《衡阳日报》编辑。翌年去长沙，先后在长沙中学、大麓中学任教。1928 年 1 月至 6 月，在 8 期《世界》周刊(第 1、10 期已佚)和 1 期《世

---

① 向培良：《龙步青先生》，《中国学生》3 卷 12 期(1936 年 11 月 13 日)。

② 向培良：《“我的大学”》，《中国学生》3 卷 5 期(1936 年 9 月 25 日)。

③ 向培良：《过客》，《十日杂志》第 7 期(1936 年)。

界》月刊发表文章 6 篇，仅次于长虹(28 篇)、申府(9 篇)。1928 年 10 月中旬痛别新婚妻子到上海主持狂飙演剧部，因狂飙演剧部闹意见于 1929 年 2 月左右回湖南。8 月中旬回到上海，应聘到上海南华图书局创办《青春月刊》，因书局发生问题于 12 月 1 日出版第 3 期后停刊。1931 年 3 月在上海拟主编《戏剧运动》月刊(现代书局出版)，同年 6 月 10 日出版的《现代文学评论》上却刊登了《向培良主编青春月刊》的"杂讯"："前狂飙社中坚份子向培良，自加入民族主义文艺运动后，原拟在现代书局编辑'戏剧运动'，渐以他故，未果。现向已来京，于[与]朱之倬等合办青春月刊，由拔提书店发行，第一期业已出版。"[①]1933 年冬，怒潮剧社(隶属于国民政府军事委员会宣传部)响应在江西督师剿共的蒋介石号召到各县乡村巡回公演时被任命为"戏剧股主任"[②]。1934 年去武昌市立职业学校任教。1935 年秋到上海美术专科学校任教。1936 年 1 月应潘公展之邀接替陈大悲主持"上海剧院"，后因内讧和"成绩不佳后台老板拒绝供给开销"于 6 月"失业"[③]。1936 年《大夏周报》13 卷 11 期发表了《筹组大夏剧社》的报道："王裕凯郜爽秋吴学信徐公美向培良五先生任筹备委员。"1937 年 4 月大夏剧社第一次公演时担任导演，5 月 21 日曾在上海市广播电台演讲《何谓艺术》。抗战爆发后曾担任国立戏剧学校研究实验部主任。1938 年 5 月，"教育部成立三个巡回教育演剧队。第一队队长向培良，工作地区为贵州、广西、湖南等省"。[④] 1939 年 7 月 20 日《东南戏剧》1 卷 5 期的《剧教队》有关

---

① 《现代中国文坛杂讯 · 向培良主编青春月刊》，《现代文学评论》1 卷 3 期(1931 年 6 月 10 日)。南京拔提书店出版的《青春月刊》创刊于 1931 年 5 月 20 日，目前仅见两期。

② 《戏剧股主任向培良(附照片)》：《青年与战争》第 19、20 期合刊(1933 年 11 月 3 日)。

③ 《上海剧院寿终正寝，向培良陈凝秋同时宣告失业》，《娱乐周报》2 卷 25 期(1936 年 6 月 27 日)。

④ 尹雪曼总编纂：《中华民国文艺史》，正中书局，1975 年，第 738 页。

于向培良的报道："教育部第一巡回剧教队由向培良氏率领在湘省各县工作，为期已达九月，每至一县，均举办短期戏剧讲习班，收效甚宏，使向无剧团之各县，皆纷纷组织成立，现该队在湘工作已告一段落，下月中旬将转入桂境，预定在桂林公演《古城的怒吼》《同仇》《征服》《祖国胜利了》四个长剧，并将在桂举办训练班，三个月为一期，每期招收四十人，供膳宿。"1945—1946 年先后在无锡国学专修学校、苏州社会教育学院任教。1947 年 8 月被任命为国民党中国万岁剧团团长。"戡乱话剧"《彪炳千秋》1948 年获中央文化委员会优良剧本奖，随后在《文艺先锋》12 卷 3—6 期连载。后被国民政府国防部政治部任命为中国先锋剧团团长，10 月后辞职回乡。1949 年黔阳解放后，先后在洪江、沅陵任教，1954 年由沅陵一中调黔阳一中任语文教员。期间治学严谨，努力改造思想，两次当选为县人民代表和被评为模范教师，出席地区、县表彰大会。1958 年被错划为右派分子，后又因《彪炳千秋》被定为历史反革命入狱，翌年在溆浦劳改农场病故。1979 年 12 月黔阳县人民法院根据政策规定给予平反。①

（二）作品集目录

1.《飘渺的梦及其他》，北新书局 1926 年 6 月初版，1927 年 10 月再版，1928 年 8 月三版。

2.《我离开十字街头》，狂飙丛书第三第一种，光华书局 1926 年初版，1927 年 8 月再版，大光书局 1937 年 6 月改版。

3.《沉闷的戏剧》，狂飙丛书第三第四种，光华书局 1927 年 2 月初版，大光书局 1936 年 8 月再版。

4.《中国戏剧概评》，狂飙丛书第二第十二种，泰东书局 1928 年初

① 主要资料来源：《向培良——现代作家》(http://www.hjs.gov.cn/wqzy/lsmr/200605/41.html，洪江市人民政府网站)。

版，1929 年 7 月再版。

5.《英雄与人》，启智书局 1929 年 5 月初版，1935 年 10 月再版。

6.《光明的戏剧》，南华图书局 1929 年 10 月，龙虎书店 1936 年 4 月再版（改书名为《黑暗中的红光》）。

7.《死城》（丹农雪乌著），狂飙丛书第二第七种，泰东书局 1929 年。

8.《不忠实的爱》，启智书局 1929 年初版，1933 年 4 月再版，1934 年 11 月三版。

9.《十五年代》，支那书店 1930 年 3 月。

10.《人类的艺术》，拔提书店 1930 年 5 月。

11.《戏剧导演术》，世界书局 1932 年 11 月初版，1939 年 7 月新一版。

12.《逃亡》（高斯华绥著），商务印书馆 1936 年初版，1937 年 2 月再版。

13.《导演论》，商务印书馆 1936 年 9 月。

14.《剧本论》，商务印书馆 1936 年 9 月初版，1940 年 2 月再版。

15.《舞台服装》，商务印书馆 1936 年 9 月。

16.《舞台色彩学》，商务印书馆 1936 年 9 月。

17.《电影导演论》（与乌衣合著），商务印书馆 1938 年 5 月。

18.《继母》，北新书局 1936 年 9 月。

19.《民族战》，华中图书公司 1939 年 4 月。

20.《艺术通论》，商务印书馆 1940 年 9 月。

21.《大时代的插曲》，商务印书馆 1941 年 7 月。

22.《齐式之》，商务印书馆 1945 年 11 月。

二 阎宗临

(一)简历(1904 年 6 月 13 日至 1978 年 10 月 5 日)

山西省五台县人,笔名已燃,狂飙社三个"小弟弟"之一。1924 年中学毕业后到北京,在《国风日报》社当校对时与高长虹相识并结为好友。1925 年 1 月 26 日,与高长虹散步时谈到了出版《长虹周刊》事。同年 2 月 8 日,"午后长虹、春台、阎宗临来"(《鲁迅日记》)。同年夏天夜晚与高长虹"坐在河沿的树上,谈论未来的军国大事",高长虹做大将,阎宗临做副将。[①] 同年 11 月初与高长虹一起到太原,筹集赴法国勤工俭学旅费。与高长虹分别时好似生离死别,大家痛哭不已。为了不让这种痛苦情景再次发生,离开北京前往法国时不辞而别,这使得向培良、郑效洵等感到痛苦。在决定出版《弦上》周刊的第二天——1926 年 2 月 9 日,高长虹即给阎宗临写信。以 Z 为笔名在《弦上》周刊发表文章两篇。在巴黎做工两年,1927 年进入里昂杜比兹人造丝厂做勤杂工、实验助理员。读了高长虹的《献给自然的女儿》、《长虹周刊》后,分别于 1928 年 3 月 27 日、12 月 29 日撰文高度评价。1929 年入瑞士伏利堡大学,主要学习欧洲古代、中世纪的文化和历史。1932 年高长虹在德国研究马克思主义期间,曾到瑞士找在那里读大学的阎宗临资助他治病,阎宗临劝高长虹留在瑞士读书,高长虹不同意。1933 年夏大学毕业,取得瑞士国家文学硕士学位,受聘担任该校中国文化讲座工作,与此同时在该校研究院攻读博士学位,1936 年获得瑞士国家文学博士学位。1937 年抗战爆发后,携夫人梁佩云毅然回国。抗战时期先后在山西大学、广西大学、无锡国学专科学校、昭平中学及桂林师院任教。1946 年应聘到中山大学任教,1948 年至 1950 年任历史系

---

① 《步月》,《高长虹文集》下卷,第 74 页。

主任。1950 年 8 月应张友渔、赵宗复邀请回山西大学(山西师范学院)工作。曾担任山西省历史学会副理事长、山西省政协委员,先后被选为太原市人民代表、山西省人民代表、山西省人民委员会委员。①

(二)作品集目录

1.《波动》,传信书局 1935 年 7 月。

2.《近代欧洲文化之研究》,广西建设研究会 1941 年。

3.《欧洲文化史论要》,文化供应社 1944 年 4 月初版,1948 年 8 月新一版。

4.《巴斯加尔传略》,商务印书馆 1962 年 12 月初版。

5.《阎宗临史学文集》,阎守诚编,山西古籍出版社 1998 年。

6.《传教士与法国早期汉学》,阎守诚编,大象出版社 2003 年 9 月。

7.《中西交通史》,广西师范大学出版社 2007 年 4 月。

8.《世界古代中世纪史》,广西师范大学出版社 2007 年。

三　一般成员

(一)高远征(1907 年 7 月 23 日至 1927 年秋)

山西省盂县人,原名高仰慰,乳名夏海,高长虹三弟。在乡间完成小学学业后,1923 年至 1927 年就读于太原晋山中学。1924 年加入中国共产党,1925 年学校成立党支部时任宣传委员。1924 年 11 月在北京《狂飙》周刊第 1 期发表《慈母》,该文曾令高长虹非常感动,"每次只能读得一两段,我的眼泪便夺眶而出",并因此"硬着头皮回家住了十天"②。1926 年秋在高沐鸿指导下发起成立适燃社,为该社负责人并

---

① 主要资料来源:《编者的话》(阎守诚,阎宗临:《传教士与法国早期汉学》,大象出版社,2003 年)、《编者语》(阎守诚,阎宗临:《中西交通史》,广西师范大学出版社,2003 年)。

② 《远征〈慈母〉附识》,《高长虹文集》下卷,第 17 页。

兼《适燃》副刊总编辑，该副刊共出了六七期。同年在上海《狂飙》周刊第6期(11月14日)发表小说一篇。1927年6月为躲避阎锡山当局逮捕匆匆离开太原，到武汉参加周士第领导的教导团。七一五政变发生后赴南昌加入贺龙领导的学生队伍，并参加南昌起义。起义失败后，在挺进广东途中被国民党军队包围而壮烈牺牲。[①]

(二)欲擒(1910？至1926年7月11日)

河南开封人，本名王绪琴。“我们编辑狂飙不定期刊同弦上周刊时，他不断地寄来稿件一直到他死”[②]，但发表不多：《回声·致长虹》(北京《狂飙》周刊第12期)、《失意的英雄》(《狂飙》不定期刊)。自从他给高长虹的信发表后，欲擒的名字便经常出现在其他狂飙社成员笔下：高长虹的回信发表在1925年3月15日北京《狂飙》周刊第16期；高长虹的《反应》(《京报副刊》第317号)中有这样的文字：“开封的欲擒更是屡次来信问及狂飙”。不到17岁的欲擒于1926年7月11日早殇后，8月1日《弦上》周刊第24期发表了《欲擒之死的报告》(K)和《哭欲擒》(I)，向狂飙朋友报告消息并进行哀悼。上海《狂飙》周刊有4篇文章提到欲擒：高长虹在《给鲁迅先生》(第2期)中如此写道“回忆当时情况，‘普天下’能赏识狂飙者，只有你，郁达夫先生，日本友人伊东干夫，与开封的欲擒而已……今者周刊复活，伊东干夫不知漂流何处，才特异而年特少的欲擒乃不幸已永别人间”；向培良在《论孤独者》(第5期)中如此写道：“七月间欲擒死了，他的最亲挚的朋友亦我就显着极大的衰颓”；第7期的《寄死者》为挚友亦我写给欲擒的7封信；向培良在《三个朋友的死》(第8期)中不但深情地回忆了与欲擒的交往

---

① 主要资料来源：《高远征与“石燃社”》(言行，《历史的沉重》，第155—16 0页)。

② 向培良：《三个朋友的死》，上海《狂飙》周刊第8期(1926年11月28日)。即使欲擒在《弦上》周刊上发表了文章也不会很多，因为在不知道真实姓名的该刊作者中，最多的R也只有4篇，其他剩下的都只有1篇或者两篇。

过程，还说准备为他出书："他的遗文将收在我们的丛书里，留作战士的纪念，现在正由亦我收集着"，并如此评价欲擒的作品："他的作品都充满着天才和丰富的热情，虽然缺乏一些熟请[练]的技术和聪明，而且所采用的形式也太枯窘点。这并不足怪。他有天才，但是他得不到时间以发展他的天才，很快的被死吞灭了。"

(三)吕蕴儒

河南人，名琦，曾就读于鲁迅任教的北京世界语专门学校。在北京《狂飙》周刊发表《爱神战胜了》(第 14 期)、《某君日记》(第 16 期)两篇文章；第 14 期起周刊的发行处为"北京中老胡同十五号吕蕴儒转"。曾与高歌、向培良等到河南创办《豫报副刊》，4 月 22 日："上午得吕琦信，附高歌及培良笺，十八日开封发"(《鲁迅日记》)，鲁迅 4 月 23 日给三人的回信发表在 1925 年 5 月 6 日《豫报副刊》。1933 年曾由民智书局出版过《世界语论文集》。

(四)云坞

"《鲁迅日记》1924 年 12 月 20 日载：'午后云五、长虹、高歌来。'云五，《全集》注'未详'。按，此人为'贫民艺术团'最早成员(按：当为'平民艺术团')，名叫张蕴吾，1924 年冬到京，跟高长虹等人住在一起，曾有小说《村人李成》(按：第 3 期)、《往那儿逃走》(按：第 4 期)在《狂飙》发表，署名'云坞'。1926 年夏仍在北京。其余不详。"①

---

① 主要资料来源：《人物简介》(董大中、郭汾阳、王峻峰：《鲁迅与山西》，第 436 页)。

第三章

《莽原》时期

第一节 《莽原》周刊时期

一 莽原社的成立

《鲁迅日记》:1925 年 4 月 11 日,"夜买酒并邀长虹、培良、有麟共饮,大醉"。鲁迅饮酒至于"大醉",并郑重其事地写进日记中,在鲁迅一生中并不多见。1925 年 4 月 11 日如此,乃因这是一个值得纪念的日子:此次饮酒标志着莽原社成立。

3 月 12 日给徐旭生写信提出再次进行"思想革命"后近一个月时间里,鲁迅多次在给许广平的信中谈到这一问题:"这种漆黑的染缸不打破,中国即无希望,但正在准备毁坏者,目下也仿佛有人,只可惜数目太少。然而既然已有,即可望多起来,一多,就好玩了,——但是这自然还在将来;现在呢,就是准备"(3 月 23 日);"我总还想对于根深蒂固的所谓旧文明,施行袭击,令其动摇,冀于将来有万一之希望。而且留心看看,居然也有几个不问成败而要战斗的人,虽然意见和我并不尽同,但这是前几年所没有遇到的。我所谓'正在准备破坏者目下也仿佛有人'的人,不过这么一回事。要成联合战线,还在将来"(3 月 31

日);“我现在还在寻有反抗和攻击的笔的人们,再多几个,就来‘试他一试’,但那效果,仍然还在不可知之数,恐怕也不过聊以自慰而已”(4月8日)。

早在1924年5月30日,鲁迅就对许钦文说过这样的话:“我总想自己办点刊物。只有几个老作家总是不够的。不让新作家起来,这怎么行!我培养了些人,也就白费心思了”①,遗憾的是一直没有机会。机会一旦来临,4月8日“还在寻有反抗和攻击的笔的人们”的鲁迅,4月11日就与人成立了莽原社。

关于莽原社成立的原因和经过,始终参与其事的荆有麟有如此回忆:

《语丝》一发刊,伏园在《晨报》辞职的事,被《京报》主人邵飘萍晓得了,便聘了伏园去,为他编副刊。当时的《京报》,以消息灵通见长。故在政界上很有势力,但因编辑方法呆板,又少学术空气,所以在青年界,没有引起注意,可是伏园一进去,情景便大不同了。当时报纸的销路增加,连邵飘萍本人,都为之吃惊,他看出了文化的力量,便约我去为他计划七种附刊。——即副刊之外,每天有一种周刊,一星期周而复始,这办法,在上海《民国日报》实行过,但在北方,还系创举。——当时共出了文学、妇女、图画、戏剧、民众文艺等等。俟后,因思想关系,我们很反对专捧女戏子的戏剧周刊,飘萍很痛快地将戏剧周刊停刊,要我约鲁迅先生,先生很赞成,他当时说:

“我们还应该扩大起来。你看,《现代评论》有多猖狂,现

① 许钦文:《来今雨轩》,《〈鲁迅日记〉中的我》,浙江人民出版社,1979年,第34页。

在固然有《语丝》，但《语丝》态度还太暗，不能满足青年人要求，稿子是启明他们看的，我又不大管，徐旭生先生的《猛进》，倒很好，单枪匹马在战斗，我们为他作声援罢，你去同飘萍商议条件，我就写信约人写文章。”

第二天晚上，我们便聚集在鲁迅先生家里吃晚饭，当时到场的，我记得有：许钦文、章衣萍、高长虹、向培良、韦素园，等等。在我报告了同飘萍接洽经过之后，当时便想到刊物的名称。最后还是培良，在字典上翻出《莽原》二字，报头是我找一个八岁小孩写的，鲁迅先生也很高兴那种虽然幼稚而确天真的笔迹。次一个星期五，《莽原》第一期，就在京发刊了，除随《京报》附送外，另外，还由《京报》赠印三千份，作为写文章人的报酬，这被赠送的三千份，是交由北新书局李小峰发卖的。当时《莽原》经常撰稿人有：鲁迅、尚钺、长虹、培良、韦丛芜、韦素园、台静农、李霁野、姜华、金仲芸、黄鹏基，等等。[①]

荆有麟的回忆文章写于 1941 年 6 月，离“共饮”时间已 16 年多，出现错误在所难免。比如：《莽原》周刊代替的乃是《图画周刊》，而非《戏剧周刊》；“聚集在鲁迅先生家里吃晚饭”的人除鲁迅日记所记三人外，另外便只有章衣萍了。章衣萍为“共饮”之人却被鲁迅失记，董大中的分析颇有道理：“章在‘共饮’之前，对于《莽原》没有作过什么事，是临时加入的……有点像是临时碰上也便拉进来一起吃酒”[②]。

“退稿事件”发生后，高长虹如此说到《莽原》创办及自己在莽原社的情况：

---

① 荆有麟：《〈莽原〉时代》，《鲁迅先生二三事——前期弟子忆鲁迅》，河北教育出版社，2001 年，第 252 页。

② 董大中：《鲁迅与高长虹》，第 69 页。

> 莽原本来是由你提议,由我们十几个人担任稿件的一个刊物,并无所谓团体,形式上的聚会,只有你,衣萍,有麟,培良及我五人的一次吃酒。它的发生,与狂飙周刊的停刊显有关连,或者还可以说是主要的原因。撰稿的人,也是由我们几个人"举尔所知"。以后培良南去,衣萍又不大做文,莽原内部事,当其冲者遂只剩我们三人。无论有何私事,无论大风泞雨,我没有一个礼拜不赶编辑前一日送稿子去。我曾以生命赴莽原矣!①

高长虹说《莽原》周刊的创办"与狂飙周刊的停刊显有关连,或者还可以说是主要的原因",很明显夸大了《狂飙》周刊停刊所起的作用。在笔者看来,《莽原》创刊有三方面原因:一、鲁迅早有办刊物之意;二、邵飘萍为办刊物提供了阵地;三、北京《狂飙》周刊停刊,为《莽原》创刊准备了人才。这三个原因同样重要,并且缺一不可。尽管如此,狂飙社成员在莽原社中的重要作用仍然不可低估:在《莽原》周刊实际发表的 259 篇文章中,与高长虹和狂飙社有密切关系的人共计发表文章 83 篇:高长虹 35 篇、尚钺 22 篇、高沐鸿 15 篇、向培良 5 篇、常燕生 6 篇——还没包括后来加入狂飙社的黄鹏基 11 篇、鲁彦 3 篇。还需要说明的是,在荆有麟"介绍狂飙到京报做一附属物"时,高长虹若同意他加入狂飙社,荆有麟就不会去找鲁迅,如此一来,《莽原》是否会创刊、或者何时创刊便是一个未知数。

二　莽原社的内部矛盾

在说到《莽原》周刊的作者构成时高长虹说:"担任莽原稿件的人,

① 《走到出版界·给鲁迅先生》,《高长虹文集》中卷,第 121 页。

当时是大家'举尔所知'。尚钺，燕生是我举出的，沐鸿（即高成均，亦即劣者）的稿子也都是我带去的。别一方面，则是霁野，素园，丛无［芜］几个人。"[①]与高长虹有关系的人可看作是狂飙社成员；李霁野、韦素园、韦丛芜连同台静农不但是小学同班同学，而且韦氏兄弟的母亲与李霁野的母亲"往来频繁，亲如姊妹，经常在一起打牌"[②]，故高长虹在《给鲁迅先生》中称他们为"安徽帮"[③]，我们则用"安徽作家群"这一不带感情色彩的词语来称呼他们。

看看狂飙社成员和安徽作家群在《莽原》周刊发表的文章便能知道他们之间的区别：狂飙社成员除尚钺在第10期发表的《死女人的秘密》为译文外，其余全为创作；而安徽作家群发表的22篇作品中有10篇是译文。就像当时的创作界和翻译界经常发生冲突一样，安徽作家群在《莽原》初办时就有人在鲁迅面前"攻击"过高长虹和高歌，所以莽原社刚成立便出现了矛盾：

> 莽原内部的派别无可讳言，当初是鲁迅，有麟，尚钺同我算是一派，素园，霁野，丛芜又是一派。当暑假将到的时候，尚钺走了，有麟听说素园等不来稿了因为我有稿费，他们没有。这椿事既因我而起，遂同鲁迅商量也给他们一些稿费，鲁迅说，无须，我又说，那我便去找他们一次，鲁迅也说，无须。当时有麟怕暑假中没有稿件，但鲁迅同我却不怕这层。我当时说，不但还有一两个朋友可以寄稿来，便只剩我们三人，也能维持下去。不料过了一两礼拜，素园等又寄稿了。

① 《走到出版界·1925，北京出版界形势指掌图》，《高长虹文集》中卷，第149页。

② 吴腾凰：《叶集调查记》，《鲁迅研究》第9辑，中国社会科学出版社，1985年，第344—352页。

③ 《走到出版界·给鲁迅先生》，《高长虹文集》中卷，第121页。

实则我一月虽拿十元八元钱,然不是我亲自去代售处北新书局讨要,便是催迫有麟去讨要,并不是正当薪水,出纳分明。这其实是普通视为丢脸的事。鲁迅也同有麟,小峰说过,因为我穷,给点钱用,这一点我感激鲁迅。[①]

稿费问题刚过,更严重的"民副事件"[②]又发生了:

现在我再一说民副事件,此关系较大,也是我视为最痛心的一事。内情鲁迅知道,素园知道,不足为外人道。是我当时看见静农态度不好,然我不愿意说出。静农去后,鲁迅也说出同样怀疑,我于是也说出。鲁迅托我次日到徐旭生处打听一下。我次日没有打听去,却又到了鲁迅家里。鲁迅又提起此事,又托我去打听。我再次日去打听时,则诚如我等所怀疑者。鲁迅当下同我商量,说要给徐旭生去说明真象。我说:"为思想计,则多一刊物总比少一刊物好,为刊物计则素园编辑总比孙伏园好,其他都可牺牲。"鲁迅说:"只是态度太不好——但那样又近于破坏了!"于是鲁迅没有写信,而民副产生。这些本来与我无关,无须多管闲事。但不料此后我再见徐旭生时,则看我为贼人矣!此真令我叹中国民族之心死也!不料不久以后则鲁迅亦以我为太好管闲事矣!此真令我叹中国民族之心死也!

① 《走到出版界·1925,北京出版界形势指掌图》,《高长虹文集》中卷,第154页。

② 《民报》是当时冯玉祥国民军系统和国民党系统联合发行的一份报纸,创刊于1924年11月冯玉祥发动的"首都革命"之后。"民副事件"即1925年7、8月围绕韦素园做《民报》副刊编辑事而在莽原社内部发生的一系列矛盾。

为韦素园做编辑事，高长虹出过力，并且受了委屈。韦素园担任《民报》副刊编辑后，却用这样的态度对待高长虹：

> 当民副定议出版前，素园来找我要稿，此素园之无伏园编辑臭架子也！素园又谓听鲁彦说，衣萍对鲁迅说他们用手段，事出误会。不知果否传闻之误，然我当时则以为素园之不坦白也，故未致一辞。又素园要我做稿，态度大似，"鲁迅做稿，周作人做稿，某某人做稿，所以你也可以做稿"，这又是使我很不满意的。我以为既是来要我做稿，则只这要我做稿好了。然而萍水相逢，我留他吃饭，我对于朋友，也并不怠慢！而且我也做稿。虽然他们把自己的稿子放在前面，拿我的稿子掉尾巴，然而我终还做稿，为所谓"联合战线"也！[①]

关于韦素园拿高长虹稿子"掉尾巴"事，高长虹在另一处有更详细的说明：

> 有一件最使我不高兴的事，是，人们看了我这一类文字便以为我所做的文字都是杂感，连我的散文诗也变成杂感了！最明显的例便是，韦素园编辑民副的时候我的杂感照例是在末了安排的，有一次便连我的那篇比较最满意的散文诗"黑的条纹"都也在末了安排了！这使我不得不在莽原周刊上重行发表。[②]

---

① 《走到出版界·1925，北京出版界形势指掌图》，《高长虹文集》中卷，第155页。
② 《时代的先驱·批评工作的开始》，《高长虹文集》上卷，第400页。

《黑的条纹》发表在8月5日《民报》副刊，后又在9月25日《莽原》周刊第23期重新发表——头条。

就在将高长虹的"比较最满意的散文诗"《黑的条纹》"掉尾巴"的同一天，韦素园在《京报》登《〈民报〉十二大特色》，内云："现本报自八月五日起增加副刊一张，专登载学术思想及文艺等，并特约中国思想界之权威者鲁迅、钱玄同、周作人、徐旭生、李玄伯诸先生随时为副刊撰著，实学术界大好消息也。"高长虹看见这一广告后反映极其强烈：

> 于是"思想界权威者"的大广告便在民报上登出来了。我看了真觉"瘟臭"，痛惋而且呕吐。试问，中国所需要的正是自由思想的发展，岂明也这样说，鲁迅也不是不这样说，然则要权威者何用？为鲁迅计，则拥此空名，无裨实际，反增自己的怠慢，引他人的反感，利害又如何者？反对者说：青年是奴仆！自{此}"训练"见于文字；于是思想界说：青年是奴仆！自此"权威"见于文字；于是青年自己来宣告说：我们是奴仆！我真不能不叹中国民族的心死了！

8月10日，"晚霁野、素园来。……长虹来。"(《鲁迅日记》)很可能在这天晚上，高长虹与鲁迅谈到了《民报》副刊广告：

> 我又见了鲁迅，他问及民副投稿事，我说了我的不满意。他很奇怪地问："为什么?"我便说了那个"某人……所以你……"的公式。鲁迅默然。停了一歇，他又说道："有人——，就说权威者一语，在外国其实是很平常的!"要是当年的鲁迅，我不等他说，便提出问题了。即不然，要是当年的鲁迅，我这时便要说，"外国也不尽然，再则外国也不足为例"

> 了。但是,我那时也默然了!直到实际的反抗者从哭声中被迫出校后,我当晚到鲁迅家略谈片刻后,鲁迅遂戴其纸糊的权威者的假冠入于心身交病之状况矣!此后,我们便再没有能坦白的话。[①]

人们在分析鲁迅这样说的原因时认为:“多半是为韦素园开脱,并消除高长虹与韦素园之间的隔阂,其用心之良苦也是可想见的。”[②]除此之外,还应与鲁迅知道这是在借自己做广告有关,看看前此不久围绕《莽原》周刊广告发生的事情便可知道。1925 年 4 月 20 日《京报》刊登了这样一则广告:“思想界的一个重要消息:如何改造青年的思想?请自本星期五起快读鲁迅先生主撰的《口口》周刊,详情明日宣布。”鲁迅看见这则广告后认为“写得那么夸大可笑”,“第二天我就代拟了一个别的广告,硬令登载,又不许改动,他(按:邵飘萍)却又加了几句无聊的案语,做事遇着隔膜者,真是连小事情也碰头”[③]。鲁迅如果真的对“思想界的权威者”这一称号感兴趣,便不会在看见别人拟的广告后自己另拟一个。至于看见《民报》副刊的广告后不另拟一个广告的原因则是:“按广告的说法,鲁迅只是五个‘思想界之权威者’之一,在这种情况下,鲁迅若另拟一个广告,如果将五个‘思想界之权威者’包括在内,似有越俎代庖之嫌;若只声明自己不愿做‘思想界之权威者’,那么,那四个所谓的‘思想界之权威者’又怎么办呢?”[④]

高鲁冲突爆发后,针对高长虹的攻击,鲁迅如此说:“此等名号,乃

---

① 《走到出版界·1925,北京出版界形势指掌图》,《高长虹文集》中卷,第 155—156 页。

② 韩石山:《高长虹与鲁迅的反目》,《山西文学》,1993 年第 10 期。

③ 《250422 致许广平》,《鲁迅全集》第 11 卷,第 481 页。

④ 廖久明:《高长虹与鲁迅及许广平》,第 71—72 页。

是他人暗中所加，别有作用，本人事前并不知情，事后亦未尝高兴。倘见者因此受愚，概与本人无涉。”[①]事实上，“事前并不知情”与事实不符：在鲁迅主编的《莽原》周刊第16期（8月7日）、第17期（8月14日）、第18期（8月21日）也刊登了类似广告；但纵观鲁迅一生可以知道，“事后亦未尝高兴”是符合事实的。

从上引高长虹文字可以看出，鲁迅与高长虹的蜜月期从此过去了。后来发生的事实也证明了这点：这年秋天，张恒寿希望高长虹带自己去拜望鲁迅，“他几次向后推延，一直也没有去成，鲁迅离开北京了，后来才想到他不积极同我找鲁迅的原因是他已经对鲁迅有意见了，这是他一生中最大的失误”。[②]

第二节　《莽原》周刊与“五四后思想革命”

一　进行“思想革命”的鲁迅

在说到创办《莽原》原因时，鲁迅4月28日在给许广平的信中如此写道：“中国现今文坛（?）的状态，实在不佳，但究竟做诗及小说者尚有人。最缺少的是‘文明批评’和‘社会批评’，我之以《莽原》起哄，大半也就为得想引出些新的这样的批评者来，虽在割去敝舌之后，也还有人说话，继续撕去旧社会的假面。可惜现在所收的稿子，也还是小说多。”鲁迅在《华盖集·题记》中也有类似说法：“我早就很希望中国的青年站出来，对于中国的社会，文明，都毫无忌惮地加以批评，因此

① 《华盖集续编·所谓“思想界先驱者”鲁迅启事》，《鲁迅全集》第3卷，第410页。

② 张恒寿：《回忆长虹》，《高长虹研究文选》，第66页。

曾编印《莽原周刊》，作为发言之地，可惜来说话的竟很少。”[①]由此可知，鲁迅创办《莽原》周刊的一个重要目的是开展“文明批评”，即进行“思想革命”。

再看看鲁迅在周刊上发表的文章。鲁迅在周刊上共发表文章23篇，看看这些文章的内容和发表的期数便可发现一个规律：以第6期（5月29日）为分界——该期没有鲁迅的文章，可将鲁迅在上面发表的文章分作前后期。前5期共8篇次，每期至少1篇次，并且基本上都与“思想革命”[②]有关：《春末闲谈》（第1期）、《杂语》（第1期）、《灯下漫笔》（第2、5期）[③]、《杂感》（第3期）、《编完写起》（第4期）[④]；后26期共15篇次，与“思想革命”有关的文章只有两篇半：《补白（二）》（第11期）、《答KS君》的后半部分（第19期）、《评心雕龙》》（第32期），与女师大事件有关的文章两篇半：《我的“籍”和“系”》（第7期）、《流言和谎话》（第16期）、《答KS君的信》（第19期）的前半部分，与五卅惨案有关的文章3篇：《杂忆》（第9期）、《补白》（第10期）和《补白（三）》（第12期），通信两封：《田园思想（通信）》（第8期）、《通信》（第20期），译文两篇：《新时代与文艺》（第14期）、《思索的惰性》（第28期），另外三篇[⑤]便是缺乏独立性的《编者附白》（第7期）、《〈敏捷的译者〉附记》（第

① 《华盖集·题记》，《鲁迅全集》第3卷，第4页。

② 同一文章分几期发表算几篇次，故《灯下漫笔》算两篇次。

③ 发表时由三部分构成，尽管每部分之间没有小标题，但已用“～”隔开，后来作为三篇文章收入《鲁迅全集》：《华盖集·导师》、《华盖集·长城》、《集外集·编完写起》（在前期的八篇文章中，这是唯一的一篇与思想革命无关的文章），故算三篇。

④ 五四作家反对文言，是因为他们“把语言跟思维联系在一起来考虑的”：“鲁迅强调文言文语法不精密，说明中国人思维不严密；周作人指出古汉语的晦涩，养成国民笼统的心理；胡适提出研究中国文学套语体现出来的民族心理；钱玄同、刘半农则从汉语的非拼音化倾向探讨中国文化的特质……”（陈平原、钱理群、黄子平：《艺术思维》，《读书》1986年第2期）故将反对文言的文章也看作“思想革命”的文章。

⑤ 发表时目录未列，但现已收入2005年版《鲁迅全集》，故都算单篇文章。

8期)、《正误》(第12期)。造成这种现象的原因在于,女师大事件和五卅惨案发生后,鲁迅不但写文章参加战斗,还亲自参与到具体工作中去,因而影响了"思想革命"的进行。

在《春末闲谈》中,鲁迅借细腰蜂故事,批判统治阶级为了维护自己的统治,总是用各种各样的思想麻痹人民,并对当时流行的类似思想进行了嘲讽:"就现在而言,窃以为除了遗老的圣经贤传法,学者的进研究室主义,文学家和茶摊老板的莫谈国事律,教育家的勿视勿听勿言勿动论之外,委实还没有更好,更完全,更无流弊的方法。便是留学生的特别发见,其实也并未轶出了前贤的范围。"在《杂语》中,鲁迅对一年前泰戈尔访华事进行了嘲讽:"两大古文明国的艺术家握手了,因为可图两国的文明的沟通。沟通是也许要沟通的,可惜'诗哲'又到意大利去了。"在《灯下漫笔》中,鲁迅以"想做奴隶而不得的时代"和"暂时做稳了奴隶的时代"来概括中国历史,并向青年们发出了掀掉"人肉的筵宴"呼吁。在《杂感》中,鲁迅对那些逃避现实的人进行了批判:"仰慕往古的,回往古去罢!想出世的,快出世罢!想上天的,快上天罢!灵魂要离开肉体的,赶快离开罢!现在的地上,应该是执着现在,执着地上的人们居住的。"在《长城》中,鲁迅将当时黑暗的社会比作长城:"我总觉得周围有长城围绕。这长城的构成材料,是旧有的古砖和补添的新砖。两种东西联为一气造成了城壁,将人们包围。//何时才不给长城添新砖呢?//这伟大而可诅咒的长城!"在《补白》中,鲁迅批评中国人总是"将新事物变得合于自己",而不是"将自己变得合于新事物"。《答KS君》的第二部分说章士钊是一个"连成语也用不清楚"的人,"倘说这是复古运动的代表,那可是只见得复古派的可怜,不过以此当讣闻,公布文言文的气绝罢了"。《评心雕龙》正如该文注释所说:"意在讥讽当时文化界一些人的言论"。

二　得力助手高长虹

高长虹在周刊发表文章36篇，火力最集中且影响最大的当然是系列杂文《弦上》了。高长虹创作《弦上》的原因为："我做关于实际的文字，是从莽原第八期(按：当为第九期)弦上才开始的，正是当时的实际运动很急剧的时候。这文字的动机：一是因为莽原内部的问题，一是为想给于少数真正的反抗者以一些感兴。"[①]所谓"实际运动很急剧的时候"便是指五卅惨案的发生。《弦上》前三篇文章都与五卅惨案有关。高长虹在《病中呓语》中如此写道："战争是力与力的比赛，无力者呢，不战而已败矣！中国无时不处于败的地位，不须战争而始知也。如欲转败为胜吗？则这必须时时刻刻努力以图自存才行！如始终闲在平时，忙在临时，则忙呢，恐终不免于在亡国史上，只添一二比较可看的点缀而已！"[②]高长虹在《救国声中》批评了"爱国志士们在发表文章上都要此疆彼界"的做法[③]，号召奋斗中的勇士不要留意于一些别有用心的闲言碎语，"永远奋斗下去"，并希望"善的力战胜恶的力"这种"第二种公理"出现。[④]《给反抗者》呼唤"真的反抗者出来"："有敢以一人而敌全世界的吗？有在百败之后，而仍欢快地去赴最后的绝地的

---

① 《走到出版界·1925，北京出版界形势指掌图》，《高长虹文集》中卷，第150页。

② 《弦上·病中呓语》，《高长虹文集》上卷，第196页。

③ 五卅惨案发生后，在《京报副刊》设立特刊的有(后附主撰团体、创刊时间、期数)：《上海惨剧特刊》(清华学生会主撰，6月8日，共12期)、《沪汉后援专刊》(北大学生会主撰，6月18日，共7期)、《救国特刊》(救国团主撰，6月21日，共16期)、《反抗英日强权专刊》(女师大附中学生会主撰，6月29日，1期)、《铁血特刊》(中华民国铁血救国团主撰，第3期的时间为7月15日)、《北大学生军号》(北大学生会主撰，7月22日，共2期)。在6月3日和6月5日声援上海人民反帝斗争的示威游行中，一些北京学生却在天安门集会时因争做主席而相打(见许广平6月5日给鲁迅信)。

④ 《弦上·救国声中》《高长虹文集》上卷，第196—197页。

吗?”[①]

1925年,鲁迅围绕着女师大事件与现代评论派和章士钊进行了针锋相对的斗争,《华盖集》中的大部分文章和《集外集》中的《流言和谎话》、《集外集拾遗》中的《女校长的男女的梦》、《集外集拾遗补编》中的《为北京女师大拟呈教育部文二件》和《对于北京女子师范大学风潮宣言》等便是这场斗争的真实记录。高长虹在《弦上》栏发表的15篇文章9篇与此有关。从欧洲留学回来的萧有梅上书段执政时对女师大事件主张不公,高长虹作《萧有梅与音乐家》,说萧没有将欧洲音乐家的反抗精神学回来。在这篇文章中,高长虹还顺便讽刺了梅兰芳几句:“中国被认为艺术家的呢,却只有梅兰芳之流,这是中国人的精神的堕落!”“梅兰芳不死,音乐家将永远绝跡于中国!”[②]《面子与爱国》首先批评了中国的面子观:“中国就好讲面子的,为了这个面子的缘故,也不知道有多少好的事情被推诿过去,坏的事情被保持下来。”并在文章末尾如此写道:“到不得不作那‘不是什么有趣味的事’的时候,有不少平常人挺身去干,我们更希望那些干的人中,有一个是投笔从戎的西滢先生。”[③]《新文学中的新发现》批评了《现代评论》上的孙宝墀借

① 《弦上·给反抗者》,《高长虹文集》上卷,第197—198页。

② 《弦上·萧友梅与音乐家》,《高长虹文集》上卷,第199—200页。

③ 《弦上·面子与爱国》,《高长虹文集》上卷,第200—201页。陈西滢在《现代评论》第2卷第30期(7月4日)上的《闲话》(收入《西滢闲话》时题为《智识阶级》)中谈到宣战时说:“如能不让步而避免战事,终要设法的避免战事。可是如果英国人与我们宣战,或是逼我们到不得不作战的一步,那么我们也只好作战。我们明知道作战是牺牲,作战是不会赢的,但是我们替这几千年的老大古国究竟争了一点面子。如果我们只看了物质方面,把一切气节,人格,名誉都丢掉了,什么人都听北京的市民一样见识,这样的民族还要他干么?”

"罗素说"来指摘新文学的做法[①]。高长虹在说到《我的命令》的创作情况时说，他这篇文章"是对那般自己既不翻译，又不明白，而专以指摘别人的错误以摆教授的架子，装所谓评衡家的门面如江绍原，陈西滢之流者而发的。'犯罪'字样，则见于胡适的《胡说》一文中。"[②]高长虹的系列杂文《弦上》发表后，得到一些人称赞的同时，也引起一些人反感，高长虹作《笔头乱跳》，称这些人的舆论是"苍蝇们在发议论了"[③]。女师大停办后，《晨报》载文说杨荫榆与学生两败俱伤了，高长虹作《两败俱伤》对这一观点进行反驳："杨荫榆的败，已经证实了。用威吓而败，用阴谋而败，用武力而亦败。滚蛋之后，只余后悔，的确败了。//但学生们的败在什么地方呢？在杨氏统治之下无教育。既[即]便停办，也不过仍然是无教育罢了。如其有所失掉的时候，则失掉的也只是杨氏的家庭，这正是学生所需要失掉的，如何能谓之败？"文章中，高长虹还指出女师大闹到现在这步田地，是由于有研究系的人"在杨氏背后手指脚画"，所以，"如想到真的教育，章士钊之外，研究系是更应该毁灭的了"[④]。《造谣与更正》对《晨报》伪造女师大校务维持会职员名录的做法进行了讽刺。[⑤] 女师大停办后，章士钊在《晨报》发表谈话，为自己停办女师大辩护，并说自己是抱着牺牲主义来的，高长虹作《阅晨报章士钊与通信社记者的谈话之后》对其讽刺，并说："说人话要做

---

① 《弦上·新文学中的新发现》，《高长虹文集》上卷，第 201 页。孙宝墀在批评《罗素算理哲学》(共学社丛书，傅种孙、张邦铭译，商务印书馆 1924 年 7 月再版）翻译错误的同时，对罗素的算理逻辑给予了极高评价："没有抉择的能力，生在中国这个混沌时代，要想在学问中间讨生活，那是很容易误入迷途的，那是很危险的。要想防御这种危险，要想养成有独立思想的学者，算理逻辑，就是唯一的对诊[症]的药方。"(《罗素算理哲学》，《现代评论》第 2 卷第 27 期)。

② 《弦外余音》，《高长虹文集》下卷，第 60 页。

③ 《弦上·笔头乱跳》，《高长虹文集》上卷，第 204—205 页。

④ 《弦上·两败俱伤》，《高长虹文集》上卷，第 206 页。

⑤ 《弦上·造谣与更正》，《高长虹文集》上卷，第 207 页。

人事，要辞职干脆辞职掉好了，只不过一件不平稳的兼差呵！否则，我知你有一天必且滚蛋也！”[①]《晨报》副刊改由徐志摩编辑后，高长虹作《苍蝇及其他》，说徐志摩是“一个恶劣的话匣子”，并把在《晨报》副刊上发表文章的人称之为苍蝇。[②]

剩下三篇文章中，《我有歹意了》写一个女孩子在路旁出卖自己的身体，几个小伙子围住她说东道西。[③] 在这篇文章中，高长虹既批评了出卖自己身体的姑娘，也批评了围住她的几个无聊的看客。《识时务者》通过一个妓女同时让五个男人觉得自己是真的被爱者的故事，批判了识时务的“俊杰”。[④]《论“论是非”》，对《洪水》编辑霆声（周全平）在《论是非》中的泛泛而谈的观点进行了批评，并“愿意‘洪水’真的做成中国思想界的洪水”。[⑤]

最后全文抄录《弦上》的《序言》，从中可看出高长虹开始写作《弦上》时的豪迈气概和他对批评的看法：

> 让我把这支箭，射中你的心窝！不偏不倚，从你的正中，迸出鲜红的血来！
>
> 如其你被创之后，堂堂正正地能站立起来，朋友，恭喜你，你已成为一条好汉了！
>
> 如其你没有声响地倒地而亡，那也没有什么要紧，因为这也正是我所希求的。
>
> “顺我者死，逆我者生！”暴燥［躁］的箭在未发之前如是

---

① 《弦上·阅晨报章士钊与通信社记者的谈话之后》，《高长虹文集》上卷，第207页。

② 《弦上·苍蝇及其他》，《高长虹文集》上卷，第210—211页。

③ 《弦上·我有歹意了》，《高长虹文集》上卷，第198—199页。

④ 《弦上·识时务者》，《高长虹文集》上卷，第203—204页。

⑤ 《弦上·论〈论是非〉》，《高长虹文集》上卷，第207—210页。

咆哮。

躲过了箭的人不幸呵！他将在不生不死中偷度其残生！

人是时常负有创伤的心与身的总和。如其你只愿把你的躯壳养得肥胖，让你做猪子去好了。专门预备了肉给人吃的动物时常是肥胖的，箭所无须射的动物。你可怜的猪子呵！

但是，我的箭，将不徘徊于估价，不复顾忌于无须。他有时，为不肯轻于饶恕那些逃脱者，且将无的而放。

"放射！放射！不知其他！"张弓待发的箭如是宣誓。[①]

除以《弦上》为总题发表的这16篇文章（含《序言》）外，高长虹还在《莽原》周刊发表文章20篇。第1期的《绵袍里的世界》表达了对贫富不均的世界的强烈不满——许广平看见这篇文章后，认为"颇有些先生的作风在内"[②]。第2期的《赞美和攻击》表达了高长虹对"赞美和攻击"的独特看法："愿你时常需要攻击，而不需要赞美。"第2期的《什么？》（署名CH）写妓女在隔壁接客的声音惊动了"我"，"我"想到了"只是一张空有形式的皮，至少也曾经过五千年的腐烂"的女尸，进而想到中国古代的历史："我看见古代的英雄们，有名字的或没有名字的，倏而在这上面跳了出来，倏而又消灭了去。"第5期的《新文学的希望》对当时的新文学提出批评，认为中国如想有新文学，"我们干脆不需要什么文学家！我们只希望多出现几个反叛；至少，我们也只希望多出现几个有志于反叛者！"第6期的《中国与文学》认为"中国的文学，无论在创作，在阅读，在批评，在翻译，在理论，那[哪]一方面看来，都还是

① 《弦上·序言》，《高长虹文集》上卷，第194页。

② 《鲁迅景宋通信集》，湖南人民出版社，1984年，第48页。

一片荒地。"第 8 期的《一个心的解剖》对自己矛盾的心进行"解剖"。第 21 期的《弦外余音》驳斥黎锦明观点,同时交代该文是针对江绍原、陈西滢的。第 22 期的《创作之前》反映了高长虹对小说创作的一些看法。第 15 期的《天上,人间……》、第 19 期的《ASR 的一页》、第 23 期的《黑的条纹》、第 26 期的《A,A,A,……》(署名 C)都写自己生活的现状和对生活的感受。第 27 期的《噫,我友》是向"我友"的告别辞。另外还有 7 首诗歌:《永久》(第 4 期)以快速的节奏描写了一个学生运动场面;5 首《给——》(第 7、11、16、18、28 期)是献给石评梅的;《被雨湿了的》[1](第 26 期)描写了一颗"被雨湿了的"悲伤的心。从上面的简单介绍可以看出,高长虹的不少作品与"思想革命"有关——当然是高长虹所谓的"思想革命"。就是那些与"思想革命"无关的文章,也为活跃版面、增加刊物的吸引力做出了贡献。

三　协同作战的其他狂飙社成员

高长虹曾说:"担任莽原稿件的人,当时是大家'举尔所知'。尚钺,燕生是我举出的,沐鸿(即高成均,亦即劣者)的稿子也都是我带去的。"[2]我们就来分析这几个人的文章。

尚钺在周刊上共发表文章 24 篇,其中文学创作、翻译 20 篇:《小小的一个梦》(第 4 期)、《昨晚独步》(第 4 期)、《忠诚的奴隶》(目录未列,第 6 期)、《死女人的秘密》(译文,第 10 期)、《八哥儿》(第 12 期)、《梦幻的路》(第 14 期)、《心的狂笑》(第 18、19、20、22、23、27、31 期,内含 11 篇文章,颇类鲁迅的《野草》)、《冲喜》(第 24 期)、《一块白布》(第 26 期)、《一对鸽子飞去?》(第 30 期)。称得上"批评"的有 4 篇:《碎瓦外的残片》(第 8 期)为看了孔炤的《碎瓦》后的感想,认为中国"绝没有

---

① 收入《高长虹文集》时改题为《被雨浸湿了的》。

② 《走到出版界·1925,北京出版界形势指掌图》,《高长虹文集》中卷,第 149 页。

面色赤红，目光闪烁的法国老人和我外祖父”，只有“死气充满活身躯”的商人、绅士、学者；第21期的《学生的梦》包括三篇文章：第一篇讥讽了投机取巧的“爱国志士”，第二篇嘲讽了溜须拍马的人，第三篇讥刺了爱好虚荣的人。

常燕生在周刊发表文章6篇。第2、4、6期接连发表了3篇《胡景翼先生的遗念》：第一篇因看见一群醉酒的外国兵侮辱中国车夫，其他中国人却在旁边观望而想到敢对外国人实行“铁棍政策”的胡景翼；第二篇从开封铁塔上几位女士被士兵强奸谈起，批判了中国的传统道德和怯懦的国民，认为现在“唯一的急务”是“提倡威武不能屈的精神，养成威武不能屈的人格，同时也须练习威武不能屈的本领”；第三篇从胡景翼追悼会上领到的一张罗汉像谈起，批评了传统思想的根深蒂固——就是在不少著名的国民党员、新文学作家身上也时有表现。《什么叫做东方文化》（第7期）批判了盛行的“东方文明是精神的，西方文明是物质的”文化观，认为“根本上文化就没有所谓东方西方之分”。《论思想》（第15期）批判中国人“长于思想”却不求甚解，认为中国唯一的希望是“从血统上改造民族，把野蛮粗豪敢于实行的民族的血灌输到我们老大优柔的古民族的骨肉中”。《搀论雪耻与御侮》（第18期）认为我们在高喊“打倒帝国主义”的同时，要首先打倒国内军阀。

高沐鸿在周刊发表文章15篇：《声的历史》（第6期）、《老人生涯》（第9期）、《〈不仆碑〉文》（第12期）、《异床同梦》（第13期）、《成功》（第14期）、《沉默》（第15期）、《力的缺乏》（第17期）、《败退之下》（第18期）、《城头》（第20期）、《病人与医士》（第21期）、《跳下床来》（第22期）、《守门人的小史》（第27期）、《巷中》（第28期）、《幻境》（第31期）、《我赞美着秋天》（第32期）。它们与“思想革命”和当时的现实都没有很直接的关系，故不作详细评述。

在北京《狂飙》周刊上，向培良便发表过文章，所以向培良已为狂飙社成员。向培良在《莽原》周刊发表文章8篇，除第27期的《在小火车站上》外，剩下的便是《槟榔集》中的7篇文章。《微笑》开篇即说："似乎听见有几个大学者们，曾经倡导过文学革命这一回事，似乎许多青年都起来响应，于是之乎也者都改为的吗呵呢。似乎文学家成为很漂亮的东西，神经衰弱同失眠的病症同戴眼镜穿洋服一样的时髦，生梯曼特儿(Sentimental)变为很可夸耀的名词了，似乎我看见有许多诗人小说家同各种的艺术家兴起，而作者甚至于比读者更多。于是，我寂寞的微笑了"，接下来，便逐段奚落了"一位伟大的作家"、"著名的女作家"、"许多之文学家"。[①]《前途》说自己周围是"死一般的沉闷"的"坟墓"，希望鬼魂出来，"可以破这死一般的沉闷"，结果是"坟墓不肯开口鬼魂寂静地住在地下的幽宅"。[②]《悲剧在我们的民族里》奚落了国人的"聪明，机灵，敏捷"，并嘲讽了作为"看客"的国人："社会里面，残废同不幸，不是给人家最好的嘲笑资料么？"[③]《铁笼》对被关在铁笼中的"森林之爱者，自然的骄子，野的东西，放纵不羁的东西"斑豹等野生动物充满同情，并对卑怯的看客进行了嘲讽："蜂一般的，蝦蟆一般的，吐出各种的声音，讥笑，辱骂，恐吓，毒恨，得意，无所不用其极，而他们却远远地站着，只是吐出各种的声音。"[④]《买窝头有感》通过一次买窝窝头被摊贩骗去多一倍的钱这一事情，对"到民间去"提出了自己的看法："我们要只是喊着'到民间去'，'到乡下去'，而不自家加入为民间或乡下的一份子，把民间或乡下的事作为自家的事，那么窝窝头将永远卖四个子儿一个，我们将永远被视为异国，为仇敌，为天帝

---

① 向培良：《槟榔集·微笑》，《莽原》周刊第1期(1925年4月24日)。
② 向培良：《槟榔集·前途》，《莽原》周刊第1期(1925年4月24日)。
③ 向培良：《槟榔集·悲剧在我们的民族里》，《莽原》周刊第5期(1925年5月22日)。
④ 向培良：《槟榔集·铁笼》，《莽原》周刊第5期(1925年5月22日)。

了。”[①]《聪明与天才》对取巧的“聪明人”进行了批判，并呼吁出现真正的“天才”。[②] 从第一篇文章可以看出，向培良与高长虹一样，批判对象确实是现代评论派。从后五篇文章可以看出，此时向培良的观点与鲁迅有很多相似地方。4 月 23 日鲁迅在给向培良的信中如此写道：“《莽原》第一期上，发了《槟榔集》两篇。第三篇斥朱湘的，我想可以删去，而移第四为第三”，《槟榔集》中没有“斥朱湘”的文章，由此可知该篇已被“删去”。

四 “姑且称为帮助罢”

“退稿事件”发生后，高长虹曾如此说《莽原》周刊时期开展“思想革命”的人事纠葛：

> 如想再来一次思想革命，我以为非得由几个青年来做这件工作不可。他们的思想是新的，他们是没有什么顾忌的，他们是不妥协的，他们的小环境是单纯而没有什么纠葛的。已经成名的人，我想能够得到他们的帮助便是最好的了。鲁迅当初提议办莽原的时候，我以为他便是这样态度。但以后的事实却不能证明他是这样态度。这事实只证明他想得到一个“思想界的权威者”的空名便够了！同他反对的话都不要说，我想找一些人来替他说话，说他自己所想说的话，而他还不以为他是受了人的帮助，有时还反疑惑是别人在利用他呢！然而他却是得到了“思想界的权威者”，“青年叛徒的领

① 向培良：《槟榔集·买窝头有感》，《莽原》周刊第 29 期（1925 年 11 月 6 日）。

② 向培良：《槟榔集·聪明与天才》，《莽原》周刊第 30 期（1925 年 11 月 13 日）。

袖”的荣誉！[①]

从二、三部分的分析可以看出，鲁迅办《莽原》周刊的时候，高长虹和他的狂飙朋友们确实帮过鲁迅的忙。1925年的鲁迅刚刚“翻身”：团结青年朋友再次进行“思想革命”，却运交“华盖”：“今年开手作杂感时，就碰了两个大钉子：一是为了《咬文嚼字》，一是为了《青年必读书》。署名和匿名的豪杰之士的骂信，收了一大捆，至今还塞在书架下”，接下来便是女师大事件和五卅惨案。但也“失之东隅，收之桑榆”：该年底，鲁迅在整理一年所写的杂感时，惊讶地发现“竟比收在《热风》里的整四年中所写的还要多”。[②] 那么这些文章从哪儿收集来的呢？除《莽原》外，还有《京报副刊》、《语丝》、《猛进》、《民众文艺周刊》、《豫报副刊》等。在“黑云压城城欲摧”的当时，作为“中国思想界之权威者”之一的鲁迅任重道远，他不可能只顾及“自己的园地”——《莽原》，还得四处出击。在身兼《莽原》主将职务的鲁迅四处出击时，自己的大本营没演空城戏，并且还能不时得到有力增援，多亏有其他人帮忙——这“其他人”便包括以高长虹为首的狂飙社成员，并且他们是其中一支最重要的力量。

在说到高长虹与鲁迅的交往时，人们常常引用鲁迅1926年11月15日给许广平的信来说明高长虹“利用”过鲁迅：“我先前为北京的少爷们当差，耗去生命不少，自己是知道的。……不过先前利用过我的人，知道现已不能再利用，开始攻击了。长虹在《狂飙》第五期上尽力攻击，自称见过我不下百回，知道得很清楚，并捏造了许多会话（如说我骂郭沫若之类）。其意盖在推倒《莽原》，一方面则推广《狂飙》销路，

---

① 《走到出版界·1925，北京出版界形势指掌图》，《高长虹文集》中卷，第151—152页。

② 《华盖集·题记》，《鲁迅全集》第3卷，第3—4页。

其实还是利用，不过方法不同。他们专想利用我，我是知道的，但不料他看出活着他不能吸血了，就要杀了煮吃，有如此恶毒。”这是片面的！

从上面分析可以看出，高鲁合作期间不但高长虹“利用”过鲁迅，实际上鲁迅也“利用”过高长虹及其他狂飙社成员。不过，与其说是互相“利用”，不如说是互相“帮助”。关于此点，鲁迅在高鲁冲突爆发后彻底清算高长虹的《新的世故》中说得很清楚：

> 至于被利用呢，倒也无妨。有些人看见这字面，就面红耳赤，觉得扫了豪兴了，我却并不以为有这样坏。说得好看一点，就是“帮助”。文字上这样的玩艺儿是颇多的。“互相利用”也可以说“互助”；“妥协”，“调和”，都不好看，说“让步”就冠冕。但现在姑且称为帮助罢。[①]

第三节 莽原改组

1925 年 10 月，《京报》要停止副刊以外的小幅，鲁迅决定将《莽原》周刊改为半月刊。莽原改组时，鲁迅打算叫高长虹担任编辑而叫未名社印行，高长虹没有答应：“虽经你解释，然我终于不敢担任，盖不特无以应付外界，亦无以应付自己；不特无以应付素园诸君，亦无以应付日夕过从之好友钟吾”[②]。高长虹说他“辞却”编辑责任的原因有四个，现按图索骥来寻找。

---

① 《集外集拾遗补编·新的世故》，《鲁迅全集》第 8 卷，第 187 页。

② 《走到出版界·给鲁迅先生》，《高长虹文集》中卷，第 120 页。

一　何以“无以应付外界”

首先是为高长虹赢得较高声誉的系列杂文《弦上》给他带来了负面影响：

> 这时正是莽原周刊初出版的时候，鲁迅也同我说，舆论是欢迎我的批评，不欢迎我的创作，所以让我多做批评。但我是爱我的创作，不爱那样的批评，所以我不大高兴那种舆论，但我也终于计意着要开始一些批评了。接着时局便起了剧变，莽原的稿件也略感缺乏，我于是便开始了那个使人厌恶的“弦上”了。这其间，景宋也有信赞美我的批评，说是我擅长的工作，劝我多做。天津也有一个不认识的朋友来信鼓励我。因此种种原因，我便一直做到十五篇。然而，急就章第十一，那些东西其实没有一篇做得好的，这是我不能不向这些朋友们抱歉的呢！别一方面，则因此也使我得到不少的反感，即是，一般读者都不懂得我所说的用意。我曾当面受过很几次的讥笑，有朋友式的，有路人式的，也有敌人式的。乃至连洪水的编辑都不懂我的文字，我想，只要人们把那篇弦上的小序看懂，也还不至于对我生太多的恶感吧！然而，我因此也觉悟：我的话说得有些太早了！我时常不愿意太早来说话，然而终竟还落得太早了！别一方面，有一件最使我不高兴的事，是，人们看了我这一类文字便以为我所做的文字都是杂感，连我的散文诗也变成杂感了！最明显的例便是，韦素园编辑民副的时候我的杂感照例是在末了安排的，有一次便连我的那篇比较最满意的散文诗“黑的条纹”都也在末了安排了！这使我不得不在莽原周刊上重行发表。我

的批评，无形之间惹来许多人对于我的敌意不算外，它并且自己造作出一种敌意，一种对于我自己的创作的敌意，它无形之间毁灭了我自己的创作！这便是我做批评对于我的报酬！①

其次是“文字的战斗时期”的纠葛：

在文字的战斗时期，鲁迅显然只知道有他自己，而忘记了同伴。我现在要举出两件事实出来。当黎锦明屡次投稿不登的时候，在一个刊物上发表了一篇文字攻击莽原，但不敢攻击鲁迅，却除开鲁迅去攻击其他的人。鲁迅是莽原的编辑，不登稿也是鲁迅不登，并不是其他的人，两者都应该他出来说话。而他不但不说话，到我写了那篇已经十分和平的《弦外余音》的时候，他反以为是无须乎的样子。他说过几次要攻击江绍原，但又说要等到暑假开学以后。我在莽原第十三期写了弦上第八我的命令一文后，语丝第四十期便有江绍原的一篇仿近人体骂川岛，我很疑惑，后来知道那是仿民副上的一篇文字。我那时说应该说几句话了。但他却说，江绍原已托川岛来向他认错，所以无须说话。江绍原向鲁迅认错，便可以白骂了别人。但到了霉江（按：韦丛芜）的信来的时候，他又说他对于《语丝》的责任只有投稿了！②

其三是高长虹“生活”上接受的一次报复：

① 《时代的先驱·批评工作的开始》，《高长虹文集》上卷，第400页。
② 《走到出版界·1925，北京出版界形势指掌图》，《高长虹文集》中卷，第152页。

关系莽原的,有一些人都疑惑是我编辑,连徐旭生都有一次这样问过我。外面来稿不登的,也有人积怨于我。事实则是,莽原通信处是有麟住的地方,收到的稿,他再转给鲁迅看。例如焦菊隐,是我曾见过一次面的,他投稿几次都没有登,听说他初次投稿时曾提及我,但到我知道时,已是两三个月以后了。所以我连信都无从回复。又如黎锦明也曾给有麟同我去过一次信,有麟倒转给我了。但他的意思是想借我的笔骂黎锦明,所以我便索性不说话。此类事实还很多,后来我因此在我的生活上还接受过一次报复,但那时不但主持正义的先生们,便是土匪派的先生们也没有注意,以为那只是我个人的私事。①

二　何以"无以应付自己"

首先是夭折的《狂飙》月刊:

去年一年北京的出版界,因为特殊的时局的缘故,思想上引起一个小小的运动,这运动因为艺术的色彩比较多些,所以一般读者们都难于认识它的真象[相],从事运动的人呢,大抵自己又都不明说,所以直到现在世间还像没有什么也者。但这个运动,虽然没有那样普遍,但比新青年运动却深刻得多,它是会慢慢地踏实地表现在事实上呢。其中虽然也不是没有派别,但当时的精神却是一致的。就形式上说,可分为莽原,语丝,猛进三派,然而大致都是由思想的自觉而

① 《走到出版界·1925,北京出版界形势指掌图》,《高长虹文集》中卷,第159页。

表现为反抗；而所反抗的在大体上又都是同样的目标。三派之中，又以莽原为最激进。在思想的色彩上说，则莽原是艺术的，语丝是自由批评的，猛进是政治哲学的。假使这三种周刊合组而成为一个月刊，再有人多做点宣传的所谓系统的文字，则人们的耳目一定会更为清爽一些。我那时也曾注意到这一点，曾有过办狂飙月刊的计划，但一着手便失败，后来才知道那原来是不可能而且不必要的事情。①

其次是此时的高长虹正被经济的窘迫和性的烦闷所苦恼，“需要变换一种生活的形式”：

他不能够这样生活下去，他需要变换一种生活的形式，他不能够从朋友们身上痴望着他自己的懒散的颓形，他不能够吸吮着那些死去的安闲的人们所遗留下来的唾余而自谓蜜酒，他不能够追随在女子的背后空望着她的绝无的偶然的回盼，他不能够把华宴排列在云端而焦急地把他的谗吻压在脚凳的下面，他不能够摇着一双空手而希翼别人的援助或自谓有援助别人的慈心，不的，他不能够这样下去，这些太不象[像]是生活了。②

其三是高长虹认为《闪光》的出版在他和鲁迅之间造成了“初次的裂痕”：

---

① 《走到出版界·今昔》,《高长虹文集》中卷，第100—101页。

② 《游离·生的跃动》,《高长虹文集》中卷，第293页。

> 我同鲁迅第一次伤感情的事是闪光的出版。闪光是一百首(按:当为145首)短诗的诗集,印得很精美的一个小册子,是在一九二五年的夏天用狂飙社的名义出版的。我付印的时候告诉他,他仿佛象[像]自言自语地说:“这样太快了!”我那时什么都喜欢快,闪光一两个星期就印出来了。当这些短诗交给鲁迅在报纸上发表的时候,鲁迅是很喜欢他们的。我时常试探着想叫他说出那几首不好来,可是他总是说很好。他常喜欢说的,写批评又写创作,最容易把杂志带到艺术里面,我因而问他:“这首太理智了吗?”可是他常是答说:“还好,歌德也是这样。”不料后来就因为这本小诗集的出版在我们友谊中造成了初次的裂痕。①

鲁迅日记:1925年9月26日,“午后访李小峰……夜长虹来并赠《闪光》五本,汾酒一瓶,还其酒。”鲁迅“还其酒”,不知是否意味着鲁迅对高长虹擅作主张的行为不满,但从高长虹到鲁迅寓次数的急剧减少——8月11次、9月7次、10月4次——可以知道,至少高长虹自己是这样认为的。

三 何以“无以应付素园诸君”

“无以应付素园诸君”的主要原因请见该章第一节。现在谈谈“后来半月刊出现,发行归之霁野,编辑仍由你自任”的原因:莽原初办时,安徽作家群就有人在鲁迅面前攻击过高长虹和高歌;由于高长虹有稿费,安徽作家群一度将稿件拿到《语丝》发表而不给《莽原》,致使《莽原》差点发生稿荒;韦素园担任《民报》副刊编辑后,将高长虹非常满意

① 《一点回忆——关于鲁迅和我》,《高长虹文集》下卷,第518页。

的散文诗《黑的条纹》安排在末尾发表，高长虹只好拿到《莽原》周刊重新发表……对这一切，鲁迅是清楚的。在这种情况下，不管是将改组后的《莽原》半月刊单独交给狂飙社还是未名社掌管，掌权的一方都有可能打压另一方，这是鲁迅不愿看见的。《莽原》周刊创刊前，鲁迅就反复强调打破"漆黑的染缸"的毁坏者"太少"，希望"再多几个"。现在，鲁迅怎可能眼睁睁看着已经加入"联合战线"的人被另一方排挤出去呢？为了把狂飙社成员留在莽原社，鲁迅可谓尽了最大努力：首先，将自己的编辑位置让给高长虹；其次，在高长虹"畏难而退"后，鲁迅自任编辑而将发行权交给高长虹认为"眼明中正，公私双关，总算一个最合适"的李霁野。遗憾的是，李霁野 1926 年 5 月因母亲病重回家，韦丛芜先生病，台静农又不在北京，在这种情况下，"目前大概由韦素园维持，将来则属之霁野"。[①] 等鲁迅离开北京、李霁野回到北京后不久，"退稿事件"便发生了。这些事情都是莽原改组时难以预料的。

四　何以"无以应付日夕过从之好友钟吾"

对此，尚钺有如下说法：

> 最后在上海，大概是一九三〇年吧，一日我因紧急的事件，化装成一个工人穿了一身蓝布短衫裤急忙要赶到江湾去，路过狄思威路时，由于我好注意路人的习惯，忽然看见先生左手挟着一个书包正缓缓地向北四川路行进。我故意绕到他的面前：让先生看看他曾经用血和生命培养过的学生，今日仍然未如某诗人及某某报纸编辑的心愿而死去，并且健在。先生看见我，似乎还有点认识，可是当他向我注意时，我

① 《给鲁迅先生》，《高长虹文集》中卷，第 120 页。

却因时间的紧迫和秘密工作的需要,只笑着急急地走了,未曾问一声他生活和身体的平安。谁知道这就是我和先生最后一次的会见呵!①

安徽作家群中,“某诗人”当指韦丛芜,其诗作《君山》曾在《莽原》半月刊连载12期;“某某报纸编辑”当指韦素园,韦素园曾做《民报》副刊编辑。但从尚钺1925年7月13日写给鲁迅的信可以知道,希望他“死去”的是曹靖华:“打倒《豫报》社,骂死尚钺”②。十多年后尚钺把曹靖华的账记到了韦丛芜或韦素园身上,由此可见他对韦氏兄弟是多么不满。既如此,莽原改组时,如果高长虹接受鲁迅安排:“莽原半月刊交给未名社印行并想叫我担任编辑”,那么夹在“韦素园诸君”和尚钺之间的高长虹确实很难应付。

按高长虹的说法,尚钺加入莽原社是他“举出”的:1925年4月28日,“夜向[尚]钺、长虹来”(《鲁迅日记》);莽原内部尚钺同他“算是一派”③。高长虹在说到自己在莽原社的情况时说:“无论有何私事,无论大风泞雨,我没有一个礼拜不赶赴编辑前一日送稿子去。我曾以生命赴莽原矣!尔时所谓安徽帮者则如何者!”④对这些情况,作为高长虹“日夕过从之好友”的尚钺是清楚的。莽原改组时,鲁迅叫高长虹“担任编辑”却叫“未名社印行”,这种“中立主义”的态度是狂飙社部分成员所不能接受的。最不能接受这一现实的,除高长虹外,也许就是尚钺了。

---

① 尚钺:《怀念鲁迅先生》,《鲁迅回忆录》散篇上册,北京出版社,1999年,第145页。

② 《书信十一封·尚钺致鲁迅》,北京鲁迅博物馆、鲁迅研究室编:《鲁迅研究资料》第14册,天津人民出版社,1984年,第350页。

③ 《走到出版界·1925,北京出版界形势指掌图》,《高长虹文集》中卷,第154页。

④ 《走到出版界·给鲁迅先生》,《高长虹文集》中卷,第121页。

尚钺"对鲁迅不能谅解"恐怕还与下面这事有关:

> 到这年(按:1925 年)的秋天,鲁迅就病起来了。一天,尚钺到我的住所来说,鲁迅家里开了一间客厅出来,他却被请在客厅里了,所以他很生气。我只几天没有看见鲁迅,觉得很奇怪。我去时,不料也被挡在客厅里。从此以后,这些青年朋友们的足迹,在鲁迅的家里就很少看见了。一直到他病好以后,才恢复了原状。不过,友谊间再也没有从前那样的休戚相关了。①

① 《一点回忆——关于鲁迅和我》,《高长虹文集》下卷,第 517 页。

第四章

北京后期狂飙社

第一节 《狂飙》不定期刊

关于《狂飙》不定期刊的创办和出版情况，高长虹有如下说法：

当时虽然是打着思想革命的招牌，然而工作却已偏重到事实方面，而且大有被节外生枝的另一些琐碎事实所混乱了的趋势。到暑假中，我觉得狂飙月刊不可以不进行了。也已经同鲁迅、徐旭生担任稿件，但后来却都没有做。我又想暂且停止了这个工作，退出北京的出版界，到上海游逛一次。我开始写生的跃动，预备写六七万字来上海卖稿。但又有朋友提议先出一期不定期刊，于是我把生的跃动写了五分之一的样子便收缩住留给不定期刊用了。培良，高歌也正在这时回到北京。培良写了一篇批评现代评论前二十六期的小说的文字，我本来想写一篇文字批评现代评论的思想，但又没有做起。到狂飙不定期刊中经颠连困顿出现到北京出版界的时候，我已不在北京了，狂飙不定期刊此时便走了孤独的路，不象[像]本来的狂飙周刊了。这已到了一年的末了的一月，狂飙月刊把着开始思想上的联合战线上的思想的批评工作，然而没有能够开始，而仅出了一本不定期刊，且已象[像]站在联合战线以外了。从狂飙周刊起，中经莽原周刊，而又到了狂飙不定期刊，这是我在北京出版界经历的一部分的实情。①

从下面这段文字可以看出，高长虹内心对出版该不定期刊是很矛盾的：

狂飙的广告登出去快有一个月了，还没有出版，这使我们对于几个爱好狂飙的朋友非常抱歉，开封的欲擒更是屡次来信问及狂飙，直到现在我们还不能用事实的答复以报他的好意。我觉得我们对于狂飙实在太不热心了，实在对不住热心的朋友。

不过是一百有余页的一个册子，本来计算至多一个月还怕出不了版。谁知到现在，怕还得等候两个，或者三个礼拜的时间。计算是以直线进行的，事实却常走的是曲线，所以事实常是赶不上计算。但是我的不热心也许还是狂飙迟迟出版的最大的原因。

一面在办一件事，一面又觉着这件事实在没有办的必要。我爱狂飙，然我其实是憎它的时候还要多些。因此，本来一天可以校对了稿子，偏要延长到两天三天才去校对。有时候，简直觉着索性把它停在印刷中，倒还痛快一些。为什么在现代的中国去办狂飙呢？这个疑问，我是答不上来的。虽然人们大抵讨厌开倒车，然开倒车其实是适合于社会的需

① 《走到出版界·1925，北京出版界形势指掌图》，《高长虹文集》中卷，第160页。

要的。其次，便如顺风转舵，这常是最时新的工作。这些，我们都不能办到，于是我们便逆流而上了。对人对己，两无益处，多么无意义的逆流而上呵！如能沉没下去，倒也落它个干干净净，然我们自己及我们以外的，谁又有那么大的本领呢？①

关于鲁迅与《狂飙》不定期刊，高长虹晚年有如此说法：

狂飙不定期刊在一九二五年冬间的出版，鲁迅本说要写篇小说，后来又说翻译，但最后连译稿都没有。狂飙朋友都攻击起鲁迅来。我时常为鲁迅辩护，从中劝解。②

1925 年冬间，正是高长虹说鲁迅"遂戴其纸糊的权威者的假冠入于心身交病之状况矣"③的时候："谁知九月一日起到次年一月五日日记不断记'赴山本医院诊'，四个多月凡二十三次"④。在这种情况下，鲁迅怎可能为《狂飙》不定期刊写稿？

《狂飙》不定期刊发表的文章有：《在死人之侧》（尚钺）、《堕落》（成均）、《生的跃动》（长虹）、《春之消息》（雨农）、《丁大王爷》（尚钺）、《水平线下》（培良）、《五天》（高歌）、《失意的英雄》（欲擒）、《文化的横展与竖望》（燕生）、《六封书》（培良）。在这些文章中，尤其值得一说的是向培良的《水平线下》，该文副标题为《评十五年前半年现代评论上所登载之小说》。在这篇文章中，向培良按以下顺序评价了《现代评论》第 1

① 《光与热・反应》，《高长虹文集》上卷，第 190—191 页。
② 《一点回忆——关于鲁迅和我》，《高长虹文集》下卷，第 519—520 页。
③ 《走到出版界・1925，北京出版界形势指掌图》，《高长虹文集》中卷，第 156 页。
④ 魏建功：《忆三十年代的鲁迅先生》，《鲁迅回忆录》散篇上册，第 262 页。

卷前26期的16篇小说:《十一月初三》(郁达夫,第1—4期)、《亭子间的文士》(郭沫若,第8期)、《酒后》(凌叔华,第5期)、《寒天》(陈尚友,第9期)、《鹧鸪》(冯文炳,第10期)、《初恋》(冯文炳,第17期)、《一个清清的早上》(徐志摩,第14期)、《绣枕》(凌叔华,第15期)、《船上》(徐志摩,18期)、《春风吹来的消息》(许君远,19期)、《吃茶》(凌叔华,第20期)、《放牛去》(尚钺,第26期)、《瘸子王二的驴》(汪敬熙,第23、24期)、《叫花子》(丁西林,第1期)、《晚歌》(白蒲,第11期)、《鞑子口里的北京人》(王森然,第25期),认为这些被称为"水平线上"的作品"没有人,没有心,没有灵魂","是与我们隔离的"。"我们"需要的则是"水平线下的东西":

> 我们是水平线下的阶级,处在水平线下的地位,忍受着水平线下的生活,水平线下的文学,才正是我们所需要的。若是水平线上的代表温文,优雅,美丽和和平,那么水平线下的就是代表粗暴,鄙陋,丑恶,同战争,战争,战争,狂暴的力,攻击和被攻击,不绝地同一切争斗,这是水平线下的一切。
>
> 刺一般的尖锐,刀一般的锋利,风一般的狂暴,山水骤发一般的不讲道理,火一般的灼热,而且,人间一般的真实,这就是我们所希望的水平线下的文学。

看看下面这段文字可以知道,向培良不满的几乎是整个"现代的文学",而不仅仅是现代评论派作品:

> 大约是七八年以前,开始有人喊着文学革命,思想革新,开始有人想要把静着的社会推动一下。而因为没有切实的力量的原故,不久以后,喊的人疲倦了,想的人也疲倦了,这

疲倦蔓延着，初初看见人生的青年人也疲倦了。一切都已疲倦，只是宛转躲避着以求苟安，连正眼看看社会的勇气都没有。人们已经丧失气力，不再能同社会争斗，在这种状态之下，便立刻回到旧的思想中，在那里面造出一个小天地来，以避免一切刺激，丑恶同冲突，以保全他委屈苟安的生活。就在这种状态之下，产生了现代的文学。

向培良的这些话，让我们很容易想起鲁迅同年 4 月 14 日写的这两段话：

约翰弥耳说：专制使人们变成冷嘲。我们却天下太平，连冷嘲也没有。我想：暴君的专制使人们变成冷嘲，愚民的专制使人们变成死相。大家渐渐死下去，而自己反以为卫道有效，这才渐近于正经的活人。

世上如果还有真要活下去的人们，就先该敢说，敢笑，敢哭，敢怒，敢骂，敢打，在这可诅咒的地方击退了可诅咒的时代！①

从《水平线下》的下面文字也可看出，向培良此时极其认可的是鲁迅作品：

他们不知道社会上会有饥饿而偷东西的被打断了腿，不知道城门洞子里有冻死的乞丐，不知道寡妇正梦着她的儿子明天会复活，不知道被枪毙的革命家坟上已长了深草，他们

① 《华盖集·忽然想到》，《鲁迅全集》第 3 卷，第 45 页。

甚至于不知道恋爱。

尽管向培良没有说明这些人物的出处，但熟悉鲁迅小说的人一看便知道出自鲁迅小说："被打断了腿"的人是孔乙已（《呐喊·孔乙己》）、"冻死的乞丐"是祥林嫂（《彷徨·祝福》）、"梦着她的儿子明天会复活"的人是单四嫂子（《呐喊·明天》）、"被枪毙的革命家"是夏瑜（《呐喊·药》）。

向培良评价的16篇小说中，还有尚钺的《放牛去》，而此时尚钺已加入狂飙社，并在《狂飙》不定期刊发表两篇小说：《在死人之侧》、《丁大王爷》。由此可以知道，向培良尖锐批评《现代评论》的绝大多数小说——认为这16篇小说"只有比较满意一点的一篇'癞子王二的驴'"，主要原因不是与现代评论派过不去，而是他不满这些小说本身。很明显，向培良的文学观与《现代评论》这些小说反映出的文学观是水火不相容的。

第二节 《弦上》周刊

一 仓促上马

1926年1月29日，"夜风。长虹来。"这是高长虹1925年11月初离开北京后《鲁迅日记》中首次出现"长虹来"的文字。

2月8日，高长虹给向培良写信："今天的上午同下午，H（按：郑效洵）同G坐在我的屋里，我们闲谈着。不料在这闲谈中，一件正事便发生了，这便是这个小刊物的出世的来历。明早九点钟便要付印去，到十二日便会寄到你的庵中了，便是你看着的现在。//并且，我们在吃馄饨中曾经发见了我们的出版部，你已经知道了。这些，都是我们这几天所得到的很大的成绩。”[1]

2月9日，给阎宗临写信：“我们的弦上并且放大了，寄到巴黎伴你的孤寂的心！//勿流泪，勿灰心，前进呵！”[2]

2月12日，“晚长虹及郑效洵来”；13日，“下午长虹、效洵来”。(《鲁迅日记》)关于高长虹与郑效洵这段时间拜访鲁迅事，董大中曾访问过郑效洵：“郑老说，他们去，是谈如何跟现代评论派斗的，也谈到如何编《莽原》。郑老特别指出：他和长虹去，鲁迅说了‘春秋两季骂西滢’的话，高长虹回去以后，就在《弦上》登了，所谓《一句诗》，即‘春秋两季骂西滢’。”[3]在笔者看来，除郑效洵已说出的之外，“恐怕他们还谈到了《弦上》周刊的问题”[4]。

2月14日，《弦上》周刊创刊。

从上面的时间表和相关文字可以看出，《弦上》周刊的创刊是非常偶然和仓促的，不过这也不是事出无因。高长虹1925年12月10日在太原时便给鲁迅写了这样一封信：

> 近来看见你的几篇文章，也许你的病已经好了呵？
>
> 你新近编辑起的日刊(按：《国民新报副刊》乙刊)，我也曾见过一期，我只嫌那是一个小的日刊。现在是需要我们放火的时候，但是，我们何时才能放起一个大的火呢？
>
> 七日刊(按：《莽原》周刊)停止后，听说要改出半月刊了。我的意思是，倒不如大一点出一个月刊好。但是，这些都没

---

① 《寄到西城》，《高长虹文集》下卷，第68页。

② 《寄到巴黎》，《《高长虹文集》下卷，第69页。

③ 董大中：《鲁迅与高长虹》，第130页。

④ 廖久明：《高长虹与鲁迅及许广平》，第90页。

有要紧,我所倾向的,只要有一个大的刊物。

在同一篇文章中,高长虹给向培良写信:"L 所编辑的报,我看见了,我第一句要同你说的,是那块地盘太小,我们从那上边怕只能找出纸烟钱。"[①]

综合上面文字可以得出这样的结论,高长虹回到北京后创办《弦上》周刊的原因为:"一、鲁迅编辑的《国民新报副刊》乙刊'地盘太小,我们从那上边怕只能找出纸烟钱';二、希望能'放起一个大的火'。"[②]由于《莽原》半月刊已于 1926 年 1 月 10 日创刊,并且《本刊启事》(第 1 期)清清楚楚地写着:"本刊由未名社刊物经售处负责发行,以前的莽原周刊发行订阅手续概归北新书局清理",《莽原》便不可能按高长虹的设想出月刊了。在这种情况下,势单力薄的高长虹等人便只能将《莽原》周刊上的《弦上》"放大",出一个"小"刊物了。

二 射向北洋军阀的响箭

高长虹晚年在回忆文章中写道:"我同狂飙朋友们出版了弦上周刊的时候,对当时的军阀势力毫无忌惮地攻击。"[③]所以对北洋军阀的攻击占了该刊的主要篇幅。该刊第 1 期第 1 篇文章是高长虹的《没有内容》,认为当时的中国"没有内容":"中华民国的招牌已挂了呢? //执政执的是什么政? //诗哲诗的是什么哲? //国民党吗? 国民军吗? 国民吗?"该文既包含着对北洋政府的批判——当时执政的是段祺瑞政府,也包含着对现代评论派的批判——泰戈尔、徐志摩曾被人称作

---

① 《游离·游离》,《高长虹文集》中卷,第 326—329 页。

② 廖久明:《高长虹与鲁迅及许广平》,第 90 页。

③ 《一点回忆——关于鲁迅和我》,《高长虹文集》下卷,第 517 页。

“诗哲”。[1] 第2期第1篇文章为M的《革命会议》,该文对参加梧州会议的袁祖铭、唐生智进行了揭露:“人尚有眼,当知袁,唐是一些什么东西? 一个是曾经拥吴奉段而连年祸川祸黔的强盗,一个是日夜图谋督湘的军阀,也配得上谈革命吗?”在《骂几个人》(第2期)中,高长虹除骂了蒋光赤外,还骂了汪精卫、冯玉祥、赵恒惕。高长虹在《从下面来的消息》(第2期)中揭露军阀们草菅人命:一个地方闹土匪,当地一个小学教员被认为有土匪嫌疑而拿到旅部,因旅长头痛没有被马上枪毙,当地绅士后向旅长说情,说该教员不是土匪,因而活了下来。文末作者愤激地写道:“可惜能够叫旅长们头痛的人太少了!”在《张之江注意风化》(第6期,该文为全刊中最长的一篇文章,长达7页)中,向培良逐条“笺注”了张之江给段祺瑞“注意风化”的电文,并说冯玉祥、张之江、章士钊、段祺瑞、徐树铮、吴佩孚、张作霖、李自成、汉高祖等是“斤两相称,毫无轩轾的”。该期出版时间为3月21日,该期最后一页有一段署名“我们”的话(目录未列,写于3月18日),表明了《弦上》同人对当天发生的三一八惨案的态度:“今天的群众运动所受的屠杀,是自有屠杀以来第一次大的屠杀。历来的对外运动,必定要转成对内运动,已成为最近的历史上必然的趋势。但这次要算是转得最快。压迫对外运动的,且常为中国政府当局及其他有当局之实的有力的军阀。而这次政府的态度却尤其直接[截]了当。因为印刷来不及的缘故,我们对于这次屠杀的意见,只可在第七期的本刊上发表。”读着这段文字会很自然地想到正在写《无花的蔷薇之二》的鲁迅:听说段祺瑞政府命令卫兵用步枪大刀屠杀学生的时候,便说“已不是写什么‘无花的蔷

---

① 鲁迅曾在《集外集·杂语》、《华盖集·后记》、《华盖集续编·我还不能“带住”》、《华盖集续编·无花的蔷薇》、《华盖集续编·再来一次》、《华盖集续编·马上日记之二》、《而已集·革“首领”》等文章中对这两位“诗哲”进行了讽刺。

薇'的时候了",并将 1926 年 3 月 18 日称作是"民国以来最黑暗的一天"。[①] "为防止北洋军阀政府迫害"[②],《弦上》周刊从第 7 期起佯称从北京东城大阮胡同廿七号迁至子虚乌有的崇内船板胡同一号。第 7、8 期共发表文章 13 篇,与三一八惨案有关的文章便有 12 篇——另一篇为发表在第 7 期的《翻译一点》。在这 12 篇文章中,有分析责任的:认为三一八惨案的主要责任在于国民党"左右派的互攻,独树一帜的自认为正统民众"[③];有对该次惨案"一点也没有感到奇怪"的:"因为段祺瑞是那样的段祺瑞,章士钊及其他是那样的章士钊及其他,国民军及其他是那样的国民军及其他,政局又是那样的政局"[④];有希望人们不但要关注那些被明目张胆杀死的人、同时要关注那些被悄悄杀死的人的[⑤];有对革命民众只有"骂"和"请愿"两种方式提出批评的[⑥];更多的文章则是号召人们要化悲痛为力量,立即投入战斗,如:《我这一个两条腿的"这个主义"》(é,第 7 期)、《论三月十八》(C,第 8 期)、《胆怯者》(P,第 8 期)等。读着这样的文章,人们会很容易想起鲁迅的《华盖集续编》中的《无花的蔷薇之二》、《"死地"》、《可惨与可笑》、《记念刘和珍君》、《空谈》、《马上支日记》等。也就是说,三一八惨案发生后,尽管《弦上》同人在具体观点上与鲁迅有所不同,但他们是站在同一战线的。

第 9 期以后,与三一八惨案有关的文章明显减少,但仍有不少文章结合三一八惨案或单独对军阀进行批判:《没有责任》(P,第 9 期)、《这是最后一支烟》(Q,第 9 期)、《三言两语》(C,第 10 期)、《炮火声

---

① 《华盖集续编·无花的蔷薇之二》,《鲁迅全集》第 3 卷,第 278—280 页。

② 陈漱渝:《鲁迅与狂飙社》,《高长虹研究文选》,第 157 页。

③ Q(黄鹏基):《责任中的责任——警告所谓左右派》,《弦上》第 7 期(1926 年 3 月 28 日)。

④ D(高长虹):《冰人冰语》,《弦上》第 7 期(1926 年 3 月 28 日)。

⑤ Y(荆有麟):《士气与血色》,《弦上》第 7 期(1926 年 3 月 28 日)。

⑥ 《三月十八事件及其前后》,《高长虹文集》上卷,第 229 页。

中》(F,第10期)、《反动时期》(C,第11期)、《供状》(P,第11期)、《三言两语》(C,第11期)、《革命家的秘密》(Y,第11期)、《不准哭与代人受罚》(C,第12期)、《守尸者之夜》(Y,第12期)、《那一天》(Q,第12期)、《妻子及其他》(C,第13期)、《相反适相成》(Q,第14期)、《励失败者》(Y,第14期)、《强人和善良的百姓》(Q,第15期)、《三言两语》(K,第15期)、《为此,邵飘萍该死》(Q,第18期)、《三言两语》(K,第19期)、《街谈巷议第一章》(C,第24期)等。这些文章不乏精彩观点,如第13期的《妻子及其他》对军阀的产生原因及命运进行了很好分析:"军阀是些被动的东西,它们被历史,制度,潮流夹攻着而辨不出方向,它们没有自觉,没有时代,它们互相碰冲而无所谓爱憎,它们所想占据的东西是实际上并没有的东西,它们冲锋陷阵在它们的梦想里,它们的全部的历史便是,短期的纷扰与长期的灭亡";第24期的《街谈巷议第一章》则对军阀的历史——从曾国藩直到蒋介石——进行了简单勾勒。

1926年5月30日,是五卅惨案发生一周年的日子。这本是因日本资本家枪杀工人顾正红引起,但五卅惨案到来之际,军阀们却不许人们纪念:上海戒严、北京禁止集会、解散学生总会等,为此高歌作《今年的五月》(第15期)、《五卅》(第16期)进行揭露,并盼望着"沉默之后的火性之爆发"(《五卅》)。

三　射向现代评论派的响箭

《莽原》周刊时期,当时加入莽原社的狂飙社成员高长虹、向培良、高歌等配合鲁迅与现代评论派进行了坚决斗争。现在他们虽然自办《弦上》周刊,上面仍有不少类似文章。第3期的《高一涵与军阀》(F)对高一涵发表在《现代评论》第62期的《吴冯的胜负》中的观点进行了驳斥,认为吴佩孚与冯玉祥之间的战争不能称作"革命":"军阀们的战争，谁都知道是猴子的打架，谁都不曾把革命二字让他们来糟蹋。"第3期的《狗的哲学大纲一打》(D)很明显是针对胡适的《中国哲学史大纲》的。第5期的《"闲话中的徐志摩"与徐志摩》(C)认为徐志摩的文章"除抄录一些别人的句子"外，便只剩有一种东西："那便是恶滥"。第8期的《最后几行》(D)在批判唐生智、李景林等军阀同时，骂陈西滢为"匹夫"。第9期的《没有责任》(P)除号召人们对军阀的屠杀要"以眼还眼，以牙还牙"外，还对"尖头人(Gentleman)"进行了批判，说他们"向来惯以大事化小，小事化无的手段，轻轻的把民众葬送在奴隶里"。第9期的《三言两语》(C)将绅士称作是"洋装'小人'"。第13期的《长虹月刊》(C)认为"现代评论所自诩为水平线上的所谓文学作品，都是水平线下的东西，很少几篇例外"。

四　射向国民劣根性的响箭

对国民劣根性的批判同样不是《弦上》的主要内容，但仍占了不少篇幅。《四条腿与八条腿》(C，第2期)将那些成天就知道打牌的麻木不仁的人称作"八条腿"。《关于事实的几句说话》(C，第3期)对那些只考虑自己利益的人进行批判，认为这些人"被一个自私的，卑下的，野蛮人的思想所支配着"。《三言两语》(C，第9期)批判了中国人的虚伪："虚伪到文学里，民族之坠落可怕！"《板斧哲学》(C，第9期)认为"回头"的国民性使"一些最有希望的朋友都失陷了"。《黑暗中起来》(P，第16期)由四部分组成，前三部分都在批判国民劣根性：第一部分批评了中国人的活命哲学："只要能够生存，一切便都满足了。//于是，为的生存，而一切都变成浅薄，狡猾，趋避"；第二部分批评了中国人的奴性意识："被主人逐出了的奴隶，虽然事实上他已经自由了，但是自由却给他以极大的不舒服"；第三部分发出了"救救孩子"的呼声。《其他》(C，第17期)甚至认为"中国人实在连在地球的任何一块上立脚的价值都没有。"《草书纪年·11》(C,第 17 期)讲了一个燕子被猫吃掉的故事:燕子被猫捉住了,燕子给猫唱了一首歌,等歌唱完后,猫还是将燕子吃了,"于是,猫听了好听的歌,而且吃了好吃的肉"。

上面所说的几个方面是针对杂文而言的,《弦上》还刊登了不少话剧[①]、诗歌、小说、散文、翻译等作品。就是杂文,也并非只有上面三方面内容,如:既有思考"人类的弱点"的《人类的弱点》(Q,第 12 期),也有思考"生的道路"的《生的道路》(P,第 13 期),还有对吃人礼教进行批判的《贫乏者》(B,第 1 期)、《哲学之外》(F,第 17 期)……同时,无可讳言,该刊文章观点并非完全正确,如将共产党与国民党、孙中山与吴佩孚相提并论——鲁迅便"很不赞成"高长虹在文中不尊重孙中山[②]。但恰是这种瑕瑜互见的看法(当然是瑕不掩瑜)反映了当时混乱的形势。所以,该刊可看作一面小小的镜子,反映了时代的某一方面——1926 年是风云变幻的一年。正如刊名《弦上》一样,它是射向当时社会的响箭,由于当时社会黑暗,使《弦上》同人不能完全认清当时的形势,于是出现了误射情况。历史地、客观地、全面地评价历史现象,是对待历史的基本态度,我们不能顾此失彼。

---

① 由于向培良主攻话剧,上面与话剧有关的作品便不少——第 23 期为戏剧专号。

② 《一点回忆——关于鲁迅和我》,《高长虹文集》下卷,第 517 页。高长虹(署名 D)在《从下面来的消息》(第 2 期)中如此写道:"某年,一个老革命家同政府当局开会,讨论撤台的办法,结果,谈判决裂了。//老革命家很生气,他觉着被人骗了,然又怀疑着。//他一天问他的秘书道:那位老头子是不主张革命的吗?//秘书无话可答,只用他的瘦白的手做了个丧气的手势。"鲁迅看见这篇文章后便"很不赞成"。

第三节　加入狂飙社的尚钺、郑效洵、黄鹏基、陈德荣等

一　尚钺

(一)简历(1902 年 3 月 12 日至 1982 年 1 月 6 日)

河南罗山人,狂飙社三个“小弟弟”之一。原名宗武(钟吾),字健庵,著名历史学家。1917 年入开封河南省立第二中学读书,积极投身于五四运动,是河南省国货维持会活跃分子和学生运动主要负责人之一。1921 年入北京大学预科,后入本科英国文学系学习。1922 年起旁听鲁迅的《中国小说史略》,1925 年 4 月 28 日在高长虹带领下首次拜访鲁迅,不久即在《莽原》周刊第 4 期(5 月 15 日)发表文章,共发表 22 篇,仅次于高长虹的 35 篇。1925 年 10 月《莽原》改组时,高长虹辞谢《莽原》编辑责任的四个原因中的一个便是“无以应付日夕过从之好友钟吾”。1925 年 11 月初回家,在同年 12 月出版的《狂飙》不定期刊发表文章两篇。1926 年下年至 1927 年初在上海《狂飙》周刊发表文章 22 篇,仅次于高长虹(135 篇)、高沐鸿(31 篇)。1926 年冬与人组织罗山农民自卫军,准备迎接北伐军的到来,由于北伐军滞留武汉而作罢。高鲁冲突发生后曾到上海将一篇“误解”鲁迅的文章从尚未付印的《狂飙》周刊中抽出来夹在 12 月 1 日的信中给鲁迅寄去。看见影射高长虹的《奔月》后,于 1927 年 2 月 2 日写作《射月》为高长虹辩护并影射鲁迅,后来还给鲁迅去信表示不满。1927 年春南下上海、武汉投身革命。9 月在开封加入中国共产党,曾任中共河南省委机关刊物《猛进》编委、中共豫南特委宣传鼓动部部长,兼工农革命军第四大队第六支队党代表、该地区苏维埃主席。12 月派赴豫南发动武装暴动。1928

年 2、4 月先后在罗山、杭州被捕，后一次被捕由泰东书局经理赵南公出面取保狱外就医。1929 年 6 月在《世界》月刊发表短篇小说《快亮的明天》(署名克农)。后到吉林以教书为公开职业参加革命活动。1930 年 5 月到上海，经柯仲平介绍先在全国总工会宣传部、中共中央组织部工作，后任《红旗日报》采访部主任，在该年 10—12 月出版的《东方杂志》发表中篇小说《胜利品》(署名依克)。1932 年 4 月到满洲，任中共省委秘书长。因反对省委的"左"倾冒险主义被开除出党后，到苏联红军第七军政治部第四科作科员。1935 年回国，后经高沐鸿介绍与北平市委取得联系。1938 年到武汉国民政府军事委员会政治部第三厅工作，武汉沦陷后随迁重庆。"皖南事变"后到云南，1942 年受中共党组织派遣到云南大学任讲师、副教授，协助中共中央派往云南的华岗等人积极开展民主同盟工作。1946 年由上海入山东解放区，次年任山东大学教授。1948 年任华北大学二部史地系主任、教授。1950 年中国人民大学成立，历任中国历史教研室副主任、主任，并兼任中国科学院哲学社会科学部历史研究学术委员、北京市政协常委等职。1954 年出版的《中国历史纲要》受到广大干部和历史教学界的欢迎和史学界的注意。1959 年被定为史学界右倾机会主义的代表人物受到全国性批判。1972 年以原人民大学中国历史教研室为基础的清史研究小组成立后任副组长。1978 年中国人民大学复校后任历史系主任。[①]

(二)作品集目录

1.《病》，狂飙丛书第二第一种，泰东书局 1927 年 11 月初版，1928 年 5 月再版。

2.《斧背》，泰东书局 1928 年版，1929 年 2 月再版。

3.《巨盗》，南京书店 1930 年 9 月。

---

① 毛佩琦:《尚钺年表》,《尚钺史学论文集》,人民出版社,1984 年,第 588—595 页。

4.《缺陷的生命》(署名克农),启智书局1929年7月初版,1935年再版。

5.《中国历史纲要》,人民出版社1954年初版,1955年1月再版,1980年2月修订版,河北教育出版社2000年。

6.《大型中国史通义》(油印本),中国人民大学1955年;1991年5月更名为《尚氏中国古代通史》,由高等教育出版社出版。

7.《中国资本主义关系发生及演变的初步研究》,三联书店1956年4月。

8.《中国资本主义萌芽问题的探索》(铅印本),中共中央高级党校1962年。

9.《尚钺史学论文选集》,人民出版社1984年5月。

10.《预谋》,人民文学出版社1984年10月。

二 郑效洵

(一)简历(1907年至1999年11月30日)

福建福州市人,原名孝嵩,狂飙社三个"小弟弟"之一。因常在《国风日报》门前贴报栏看报,1925年4月左右与高长虹相识。1925年毕业于北京汇文中学,经高长虹推荐,是年秋冬介绍被撵出旧军队的张稼夫到北京汇文中学教书。1926年2月8日与高长虹闲谈时决定出版《弦上》周刊,2月12、13日与高长虹一起到鲁迅寓商谈《弦上》创办事宜。2月14日《弦上》周刊创刊,通讯处为"东城大阮府胡同二十七号郑效洵转"。同年2月21日至3月21日以H为笔名在2—6期《弦上》周刊发表《翻译一点》五篇。同年4月16日与高长虹一道前往上海开展狂飙运动。上海《狂飙》周刊创刊后在上面发表介绍行为主义的文章两篇。狂飙出版部于1928年8月中旬成立后与高长虹一起负责。在1929年1月初出版的《狂飙运动》月刊第1期发表译文一篇:

《Watson:妇女之弱点》。1930年在吉林省立五中任教时,因坚持向青年学生传播爱国思想被捕,出狱后仍坚持进步文化活动。抗战爆发后到上海,历任外国文学翻译、教师、编辑。1950年随三联书店迁往北京,任编审部副主任。1951年夏与冯雪峰创办人民文学出版社,任总编室主任兼欧美出版室主任,1956年任副总编,主管外国文学出版工作。"文革期间"调北京图书馆当顾问,新时期曾担任北京图书馆图书采选委员会主任。曾任全国第五、六届政协委员及学习委员会委员,中国民主促进会中央常委,中央参议委员会常委。①

二、作品集目录

1.《绿的猫儿》(高尔基著),远东图书公司1926年。

2.《谜样的性情》(柴霍甫著),出版合作社1929年8月。

3.《够了及其他》(屠格涅夫著),亚东图书馆1931年6月。

4.《一个家庭的故事》(迭更斯著),通惠印书馆1947年5月。

三　黄鹏基

(一)简历(1901年至1952年3月)

四川仁寿县人,笔名朋其、黄昏等,出生于官僚大地主家庭。读中学时受到五四反帝反封建思想影响,对北京和北京大学产生向往之情。1920年秋考入北京大学法文系,特别爱听鲁迅的《中国小说史略》课,受到鲁迅思想和作品的深刻影响,逐渐对新文学产生浓厚兴趣,开始写文章向报刊投稿,同时在学校组织于是剧社排演新剧。莽原社时期与鲁迅保持着密切关系。1926年上年以Q为笔名在24期《弦上》周刊发表文章19篇,仅次于高长虹(71篇)、向培良(26篇)。1926年

① 主要资料来源:《与书共此生——访北图研究馆员郑效洵》(周玉玲,《北京图书馆馆刊》1995年第1、2期合刊)、《一位出版家的足迹——怀念郑效洵同志》(民暄,《民主》2000年第2期)。

下年至1927年初以朋其为笔名在上海《狂飙》周刊发表文章5篇。1926年毕业后任北京大同中学教务主任。1927年初对来到北京的高长虹如此说："战争(按：与周氏兄弟的冲突)结束了时，还是把批评工作做一做好了。"[①]1927年夏辞去大同中学教职，与从北京大学毕业的石珉结婚后到上海、杭州旅游，于秋天回到四川。回川后在成都师大预科任教，同时积极为《白日新闻》副刊写稿。在《世界》周刊第7期(1928年2月12日)发表诗歌《献辞》[②]。1928年秋辞去成都师大教职，利用父亲地位和关系到二十九军政治训练部任秘书、宣传科长、教育股主任等职，11月接编《白日新闻》副刊。1929年秋自参加四川省"县训班"学习至解放战争期间，先后任过温江、江津县县长，在江津开过糖厂，在重庆开过扬子江舞厅，还在自贡经营过盐业生意，由于经营不善，糖厂和舞厅都先后倒闭，生活也逐渐腐化。其间在成都创办过《知己旬刊》，共出8期。抗战初期为成都空军的《捷报》编过3个多月副刊。1939年陈独秀蛰居江津后，时任县长的黄鹏基曾以学生身份登门拜访[③]。1950年到成华大学任教，同年秋调四川大学中文系任教。1952年春眉山农民清算他的剥削时，与妻子一起跳河自杀。[④]

(二)作品集目录

1.《荆棘》，狂飙丛书第二种，开明书店1926年8月初版，1927年5月再版。

2.《还未过去的现在》，光华书局1928年2月，大光书局1936年8

---

① 《走到出版界·再谈批评》，《高长虹文集》中卷，第239页。

② 身在成都的黄鹏基不知该诗已发表，又以《寄无人》为题发表在《白日新闻·白光》第60期(1928年8月27日)上。

③ 《避难江津的陈独秀》，《天府早报》，2001年4月23日。

④ 主要资料来源：《讽刺幽默作家黄鹏基》(刘传辉，《鲁迅研究月刊》，1991年第1期)。文章认为《寄无人》是在攻击鲁迅，但疑点颇多，是否如此还需更多证据证明。该文还有其他不少事实错误，引用时当慎重。

月改版。

3.《刺的文学》，光华书局 1930 年 5 月，大光书局 1936 年 6 月改版。

四　陈德荣

（一）简历

在《弦上》周刊第 16 期（1926 年 5 月 30 日）以 T 为笔名发表《两首小诗》。高长虹 1926 年 6 月在给高歌的信中如此写道："T 的心理学，大概暑假后才能弄起。"[①]上海《狂飙》周刊第 1 期广告《狂飙社出版物略目》上有陈德荣的《心理学问题》。在三期上海《狂飙》周刊发表文章两篇。负责编辑《狂飙运动》月刊上的生理、心理方面的文章，并在该刊发表文章一篇。

高长虹文章中有不少与陈德荣有关的文字：一、"这个时代也是科学战胜时代，这是我的朋友德荣的观察，他想写一本科学战胜史，我希望这书早日出版……我的朋友德荣曾说吴稚晖是一部百科全书，我觉得这话非常有意义"[②]；二、"我只知道我的朋友德荣是一个诚恳地从事科学工作的人"[③]；三、"德荣根据心理学的发见，主张更极端，他说，现在应用的字都是错的，都得重新另造一遍"[④]；四、"国内从事科学工作的人，我同郭任远，陈德荣两君的态度相近，只是研究的范围不同，二为心理学，一则经济学而已"[⑤]；五、得到郑效洵翻译的《什么是行为主义》后，"本来想寄给德荣校正一过再发表的"[⑥]；六、高长虹在陈德荣的

① 《给 K》，《高长虹文集》下卷，第 101 页。

② 《时代的先驱·科学与时代》，《高长虹文集》上卷，第 412—414 页。

③ 《走到出版界·科学书的贫乏》，《高长虹文集》中卷，第 102 页。

④ 《走到出版界·革革革命及其他》，《高长虹文集》中卷，第 109 页。

⑤ 《走到出版界·关于〈论人类的行为〉》，《高长虹文集》中卷，第 173 页。

⑥ 《走到出版界·关于狂飙》，《高长虹文集》中卷，第 174 页。

《取消社会心理学》后面写了一段话:“对于取消社会心理学这一个提议,是完全同意的。”[①]

张恒寿晚年一篇回忆高长虹的文字对陈德荣有较多介绍:“长虹的朋友中,又确有若干从事科学研究的有进步思想的同志,除申府先生和张稼夫、郑效洵同志外,还有一位北大毕业的学心理学的陈德荣同志,1930 年左右他在北师大讲授心理学概论,住在宣武门内一个公寓里,我曾访他谈过心理学,并在他那里看到过邓演达主编的《革命行动》刊物,这是当时很难见到的进步刊物。当时长虹不在北平,传说他已赴日本,陈德荣君也只是知其消息,不确知他是否已去了日本。//陈德荣在《狂飙》上写过一篇有关心理学方面的论文。当时中国流行的心理学,是美国华生倡导的行为主义心理学。有一位叫郭任远的学者出版过一本《人类的行为》(上卷),主张取消本能,陈德荣同志也属于这一派,其实是十足的机械唯物论,但有许多科学实验,和空谈的文学不同。长虹也似乎多少受一点这种影响,但机械论和他的浪漫主义文学是不相容的,所以他和陈德荣之间的友好,主要是在进步思想方面的联系,这也说明他在学问上有不拘一格的气派,不仅仅是一位写空洞文章的文人而已。”[②]

陈德荣的生平极不清楚,目前只查到七则相关材料。一、《社会运动》“1920 年创刊于北京,陈德荣、陈空三等编,不久停刊。1922 年北京安社又将其恢复,为半月刊”。[③] 二、陈德荣参加了“北京无政府党互助团”1921 年 2 月 9 日、20 日、23 日和 3 月 11 日、16 日召开的会议;2 月 20 日的会议在陈德荣住处召开,该次会议的主题是“筹集赴俄川

① 《德荣译〈取消社会心理学〉附记》,《高长虹文集》下卷,第 114 页。

② 张恒寿:《回忆长虹》,《高长虹研究文选》,第 63 页。

③ 《无政府主义书刊名录》,《无政府主义资料选》下册,北京大学出版社,1984 年,第 1076 页。

资”,陈德荣曾捐资10元;为了在武汉设立无政府党通信机关,陈德荣在3月11日的会议上曾捐资5元。[①] 三、在载德1922年6月5日的报告中,提到了陈德荣与人商议如何采取军事行动的事情。[②] 四、陈德荣20世纪20年代初蹲过监狱。[③] 五、经陈德荣和郭祐的介绍,朱谦之与杨没累1923年开始了“汪洋甜蜜的通信”。[④] 六、1926年、1927年、1931年曾先后任教于广东大学、武昌中山大学、北京大学,教授行为主义心理学。[⑤] 七、蔡元培1930年12月5日向时任大东书局总编辑的孟寿椿写信推荐陈德荣打算翻译的《儿童的语言与思想》、《儿童的判断与理解》两部书稿:“陈君德荣,专研心理学,愿以译稿贡献于世。近拟翻译Piaget之The Language and Thought of the Child及The Judgement and Reasoning of the Child两书,未知贵书局愿与预订收购其稿否?研究儿童心理之书,需要颇切;陈君对于译事,亦甚细心。谨为绍介,还希酌裁示复。”[⑥]该信注释对陈德荣有简单介绍:“广东文昌人。北京大学毕业。曾任北京大学讲师,武昌大学、中山大学教授。译有《心理学史》等。”

(二)作品集目录

1.《心理学史》(匹尔斯柏立著),商务印书馆1931年9月,1933年2月国难后一版。

---

① 《关谦关于北京社会主义青年团与无政府党互助团活动情形致王怀庆呈》,《无政府主义资料选》下册,第1054—1057页。

② 《载德关于北京无政府党人组织世界语学会及活动情形致聂宪藩呈》,第1057—1058页。

③ 《荷心》,《朱谦之文集》第1卷,第13页。另见《回忆》,《朱谦之文集》第1卷,第52页。

④ 《回忆》,《朱谦之文集》第1卷,第55页。另见《世界观的转变——七十自述》,《朱谦之文集》第1卷,第127页。

⑤ 陈德荣:《序》,《行为主义》,商务印书馆,1933年。

⑥ 中国蔡元培研究会编:《蔡元培全集》第12卷,浙江教育出版社,1998年,第253页。

2.《行为主义》,(与潘同曾合著),商务印书馆 1933 年 9 月。

3.《教育心理学》(盖茨著),世界书局 1933 年 11 月初版,1934 年再版。

4.《解心术学说》(夫吕格尔著),商务印书馆 1934 年 12 月。

5.《生物学与人类进步》(汤姆生著),商务印书馆 1935 年 6 月,台湾商务印书馆 1970 年改版。

6.《心理学》(亚威灵著),商务印书馆 1935 年 6 月,台湾商务印书馆 1973 年改版。

7.《华生氏行为主义》(华生著),商务印书馆 1935 年 2 月。

8.《甘棠集——历史循吏汇编》,新中国建设学会 1935 年 1 月。

9.《形而上学序论》(来布尼兹著),商务印书馆 1935 年 9 月初版,1937 年再版,1939 年 12 月三版;台湾商务印书馆 1969 年 10 月改版,1979 年三版。

10.《民族心理与国际主义》(皮尔斯伯里著),商务印书馆 1937 年 1 月。

11.《西洋道德史》(勒基著),商务印书馆 1937 年 3 月。

五 一般成员

(一)常燕生(1898 年至 1947 年)

山西省榆次市人,原名乃瑛,别号士忱,字燕生,笔名平子、凡平、惠之等。早年入读阳曲中学、北高师,参加了五四新文化运动,曾发起工学会(后为平民教育社)等。五四时被推为北京学联成员,任教育组主任,与高君宇等编办《国民》,是北京学生界令人瞩目的新锐。1920 年留日,归国任北高师附中、上海吴淞中国公学中学部教员兼商务编译所编辑。1924 年任燕大历史系教授,与鲁迅相交。翌年加入青年党,发刊《山西周报》,此后长期主持青年党党务及宣传。[①] 1925 年 4 月 17 日夜在高长虹陪同下访问鲁迅,在《莽原》周刊发表文章 6 篇。在 1925 年 12 月《狂飙》不定期刊发表文章 1 篇。高长虹与周氏兄弟笔战期间,在 1927 年 1 月 16 日《世界日报》副刊《学园》发表文章盛赞《狂飙》:"一样的骂人,直截痛快便是少年的精神,也是中国民族未亡的一部分真精神。"上海《狂飙》周刊尚未停刊(1927 年 1 月 30 日出版至第 17 期停刊),便在 1927 年 1 月 23 日出版的《世界日报》副刊《学园》上发表文章,认为《狂飙》停刊是因为得罪了"思想界的权威"周氏兄弟。

(二)荆有麟(1903 年至 1951 年)

山西省猗氏县(今临猗县)人,又名艾云、有林、织芳等。出生于行医世家,祖父、父亲都是医生,家道富裕。1916 年与邻村曹氏女结婚。1917 年在牛杜镇上高小,毕业前受一位思想进步的教师影响,决心献身国家,从家中偷出一千余银元,带走一部分,悄悄出走。1923 年 2—6 月在"无政府共产主义者的宣传机关"[②]——北京《国风日报》副刊《学汇》发表文章 11 篇。1924 年入世界语专门学校约一年左右,该校停办后经鲁迅介绍入《京报》馆任校对,同时跟朋友合编《民众文艺》等刊物,并参加了《莽原》的筹办和编辑工作。在《弦上》周刊以 Y 为笔名发表文章 5 篇。1928 年 12 月高长虹到南京时,正在南京的荆有麟"主张在南京演剧,并且担任筹款"[③]。1928 年 12 月 30 日高长虹撰文评价荆有麟、金仲芸创办的《夫妇》旬刊:"'夫妇'们敢说话,是他们的好

① 主要资料来源:《人物简介》(董大中、郭汾阳、王骏峰:《鲁迅与山西》,第 448—449 页)。

② 《学汇》,《五四时期期刊介绍》第三集上册,三联书店,1979 年,第 252 页。

③ 《在南京》,《高长虹文集》下卷,第 340 页。

处。但是,说话要再精当些,是我的赠言。”[①]1930年代初在河北怀远县和江苏萧县任教。1936年在同乡王用宾帮助下,在南京国民党政府中央考试委员会任科员。1939年秘密加入国民党特务组织。1949年南京解放前夕,作为潜伏特务留下,南京解放后被逮捕,后予镇压。[②]

(三)亦我

河南省开封市人。在《弦上》周刊以I为笔名发表文章《疯话》(第13期)、《哭欲擒》(第24期)。在上海《狂飙》周刊以《寄死者》(第7期)为题发表了给欲擒的7封信。在《世界》周刊第3期发表《“病”中喊出的性的苦闷》评价尚钺的短篇小说集。

---

① 高长虹:《每日评论·夫妇寿命不长生殖器太多了》(佚文),《长虹周刊》第11期(1928年12月22日)。

② 主要资料来源:《人物简介》(董大中、郭汾阳、王骏峰:《鲁迅与山西》,第443—444页)。

第五章

上海前期狂飙社

第一节　出师不顺

1926年4月7日，高长虹写作《游离之余》，其中说到前往上海事：

我的跑的决策，已经在十天之前，接到一个朋友从上海的来信的时候。接着便是京津车不通，我只得压制我自己又住了十天。大概每当我想跑的时候，只有一条路，那便是车不通！但现在，京汉车启示我以它的福音了。我并且将得到一次大旅行。这是一个我的狂喜！正象[像]我是完全自由似的，我的压制已逃开了我，今天的行动使我在这座死城中转了一个大圈。[①]

4月16日，高长虹偕郑效洵赴上海开展"狂飙运动"。当天，黄鹏基作《送C·H·》，全文为：

为甚因生离时没见着面而增我的伤感，老死在北京并不

---

① 《游离之余》，《高长虹文集》下卷，第89—90页。

是我们的心愿。

去，去，黄浦滩头的和风，已洗去五卅的血腥，虽不能洗去人类的污点。

用不着说死地的北京，北京的骗局无容再看，那些走兽们也白费了我们的可怜。

朋友，千万别多带了希望，失望步步随着你们时，你们顶多也不过多看几张商人的脸。①

黄鹏基送别的话简直成了高长虹到上海后的谶语。

4月22日，高长虹给高歌写信，全信为：

假如你已经到了P城的时候，那我的这封信就可经过你的手去发印了。否则，我有什么法子呢?

一礼拜以前，听到母亲去世的传说，我竟然为你祝福了，这是什么名字的情感呵? 然而我不敢相信：何以你不告诉我?

到P城，你仍然很痛苦，而且我把我所已厌倦了的也留着要你接收了，这我有什么法子呢? 我能够对你说的，便是，我并不会去求幸福，也没有见痛苦而曾去偷懒。

我或者还有点英雄气概，所以我常需要从这里跳到别处，总时常有什么还在诱惑着我，你祝福这青春呵!

半月[年]的家居与乡居，你一定十分老了，然你的青春终会时常在健在着。

① Q(黄鹏基)：《送C·H·》，《弦上》第11期(1926年4月25日)。黄鹏基写于5月3日的《非手民之误》(《弦上》第14期)对最后一段有如此更正："朋友，千万别多带了希望！——呵，不要紧的，失望步步随着你们时，你们至少还可以多看几张商人的脸。"

让各处都踏遍我们的足迹！

Byron在监视着我！

愿你为一切而战争，为争战而勇敢，——扩大而勇敢，沉溺而勇敢，坚韧而勇敢！[①]

但信中所表现出的“英雄气概”没过多久便烟消云散，这可从高长虹5月份创作的几部比较重要的作品看出来。5月2日高长虹在上海写作话剧《一个神秘的悲剧》，结尾时，不但“五年前最爱我的我的先生”A死了，而且“太阳”般的“新的战士”B也“应声倒了下去，昏晕着，仰向着天空”。[②] 5月上旬写作《最后的著作》，文章充满幻灭之感：87岁的“我”带着一把手枪、一支笔、一本稿子来到一座自己生平所常神往的名山，在回顾了自己的一生后开枪自杀。[③] 5月14日写作《震动的一环》，文中的“我”痛苦非常。[④] 在这种情况下，高长虹只好来到杭州西湖：“第一是，人生的科学的草创，尤其是经济学和艺术学。第二是，做过几首很好的诗。第三，撒遍了恋爱的种子。第四，握住了和平的心情。”[⑤]

6月14日，“晚得长虹信并稿，八日杭州发”（《鲁迅日记》）。很可能从这封信上，鲁迅知道高长虹的“狂飙运动”开展得并不理想，于是叫狂飙社成员将稿件拿到《莽原》发表。6月24日、27日，“寄朋其信”；7月17日，“晚得朋其信并稿”（《鲁迅日记》）。由此可知，朋其的《流放的人》是鲁迅去信要来的——这大概便是《流放的人》写作时间

① 《S埠的来信》，《高长虹文集》下卷，第95页。

② 《光与热·一个神秘的悲剧》，《高长虹文集》上卷，第149—158页。

③ 《游离·最后的著作》，《高长虹文集》中卷，第330—337页。

④ 《游离·震动的一环》，《高长虹文集》中卷，第338—344页。

⑤ 《曙》，《高长虹文集》上卷，第503页。

是4月23日，鲁迅收稿时间却是7月17日的原因吧？鲁迅曾向狂飙社成员要稿，下面的话便是明证："'剃刀'同'清晨起来'另二篇，系鲁迅要去"[①]。这样一来，4月16日高长虹离京南下后，很少收到狂飙社成员稿子的鲁迅，7月份一下收到10篇：黄鹏基一篇——《流放的人》，刊于第16期；高歌5篇——《死尸》刊于第15期，《清晨起来》之一的《母亲》刊于第17期，《清晨起来》另外两篇被高歌取回，《剃刀》被韦素园退回；向培良一篇——《肉底触》，刊于第16期；沸声一篇——《燃烧的生命》，刊于第18期；高长虹两篇"关于郭沫若和周作人的批评文字"，未刊发。

关于"郭沫若和周作人的批评文字"，高长虹14年后回忆道：

> 我在上海寄给他两篇稿子，给莽原半月刊，是关于郭沫若和周作人的批评文字，好久没有发表出来，我去信问一个少年朋友，并叫他到鲁迅那里去看怎样回事，鲁迅说是，交给韦素园了。韦素园说，鲁迅交给他的时候，说："就说你们不发表吧。"那个少年朋友给我的信上很惊奇地说："为什么鲁迅也这样呢？"我却没有感觉什么，认为这两篇稿子没有什么，不发表也没有什么关系。[②]

对此，董大中的解释是："我们可以设身处地地想一想，让鲁迅编发这样的稿子，不是给他出了一个很大的难题么？周作人是他的弟弟，郭沫若是创造社的盟主，无论是'攻击'还是'赞美'，都不应该由鲁迅编发。"[③]

---

① 向培良：《为什么和鲁迅闹得这样凶》，《高长虹研究文选》，第354页。

② 《一点回忆——关于鲁迅和我》，《高长虹文集》下卷，第521页。

③ 董大中：《鲁迅与高长虹》，第134页。

6月27日，高长虹在《弦上》周刊第19期发表给高歌信：

燃（按：已燃，阎宗临，在法国勤工俭学）款寄起，甚好。B（按：高沐鸿）怕我受穷，嘱卖稿供我嚼咬，钱到手时，可再寄燃一部去。

P（按：向培良）将回京。愿你俩各写一长著出，并努力进行月刊。我也将在上海进行，双存则并存之。如至九月无一刊可见者，我必自杀！

丛书，荆棘（按：朋其的短篇小说集）外，热与光（按：高长虹的诗、戏剧、小说、论文集，后命名《光与热》）已一部付印，其他尚未寄到，亦以九月为期，想同时有五六种出来，不知能否？T的心理学，大概暑假后才能弄起。

我现写家庭之下（按：只写了一卷《结婚以后》，发表在10月31日、11月7日出版的上海《狂飙》周刊第4、5期上），成后，想再写一论文时代的姿势。则，故国呵，从此别矣！此外，无话可说！

8月中旬，高长虹为出《狂飙》刊物曾写信找李小峰、孙伏园等：

只为狂飙社想出一定期刊物，我曾写信同李小峰商量过，说是到明年再看。是我性急，又写信同孙伏园，李志云商量，也没有弄成。但因我的信上说及我想做一部批评，志云回信说愿将来出版此书，并想在北新周刊发表。我当时回信便说可以。这是前两个月的事（按：该引文完稿于1926年10月19日）。后来我当面同志云又谈及这一类事，志云说，伏园也说过，定期刊物不好办，如出一丛书倒可以。当时我因

> 为开明出的狂飙丛书印得很慢，便索性再同北新书局办一个丛书，当下说定，这便是狂飙丛书第二的来历。[①]

8月31日，鲁迅到厦门途经上海时，高长虹下午曾与章锡琛一道去旅馆看望："长虹、雪村来。"(《鲁迅日记》)关于此次拜访，高长虹14年后回忆说：

> 过了些时候鲁迅任了厦门大学的教职，从北京到了上海。我同章锡琛一道去旅馆里看他，也许因为旅行关系，他的感情很不平静。谈话多关于北京当时的情形，因为那时的北京，完全在反动势力的支配下面，顺便我问到那两篇稿子，鲁迅气极地谈起周作人来，好象[像]有一点事情都是想暗害他的样子。我知道他们兄弟间的关系，听得这样说就完全放下不谈了。这是我们最后的一次的见面，在这次谈话里，仍然是象[像]很深知的朋友。
>
> 那时，已经同章锡琛讲好出版狂飙季刊，已经就到交创刊号的稿子的时候了。不料次日看见章锡琛的时候，他留难起来，让先出版一期看看。这天鲁迅已经走了，我当时感情很激越的，就把狂飙季刊出版的计划立刻停止了。[②]

8月31日，"夜……雪村、梓生来"(《鲁迅日记》)。正是章锡琛晚上的这次拜访，使他"次日"对高长虹"留难起来"。高鲁冲突爆发后鲁迅如此说：

---

① 《走到出版界·谨防冷箭》，《高长虹文集》中卷，第139页。

② 《一点回忆——关于鲁迅和我》，《高长虹文集》下卷，第521—522页。

八月底我到上海，看见狂飙社广告，连《未名丛刊》和《乌合丛书》都算作“狂飙运动”的工作了。我颇诧异，说：这广告大约是长虹登的罢，连《未名》和《乌合》都拉扯上，未免太利用别个了，不应当的。因为这两种书，是只因由我编印，要用相似的形式，所以成立了一个名目，书的著者和译者，是不但并不互相认识，有几个我也只见过两三回。我不能骗取了他们的稿子，合成丛书，私自贩卖给别一个团体。①

在这种情况下，高长虹只好找到沈松泉，由光华书局出版《狂飙》周刊。

第二节　中国版“狂飙运动”

一　“建设新的科学，新的艺术，新的思想”

1926年9月18日出版的《北新周刊》第5期刊登了《狂飙社出版物预告》，全文为：

狂飙社是一些从事科学与艺术工作的现在与未来的穷青年的集合。脚踏现实，目望远方，要从艰苦中追求快乐，冒险中追求新奇，黑暗中追求光明，死灭中追求生存，失败中追求胜利。狂飙社认为人类真正的文化只是科学与艺术，所以

---

① 《集外集拾遗补编·新的世故》，《鲁迅全集》第8卷，第187页。另见《261205致韦素园》，《鲁迅全集》第11卷，第645页。

要创造科学与艺术出来。科学是从心理学,经济学做起渐伸至物理学,化学,地质学各方面去,不注重研究与述说,而注重发明。艺术是从文艺,戏剧做起渐伸至音乐,绘画,跳舞各方面去,创作之外兼注重批评。狂飙社对于中国新旧文化都取否定的态度,对于外国文化,除旧有的科学艺术各与以相当的评价外,也都取否定的态度。狂飙社要毁灭一切消闲的,特殊的,局部的,妥协的旧文化而代之以劳动的,平民的,普通的,战争的新文化。这种在工作开始至终结期间便是狂飙运动的期间。

狂飙运动现在开始的工作是出版丛书,在最近的将来预备出版的书目再行登载。

这则广告很容易让人们想起“文学革命”初期陈独秀那篇著名的《文学革命论》。不过,时间过去不到十年,内容却变了:推倒的不再是“贵族文学”、“古典文学”、“山林文学”而是“中国新旧文化”,建设的不再是“国民文学”、“写实文学”、“社会文学”而是“劳动的,平民的,普通的,战争的新文化”。这则广告说明,被五四新文化运动“惊醒”的狂飙社成员,要联合“现在与未来的穷青年”,在中国开展一场轰轰烈烈的“狂飙运动”了:以“科学”、“艺术”为宗旨,“毁灭一切消闲的,特殊的,局部的,妥协的旧文化而代之以劳动的,平民的,普通的,战争的新文化”。从发表在《狂飙》周刊第1期第1篇的《狂飙周刊的开始》可以看出,他们这样做是有远大抱负的:

我们尊崇科学,尊崇艺术。我们以为艺术表现人类的行为,科学指导人类的行为。我们以为文化只是科学与艺术。我们以为中国只有两条路可走:有科学与艺术便生存,没有科学艺术便灭亡。我们以为人类只有两条路可走:有新的科学艺术便和平,没有新的科学艺术便战争。我们倾向和平,然而我们也尊崇战争,我们要为科学艺术而作战!

我们不以为思想是真实,因为没有更好的科学,所以才需要思想。人类对于自己的生活的科学的研究太冷淡了。思想也有新的与旧的,十九世纪的思想不能应用于现在的中国,新青年时期的思想,不能应用于现在的中国,我们对于人类的生活的科学研究太幼稚了,以致我们不能够毅然抛弃思想。

我们的重要的工作在建设科学与艺术,在用科学批评思想。因为目前不得已的缘故,我们次要的工作在用新的思想批评旧的思想,在介绍欧洲较进步的科学艺术到中国来。

狂飙社的具体工作,广告词《狂飙周刊》有非常简洁的说明:

本刊的积极的工作是,建设新的科学,新的艺术,新的思想。消极的工作是,批评一切腐旧的势力,一切虚伪的出版物。连带的工作是,介绍国外新兴科学艺术,提倡青年的自由说话,与一切前进的阻碍物战。

该广告词虽然是针对《狂飙》周刊的,但同样适用于这一时期的"狂飙运动"。《狂飙社出版物预告》已对"新的科学"、"新的艺术"有明确说明,在此无须多言。对"新的思想"未作说明,非常清楚地说明了此时的狂飙社成员也不清楚什么是"新的思想"。从发表在《狂飙》周刊的文章可以看出,"建设新的思想"最终被"消极的工作"所代替,并且批判矛头直指"新青年时期"。

二 建设新的科学:"从心理学,经济学做起"

尽管与新文化运动一样,"狂飙运动"也提倡"科学",但内容已有所变化。在高长虹看来,在"科学"这一旗帜下,新青年时期"各有各的科学":"胡适,顾颉刚以为整理国故是科学,现代评论社又以为谈法论政是科学,向导社以为政治运动是科学,吴稚晖又以为制造枪炮是科学,徐旭生则又说几何,几何,几何,逻辑,逻辑,逻辑是科学。"[①]狂飙运动的"科学"则是"从心理学,经济学做起渐伸至物理学,化学,地质学各方面去"。从周刊上发表的文章可以知道,他们的科学工作刚刚开始便戛然而止。

上海《狂飙》周刊发表的"科学"文章尽管数量不多,但篇幅都很长。与心理学有关的文章有:《人类与禽兽》(陈德荣译,第 2 期,10.5 个页码)、《什么是行为主义》(郑效洵译,第 8 期,11 个页码)、《取消社会心理学》(陈德荣,第 11、12 期,19 个页码)、《怎样研究人类的行为》(郑效洵译,第 16 期,15 个页码),与经济学有关的文章有:《论人类的行为》(高长虹,第 1 期,5.5 个页码)、《论杂交》(高长虹,第 2 期,8.5 个页码)。下面这段话告诉我们,周刊上科学文章不多是由于来稿太少:

> 《什么是行为主义》一文,是一个十九岁的青年朋友的译稿,错误或在所难免。本来想寄给德荣校正一过再发表的,而那样又得迟延很几期,待不得了。有错误时,待将来在本刊上更正,或到出书时再更正吧!三十岁以上,或者还可以说二十岁以上的人们都老了,做官的做官,摆架子的摆架子

① 《走到出版界·思想上的新青年时期》,《高长虹文集》中卷,第 178 页。

> 去了，所以科学的工作便不得不由一些青而又青的青年们去担任，这委实是一件很可悲而又大可喜的事件呵！[①]

周刊发表的三篇心理学译文都来自华生（Watson）的《行为主义》。关于华生的行为主义心理学，人们的如下评述概括了它的特点和地位：

> 华生于1913年异军突起，高举行为主义的旗帜，明确提出要以行为作为心理学的研究对象，方法上要以客观的观察代替主观意识的内省，主张要从多方面去收集资料，这样就加强了心理学的科学性和客观性，使心理学作为自然科学一个分支的客观心理学得以建立。[②]

陈德荣的《取消社会心理学》原本发表在《民铎》7卷3期（1926年3月1日），高长虹不但在周刊上转载，还在附识中说自己"完全同意"取消社会心理学[③]。在陈德荣看来，尽管人们对社会心理学的看法很不一致，却"走不出这三条路"："一、承认有'超个人的社会心灵'的存在，而研究其构造，发展与活动；二、寻求人类行为的原动力来解释人类的行为和社会；三、研究人类的社会行为。"但这三条路都是走不通的："走第一条路的社会心理学，因为建设在'超个人的社会心灵'之上，而'超个人的社会心灵'实在是没有的东西，它便不能够存在了。走第二条路的社会心理学，因为建设在行为原动力之上，而行为原动

---

① 《走到出版界·关于狂飙》，《高长虹文集》中卷，第174页。

② 张厚粲：《行为主义心理学》，浙江教育出版社，2003年，第74—75页。

③ 《德荣译〈取消社会心理学〉附记》，《高长虹文集》下卷，第114页。据上海《狂飙》周刊第14期的正误可以知道，《取消社会心理学》是"著"而非"译"。

力，实在也是没有的东西，它也不能够存在了。走第三条路的社会心理学，因为建设在个人的社会行为之上，而个人的社会行为也是不能够区分出来的，它也不能够存在了。”从该文对“人类的行为”的特别强调可以看出，陈德荣实际上是站在行为主义心理学立场反对社会心理学。

高长虹不但在自己主编的周刊上尽力发表心理学方面的论文，还专门写作《关于郭任远及其著作》对郭提出如下希望：“一，希望看见人类的行为下卷的出版；二，我希望看见通俗的科学文字；三，我希望这两件事不使我失望。”[①]并在不少文章中大力介绍当时国内的两个行为主义心理学家郭任远和陈德荣：“据我所看见，真的科学的著作只有郭任远的人类的行为一书。然而又只出了一本上卷……我只知道我的朋友德荣是一个诚恳地从事科学工作的人”[②]；“国内从事科学工作的人，我同郭任远，陈德荣两君的态度相近，只是研究的范围不同，二为心理学，一则经济学而已”[③]。

高长虹如此推崇行为主义心理学，是因为他认为该心理学派代表着“最近的科学的趋势”：

> 最近的科学的趋势，已经表示了他不能够再用傍[旁]观的态度去对人生问题了。它已经开始了一次新的探险。最先是从马克司所提出来的经济学，但马克司因陷入黑格尔的辩证法的迷魂阵去，以致失败了。然而，探险不是一次可以成功的。我们在近来的性的，经济的研究上，总时常可以看见这些新的足迹。而第一个有最明显的步骤的，则是那个心

① 《走到出版界·关于郭任远及其著作》，《高长虹文集》中卷，第134页。

② 《走到出版界·科学书的贫乏》，《高长虹文集》中卷，第101—102页。

③ 《走到出版界·关于〈论人类的行为〉》，《高长虹文集》中卷，第173页。

理学上行为主义的首倡者 Watson，我们并不以为行为主义已经建设了一个完全科学的心理学，反之，我倒以为它正在向着心理学的破灭那一条路上进行着呢！然而它所提出的那个态度，那个完全的科学的态度，它已经给与我们关于人类的行为的研究上以一个极大的极大的〈的〉闪光。

在《论人类的行为》中，高长虹提出了这样一个观点："所谓人类的行为者，一定是人人都可以看见的；所有的人类都在不能离却的那种行为。"以此为标准，"人类的行为"便只有经济的行为、性的行为、教育的行为、艺术的行为、科学的行为五种，"除此之外，我们还没有看见其他"。① 该文实际上是高长虹将行为主义心理学运用于"人类的行为"研究的一个实例。行为主义心理学本有矫枉过正的弊端，高长虹更将其发展到极端，得出如此偏激的结论也在情理之中了。该文发表后，"有朋友看了这篇文字，说仍然是经济史观，也有人说是惟[唯]心史观"。为此，高长虹专门撰文说明：

论人类的行为，是我的经济学批评中的一章。经济学批评，并不便是经济学，批评的工作，只想把经济是什么，先给以一些说明，及把从前的经济学方法的错误指出，及说明如何去开始科学的经济学的工作。我对于经济的主张如何，连我自己也不知道，只可待诸将来科学的研究好了。过去的学说，我都不相信，这只要看了我对于哲学的态度便可知道。②

---

① 《时代的先驱·论人类的行为》，《高长虹文集》上卷，第 359—364 页。

② 《走到出版界·关于"论人类的行为"》，《高长虹文集》中卷，第 172 页。

在《论杂交》这篇文章中，高长虹开篇便说他是凭“事实”说话：“人可以反对事实，但事实是不妥协的，不能因为人的反对而自行取消。而它的反对者，也终于会屈伏在它的下面。人可以反对洪水猛兽，然而洪水终曾发生过，然而猛兽终于到现在还健在着。”高长虹认为，人类的文化分成三个时期：“一，发昏时期；二，假干净时期；三，自欺欺人时期”，与之相对应的性生活是“劫夺时期；婚制时期；恋爱神圣或灵肉一致时期”，中国尚处在第二个时期，“第三个时期是现代欧洲最新派的思想家们所代表的”，哪怕就是“号称现代最文明的性的解放论者的主张”也忽略了“所谓恋爱者，只是性的表现而已”这一基本事实。该文认为婚姻制度十恶不赦——列举了十大缺点，杂交生活则尽善尽美：“除适应于真实的性的生活之外，其对于人类生活全般的益处也就可想而知了呵！”高长虹提倡杂交的原因很复杂，但主要还是经济原因：在他罗列的十大“缺点”中，六个与经济有关。[①]

该文在10月17日周刊第2期发表后，反响不错。一、一个人化名杰克10月20日给高长虹写信盛赞该文：“于狂飙二期中得读杂交论，足见隐隐中与未来派相合的狂飙运动者的精神。洪水就是洪水罢了，没有一种挑[排]山倒海，泛滥于天下的力量的那种怪物，宇宙间怕

---

① 《时代的先驱·论杂交》，《高长虹文集》上卷，第368—381页。

一切渣滓，粪溺，吐沫，尘垢，那能一扫而空之呢？"[①]二、向培良次年1月7日在一篇书评中谈到结婚的危害时如此写道："关于这一点，我此时不能说许多话。本刊第二期长虹的论杂交可以参看。虽然那只是一个绪论，但已经有一个很好的开端了。"[②]三、向培良次年9月16日在写完12000多字的《恋爱破灭论》后如此写道："最初提出杂交的真理来的是长虹，他的《论杂交》发表在狂飙周刊第二期。那篇文章里有好些地方比我更其正确地说明了事实。在某一意义上，我所提出来的只是他所说明底引申。"[③]四、卢剑波在1928年2月21日写作的《谈性》中引用了该文中的一段话："我的朋友长虹说道：'一到结婚的那一天起，所谓恋爱的神圣义务者已正式开始，而性却不能够追随那种好大喜功的远征事业，所以恋爱中的那一部分真实的性的表现便立刻停止，而人们便开始过他们的升之九天的神化和沉之九渊的性交的灭裂而凑合的矛盾生活，而颂祝恋爱的胜利。'"[④]五、收入该文的《时代的先驱》出版后，《土拨鼠》周刊的觉非撰文认为"长虹对于性的解释也很有

---

① 《杰克致长虹》，《高长虹研究文选》，第391页。董大中在《张申府与高长虹》（《团结报》2002年9月12日）中认为杰克是张申府的化名，笔者认为此说值得商榷：一、此时的张申府尚在北京，不可能如此快就读到三天前在上海出版的周刊第2期；二、信中如此写道："此文本想我们自己办的小刊物上发表求教的"，这一段时间张申府并没有办刊物；三、孙伏园告诉高长虹张申府佩服他见识的时间是1926年夏天（《走到出版界·谨防冷箭》，《高长虹文集》中卷，第142页），而《论杂交》发表在1926年10月17日出版的上海《狂飙》周刊第2期上；四、笔者通读了《张申府文集》和能从其他地方找到的相关文章，尽管张申府也提倡"性的自由"，但与信中所说的"辐射式恋爱"有较大区别。在笔者看来，杰克更有可能是卢剑波的化名：一、卢此时就在上海；二、此时卢复刊了无政府主义机关刊物《民锋》；三、"辐射式恋爱"观与卢的观点更接近；四、卢非常欣赏这篇文章——不但引用其中的观点，还将其收入自己编的书中。遗憾的是，由于与卢剑波有关的书籍、刊物散失太严重，笔者目前尚未找到直接证据。

② 向培良：《有话大家说·关于性欲及几部关于性欲的书籍》，上海《狂飙》周刊第17期（1927年1月30日）。

③ 向培良：《恋爱破灭论》，卢剑波编：《恋爱破灭论》，泰东书局，1928年，第40页。

④ 卢剑波：《谈性》，卢剑波编：《恋爱破灭论》，第50页。

新见地，'论杂交'就是例"[1]。六、该文被收入泰东书局1928年9月出版的《恋爱破灭论》(卢剑波编辑)。七、张恒寿晚年回忆说:"他写的《论杂交》一文，就是一篇很大胆的议论，这一文的内容大概是受了尼采的影响而写的，(当时已有佛罗伊德的精神分析，是不是受此派一点影响，不确知)实际上，近于近来所谓性解放的趋向，但比较严肃，有一定理论。张申府先生就是看见此文后，而和长虹相熟的。"[2]

下面这段话告诉我们，狂飙社提倡现在看来非常荒唐的"杂交"，着眼点却是"人类全体行为":"性底行为，在人生上形成一大部份[分]活动，与经济有密切关系。生理底研究，只能说明性欲的活动，正如只能说明消化的情形一样。在另一方面，而且是顶要紧的一方面，我们要研究经济对于性欲的关系，对于性欲的干涉，而得到正当的解决方法，以前关于性欲底研究只限于生理上一小部份[分]，以后应该从人类全体行为着眼，而这个不仅是生理学家可以胜任的，虽然生理底研究——科学的研究——应该为全部行程的基础。"[3]正因为如此，高长虹在得到杰克来信后才如此冷冷地写道:"你的文字，虽然你说是一种共感，但我却只见其异。我的文字，是思想，是对人类立论。你的文字，是谈事实，是对自己立论。"[4]高长虹特别重视经济与性的行为的研究的原因在于:"我以为能够把经济的，性的行为的研究，建设在科学上，那末，人类的生活的真象，也便要开始明白了。"[5]

---

① 觉非:《时代的先驱》,《高长虹研究文选》,第367页。

② 张恒寿:《回忆长虹》,《高长虹研究文选》,第59—60页。

③ 向培良:《有话大家说·关于性欲及几部关于性欲的书籍》,上海《狂飙》周刊第17期(1927年1月30日)。

④ 《通信四则》,《高长虹文集》下卷,第111页。

⑤ 《德荣〈取消社会心理学〉附记》,《高长虹文集》下卷,第115页。

三 建设新的艺术:"从文艺,戏剧做起"

在周刊发表诗歌的狂飙社成员主要是柯仲平和高长虹。柯仲平在上面发表诗歌 9 首:《献与狱中的一位英雄》(第 1 期)、《白马与宝剑》(第 5 期)、《劣情》(第 7 期)、《我的少年人你在哪里》(第 8 期)、《挽她来那[哪]儿住家?》(第 11 期)、《几个新死的阴魂》(第 13 期)、《赠答》(第 14 期)、《"沙野冬夜"会风曲》(第 15 期)、《走到地狱下》(第 17 期),这些诗歌多与现实生活有关,且多具磅礴气势;高长虹在《给——》的总题下发表诗歌 17 首(第 6、7、9、10、12 期),该组诗是献给石评梅的;《从民间来》(第 14 期)是高长虹自己非常满意的一首诗:"严格一点来说,我过去的创作,只有从民间来的第二首诗好一些"①,第 2 首长达 58 行,难得地表达了对家人的思念:"抛别了我的母亲,/离弃了我的女人:/母亲是伟大的历史,/女人是永久的爱情",说明随着与周氏兄弟冲突的升级,高长虹渴望从亲人那儿得到安慰。另外 4 首都与周氏兄弟冲突有关:《赠答》(第 14 期)、《猫眼睛》(第 15 期)、《老时代》(第 15 期)、《赠小老头及其傻瓜》(第 16 期)。另外,高歌的《漩涡》(第 6 期)和《环境》(第 15 期)、沸声的《短歌》(第 6 期)、高沐鸿的《漂泊者之放吟》(第 6 期)都有较明显的表现主义色彩,向培良的《致城中的作者》(第 17 期)则具有较明显的象征主义色彩,高歌的《青年与老人》(第 16 期)用 16 组对偶句组成,是攻击周氏兄弟的。

在周刊发表小说的狂飙社成员主要是尚钺和高沐鸿。尚钺在上面发表小说 11 篇:《被羡慕的人》(第 4 期)、《贞姐》(第 5 期)、《山中茶话》(第 7 期)、《病》(第 8 期)、《谁知道?》(第 12 期)、《洗衣妇》(第 10 期)、《临死的夫妻》(第 14 期)、《伟大的灵魂》(第 15 期)、《推磨的老

① 《在南京》,《高长虹文集》下卷,第 338 页。

徐》(第 15 期)、《乳母》(第 16 期)、《一件杀案》(第 17 期)。这些小说主要描写底层人民生活,尤其关注妇女命运,对传统婚姻家庭制度进行了尖锐批判,充满人道主义思想。黄鹏基的《Don Juan》(第 1 期)具有同样特点:该小说写难民为活命而出卖肉体。从小说内容可以看出,尚钺、黄鹏基的小说创作深受鲁迅影响——尽管尚钺在听别人这样说后否认了这一说法①。

高沐鸿在周刊发表了《狭的囚笼》(第 9、11、14 期,内含 32 封书信)、《红日》(第 10 期)。关于这两部小说,高沐鸿晚年在接受采访时曾如此说:"在此期间,我又写了《狭的囚笼》,里面收集了几篇近乎小说的散文。在这个集子里,主要写的是,在无政府主义思想的影响下,青年人在十字路口彷徨徘徊,充满着个人的忧郁苦闷。他们想把这个旧世界给破坏了,但新的东西是什么? 又怎么去谋求? 不得而知。于是青年人还是苦闷彷徨,徘徊不已。后来,我又用了一星期的时间,一口气写成了五、六万字的中篇小说《红日》(按:共 27 章,仅发表前 2 章)。我写作的动机,是想给青年人解除苦闷、指出前进的方向,但由于我思想上仍没有摆脱无政府主义思想的束缚,致使小说没有故事、没有情节,只有满腹的牢骚和低落的情绪,没有达到预想的目的。"②这两部中篇小说都是在高沐鸿自己生活经历上虚构而成,艺术手法则具有一定的表现主义特征。

高长虹的《家庭之下》(第 4、5 期)、高远征的《生活》(第 6 期)、向培良的《垂发》(第 15 期)虽然名为小说,实际上是他们生活的实录。《家庭之下》写的高长虹自己的婚姻家庭生活——由他外甥言行写作的《一生落寞,一生辉煌——高长虹评传》中的相关部分与该小说基本

① 尚钺:《有话大家说·仿模》,上海《狂飙》周刊第 15 期(1927 年 1 月 16 日)。
② 曹平安:《狂飙社及其他——访老作家高沐鸿同志》,《汾水》,1980 年第 12 期。

吻合;《生活》写的是高远征自己枯燥而压抑的学生生活;《垂发》写的是向培良失业三个月后极其贫困潦倒的生活。

人们在评价具有表现主义色彩的散文时曾如此写道:“在散文创作方面,表现主义色彩最浓的是鲁迅与狂飙社的作家们。尚钺的《灵魂的乞讨者》、高歌的《清晨起来》、沸声的《一线绿色的光》、沐鸿的《一个灵魂的供诉》,鲁迅的《野草》中的《秋夜》、《求乞者》、《希望》、《影的告别》、《死火》、《墓碣文》等篇,都是十足的表现主义散文。”[①]文章中提到的这些狂飙社作家的散文全部发表在上海《狂飙》周刊上:《灵魂的乞讨者》(第1、2期,内含6篇文章)、《清晨起来》(第3、4、7、8期,内含13篇文章)、《一线绿色的光》(第3期,内含3篇文章)、《一个灵魂的供诉》(第7期)。除已经提到的这些散文外,实际上以下散文同样具有表现主义色彩:《最后的凭依》(沐鸿,第2期)、《在隧道中》(沐鸿,第4期)、《挣扎》(张敬,第8期)、《残灯之下》(沸声,第12期)、《环境》(高歌,第15期)、《在骸骨中》(沸声,第15期)。剩下5篇散文则是纪实性的:《寄死者》(亦我,第7期)、《三个朋友的死》(培良,第8期)、《写给一个失踪的友人》(沸声,第10期)、《打我的眼睛丢出去和由我的耳朵听进来》(朋其,第15期)、《孤另的斑鸠》(尚彤声,第17期),前3篇散文表达了对朋友深切的思念,朋其写的是自己窘迫的生活,尚彤声的散文流露出深深的寂寞。

周刊发表了3个独幕剧:《暗嫩》(培良,第3期)、《大刀李七》(朋其,第13期)、《善人之恶运》(朋其,第17期)。《暗嫩》根据圣经故事改编而成,写大卫王儿子暗嫩爱上了自己妹妹他玛,并思念成疾。为了暗嫩康复,大卫王同意他玛来看望暗嫩。经过漫长等待,他玛终于来了。暗嫩疯狂地赞美他玛的声音、眼睛、手、嘴唇、身体等,并希望得

① 唐鸿棣:《我国新文学初期表现主义之考察》,《上海师范大学学报》,1996年第1期。

到她的身体，遭拒后转而驱赶他玛。在评论该剧时，有人认为“不乏表现主义的特点”[①]，有人认为“剧中对美人的赞扬也有着浓厚的唯美主义特征”[②]，这实际上分别道出了该剧的某一方面。《大刀李七》写的是官逼民反的故事，《善人之恶运》写一个吝啬的“善人”被土匪抢劫，采用的都是现实主义手法。

在周刊发表翻译作品的主要是鲁彦：《译犹太作品两篇》（第 3 期）、《译波兰民歌四首》（第 5 期）、《提奥克虏》（第 12 期，波兰）、《天使》（第 13 期，波兰）、《黄叶》（第 16 期，拉脱维亚）。这些译作有两大特点：一、都来自弱小民族，二、都是通过世界语翻译而成。向培良也在第 6 期翻译发表了安特列夫的《警钟》。喜欢创作的高长虹尽管不很看重翻译[③]，但为了借鉴外国经验以更好地开展“狂飙运动”，仍在周刊上发表了《谈谈翻译》这样的文章：“翻译比整理国故重要得多，因为翻译来的是中国所没有的东西，而国故则古已有之，有目共见”，翻译的内容则要求“多译杰作，少译全集，多译弱小民族作品，少译英美无聊小说”。[④] 关于世界语，高长虹曾发表过如此见解：“在最近的中国，能否有一短期的和平时期出现，是难于预料的事。但在可能的范围内，世界语学者起而作一种倾向和平的工作，倾向利他的工作，则极有价值。中国人自利思想太重，利他精神尚未抬头而已若被打击者。所以我们希望世界语精神的传播来救救这一种危厄。”[⑤]

从下面这些文字可以知道，至少高长虹当时是清楚周刊上这些作

---

① 唐鸿棣：《我国新文学初期表现主义之考察》，《上海师范大学学报》，1996 年第 1 期。

② 郭富民：《插图中国话剧史》，济南出版社，2003 年，第 163 页。

③ 从高长虹评论未名社成员这些不以为然的话便可看出此点：“未名社诸君的创作力，我们是知道的，在目前是并不十分丰富。所以，莽原是自然要偏重介绍的工作了。”（《走到出版界·呜呼，现代评论化的莽原半月刊的灰色的态度！》，《高长虹文集》中卷，第 187 页）

④ 《走到出版界·谈谈翻译》，《高长虹文集》中卷，第 169—171 页。

⑤ 《走到出版界·如何提倡世界语》，《高长虹文集》中卷，第 194 页。

品的特点的：

> 那些迷信历史而不注意现实，固执己见而不注意事实，以小主观而武断一切的人们，他们有没有理由说明我们的艺术运动呢？何以在一个时候乃至在一个作者，竟会写出所谓罗曼的，而又是写实的，象征的，而又{是}表现的作品呢？谁能够把我们的艺术上的狂飙运动划归到历史上的某一个时期的某一派的运动呢？他们读我们的作品时，如其他们有那样的诚心，他们会觉不到那平铺在他眼前的，是一个伟大的合体吗？这些是如何如何而发生的，如其他不是神话上的奇迹？
>
> 如何艺术运动而与科学运动合为一体，如何科学将成为一个新的科学，乃至他将给与那科学的祖国的欧洲以一个新的礼物？
>
> 那些褊狭的观察者，他们如何而能够说《献与狱中的一个英雄》不是一篇无产阶级的战曲？他们将如何来批评《旋涡》，如何来领会《狭的囚笼》？
>
> 那些巧说现在的艺术须有新的形式与新的内容的人们，他们将如何而去认识狂飙的形式与狂飙的内容，如其不是狂飙自己来述说他的实情？[①]

从下面这篇文章还可看出，周刊上不少文章具有表现主义色彩是狂飙社成员努力追求的结果：

---

① 《走到出版界·经济与艺术》，《高长虹文集》中卷，第236—237页。

人类的行为是刺激的反应，而不是有意识的，所以人常不能够认识自己的同别人的行为。表现行为的艺术，所以最真实的，便是那最近于无意识的。写实主义者在表现现实，却以观察为根据，所以不能够表现真实的现实。再则，虽然艺术上常有用科学的一个形容词的，然艺术同科学总是相去很远。所谓观察者，写实主义的观察与科学上观察也相去很远，我常觉得表现主义比写实主义更是科学的，而且这也是用最进步的科学可以说明的呢！

中国现代似仍以写实主义较为适宜于一般读者。过此则怕都谈不到。然写实主义的作品在现在则仍寥寥无几，将来不知若何。据我推测，中国艺术的趋势，必不能按着欧洲过去的步骤进行，而为：其先必呈一极紊乱的现象，而结果则将有一最新派出现，而又不是表现主义或未来主义，而必带多少行为的同现在的色彩。现在如有批评家出现，我想他便在现在的出版物中也可以看出这一个姿势吧！①

该文发表在1926年10月9日出版的《北新》周刊1卷8期上——第二天，上海《狂飙》周刊创刊。

四　对“新青年时期”的批判

此处的“新青年时期”，高长虹有非常明确的界定：

我这里所用的“新青年时期”是包含从新青年到语丝的这一个时期的。这不但语丝的主要做文字的人是曾在新青

---

① 《走到出版界·中国艺术的姿势》，《高长虹文集》中卷，第102—103页。

年做过文字的，而且语丝的思想也仍然同新青年的思想大致一样。少年中国正是同新青年是同时的刊物，思想上的色彩也差不多。创造周报似乎是另具色彩的，然而在思想上看，仍然是属于这一个时期的。而且，连标榜无政府主义的，以至极端相反的依傍政府的现代评论，也都不是例外。[①]

周刊上除高长虹的《走到出版界》（第1—12、17期）外，发表的批评文章有（攻击周氏兄弟的文章在第六章专门论述）：《从修身大事说到胡适之，从胡适之说到现在的戏剧》（培良，第1期）、《评胡适的中国哲学史大纲》（长虹，第3期）、《艺术杂论两则》[②]（长虹，第4期）、《论孤独者》（培良，第5期）、《批评工作的开始》（长虹，第5期）、《中国戏剧概评》（培良，第9、10、13—16期）、《在我手造的摇床中》（高歌，第9期）、《艺术与时代》（长虹，第11期）、《科学与时代》（长虹，第12期）、《冰心胡说些什么》（培良，第12期）、《新的时代》（尚钺，第14、17期）、《有话大家说·胡适考》（培良，第15期）、《有话大家说·随笔之一》（尚钺，第17期）等。

从标题即可看出，胡适是他们攻击的重点。《从修身大事说到胡适之，从胡适之说到现在的戏剧》认为胡适的《终身大事》"总是个很幼稚的作品，跟同人所有的其他作品一样"，《尝试集》、《胡适文存》"只有研究文学史的人或者可以买一本看"，胡适则"始终是一个时代的幸运儿"："他的戏剧，他的诗，他的翻译，以至于他对于文学的见地（像他极力推崇恨海九命奇冤之类），都不很高明"；现在的剧本作者"贫乏得很"，"无论在舞台或者舞台底下，我看不见一点谨慎，静默，郑重的空

① 《走到出版界·思想上的新青年时期》，《高长虹文集》中卷，第176—177页。

② 内含《天才破坏论》、《韦痴珠与韩荷生》。

气”；希望则在未来：“戏剧是艺术，是同人生一样郑重的艺术，我们需要从开宗明义第一章讲起。而这开宗明义第一章，不是终身大事，不是胡适之，不是郑正秋，是那些尚未被人知道的戏剧家，从艰苦的努力中出来的。”《评胡适的中国哲学史大纲》分十个部分：一、“哲学史难做”，二、“胡适何人”，三、“哲学史不是哲学”，四、“开头便错”，五、“什么是史料”，六、“不是辟空从天上掉下来的学说从何处来”，七、“什么是时势”，八、“诗人时代”，九、“中国哲学史大纲不是哲学史”，十、“泛论的泛论”，将《中国哲学史大纲》说得一无是处，结尾甚至如此写道：“我想胡适只有两条路可走：第一，是他自己说而自己却没有做的，‘救出自己’；第二，则是我替他说的，‘否则，滚吧！’”《胡适考》从“胡适何人”、“名字底研究”、“可怀疑的变迁”、“主义的宣传者”、“‘第一集’和‘上册’”、“错误的翻译”、“从作品上研究”、“反证”八个方面考证得出了这样一个“结论”：“胡适并无其人，初由新青年假托，终于成了一个很大的箭垛式的人物。”

彻底批判“旧时代”是高长虹批判文章的典型特点，为节省篇幅仅举一例：

中国和艺术这两个名词，本来便象[像]不容易连贯在一块似的，住在这里的人想走上艺术的路便象[像]富人想进天国那样难。卑之无甚高论，便是拿历史的眼光去回望古代，除了一些民间的歌谣外，其他如离骚，水浒两作究竟有多少艺术的价值，尚很难说定，等而下之的更无须提及了。昏透了的是那些提倡过新文学的人们，他们无所知而巧于胡说，什么九命奇冤呀，儒林外史呀，更至于无所知而胡说，什么易卜生是这样呀罗曼派是那样呀，于是把什么都闹了一团糟，而那些小英雄们便都闻风而起了，在无所知之下而得到了不

> 少的标榜，而来中西合演绕着笔杆以成立其诗，小说，戏剧——艺术，而自谓已成立其人上人者！其实这些小英雄们如其剥掉他们的虚浮的面具，而来重新看一看自己，呸，碰鬼，有什么英雄，人上人，不过是那些过去的仕宦的子孙，现在的或未来的仕宦，或者未来的失意的仕宦而已，而已！别有一些较为幸运的小英雄们，戴上洋字的头衔，更是像假洋鬼子似的可以撞骗一切了，更是无所知而大可胡说，说得天花乱堕[坠]，以为他们便可以做成功天之骄子了！而我们的艺术运动，便在这闹攘攘[嚷嚷]的老少中西的杂凑中轻轻地溜过去，几乎象[像]没有留下痕迹。①

向培良的《中国戏剧概评》集中表达了他对戏剧的看法。在具有绪论性质的第一章中，向培良首先表明了他对旧戏的态度："我是，根本上就不承认旧戏，我以为那只是民族卑劣精神底表现；在这篇文章里面，除掉有攻击之必要时，我是不提到那个的。"并在该章的最后一段谈到了他对戏剧史的看法："翻开我们很短而很贫乏的戏剧史一看，则始终是黑漆漆的。一方面没有脱出文明戏的轭，一方面又要进一步负起旧戏的枷来了。新的曙光是，到现在还没有看见的，虽然也有很少的几个人努力着罢。我希望，这几个人能够继续努力着下去罢。戏剧是艺术的这个观念究竟已经建设起来了。从这一点点萌芽，只要努力去干，我们总可以收到相当的效果的。"由此可知，向培良对当时的戏剧评价是不高的。关于这点，只要看看后面两章对当时一些有名剧作和剧作家的评价便可知道。胡适的《终身大事》"无论是对话，动作，人物底描写，都非常笨拙，累坠[赘]，而且可笑"，"不过是娜拉底极笨

---

① 《时代的先驱·韦痴珠与韩荷生》，《高长虹文集》上卷，第396—397页。

拙的仿本罢了”；丁西林的四个独幕剧《一只马蜂》、《酒后》、《亲爱的丈夫》、《压迫》不过是“用漂亮的字句同漂亮的情节引起浅薄的趣味”；郭沫若的教训和郁达夫的感伤“把他们一切的戏剧都毁灭了”；田汉与郭沫若的区别只是：“郭沫若是预定了一些教训——他的主要目的——才去作剧的，而田汉则在动手写剧本以后才竭力设法装一些进去”。第四章在论及舞台时，向培良的评价更低：“我们的舞台，无论演员，导演者，布景，光线和化妆，一切的一切，连观众也在内，都还没有超出文明戏的水平线。”第五章彻底否定了赵太侔、余上沅等提倡的国剧运动，认为“我们应该抛弃旧的东西，重新创立我们的戏剧，表现我们自己的精神的戏剧，但是却不要加上国剧这样的名目。”在最后一章《结论》里，向培良除重申了他对过去的戏剧的批判外，还提出了他对戏剧的看法：“戏剧是一种与人生最切近的艺术，在这里面描写人生的争斗，心灵间的，个人间的，个人与环境及社会间的，以至于阶级间的，而戏剧是一种艺术，创造和传达人底情绪的艺术。戏剧的使命在于创造和传达情绪的，不在于显示事件。只显示事件的东西，将成为历史或新闻或供宣传用的小册子之类，并不是艺术。”对“文学革命”的看法，向培良与高长虹如出一辙：“其实，所谓文学革命运动者，除掉把文言变成白话，换了一个新的工具之外，并没有别的意义；艺术底地看来，是算不了一种革新运动的，因为里面不曾吹入新的生命。这工作，还留着在，等待后来的人去努力。”

从向培良对《孤独者》的评价可以看出，昔日的“导师”鲁迅[①]，现在“差不多已经是我们前一个时期的人物”了：“在他周围包围着深厚的寂寞，旧的时代驱逐了他，他也驱逐了旧的时代，而在正走向一个新的

---

① 1925年5月8日，鲁迅在给当时编辑《豫报副刊》的吕蕴儒、向培良如此写道：“倘使我有这力量，我自然极愿意有所贡献于河南的青年”（《华盖集·北京通信》，《鲁迅全集》第4卷，第305页），由此可推断，吕蕴儒、向培良曾希望鲁迅对“河南的青年”提出建设性意见。

时候，他忽然感觉到彷徨，因为他自己以为'是已经并非一个迫切而不能已于言的人'，所以孤独者虽然曾经向前攻击，但终于攻击而失败，便死去了。"也就是说，在向培良看来，鲁迅的时代已经过去，希望在"现在的孤独者"身上："现在的孤独者已经不一样了；他们愤怒，愤怒而且嗥叫，像一个被追逐的狼，回过头来，露出牙……"①在向培良看来，冰心不到三千字的演讲录《中西戏剧比较》"从题目起，到末一段，几几乎无处不大错而将[特]错"。

从下面的引文可以看出，高歌与他哥哥高长虹的观点大同小异：

> 中国的社会，根本上就没有什么进化，不过有些旧的，新的{，}辫子，秃头，瓜帽，小鬼料哨——这是我们乡下人给有舌头帽子的诨名——等等东西，搁置而堆积在那里的{，}正如一个人俱[具]有幼小的，衰老的，死的气象一样，或者可以说是杂货店，博物院，陈列所，展览会一类东西{，}更其明白真确些。
>
> 种族革命吧，革到现在还依然如故的低下头来在那里随喜外国人的侵略和承受他们的侮蔑哩！
>
> 政治革命罢，革到现在也还不是依然如故的没有政治么！简直说，连一个懂政治的人都没有，大家都在那里，东周列国，三国演义，胜者为王侯败者为贼呢！
>
> 经济更不用说。
>
> 文艺似乎懂得的人比较多一点，其实呢，活见鬼{，}还不是一部石头记在那里作怪，黛玉，宝玉{，}妹妹，哥哥么！水

① 鲁迅在《二心集·上海文艺之一瞥》中曾如此评价向培良："他在先前，还曾经说，青年人不但嗥叫，还要露出狼牙来。这自然也不坏，但也应该小心，因为狼是狗的祖宗，一到被人驯服的时候，是就要变而为狗的。"(《鲁迅全集》第4卷，第305页)

浒传呢，大概已经倦得在书架子上睡了觉了，纵然有时候挑出几个出色的人物来，如武松，鲁达诸君互相比拟比拟，至于它的内容，总是不会有人来过问的。①

尚钺的《新的时代》批评中国人“没有生活”，因而文艺、政论都“建筑在虚伪的因循的悲观的道路上”，中国人“没有承受思想的国民性”、“没有生活的感受性”，所以“除了少数受过爱国热洗礼的人之外，还在梦想葛天氏之民欤〈?〉无怀氏之民欤〈?〉的度着优哉，游哉，聊以率[卒]岁的生活”；热情呼唤新时代的到来：“那新的时代，便是真正的生活与真正的政治相互纠缠〈和〉而发着闪电一般的，在浓暗的天宇中使人震惊的火光的时代”；并认为“人类〈上〉现在显然的暴露出一种新的趋势——声音的战争”：“现在这声音正在扫荡旧有的一切的骄矜，一切的顽梗，一切的昏庸，一切的残酷，一切的奸诈，而建筑起同情，博爱，互助的新人类”。《随笔之一》在继续批评中国人的生活“仿佛一个斜面的滑冰上的琉璃球，永远向下滚着而不自知”的同时，批判了当时的文艺界：

现在将话转到文艺上，说到文艺我自己觉着有些惭愧，因为我也是中国人，既是话转到了此处也不得不略为说说了，文艺在中国到底走到那[哪]个程度呢？我个人觉得还在“中国有文艺吗?”的问题的时候又虽然有些人已经自命“我是文学家”了，固然就是有文艺或者我的程度还不能了解，可是以为中国现在真有一个梭罗古勃或安特烈夫出现，我也觉着是绝顶的滑稽。

① 《压榨出来的声音·在我手造的摇床中》，《高歌作品集》上卷，第211—212页。

说到"了解"我想起一件事情:中国人的了解文艺的事实我觉着很有趣味,比如鲁迅先生的东西,我们日常很容易遇到批评家——在新{杂}志上,报纸上或说话上,但大约都是赞美"阿Q正传",尤其是阿Q将小尼姑扑了一下以后的行为——腻腻的,委实说我觉着他们的批评至多也不过腻腻的而已。这事实时常叫我想:"阿Q是中国人的灵魂"的一语大约不致于有错吧!但鲁迅先生的"野草"呢?却实在觉着荒凉的很,几乎简直不曾看见或听到有人谈及,除了长虹有几段短文提及而外。这叫我很奇怪,但忽然一想又觉无甚希罕:中国人不是能懂咒骂的民族,所以"阿Q正传"之要脍炙人口了。

但其实说:我觉着拿着明晃晃的刀枪出去伤人的不是英雄,英雄是满身有着人类的创作的,而他的武器也是这满身的人类创作,然而中国人谁又知道创作呢?也就"野草"仅于是"野草"了吧?毕竟"野草"有限,"阿Q正传"无穷,我实为中国人太息,而阿Q就是中国的"绥惠略夫"吧!无奈阿Q之能为中国人的灵魂,我觉得有些心寒了,这也宜乎中国有捧花旦的梭罗古勃与"直挺挺"的安特烈夫出现。

从上面介绍可以看出,在这些批评文章中,除尚钺的《随笔之一》稍微客观地评价了鲁迅作品外,其他人一概抹杀"新青年时期"的作家作品,也就是说,批判周氏兄弟本是开展"狂飙运动"的任务之一。遗憾的是,由于他们在批判过程中搀杂了不少私人因素,致使批判意义大打折扣,也使不明真相的人以为纯为"退稿事件"、"月亮风波"这样的私事。

从下面这段话可以看出,哪怕是令鲁迅极为愤怒的《1925,北京出版界形势指掌图》，也是高长虹早就计划写作的一篇文章：

> 我今应时代的需要来作此图，以述明北京出版界的实情。我想作此图，本于去年暑假中居北京时，即我对北京出版{界}有较正确之了解时。初来也同一两个朋友略示此意，不料图尚未作，我个人之形势突然变异，直到现在，我还没有明白究竟。但我敢在这里特别声明的，即我为一游离者，中产阶级的利益我既不屑顾，无产阶级的战线我又未能至，故对于世人实不愿，也无其必要而行任何样式之斗争。我所说的话，其实只是看见什么便不愿意私有，以为说明真象[相]，对于同时代的人们都不无用处。至于世间也不是没有人喜欢秘密，厌恶公开，然此只个人好恶不同，他喜欢秘密便秘密他的，我喜欢公开便公开我的，各行其是，本无抵触，闲言太多，画归正图。①

遗憾的是，由于该文写作于高长虹“精神上受了一个大的打击”②的时候，“说明真象[相]”的同时散布了不少私人谈话，所以鲁迅看了这篇文章后如此评价高长虹：“我看他《狂飙》第五期上的文章，已经堕入黑幕派了。”③

---

① 《走到出版界·1925，北京出版界形势指掌图》，《高长虹文集》中卷，第142—143页。

② 《走到出版界·取消批评工作》，《高长虹文集》中卷，第224页。

③ 《261123致李霁野》，《鲁迅全集》第11卷，第630页。

第三节 “狂飙运动”受挫

一 原因

回过头来看看“狂飙运动”开展的背景，才发现正是北伐战争期间——该年7月9日国民革命军正式誓师北伐。那么高长虹对北伐战争的态度又是怎样的呢？

> 我近来研究了一点经济学，才知道革命原来是没有的事，革命只是阶级战争中的一个夸张的口号，亦如对方之讨贼也。①
>
> 没有艺术的实际运动是浅薄的，名不符实的，中国目前的实际运动便是如此。北伐军在湖北，江西的胜负如何，委实不是一件大事情，我只想看一看广州的出版物，尤其是文学的。但这是很困难的一件事，不知道广州本来便没有什么，还是有而到不了外边，总之是不大看得见。②
>
> 那天我曾提起现代评论端六的客观，今天看见醒狮上也举出事实的反证了。现代评论社诸君子，同你们谈客观是白费事，但至少总应该学点主观的！这一次北伐又未必便能成功的！③

---

① 《走到出版界·革革革命及其他》，《高长虹文集》中卷，第109页。

② 《走到出版界·略谈广州文学》，《高长虹文集》中卷，第130页。

③ 《走到出版界·学点主观吧》，《高长虹文集》中卷，第130—131页。

看看鲁迅1927年4月10日写作的《庆祝沪宁克复的那一边》便会知道，北伐战争开始后中国思想界发生了很大变化："革命的势力一扩大，革命的人们一定会多起来。统一以后，我恐怕研究系也要讲革命。去年年底，《现代评论》，不就变了论调了么？和'三一八惨案'时候的议论一比照，我真疑心他们都得了一种仙丹，忽然脱胎换骨。"[①]由此可以看出，在适应环境变化这一点上，狂飙社还不如现代评论派。

由于高长虹不管内容如何而将广州的几种刊物并举，当时便遭到人们批评："所谓'烽火'根本是一个反动的东西，时代是进化的，我们必要淘汰时代的落伍者，为着促进文明的原故。你在周刊上竭力提倡科学与艺术。这些反动的开倒车的是科学的敌人，凡拥护赛先生者，必同四[声]声讨，那[哪]里好认他为一种新气象呢！先生的态度实使人大惑不解。//难道多一种出版物就不论内容好否而直接认为一种新气象吗！这未免有些等于放屁逻辑了！"[②]

郑振铎在回顾1921—1927年中国新文学的变迁时如此写道：

> 第二个时期是新文学的建设时代，也便是文学研究会和创造社的时代。不完全是攻击旧的，而且也在建设新的。不完全是在反抗，破坏，打倒，而也在介绍，创作，整理。白话文的讨论已经是成了过去的问题，在这时候所讨论的乃是更进一层的如何建设新文学，或新文学向那里去的问题。于是便有写实主义和浪漫主义的歧向。这便是一种明显的进步的现象。已知道所走的路线是决不能笼统的用"欧化"两个字来代表一切的新的倾向的了，正像不能以"新文化运动"这个

① 《集外集拾遗补编·庆祝沪宁克服的那一边》，《鲁迅全集》第8卷，第197—198页。

② 《张谅辅致长虹》，《高长虹研究文选》，第397页。

笼统的名辞来代表这时期的“文化”活动一般，新青年社和少年中国学会等团体之不能不分裂，不瓦解，也便是受这个必然律的支配的。

但新文学运动究竟还是不能完全和一般的文化运动分离开去。文人们是更敏捷的感到社会的黑暗与各处的被压迫的地位的危险的。无论写实主义者和浪漫主义者对于当时的黑暗的环境和浑沌，沉闷的政局，以及无耻的官僚，专横的军阀，都是一致的抱着“深诛痛恶”的态度的。

这便开启了第二次的革命运动的门钥。当那革命运动发动的时候，曾有无数的文学青年是忠实于他们之所信，而“投笔从戎”，而“杀身成仁”的。[①]

在无数青年“投笔从戎”、“杀身成仁”的时候，狂飙社还试图以“建设新的科学，新的艺术，新的思想”为宗旨在中国掀起一场轰轰烈烈的“狂飙运动”，最多只能说是一种美好愿望。所以，受挫，是“狂飙运动”的必然结局。

“狂飙运动”的受挫还应与周刊拒绝外稿有关。《狂飙社出版物预告》开宗明义地写着：“狂飙社是一些从事科学与艺术工作的现在与未来的穷青年的集合”，高长虹却在周刊第 4 期发表的《为投寄本刊者略进数言》中如此写道：

本刊没有出版之前，已接到外间投稿两份。一是剧本，据说是应征而来的，因本刊并未征求稿件，所以物还原主。

① 《文学杂论·〈中国新文学大系〉文学论争集导言》，《郑振铎全集》3 卷，第 540—541 页。

一是诗，不能用。听说普通的刊物投稿的很多，看也无从看起，虽然未可尽信。但我实在没有那么多的工夫，所以不得不先事御防。而且大家都可以免掉许多麻烦。

一，关于科学和艺术的投稿，我们是非常欢迎的，但我们知道能使我们欢迎的很少，所以为避免麻烦计，我们声明：这两项投稿，我们概不收受。识者当然会知道我们的微意。

二、本刊接受投稿的，只有“有话大家说”一栏，但必须“言出真实，事无捏造”。望投稿专家们不要来碰钉子，自讨无趣。本栏意在唤起青年的自觉，发抒实感，明辨环境，以期造成一新的舆论的雏形。无名利可求，无风头可出，望来稿诸君要诚恳一些。

如此一来，愿意刊登外稿的《有话大家说》专栏，除第 8 期刊登了白虹的《论论广东的中山大学》外，便只在第 15 期刊登了狂飙社成员高长虹、向培良、尚钺、朋其自己的作品。高长虹曾主办过太原《狂飙》月刊、北京《狂飙》周刊、《弦上》周刊等，并协助鲁迅编过《莽原》周刊，从他 1926 年 10 月 19 日写的《谨防冷箭》可以知道，他是知道“外间来稿”对办好刊物的重要性的：“当时北新周刊投稿之少，我们都是知道的，北新如想办好，正应欢迎外间投稿。”[①]在这种情况下，高长虹断然拒绝“外间来稿”很明显是一种不明智做法。狂飙社外树强敌——批判“新青年时期”，内拒友军——拒绝外间来稿，得不到这两路人马来稿的周刊只可能越办越差——同年 11 月 9 日鲁迅便在给韦素园的信中如此写道：“《狂飙》已经看到四期，逐渐单调起来了。”“逐渐单调起来了”的周刊，停刊只是时间问题。周刊停刊，便没有了阵地，还谈什

① 《走到出版界・谨防冷箭》，《高长虹文集》中卷，第 140 页。

么开展“狂飙运动”?

“狂飙运动”的受挫还与把周氏兄弟当作重点攻击对象密切相关——详见第六章。

二　分散各地的狂飙社成员

1926年12月底,高长虹离开上海,北上为《狂飙》周刊筹款;次年1月初到达北京,但没有结果;2月份又到太原,仍然无果而终。由于上海《狂飙》周刊已于2月出版至第17期(本应于1月30日出版)后停刊,高长虹便留在北京,直到5月初。在这几个月时间里,高长虹主要做了两方面事情:一、继续写作与出版界有关的文章——单行本《走到出版界》后面的36篇文章未在刊物上发表;二、与冰心初次见面并与冰心商量过合办《红心》周刊,结果却是:“那我就无须见她,/留作诗儿作别,/诗人自去走天涯。”[①]高长虹坐船回到上海后,因已经开始为冰心写作《献给自然的女儿》[②],故将1923年9月至1926年12月写作的、献给石评梅的系列组诗《给——》收集起来交给光华书局,同年9月出版。6月27日整理完成了自己从北京回上海一路写下的抒情长诗《献给自然的女儿》(200节,每节4行)后到西湖养病、写作。7月份再次产生出国念头,并开始写作《留别中国》,“本想积久写成一卷,临行时出版”[③]。在西湖期间除继续写作《献给自然的女儿》、《留别中国》外,高长虹最重要的工作是9月5日至10月21日写作的书信体散文《曙》,该集子的广告词为:“这是一九二七年的秋天作者在西湖写给一个小孩子的连续信件。有风景的描写,有生活的纪录,有时代的感想

① 《献给自然的女儿》,《高长虹文集》下卷,第5页。

② 1927年4月10日出版的《小说月报》第18卷第4期上发表了第1首《献给自然的女儿》。

③ 《每日评论·留别鲁迅》,《高长虹文集》下卷,第165页。

以及其他。曙是这个小孩子的名字，也是未来时代的象征。”（《长虹周刊》第2期）

向培良1927年1月1日离开北京来到杭州，在孤山广化寺住了一月余，在编辑《狂飙》周刊的同时，创作了独幕剧《淡淡的黄昏》并翻译了邓南遮的《死城》。《狂飙》周刊于2月中旬停刊后，“4月，高歌、向培良应武汉中央革命军事委员会政治部宣传科科长兼《革命军报》主编潘汉年的邀赴，赴武汉主编该报《革命青年》专刊。”[①]在武汉期间，白薇说向培良弄丢了她的一个剧本：

这篇东西，原名《去，死去》，是去年夏天在武昌总政治部国际编纂委员会服务时，受张资平先生的托，以一星期拼命写完的。

天来的向培良先生，恰好在我写完后，走来向我借去，说要在汉口血花世界什么剧场上演。

他拿去一个月，不上演也不交还。我因要对总部交成绩，写信去讨，亲自去讨，共有十几次，浩浩的长江，不论是炎热的火天，不论是阴霾的夜晚，我命小舟，心慌意乱独自两岸渡去来，最后每天找他三五次，到头他不但把剧稿交不出，并且自己藏在楼上，但叫朋友在旅馆门口阻挡我，说是——“不在家”。这本剧便无形渺迹消失在向培良犹知的天地间了！

向培良跑了……他对我这种行为：有法律可以解决么？还是谁有同情对我怎么样？还是应该祝向培良先生，象[像]批评我的《琳丽》那种漫骂的勇气，更百倍汹涌地骂我懦弱象[像]个猪？

① 董大中：《狂飙社编年纪事》，《新文学史料》，2002年第3期。

> 自剧稿被他湮灭后，我因悲愤兼受了热，竟是一阵痢疾，一阵肠病，病废在武汉萧条中。这篇捕形拾影骸物，拖到近今再写，已象[像]碎瓦难缝的散漫。望读者谅。[①]

创造社刊物《洪水》是如此传播该“小消息”的：“白薇女士在武昌被人骗去创作剧稿一部，忧愤成疾，在汉口疗养两星期之后，现已来沪，病况稍佳。”[②]

1926 年 12 月 28 日，正在西安省立第一中学的柯仲平给高长虹写信，信中谈到了高长虹与周氏兄弟的冲突：“在榆林时，看着你和各方面开战，我曾得一梦，梦很奇：我问你：‘狂飙为甚拿到长安来出版?!’你说：‘受种种压迫……’我们都有些在壮勇中凄然呢！”信中还谈到高长虹的出国问题：“接你片纸，虽只两行，如读隔世飞来的万言友爱书！你就要出国，不知我们还有见面的一日否！现在，倾我全生命的热诚送你出国，虽则我们仍同在一地球上！若出书能得些钱，极愿你向他们取着一点小帮补！”[③]

---

① 《打出幽灵塔·附白》，《白薇作品选》，湖南人民出版社，1985 年，第 331—332 页。
② 同人：《小消息》，《洪水》3 卷 34 期（1927 年 9 月 16 日）。
③ 《仲平致长虹的信》，《高长虹研究文选》，第 405 页。

第四节　加入狂飙社的柯仲平、鲁彦等

一　柯仲平

（一）简历（1902 年 1 月 25 日至 1964 年 10 月 20 日）

云南省广南县人，原名柯维翰。1915（或 1916）年考取昆明云南省立第一中学，在校时曾担任学生自治会会长。五四运动爆发后创作并登台演出了话剧《劳工神圣》，很快成为昆明地区学生运动的主要领导人。1920 年初发起成立云南第一个研究社会主义思想的小组大同学会，并利用学生自治会名义出版《滇潮月刊》。1921 年 12 月与情人丁桂媛（后更名丁月秋）偷偷离开昆明辗转到达北京。1924 年入国立北京法政大学法律系学习，并于同年 10 月 24 日完成长达 1800 余行的长诗《海夜歌声》的写作。1925 年夏结识鲁迅，不久结识高长虹。1926 年 4（或 5）月到上海，加入创造社出版部。9 月高长虹在《北新》周刊发表《艺术界》，为《创造月刊》不刊发柯仲平作品鸣不平。1926 年 10 月上海《狂飙》周刊创刊后，共在上面发表作品 9 篇。高鲁冲突爆发后，“没有骂过鲁迅。但在‘狂飙社’攻击鲁迅后，他难免就和鲁迅疏远了”[①]。1927 年 5 月到西安，先后在陕西省立第一中学、省女子师范等校任教。同年 7 月为西安学联举办的暑期讲习会讲《革命与艺术》。1928 年初在世界周刊社入股 40 元（9 人共 159 元，后全部移交狂飙出版部）。同年 6 月离开西安到北平。同年 8 月初到南京、上海，与高长

---

① 徐克：《诗人柯仲平》，《柯仲平纪念文集 · 研究卷》，云南人民出版社，2002 年，第 240 页。

虹、高歌等商讨“狂飙运动”事宜，21 日回到北平。同年 12 月 21 日给高长虹信的末尾有这样的“附告”：“白庙胡同五号将开喇叭书店，以后可为北平狂飙特派处。”[①]1929 年 1 月中旬偕怀孕的爱人丁月秋来到上海参加狂飙演剧运动，兼任《狂飙运动》月刊诗歌编辑。同年 2 月 28 日至 3 月 3 日，狂飙演剧部在南京首次公演时，登台表演自己创作的《海夜歌声》。1930 年 3 月左右经潘汉年、陈为人介绍加入中国共产党，年底被捕入狱。1933 年 8 月经友人和亲属多方营救出狱。1935 年只身东渡日本，在东京一家汽车学校学开车。1937 年七七事变爆发后于 8 月秘密回国，11 月到达延安。1938 年 1 月起任边区文协副主任，1942 年后担任边区文协主任。1938 年 5 月在毛泽东、贺龙等帮助下筹建陕甘宁边区民众剧团，任团长。1949 年 7 月当选为中华全国文学艺术界联合会全委会委员，同时当选为中国文学工作者协会副主席和中国民间文艺研究理事会理事。同年当选为中国人民政治协商会议第一届委员。1950 年 1 月当选为西北军政委员会下设的文教委员会副主任。9 月当选为西北地区文学艺术界联合会主席。1953 年 10 月当选为中国作家协会副主席。1956 年任中国作家协会西安分会主席。1960 年 8 月，在全国第三次文代会上继续当选为全国文联委员和中国作家协会副主席。1962 年冬，歌颂刘志丹的长诗被说成是“反党诗歌”，接受审查和批判。1964 年 10 月 20 日开会发言时突然死亡。[②]

（二）作品集目录

1.《海夜歌声》，光华书局 1927 年 8 月初版，大光书局 1935 年 11 月再版。

---

① 柯仲平：《通讯一则》，《长虹周刊》第 11 期（1928 年 12 月 22 日）。

② 主要资料来源：《柯仲平纪念文集 · 评传卷》（王琳，云南人民出版社，2002 年）、《柯仲平事略》（仲源、若亚，《新文学史料》1983 年第 1 期）。两者有不少矛盾的地方，凡不能通过其他资料核实者，两种情况并列。

2.《革命与艺术》,新泰日报馆 1927 年 10 月初版,上海狂飙出版部 1929 年 1 月改版。

3.《风火山》,新兴书店 1930 年初版,1953 年再版。

4.《边区自卫军》,战时知识社 1938 年 10 月,读书出版社 1939 年 1 月,三联书店 1950 年 8 月改版,1951 年再版。

5.《平汉路工人破坏大队的产生》,读书生活出版社 1940 年 3 月。

6.《无敌民兵》,西北新华书店 1949 年 8 月,新华书店 1949 年 10 月初版,1950 年校订再版。

7.《从延安到北京》,人民文学出版社 1950 年,1951 年第五版,三联书店 1950 年 5 月。

8.《毛主席的小英雄》,青年出版社 1952 年,少年儿童出版社 1955 年新一版。

9.《边区自卫军、平汉工人破坏大队》,人民文学出版社 1954 年 4 月改版。

10.《柯仲平诗文集》(4 卷本),王琳、刘锦满编,文化艺术出版社 1984 年 6、10 月;

11.《浪中人》,华岳文艺出版社 1988 年 10 月。

12.《柯仲平文集》(3 卷本),云南人民出版社 2002 年 5 月。

二 鲁彦

(一)简历(1902 年 1 月 8 日至 1944 年 8 月 20 日)

浙江省镇海县人,原名王衡,字返我,后改为忘我,笔名王鲁彦、鲁彦等。1917 年随父到上海当学徒,业余在环球补习学校学习。1920 年到北京参加工读互助团,一边工作一边到北京大学旁听,并自学世界语。1921 年入北京大学世界语学习班学习,并参加胡愈之等创办的世界语协会。1922 年 6 月 19 日新文学社团明天社在《国民日报·觉悟》发表成立宣言时，列名为发起人之一。1923 年至 1924 年在长沙平民大学、第一师范、周南女校等校任教。1926 年 5 月任上海世界语函授学校教员，初夏到长沙任湖南省立第一女子师范学校国文教员。上海《狂飙》第 1 期刊登的广告《狂飙社出版物略目》中有鲁彦的《给海兰的童话》（后作为狂飙丛书第三第三种出版）、《显克微支小说集》。在不收外稿的 5 期上海《狂飙》周刊发表翻译文章 9 篇。1927 年春到武汉参加《民国日报》编辑工作。在世界周刊社入股 10 元（9 人共 159 元，后全部移交狂飙出版部）。1928 年春到南京任国民党中央宣传部宣传科干事，负责编写对东北欧国家的宣传册子。高长虹 1928 年 12 月到南京时曾问鲁彦是否写过描写南京生活的小说，鲁彦对高长虹谈了他对狂飙运动的看法："狂飙运动只能昙花一现，但他的价值也正在此，他打开一个新的局面。"[①]用世界语翻译的高长虹的《Spirito Kaj Rozo》（《精神与蔷薇》）发表在《长虹周刊》第 18 期（1929 年 2 月 9 日），该期还刊登了鲁彦的照相。高长虹 1929 年 4 月中旬到南京时，陪高长虹和武灵初参观了陶行知创办的晓庄学校。1929 年初夏因不愿在国民党书报检查机关任职离开南京到上海，冬由巴金介绍到厦门任《民钟日报》副刊编辑。《长虹周刊》第 19 期（1929 年 6 月 8 日）刊登的封面画《德国影片〈三只手〉》是鲁彦送给高长虹的。1930 年春至 1935 年底辗转于福建、上海、陕西等地中学任教。1937 年八一三战争爆发后被迫离开上海，先后到长沙、武汉参加抗日工作。1938 年 10 月武汉失守后经湖南辗转至桂林，积极参与文协桂林分会工作，并被当选为常务理事。1942 年 1 月起主办大型文艺月刊《文艺杂志》。1944 年 8 月 20 日于贫病交困中在桂林逝世。[②]

---

① 《每日评论·"昙花一现"》，《高长虹文集》下卷，第 323 页。

② 主要资料来源：《鲁彦年表》（陈子善、刘增人，覃英编：《鲁彦》，人民文学出版社，1992 年，第 279—293 页）。

(二)作品集目录[1]

1.《柚子》,北新书局 1926 年 10 月初版,1927 年 7 月再版,人民文学出版社 1998 年。

2.《犹太小说集》,开明书店 1926 年 12 月初版,1927 年再版。

3.《给海兰的童话》(西皮尔雅克),狂飙丛书第三第三种,光华书局 1927 年 11 月初版,大光书局 1936 年 8 月再版。

4.《显克微支小说集》,北新书局 1928 年 3 月。

5.《花束》(拉姆贝尔),光华书局 1928 年 3 月初版,大光书局 1936 年 8 月再版。

6.《黄金》,人间书店 1928 年 5 月初版,新生命书局 1929 年 7 月再版[2],江西人民出版社 1983 年 8 月改版[3],百花洲文艺出版社 1993 年 8 月新一版。

7.《世界短篇小说集》,亚东图书馆 1928 年 8 月初版,1941 年 10 月第八版。

8.《失了影子的人》(嘉米琐),光华书局 1929 年 1 月初版,大光书局 1936 年 3 月再版。

9.《苦海》(先罗什伐斯基),亚东图书馆 1929 年 6 月初版,1932 年再版。

10.《在世界的尽头:世界名著短篇小说》,神州国光社 1930 年 3 月。

11.《忏悔》(米耳卡·波嘉奇次),亚东图书馆 1931 年 6 月。

---

① 鲁彦身前、身后都有人将其作品结集出版,这样的集子多用其中的一篇文章作书名,因而出现了大量书名相同而内容不同的集子,因这种同名作品集没有明显的继承关系,故算不同的集子。长篇小说则不管版本之间有多大差异都算同一部小说。

② 增加了《未曾写成之序》、《最后的胜利》。

③ 增加了施蛰存的《重印题记》。

12.《童年的悲哀》,亚东图书馆 1931 年 6 月初版,1934 年 4 月再版。

13.《肖像》(郭果尔),亚东图书馆 1933 年 4 月。

14.《小小的心》,天马书店 1933 年 6 月。

15.《屋顶下(外六篇)》,现代书局 1934 年 3 月初版,上海印书馆 1948 年 7 月再版。

16.《驴子和骡子》,生活书店 1934 年 12 月。

17.《婴儿日记》(与谷兰合著),生活书店 1935 年 5 月。

18.《雀鼠集》,文化生活出版社 1935 年 12 月初版,1936 年再版,1940 年 4 月第四版。

19.《鲁彦选集》,徐沉泗、叶忘忧编选,万象书屋 1936 年 4 月初版,中央书店 1947 年 9 月新一版。

20.《乡下》,文学出版社 1936 年 7 月。

21.《鲁彦短篇小说集》,开明书店 1936 年 8 月初版,1941 年 1 月再版。

22.《鲁彦创作选》,筱梅选,仿古书店 1936 年初版,1937 年再版。

23.《河边》,良友图书印刷公司 1937 年 1 月初版,良友复兴图书印刷公司 1941 年再版。

24.《旅人的心》,文化生活出版社 1937 年 4 月初版,1948 年第五版。

25.《野火》(又名《愤怒的乡村》),良友图书印刷公司 1937 年 5 月初版,独立出版社 1944 年 11 月初版,中兴出版社 1948 年 10 月沪一版,上海文艺出版社 1959 年 3 月新一版,文化生活出版社 1956 年。

26.《伤兵旅馆》,大路书店 1938 年 7 月。

27.《跟踪琐记》,三通书局 1940 年 11 月;

28.《桥上》,三通书局 1940 年。

29.《惠泽公公》,三通书局1941年。

30.《我们的喇叭》,烽火社1942年4月。

31.《河边》,文艺书局1942年7月。

32.《鲁彦散文集》,开明书店1947年初版,1949年1月再版,1995年11月更名为《寂寞集》由中国青年出版社出版。

33.《鲁彦杰作选》,巴雷编选,新象书店1947年。

34.《鲁彦选集》,开明书店1951年7月初版,1952年再版,新文艺出版社1958年。

35.《鲁彦选集》,人民文学出版社1954年12月。

36.《鲁彦散文集》,人民文学出版社1954年。

37.《鲁彦散文集》,新文艺出版社1958年。

38.《鲁彦散文选集》,沈斯亨编,百花文艺出版社1982年7月初版,2004年8月再版。

39.《鲁彦散文集》,上海文艺出版社1984年2月。

40.《鲁彦》,覃英编,人民文学出版社1992年8月。

41.《乡俗小说》,曾华鹏选编,上海文艺出版社1994年。

42.《鲁彦短篇小说选》,开明出版社1996年8月。

43.《鲁彦》,高远东编选,华夏出版社1997年10月初版,2000年再版。

44.《鲁彦小说精品——乡土小说的拓荒人》,乐齐主编,中国文联出版公司1997年9月。

45.《岔路》,中国文联出版公司1998年。

46.《童年的悲哀》,新世纪出版社1998年。

47.《鲁彦经典》,李威主编,京华出版社2001年3月,大众文艺出版社2005年。

48.《中国现代名家名作文库:鲁彦卷》,姜德铭编,中国戏剧出版社 2001 年。

49.《现代名家名作:鲁彦》,瑞峰主编,中央民族大学出版社 2005 年。

三　一般成员

(一)张敬

在上海《狂飙》周刊第 8 期发表文章《挣扎》一篇。

(二)尚彤声

在上海《狂飙》周刊第 17 期发表文章《孤另的斑鸠》一篇。

第六章
与周氏兄弟的冲突

第一节 “退稿事件”——冲突爆发的导火线

就在上海《狂飙》周刊出版的同一天——1926 年 10 月 10 日，高长虹给鲁迅和韦素园分别写了一封信，这两封信以《通讯》为题发表在周刊第 2 期，莽原社的内部矛盾由此公开，并最终导致与周氏兄弟的直接冲突发生。关于“退稿事件”，当事人向培良有如此说法：

> “冬天”的前后，我可以说一点，这中间还夹着高歌的“剃刀”。“剃刀”韦素园看不懂，但“冬天”却并不“陈义太高”。这篇剧本，是我在上海所写，我的剧本里面，比较光明的一篇，他们所以退回来，是别有用意的。
>
> 莽原的前后历史似乎不必说，长虹已经提过一点，很明显了。我个人同“莽原”的关系，则人们应该知道，也不用说。至于别的一些琐事，则还是埋藏起来的好，所以我只说“冬天”。最先我写的一封信给素园，说有这么一篇稿子，可以登否。那时我已非常谨慎，而且客气，对于“莽原”，用起先写信询问的法子了。这样的方法我还绝未在别的地方用过，回信说可登。但那一期来不及了，等下期，于是我寄稿子去。下

期没有登,来信说稿子长一点,分配不来,等下期。下期又没登,来信说G浅[线]和石民的稿子压好几期了,鲁迅走时说要赶快发表,所以再等下期。后来我见了丛芜,告诉他此篇已收在"沉闷的戏剧"里,快出书了。丛芜问我什么时候出,我说十日付印,他说下期还来得及。但下期又未登,素园却来信说因快出书了,登出不方便,故退还。前一天把"剃刀"退还了。"剃刀"同"清晨起来"另二篇,系鲁迅要去。后来因出狂飙,高歌取回了两篇。所以退还的原故,是因为看见许多点点点,不知道是什么东西。[①]

对此,笔者有如下考证:

《鲁迅日记》:1926年5月22日,"夜得霁野信片,二十一日天津发。"这时,李霁野因母亲病重离开了北京。9月14日,"得霁野信,八月廿五日安徽发";9月16日,鲁迅在给韦素园的信中说:"收到霁野的信,说廿七动身,现在想已到了";9月29日,"上午得霁野及丛芜信,十九日发";《莽原》半月刊第19期上刊登的李霁野的《归途杂记》落款为:"一九二六年九月十七日夜"。由此可知,尽管李霁野在8月25日的信中对鲁迅说他27日"动身",但李霁野到北京时已是9月中旬了——李霁野回京后,也许由于稿荒,先于17日写完自己的《归途杂记》,再在19日给鲁迅发信。李霁野回到北京时,恰遇韦素园编辑鲁迅离京后的第二期——《莽原》半月刊第18期(1926年9月25日出版)。莽原改组后,鲁迅将《莽

① 向培良:《为什么同鲁迅闹得这样凶》,《高长虹研究文选》,第354页。

原》半月刊的发行权归李霁野，只因母亲病重李霁野回家，韦丛芜又生病，才由韦素园“维持”，并且，安徽作家群向来团结如一人，所以韦素园编辑第 18 期时，一定征求了刚回北京的李霁野的意见，与同在北京的韦丛芜商量决定：将向培良的《冬天》退回。

李霁野说，高歌的《剃刀》被退也是他们商量的结果：“高歌寄来一篇文章，素园看后认为不好，但并非有什么成见，他还给我们传阅，我们同意他的意见，这才退回了。”我们知道，高歌的《剃刀》“系鲁迅要去”，并非高歌自己送来。鲁迅离京后，韦素园在第 17 期上刊发了高歌的《母亲的衬衣》，却不刊发同是鲁迅“要”去的《剃刀》，这是什么原因呢？从“鲁迅走时说要赶快发表”“G 线和石民的稿子”可以推断，鲁迅走时并未叫韦素园发表高歌的《剃刀》，否则“小心有余”（鲁迅语）的韦素园是不敢将其退回的。“退稿事件”发生后，鲁迅在给许广平的信中说：“闹的原因是因为《莽原》上不登向培良的一篇剧本”。高长虹在《给鲁迅先生》中明明说“韦先生退还高歌的《剃刀》，又压下他的《冬天》”，鲁迅却只说“向培良的剧本”，为什么呢？原因很简单：高歌《剃刀》被退，鲁迅很可能是“知道其中的底细曲折”的。按向培良的说法，《剃刀》被退，是“因为看见许多点点点，不知道是什么东西”。遍查《高歌文集》，笔者未找到《剃刀》，只找到《剪刀》，这篇文章确实有“许多点点点”：全文只有 35 句话，却用了 28 个省略号。收有高歌这篇文章的《清晨起来》出版后，狂飙社成员藉雨农在给高沐鸿和高长虹的信中也说：“高歌的作品，我不能懂；尤其是清晨起来。”坦率地说，看了这篇文章，笔者也“不知道是什么东西”。[①]

第二节 高长虹与鲁迅的冲突

看见高长虹的公开信后，鲁迅10月23日给许广平写信：“长虹和韦素园又闹起来了，在上海出版的《狂飙》上大骂，又登了一封给我的信，要我说几句话。他们真是吃得闲空，然而我却不愿意陪着玩了，先前也陪得够苦了，所以拟置之不理。”由此可知，鲁迅明白高长虹的公开信主要是针对韦素园的。

由于鲁迅“拟置之不理”，高长虹便在11月7日出版的《狂飙》周刊第5期发表《1925，北京出版界形势指掌图》，对鲁迅进行恶毒攻击。在接下来的几天时间里，高长虹先后作《时代的命运》(11月9日)、《吴歌甲集及其他》(11月10日)、《思想上的新青年时期》(11月14日)等文章，都有对鲁迅进行攻击的话语。鲁迅只在11月11日作的《写在〈坟〉后面》表达了他对因莽原社内部矛盾爆发而产生的极端失望之情：“我至今终于不明白我一向是在做什么”，并声明自己不是青年的“前辈”和“导师”，说自己“只很确切地知道一个终点，就是：坟”。[②]

看见《1925，北京出版界形势指掌图》后，鲁迅极为恼火，决定进行还击，作《所谓“思想界先驱者”鲁迅启事》，送登《语丝》、《莽原》、《新女性》、《北新》四种刊物。看见“启事”后，高长虹作《我走出了化石的世

---

① 廖久明：《高长虹与鲁迅及许广平》，第117—118页。据1927年1月出版的《狂飙汇刊》(为上海《狂飙》周刊1—13期的汇刊)第一册，该文发表时确实题为《剃刀》。笔者在写作《高长虹与鲁迅及许广平》时，未看见该汇刊，只看见《高歌作品集》，便据此认为应题为《剪刀》。

② 《坟·写在〈坟〉后面》，《鲁迅全集》第1卷，第299—300页。

界，待我吹送些新鲜的温热进来》(12 月 22 日)，说自己“始终是最明白鲁迅，而且是最同情于鲁迅的一人，我知道他有时发昏，但毕竟有时还可以觉醒。鲁迅用启事所做成的，将来总有一天要用眼泪去洗掉”，并说鲁迅“欲以‘个人名义’来压迫文化运动，然此实不可能，别一方面，则又证明彼对于纸糊的权威者的假冠，仍有不能忘情者”。[①] 从内容可以看出，高长虹发表在 1927 年 1 月 16 日《狂飙》周刊第 15 期的《Gogol 启事》、《一人对话》、《老时代》都与《所谓“思想界先驱者”鲁迅启事》有关。1926 年 12 月 3 日，鲁迅作《〈阿 Q 正传〉的成因》，对高长虹进行批判。高长虹看见后，作《特别声明》，说自己“不是什么‘中国的绥惠略夫’”[②]。

作《〈阿 Q 正传〉的成因》后的第三天——12 月 5 日，鲁迅在给韦素园的信中分析高长虹攻击自己原因时如此写道：“长虹的骂我，据上海来信，说是除投稿的纠葛之外，还因为他与开明书店商量，要出期刊，遭开明拒绝，疑我说了坏话之故。我以为这是不对的，由我看来，是别有两种原因。一，我曾在上海对人说，长虹不该擅登广告，将《乌合》《未名》都拉入什么‘狂飙运动’去，我不能将这些作者都暗暗卖给他。大约后来传到他耳朵里去了。二，我推测得极奇怪，但未能决定，已在调查，将来当面再谈罢，我想，大约暑假时总要回一躺[趟]北京。”

《鲁迅日记》：11 月 29 日，“寄三弟信”；11 月 30 日，“得三弟信，廿七日发”；12 月 1 日，“寄三弟信”；12 月 5 日，“寄三弟信”。在连寄的三信中，只有 12 月 1 日是回信，到厦门后忙得不可开交的鲁迅在如此短的时间内给周建人连寄三信，一定有重大原因：与“月亮诗”发表有关。11 月 21 日，高长虹的“月亮诗”发表在《狂飙》周刊第 7 期，从周建

① 《走到出版界 · 我走出了化石的世界，待我吹送些新鲜的温热进来》，《高长虹文集》中卷，第 208 页。

② 《走到出版界 · 特别声明》，《高长虹文集》中卷，第 212 页。

人“七日发”的信件鲁迅15日收到可以推断，刊有“月亮诗”的《狂飙》周刊第7期11月21日出版后，鲁迅收到的时间刚好是11月29日。由此可以推断，鲁迅一看见“月亮诗”就将其与“攻击”说联系了起来，并立即写信“调查”，四天后还借《〈阿Q正传〉的成因》（12月3日）对高长虹进行还击。

《鲁迅日记》：12月19日，“得三弟信，十三日发”，此信中当有“调查”结果。这封信虽未能保存下来，但根据鲁迅12月29日给许广平的信能知其大概：“北京似乎也有流言，和在上海所闻者相似，且说长虹之攻击我，乃为此。”在得到周建人来信的几乎同时，高长虹发表在北京《狂飙》周刊第10期（12月12日）的《时代的命运》一定会使鲁迅认为周建人信中的“流言”是真的。高长虹在该文中如此写道：“我对于鲁迅先生曾献过最大的让步，不只是思想上，而且是生活上，但这对于他才终于没有益处，这倒是我最大的遗憾呢！”[①]与“月亮诗”联系起来，文中“生活上”的“让步”很容易让人这样认为：高长虹认为自己将许广平“让”给了鲁迅。由此可以得出结论：鲁迅12月22日作《〈走到出版界〉的“战略”》、24日作《新的世故》严厉批判高长虹，是因为19日从周建人处听说了与“月亮诗”有关的“流言”[②]，并在《时代的命运》中找到了证据——难怪鲁迅在《新的世故》中说，高长虹“病根盖在胆，

① 《走到出版界·时代的命运》，《高长虹文集》中卷，第184页。

② 鲁迅1927年1月11日在给许广平的信里清清楚楚地写着“那流言，最初是韦漱园通知我的”，这又作何解释呢？实际上，同一封信已经做了解释：“老三不回去了，听说今年总当回京一次，至迟以暑假为度。但他不至于散布流言。”很明显，这两处的“流言”应为同一“流言”，即：“《狂飙》上有一首诗，太阳是自比，我是夜，月是他。”再结合12月29日鲁迅给许广平的信便可知道，在鲁迅看来，尽管周建人将产生于上海的“流言”告诉了自己，但“散布”至北京的不应是周建人。由此可断定，这一“流言”鲁迅最初是从周建人处听说的——并且是自己调查得来的，并非是韦素园“通知”自己的。明明如此，鲁迅却不对许广平说实话，说明此时的鲁迅对许广平也有所保留，看看影射高长虹的《奔月》对嫦娥的描写便可进一步明白这点。

'以其好吃醋也'"。所以,鲁迅此时创作这两篇文章,与其说是"余怒未息"[①],不如说是"新怒又起"。

《鲁迅日记》:12 月 28 日,"得素园信,二十一日发";29 日,"午后寄漱园信"。在 29 日给韦素园的信中,鲁迅说到了关于"月亮诗"的"流言":

> 至于关于《给——》的传说,我先前倒没有料想到。《狂飙》也没有细看[②],今天才将那诗看了一回。我想原因不外三种:一,是别人神经过敏的推测,因为长虹的痛哭流涕的做《给——》的诗,似乎已很久了;二,是《狂飙》社中人故意附会宣传,作为攻击我的别一法;三,是他真疑心我破坏了他的梦,——其实我并没有注意到他做什么梦,何况破坏——因为景宋在京时,确是常来我寓,并替我校对,抄写过不少稿子《坟》的一部分,即她抄的,这回又同车离京,到沪后她回故乡,我来厦门,而长虹遂以为我带她到了厦门了。倘这推测是真的,则长虹大约在京时,对她有过各种计划,而不成功,因疑我从中作梗。其实是我虽然也许是"黑夜",但并没有吞没这"月儿"。
>
> 如果真属于末一说,则太可恶,使我愤怒。我竟一向在闷胡卢中,以为骂我只因为《莽原》的事。我从此倒要细心研究他究竟是怎样的梦,或者简直动手撕碎它,给他更其痛哭流涕。只要我敢于捣乱,什么"太阳"之类都不行的。

① 韩石山:《高长虹和鲁迅的反目》,《山西文学》,1993 年第 10 期。

② 看看 1926 年 12 月 22 日、24 日完稿的《〈走到出版界〉的战略》、《新的世故》中大量引用的高长虹的文字便可知道,鲁迅看《狂飙》并不粗心。

在谈到这封信时，董大中认为：

我在《孤云野鹤之恋——高长虹爱情诗集〈给——〉鉴赏》一书中说："还是鲁迅刚从韦素园的信中听到'流言'后的三点分析，比较符合客观情况。它们的排列次序也很有意思。我以为，那每一点分析的可能性的大小，是按照它们的排列次序递减的。即第一种的可能性最大，第二种的可能性居中，第三种的可能性最小。"本书想进一步指出的是，那"最大"与"最小"之间的差距很大，也许为九与一之比，甚至九十九与一之比；而且既然第二种可能性决定于第三种可能性，也就无所谓居中不居中了。

鲁迅之伟大，就在于接到韦素园信之后，没有为一时的愤激情绪所驱使，反而以十分冷静的态度作出了如此深邃的理性分析。鲁迅之英明，就在于他把"别人神经过敏的推测"放在三种可能性的第一位，而把韦素园恨之入骨的高长虹"真疑心我破坏了他的梦"放在最后，并且加上了"倘"、"如果"这一类假设字眼。[①]

对此，笔者的看法是：

看了鲁迅给韦素园的信后，我不但从中看出了鲁迅的"伟大"、"英明"，也看出了他的"世故"：在同一天写的信中——12月29日，鲁迅对韦素园说："至于关于《给——》的传说，我先前倒没有料想到。《狂飙》也没有细看，今天才将

① 董大中：《鲁迅与高长虹》，第264—265页。

那诗看了一回”，对许广平却说：“北京似乎也有流言，和在上海所闻者相似，且说长虹之攻击我，乃为此”。很明显，尽管鲁迅从韦素园处再次听说了这一“流言”，并且非常气愤，但他并不愿将这未经证实的“流言”传来传去，于是便采取了否认自己知情并说出自己怀疑的办法。至于三点分析排列顺序与可能性大小之间的关系，我却以为鲁迅采取的是下大包围然后再逐渐缩小的办法，也即按可能性由小到大的顺序排列的。鲁迅若真的以为第三点的可能性最小，就不会在当晚(信中注明“灯下”)给许广平的信中这样说：

> 我来厦门，本意是休息几时，及有些预备，而有些人以为我放下兵刃了，不再有发表言论的便利，即翻脸攻击，自逞英雄；北京似乎也有流言，和在上海所闻者相似，且说长虹之攻击我，乃为此。用这样的手段，想来征服我，是不行的。我先前的不甚竞争，乃是退让，何尝是无力战斗。现在就偏出来做点事，而且索性在广州，住得更近点，看他们卑劣诸公其奈我何？然而这也是将计就计，其实是即使并无他们的闲话，也还是到广州的。

也不会在第二天完成《奔月》，借逄蒙对高长虹进行讽刺。

不过，需要说明的是，鲁迅给韦素园写信时按可能性由小到大的顺序排列，是在他极端愤怒的情况下主观这样认为,实际情况也许与董先生所说相一致。[①]

第三节 高长虹与周作人的冲突

1926年11月6日,周作人在《语丝》第104期发表《南北》,高长虹看见后,认为这篇文章是针对他的,11月18日作《晴天的话》,第二天作《语丝索隐》、《公理和正义的谈话》、《请大家认清界限》(以上文章均发表在同年12月12日《狂飙》周刊第10期),从而将高鲁冲突转变成与周氏兄弟的冲突。

在《语丝索隐》中,高长虹如此写道:

> 第一百〇四期语丝有《南北》一文,中有数处,读者不知其内情。我以最忠诚的态度,为人类计,为中国计,为思想界计,谨为索隐如下。
>
> “疑威将军”者,岂明之“自画自赞”也。
>
> “不,先生,”亦岂明自谓,以其好喝醋也。
>
> “挑剔风潮”者,亦岂明之自述,而为酋长思想之表现也。如其我的索隐不对,请岂明先生本其民主思想提出驳论,我必谢罪。以一月为限,过期不候。

针对高长虹的“索隐”,周作人作《又是“索隐”》,内云:

> “疑威将军”即是疑古玄同的徽号。

① 廖久明:《高长虹与鲁迅及许广平》,第214—215页。

> “不”先生此刻不便发表真姓名，是疑古君的亲戚，现在浙江教书。
>
> “挑剔风潮”原系陈源教授语，我用在这里是说讨赤军之挑拨南北界限。
>
> 这些毫无意思的问题为什么值得那样严重地探索，而且至于不能镇静呢？这我怕是为了那封信中的这几句话吧？我谈到有人喜欢喝醋，便加上这一句：
>
> “但这也不限于晋人，贵处的‘不’先生也是如此。”现在，长虹先生是晋人，或者看了不禁生起气来，但我当时写的时候始终没有想到长虹先生，自然更没有想到长虹先生要见了生气。长虹先生的文章我大抵看见，但我并不想回骂他，更何至于以醋呀，晋人呀，不先生呀，疑威将军呀等的暗箭(?)去骂他呢？唉，我的文章真太晦涩，晦涩到使人们看成什么“隐”，这是我所应当自警的，以后要设法写得更为明显才好。总之，这一点是我错的。[①]

针对周作人的辩解，高长虹作《寄到八道湾》、《请疑古玄同先生自己声明》、《疑威将军其亦鲁迅乎》。在《寄到八道湾》中，高长虹不相信周作人在《又是“索隐”》中的话：“你真是一个趣人呢，装得那么象！”并说自己由于“同情”周作人的缘故，所以“不愿意完全把你的戏法揭破”。[②] 在《请疑古玄同先生自己声明》中，高长虹希望钱玄同投函《狂飙》周刊，声明自己是否是“疑威将军”，并说自己有“真凭实据”，“证明疑威将军即岂明先生之自画自赞，但现在则暂不宣布”。[③] 在《疑威将

---

① 周作人：《又是“索隐”》，《语丝》第113期(1927年1月8日)。

② 《走到出版界·寄到八道湾》，《高长虹文集》中卷，第213—214页。

③ 《走到出版界·请疑古玄同先生自己声明》，《高长虹文集》中卷，第219页。

军其亦鲁迅乎》中，高长虹说“疑威将军”是鲁迅的“第四顶纸冠”[①]。

12月19日出版的周刊第11期上，高长虹发表了《与岂明谈道》，从而很快将冲突的焦点由“索隐”转为“谈道”。高长虹在这篇文章中如此写道：

> 岂明赞美十二个，而意在言外则蔑弃中国之创作。岂明也曾做过批评，难道连艺术是时代的产物都不知道吗？十二个在当时之俄国，已非新时代的作品，特罗斯基亦既言之矣！岂明赞美外国作品，其别一意义，则借之以否定中国现在之作品，呜呼，何其器量之小而不闻批评之大道呢？然而我亦曾赞美岂明之钢枪趣味一文矣！呜呼，谁是真能宽容的人，岂明乎，我者？
>
> 我看岂明的思想，则通俗的水平线上的思想也。我也曾想批评过，为一般读者较明白地了解故。然而岂明自谓老人，而无老人之宽大，乃有婢妾之嫉妒，对于我等青年创作，青年思想，则绝口不提，提则又出以言外的讥刺。呜呼，如使此宽大为老人所有之美德者，则谁是老人，岂明乎，我者？

1927年1月22日，周作人在《语丝》第115期发表《老人的苦运》。他在引用了高长虹上面的部分文字后如此写道：

> 这是所谓自由批评吧，但是这种“深刻”的说法也是“古已有之”的，看雍正乾隆的上谕便知。不过古时皇帝是不准人说他，现代“青年”是不准人不说他，有这一点不同罢了。

---

① 《走到出版界·疑威将军其亦鲁迅乎》，《高长虹文集》中卷，第219—220页。

二十世纪这个年头儿，世界进化总是进化了吧，但我等老人却是更苦了；以前以为只要不干涉青年的事就是宽容了，现在才知道宽容须得“提”他们，而且要提得恭敬，否则便是罪大恶极，过于康先生，苦哉苦哉！

“意在言外”，“别一意义”，“言外”，从言语文字外去寻求意义，定为罪案，这不是又有点像古时的什么“腹诽”之律么？呜呼，自由批评家乎，君自言是民主思想，然此非莫索利尼之棒喝主义而何？君自言反对英雄，然此非吴佩孚之酋长思想而何？呜呼长虹乎，我者？（末二字意不甚明白，故仿为之，亦有兴趣，犹今人之仿尼采也。）

在同一期上，周作人还发表了《素朴一下子——呈常燕生君——》，这篇文章主要是针对常燕生的，第三节“论高长虹之骂人”与高长虹有关：

高长虹是什么人，我不很知道，因为我只见过他一次，通过三五次信，我还记得一回是寄《弦上》的目录来，最后一回是来借什么书。我没有帮助也没有受帮助过，也没有参加他的什么运动，所以可以说简直是等于路人，一点儿都没有关系。但是他骂我的原因我是明白的，就是因为我没有恭维他。我对于他的骂毫不为怪，只是觉得骂的原因太离奇了。我既不是自称什么批评家，我要看或说，或不看不说，都是我个人的自由，为什么对于长虹便非“提”不可，不提便要算有罪？长虹中了听人家谈尼采之能，自己以为是天才，别人都应该恭维他：这正是酋长思想之表现，或者从前敷衍他的人们也应当分一点责任。长虹恨人家不去理他，又看不懂文章，所以断章取义地来寻衅，如骂我那篇《南北》是最明白确实的证据。看长虹的文章，觉得他的神经有点过敏或是什么，那种焦急胡说，也有几分可以原谅；但我不相信这可以算得“少年的精神”，能够比旧时代的浮夸傲慢的名士气好得多少。不过长虹之骂人的确比燕生正要“直截直爽”一点，比燕生卑劣的程度也要稍差一点了。

看见周作人发表在《语丝》第115期的文章后，高长虹作《“天才”一下子》，全文由“一鼻孔出气的人有两张嘴”、“我原来是天才”、“两面等于一面曰所谓一面之辞也”、“大鱼与小鱼”、“鲁迅梦为皇太子”五部分组成，驳斥周作人观点同时攻击鲁迅。

除上面所引文章外，高长虹攻击周作人的文章还有：《名字的退化或进化》（杂文，第15期）、《赠小老头及其傻瓜》（诗歌，第16期）、《再寄八道湾》（杂文，第17期）、《多数是对的》、《答周作人》（以上两篇收入单行本《走到出版界》之前未见发表）。周作人在与高长虹“索隐”与“谈道”同时，把更多精力放在了对国家主义者常燕生（曾加入狂飙社）的批判上，除《素朴一下子——呈常燕生君——》外，还发表了《国旗颂》（《语丝》第112期）、《国旗之拥护》（《语丝》第113期）、《徒劳的传单》（《语丝》第116期）、《挽狂飙书后》（《语丝》第116期）、《关于非宗教》（《语丝》第117期）、《何必》（《语丝》第118期）、《马太神甫》（《语丝》第119期）、《北京的好思想》（《语丝》第120期）、《讨赤救国》（《语丝》第124期）等。周作人这些文章中，除《挽狂飙书后》和《何必》涉及高长虹外，其余文章都在批判支持北洋军阀的国家主义者常燕生。从行文可以看出，周作人表面上是在批判常燕生，实际上是在批判北洋军阀。从周作人对常燕生的批判也可看出，在北伐战争这件事上，周作人是坚定地站在国民革命军这一边的。由此也可证明，周作人说

《南北》"是针对讨贼军通电宣传汉口南军仇杀北人而发"的说法是属实的。

高长虹给鲁迅和韦素园的公开信发表在10月17日上海《狂飙》周刊第2期，周作人的《南北》发表在11月6日《语丝》第104期，时间如此之近，《南北》难免给人"上阵助兄"[①]的感觉，但仔细分析一下便可看出，此说值得商榷。首先，《南北》写于10月31日，引起鲁迅愤怒的《1925，北京出版界形势指掌图》(发表于11月7日《狂飙》周刊第5期)尚未发表，对高长虹的公开信鲁迅尚"拟置之不理"[②]，安徽作家群也没有任何表示，还没有形成"南北之争"的局面；其二，周作人与鲁迅失和后兄弟成为参商，在这种情况下，周作人不可能在鲁迅"拟置之不理"的情况下"上阵助兄"；其三，周作人与高长虹和安徽作家群之间都没有深交，没有必要帮助任何一方。其四，《素朴一下子——呈常燕生君——》中的"这正是酋长思想之表现，或者从前敷衍他的人们也应当分一点责任"很明显针对鲁迅，对鲁迅"敷衍"高长虹不满的周作人，怎可能"上阵助兄"？笔者对周作人创作《南北》的看法是："周作人的《南北》很明显与北伐战争有关，如果非要'索隐'的话，'南'当指国民革命军，'北'当指北洋军阀，尤指吴佩孚。"[③]

不过，周作人创作《南北》，主观上尽管不是"上阵助兄"，但一旦卷入论战，确实给人一种协同作战的感觉，所以，包括高长虹在内的狂飙社成员写论战文章时常将他们相提并论。

在《语丝索隐》中，高长虹说自己"以最忠诚的态度，为人类计，为中国计，为思想界计，谨为索隐如下"，并且很快由"索隐"转为"谈道"，由此可说明，高长虹对周氏兄弟的攻击，是服从于对"新青年时期"进

① 董大中：《鲁迅与高长虹》，第181页。
② 《261023致许广平》，《鲁迅全集》第11卷，第588页
③ 廖久明：《高长虹与周作人》，《新文学史料》，2005年第3期。

行批判这一目的的。但由于批判时搀杂了不少私人因素，给人的印象却如此糟糕：

> 只要能达目的，无论什么手段都敢用，倒也还不失为一个有些豪兴的青年。然而也要有敢于坦白地说出来的勇气，至少，也要有自己心里明白的勇气，费笔费墨，费纸费寿，归根结蒂，总逃不出争夺一个《莽原》的地盘，要说得冠冕一点，就是阵地。中国现在道路少，虽有，也很狭，"生存竞争，天演公例"，须在同界中排斥异己，无论其为老人，或同是青年，"取而代之"，本也无足怪的，是时代和环境所给与的运命。
>
> 但若满身挂着什么并不懂得的科学，空壳的人类同情，广告式的自由批评，新闻式的记载，复制铜版的新艺术，则小范围的"党同伐异"的真相，虽然似乎遮住，而走向新时代的脚，却绊得跨不开了。
>
> 这过误，在内是因为太要虚饰，在外是因为太依附或利用了先驱。但也都不要紧。只要唾弃了那些旧时代的好招牌，不要忽而不敢坦白地说话，则即使真有绊脚石，也就成为踏脚石的。[①]

第四节　围攻周氏兄弟与周刊停刊

尽管高长虹与周氏兄弟的论战异常激烈，但直到第15期尚钺才在《有话大家说》栏发表《仿模》，内云：

---

① 《集外集拾遗补编・新的世故》，《鲁迅全集》第8卷，第189页。

> 记得去年有一个“不知名”先生与我写了一封开玩笑的信。他说：“很好，很好，鲁迅你模仿得很像。”当时我想将这信后边加一段短文送京副发表，以声明我所模仿的不是鲁迅而是我个人。但一想，这好似替自己挂招牌，所以让他“由他去罢”。但今年我又见某君说朋其在仿模鲁迅，不禁嗟叹今日中国之有此盛者何多！但我又叹中国之有太多同一的眼睛，把作者们都同一化了。这真是“事前概不知情，事后也并不高兴”了，因为在我自己从不想有掠美的行为。

从尚钺的引文“事前概不知情，事后也并不高兴”可以知道，该文针对鲁迅的《所谓“思想界先驱者”鲁迅启事》而作。高长虹与周氏兄弟发生冲突以来，这是笔者看见的由他人写作的唯一一篇与冲突有关的文章。从这篇文章可以看出，尚钺尽管对鲁迅有所不满，但还很克制。

周刊第 16 期上，《大家的语丝》栏一下发表了 7 篇围攻周氏兄弟的文章：《这样的等号》（朋其）、《挽周作人先生》（尚钺）、《急说与直说》（舫子）、《也是诗》（土地老）、《年青与老人》（高歌）、《赠小老头及其傻瓜》（埃及人）、《呜呼岂明》（培良）。其中，《这样的等号》、《也是诗》、《赠小老头及其傻瓜》这 3 首诗简直就是莫名其妙的谩骂，没必要引述。

从文章的自我介绍可以知道，舫子①是山西人、鲁迅的学生，所以对鲁迅的批评比对周作人客气。但总的说来，该文是攻击周氏兄弟而支持高长虹的：

---

① 笔者怀疑此人是张稼夫，尚待进一步证实。

本来老人们——指思想而言——是只知道地位与尊严，反叛的青年竟敢来诽薄老人，这也难怪其愤愤然叫苦连天了！不过老人们是最会作出顶沉静顶宽容的态度来的；事事都很谨慎地观望风色相察时机，企图博得一般青年之信仰与恭维，即有不肖之徒来诽薄几句，也不妨宽容地神奥地叹几声“人心不古世风日下”等不就算了？老人何竟也急说起来？

…………

最后我忍不住的要勉赞我们的长虹先生几句：我祝你大勇无畏的青年精神永生！永远燃烧着你太阳般热的情火；燃吧，燃遍了大地！我，我们，你的朋友，都摇旗呐喊着我们去吧；把那些冰化了的妖魔鬼怪烧尽了吧！那时候，当那冰消雾散的时候，已没有了冷冰冰的过去与现在；显出了的，正是温和灿烂的人的世界！你，你那知行合一的实精神，竟不曾顾忌到你目前的面包问题！工作已开始了，攻吧，朋友！那些，不管它是古庙或是洋楼；攻吧，朋友！那个塔顶上的或十字架上的，下来的都是朋友；攻吧，莫停止，不断地直到平坦了时！

高歌的《青年与老人》由16组对偶式句子构成。高歌笔下的青年与老人处于完全对立的两个世界，如：“青年是世界的工人和农民。/老人是世界的游民和地痞。//青年是人类的苗。/老人是人类的莠。”

尚钺、向培良的文章都针对周作人发表在《语丝》第116期（1月29日）的《挽狂飙书后》。尚钺在文章中如此写道：

是什么意思？你将强把狂飙和国家主义拉在一块吗？

你有人心么？你还有写“自己的园地”，“雨天的书”时的坦白么？你和长虹一个人的思想冲突，竟不惜将全狂飙举而捣毁之，捣毁狂飙固然没有什么，而你又怎该用那“含有刑名气太重的阴险卑劣的”，“婢妾之嫉妒”的手段呢？

从这段文字可以看出，在尚钺心目中，高长虹与周作人的冲突只是“一个人的思想冲突”，与狂飙社无关。

向培良在文章中如此写道：

跑到上海来，劈头便有人告我，北京谣传狂飙停刊，于是乎我大吃一惊；北京人的消息，竟比我还灵，真神乎其神矣！

于是我在书店里买了一份百十六期语丝，看见了岂明的文章，才知道大有不花钱之广告在。

夫岂明者，固自称为当过兵之老人者也，不料这一位水兵，早把从前学来打仗技艺忘了，除掉咒人死掉之外，竟道绝计穷，一法莫展，则亦可怜矣。

2 月 6 日，向培良还写作了一篇攻击周作人的文章，同样针对《挽狂飙书后》：

昏哉岂明老人，真应以杖叩其胫矣！

岂明对于狂飙，已道绝计穷，除咒其速死之外竟无他法可施。然而狂飙者，自多灾多难中练出一身铜筋铁骨，殊无死法，岂曰岂明之一咒而终邪？

然而岂明者，不独想狂飙死，并想将狂飙打入十八层地狱，永不得翻身。用心殊苦，然已忘其军士之本来面目，成为一个昏老人了。何以证之？有语丝百十六期，岂明之文在。

岂明欲以一手掩尽天下人耳目，轻轻笔尖一挑，便把狂飙装进国家主义里去了。他在语丝百十六期，以为狂飙已死，而今而后，莫奈彼何，便能尽量挑拨是非。昏哉岂明老人，何不把老花眼镜戴起来？

我今宣言曰：(此文本可在狂飙发表，而置之十字街头占一地盘者，聊师他人之故智尔。)岂明在语丝百十六期之文，意欲混淆黑白，诬狂飙为国家主义之刊物。舞文弄墨，刀笔故智；居心不良，可恶已极！

以上数言，我负责发表，岂明如不承认，即当负责声明一月为限，过期不候。如不声明，作为默认。[①]

现在来看看周作人的《挽狂飙书后》的内容到底怎样：

一挽《狂飙》

(录《学园》第12期)

燕生

不料我刚作读狂飙一文之后，狂飙疾终于上海正寝的讣闻随着就送到了。本来狂飙的不会长命百岁，是我们早已料到的，但它夭折的这样快，却确乎“出人意表之外”。尤其是当着与“思想界的权威者”正在宣战的时候，而突然得到如此的结果，多心的人也许会猜疑到权威者的反攻战略上面，“这话当然不确”，“不过”自由批评家所走不到的光华书局，思想界的权威也许竟能走得到了，于是乎狂飙乃停，于是乎狂飙

① 向培良：《昏哉岂明老人》，《幻洲》1卷9期(1927年2月16日)。

乃不得不停。

但当今之世，权威亦多矣，狂飙所得罪者不知是南方之强欤，北方之强欤？抑……欤？

思想家究竟不如武人爽快，狂飙虽停，而长虹终于能安然走来北京，这个，我们倒要向长虹道贺。

二书后

岂明

请看，这是常燕生的“素朴与真诚的态度”，这是“直截直爽粗豪”的“少年的精神”！呜呼，长虹虽败，而有燕生；《狂飙》虽停，而有《学园》；光华书局虽走得到，而有爱国中学：“中国民族未亡的一部分真精神”终于尚得保存，如五色国旗然，岂不懿欤？[①]

从周作人抄录的《挽狂飙》最后一段可以知道，周刊停刊的消息应是高长虹带到北京的——若不如此，常燕生便不可能这样写。高长虹到北京的时间是 1927 年 1 月上旬——高长虹的《寄到八道湾》（近 5000 字）同年 1 月 13 日写于北京，并且这次是坐船到北京的，由此可推断，高长虹离开上海的时间大概是 1926 年 12 月底。也就是说，《狂飙》周刊出版至 1926 年 12 月底时情况已相当不妙。向培良指责周作人咒死《狂飙》，实在是冤枉了周作人。

第五节 严重后果

鲁迅 1927 年 4 月 9 日在给李霁野的信中如此写道：“《狂飙》停刊

① 周作人：《挽狂飙书后》，《语丝》第 116 期（1927 年 1 月 29 日）。

了，他们说被我阴谋害死的，可笑。”笔者认为这话有道理，因为周刊虽然停刊了，光华书局仍在出版“狂飙丛书第三”。

不过，“狂飙丛书第二”不由北新书局出版而由泰东书局出版则明显与冲突有关。周刊第1期（1926年10月10日）的广告《狂飙社出版物略目》清楚地写着“狂飙丛书第二”由“北新书局印行”；高长虹在1927年1月13日写作的《寄到八道湾》中还如此写道：“俗话说得好：不怕官，只怕管。我也认错了吧，为的是我们的那个孩子所谓的‘狂飙丛书第二’者。”[①]这所谓的“不怕官，只怕管”便与周氏兄弟有关。负责北新书局的李小峰不但是周氏兄弟的学生，该书局还得到周氏兄弟的大力支持。现在狂飙社成员与周氏兄弟发生激烈冲突，即使周氏兄弟不表态，李小峰也会考虑继续出版该套丛书可能造成的后果——从情感上说，李小峰也会偏向周氏兄弟而不会偏向狂飙社成员。也许正因为如此，广告“在印中”的《夜风》最终也没有由北新书局出版——高沐鸿的这本书直到1928年4月才由泰东书局出版。刊登在《北新周刊》第5期（1926年9月18日）的《狂飙社出版物预告》如此声称：“狂飙社要毁灭一切消闲的，特殊的，局部的，妥协的旧文化而代之以劳动的，平民的，普通的，战争的新文化。”现在丛书出版大受影响，如此声称便只能是一张空头支票。

因为北新书局不出版“狂飙丛书第二”可以拿到泰东书局出版，所以冲突造成的最严重后果不是这个。最严重的后果在于，冲突使高长虹的不少远大计划中途夭折。《狂飙社出版物预告》中“尚未付印”的书籍中有三本是高长虹的：《时代的姿势》、《死城》、《经济学批评》，这三本书除邓南遮的《死城》后来由向培良翻译出版外，其他两本书都没有结果。关于《时代的姿势》，高长虹曾在一篇文章中如此写道：“所谓

---

① 《走到出版界·寄到八道湾》，《高长虹文集》中卷，第213页。

我的批评者，即《时代的姿势》一书是也，当时又因为几种缘故不能着手，而且都是长篇”[①]。不但《时代的姿势》无果而终，高长虹的《经济学批评》也只写了《论人类的行为》一章。中途夭折的还有高长虹的长篇小说《家庭之下》。周刊 4、5 期连载了《家庭之下》后，高长虹在第 8 期《走到出版界·关于本刊》中如此写道：“《家庭之下》是一部长篇小说，连续在本刊发表。本想每月发表一次”，第 17 期的《走到出版界·断续之声》中却出现了这样的文字：“我近来本不想写这类琐碎文章了，而想继续写我的‘家庭之下’及批评，然而我的生活偏不允许我，我遇得偏是这样年头”。在笔者看来，《家庭之下》本有可能成为一部非常优秀的长篇小说：“在对传统家庭进行抨击的作品中，我们经常看见的是《红楼梦》《家》《财主底儿女们》等这些对大家族进行抨击的作品，而《家庭之下》则是对小户人家进行抨击，所以，单从选材这个角度说，《家庭之下》的选材是新颖的。高长虹若能把家庭给他们兄弟三人造成的痛苦如实地写出来，谁能说《家庭之下》不能与巴金的《家》、路翎的《财主底儿女们》三分现代文学史上家族小说的天下呢？”[②]由于冲突发生，《家庭之下》只见“卷一”不见“卷二”。夭折的还有高长虹的一卷长诗：“严格一点来说，我过去的创作，只有从民间来的第二首诗好一些。这已是二年前的创作了。在这个题目下，我是要写一卷长诗的。可惜那时只写了两段，便被一些琐碎的事件打断了。”[③]

周刊第 5 期发表了高长虹的《狂飙周刊计划中的新花样》，计划在《狂飙》周刊添设以下“新花样”：“一，科学和艺术的新消息；二，国际的

---

① 《走到出版界·谨防冷箭》，《高长虹文集》中卷，第 139 页。

② 廖久明：《白猫也是猫——高长虹短篇小说〈结婚以后〉解读》，《名作欣赏》，2007 年第 2 期。

③ 《在南京》，《高长虹文集》下卷，第 338 页。

实际状况;三,科学史及通俗的科学文字;四,民间传说与歌谣。”[①]由于冲突的发生,这些“新花样”都没有变成现实。周刊第6期发表了高长虹的《批评工作的开始》,该文由三部分构成:第一部分回顾了自己过去所做的批评工作,并在结尾如此写道:“现在让我自己来批评一句吧,我从前并没有做过真的批评,我倒是做过一些真的创作”;第二部分确立了“批评的几个要点”:“我不承认作品是作者个性的表现”、“我认为艺术只是一种工作,是应需要出来的,是应时代的需要出来的”、“我取消艺术批评上因袭的那些流派的分别”、“我想竭力向这点做:多说明少估价”、“认作品不认人”;第三部分选定了“批评的材料”:“工作开始的两篇文字是:一,从新青年到现在的时代色彩;二,中国的经济的趋势”,“所批评的作品”暂定《女神》(郭沫若)、《呐喊》(鲁迅)、《超人》(冰心)、《彷徨》(鲁迅)、《沉沦》(郁达夫)、《三个叛逆的女性》(郭沫若)、《飘渺的梦》(向培良)、《落叶》(郭沫若)、《荆棘》(黄鹏基)、《咖啡店之一夜》(田汉)、《野草》(鲁迅)、《雨天的书》(周作人)、《心的探险》(高长虹)等。高长虹若将计划中的“批评工作”完成,那么不但周刊会换一副面目,高长虹在中国现代文学批评史上也一定会占有比较重要的位置。遗憾的是,高长虹最后不得不“取消批评工作”:“在狂飙第六期上我发表了一篇批评工作的开始,但是,直到现在,我还一篇批评也没有做出。我现在的心情是决难来开始这个工作的。而且,我现在的意见且已同那时有些不一样了。”[②]至于取消的原因,高长虹竟说是因为周氏兄弟的“侵袭”:“我本想在《批评工作的开始》一文后,正式来做这件工作。不料尚未动手,却先来了外面的党同伐异式的侵袭,即鲁迅与岂明之侵袭是也。因须先来迎敌,所以只得停止了自由批评。”[③]

---

① 《走到出版界·狂飙周刊计划中的新花样》,《高长虹文集》中卷,第161页。

② 《走到出版界·取消批评工作》,《高长虹文集》中卷,第224页。

③ 《走到出版界·所谓自由批评家启事》,《高长虹文集》中卷,第223页。

明明自己挑起冲突,反而说是“先来了外面的党同伐异式的侵袭”,真可谓黑白颠倒也。犯了错误而不自知,也许是高长虹的最大悲剧之一。

高长虹是狂飙社盟主,也是周刊上发表文章最多的人:高长虹 1 人发表 135 篇次,其他 20 人才发表 147 篇次。可以这样说,高长虹与周刊(包括“狂飙运动”)之间存在着“一损俱损、一荣俱荣”的关系。冲突严重地影响到高长虹,意味着也严重地影响到周刊和“狂飙运动”。

至于该冲突对后来高长虹和狂飙社研究造成的严重影响,由于已超出本书范围,故不予讨论。

第七章

上海后期狂飙社

第一节　卷土重来的“狂飙运动”

一　“狂飙运动”的“信约”：科学、艺术、劳动

张申府1928年9月11日在给高长虹的信中如此写道：

仲平已见面，今日又畅谈半日。沐鸿雨农，尚未到。仲平精神极好，我颇受其鼓励。今日相谈，俱觉不干则已，要干总要有个样子。狂飙运动月刊尤要形式内容两俱筹备妥切，方可出版。必须真正作到“必将给智识界读书界以一大震惊”的地步，否则很不好。仲平以徒言科学艺术为空泛。我也以为大家还不免于散漫。我以为今日中国已失了中心信仰，一切思想界领袖人物都已自倒。今日思想界实在混沌已极。如果大家好好地干干，一定可以收些效果的。现在最好是大家先集合在一起，拟定一个纲领以为标准。但集合恐不可能，那就也可通信商量。实际政治虽不管，但中国事不能不问。中国今日糟到这个局面，我们既感觉到这个，便不能

不问。只是我们的问法,是在思想上下手。我以为在纲领中,有两条必须标明。一是对中国负责任,拿旧话说就是要以天下为己任。次则是不利用现成势力,绝不妥协,绝不迁就。外则可标明对于劳动的重视,同时说明劳心劳力并无二致,劳心劳力旧日之敌视,一部分根于错谬的心物二元论,纯是谬见。再外当然要说对于科学艺术的态度,如何根据科学法的精神以评衡一切从事一切,如何建设"人的艺术"或由实生活而来的艺术,非个人的,是大众的;但是由个人反映出来的。此外我觉还须规定狂飙只是一个过渡,狂飙乃以达到光明。纲领拟定,我觉可以作一个宣言一类的东西登在月刊第一期。这样子明明白白地把旗帜打出去,必可立时发生影响。我觉着最好你两年内来干这件事,两年以内再不想出国,更不必写什么情书。老老实实地大家共同把责任担起来。不作科学家,不作艺术家,不作文人诗人政客,但要作一个志士。科学家艺术家,是要作的,但要作志士的科学家艺术家。这是中国今日情形之所许,这也是中国今日情形之所最需。我们感觉到国家局面太不成事体,我们不负责任更何待。但是我们的方法是指导青年人的思想,我们的努力是供给大众以知识,我们的期图是融合所有人的生活为一体。我们要不急功不速就,我们应坚信:但令道路不错,持之以毅力,须之以时日,没有不成功的。

再申言之,我们当然犯不上作政治活动。但是我们的批评范围却应无所不谈。凡是在我们的标准之下,我们认为不合理的事,皆可以说话。凡是妨碍人类生活的行事,我们皆应痛切批斥。我们应绝不作"不烤"派,绝不求明哲保身。

尤有一点:我们必须紧张,奋勇直前,自强不息。罗曼提克，绝对不要。“非全则无”，根本反对。

高长虹9月30日在回信中如此写道：

来信所说各节，都极精到。我此后只望你实做。狂飙运动的实做的“哲学”，我目前几以为可以以“立刻”二字尽之。什么是狂飙式的做事？没有别的，只是，“立刻去做，立刻，立刻！”这是一种新的精神，新的做事的方法，新的日常的习惯。与急功速就，完全不一样。舍却此“立刻”二字，中国与世界都没有办法。做到此“立刻”两字，则不须一月，只在半个月内狂飙运动月刊便创刊了！

柯仲平9月13日在给高长虹的信中如此写道：

申府实思想深刻而至诚，在中国是最科学头脑的，我和他严肃地谈起狂飙来，我们一致的要郑重，很郑重地干下去。这样，你我必很满意。只都恨目前大家都穷。——唉！穷穷穷，世界都闹穷，但也惟此最穷中之竭诚奋勇者才有起码的资格来担当这种运动。

高长虹10月1日在回信中如此写道：

狂飙运动的信约，我已将劳动运动标出了。本来是的，没有劳动运动，狂飙运动是空的。我起先只因为劳动运动一时没有实现的可能，所以不愿太早地宣布。现在既然规定了劳动运动出来，则我对于这劳动运动的意义是：狂飙运动者实行去做各种劳力的劳动。这样,一可以根本地消灭了智识阶级与劳动阶级的界限,二可以实地经尝一般劳动生活的真象[相],三即以此为创设新的时代的基础。现在所可谈的,我觉得止此已足。其他,待日后再来发挥。

上引四封信以《通讯二则》为题发表在《长虹周刊》第 1 期。由于高长虹认为“纲领,将来或有需用处,但此时则亦无用”,所以信中提到的“纲领”最终没有拟定,但四封信基本反映了他们再次开展“狂飙运动”的方方面面:原因是“今日思想界实在混沌已极”,态度是“对中国负责任”,宗旨是“科学”、“艺术”、“劳动”,批评范围则“无所不谈”。

尽管《世界》周刊(同年 1 月)、月刊(同年 6 月)创刊于三人讨论“狂飙运动”“纲领”的 1928 年 9、10 月前,但它们与创刊于同年 10 月的《长虹周刊》有着非常密切的关系,而“长虹周刊与狂飙运动月刊又完全是一体的”[①],所以在分析卷土重来的“狂飙运动”时,将这几种刊物合并进行[②]。由于《长虹周刊》上的文章都与高长虹有关:“发表我所有的文字,与关于我的文字”[③],所以在将这些刊物合并分析的前提下单独分析《长虹周刊》(翻译合并分析)。

二 尽力提倡“科学”

尽管这次“狂飙运动”仍然没有具体开展“科学”方面的活动,狂飙社成员却在狂飙刊物上发表了一些“科学”和关于“科学”的文章。

《世界》周刊发表的“科学”文章有:《什么是物质》(罗素著,申府

---

① 《通信四则》,《高长虹文集》下卷,第 385 页。

② 由于《世界》周刊 1、4、10 期已佚,6、8 期又没找到,所以与这几期有关的内容只能介绍那些能从集子中找到的文章。

③ 《我来为世界辟一条生路》,《高长虹文集》下卷,第 155 页。

译，第2期)、《“自由人的崇拜”》(申府，第2期)、《科学中的新发见》(申府，第5期)、《无谓之争》(申府，第8期)，《世界》月刊发表的相关文章有：《相对论与哲学》(罗素著，申府译)，《狂飙运动》月刊发表的相关文章有：《行为主义的背景》(德荣)、《Russell：新物理与光的波动》(罗素著，申府译)、《Watson：妇女之弱点》(效洵译)。从这些文章标题即可看出，由于张申府的加入，“狂飙运动”所提倡的“科学”便在行为主义心理学外增加了罗素哲学：不但张申府翻译的三篇文章全是罗素的，就是他写作的三篇文章也是言必称罗素。

《“自由人的崇拜”》介绍罗素名作《自由人的崇拜》，认为该文“文辞之美，见解之超，但臻极致。最后总结几段，特别关于对人的，尤其仁意盎然，伟大崇闳，痛切沉着”。《科学中的新发见》甚至将瑞士物理学家什尔丁格在原子力学方面的新说和英国物理学家罗兹佛在原子核方面的新说归功于罗素：“这实在是罗素的哲学逻辑的大成功。”《无谓之争》认为1905年后苏联马克思主义阵营的马赫派(以卢纳卡尔斯基、波丹诺夫为代表)和正统派(以列宁为代表)之间的争论是“无谓之争”。从行文可以看出，该论争与罗素本没什么关系，但张申府仍在开篇写下这样的文字后才发表自己的看法：“如果没有一种好的言语——//是的，言语是社会的，如罗素说。那么，也就可以说，如果没有一种好的社会。//——无谓或无聊之争，必是总不能解的。”

从下面这段文字可以看出，张申府在这时候大力介绍罗素，目的是“安顿”革命落潮后“颓唐委顿求生无路的青年”：

> 中国这些年来，因为农业的败落，工业的来侵，生活臬兀，政治混浊，又原没有产生出伟大的教育家来，学校的青年久已不肯也不能安心读书。革命潮起，于是打伙儿全堆了这一途上去。现在革命潮又落了，伤害的人畜且不算，却不知

> 造成了多少颓唐委顿求生无路的青年：学本未就，一时的职业又失，再学也不能，家也无可归。就只这样的青年，如无法安顿，中国也是不用想治理的。固然安顿了这个，中国也不见得就治理，但总可以希望可以少死点儿人。安顿的方法，当然第一层是要有面米。我没有面米，我只能与以空言。空言无补，但有比没有也许会好一点。[①]

由于高长虹“没有时间去做”[②]经济学方面的论文，所以刊物上再也没有他的“科学”文章发表。不过他仍在《长虹周刊》发表文章大力提倡科学。在《一个科学丛书的拟议》(第 12 期)中，高长虹希望能出版一套科学丛书。其“功用”是：“第一，供给科学的读物；第二，补助科学的研究者的学费；第三，联合科学家来共同工作”；其“内容”是：“从数学到物理学，到地质学，到生物学，到行为学，到经济学，到一切实际生活的记录。他的性质，特别是应该注重在实用。惟其我们所主张的是为科学而科学，所以我们最注重于科学的实用”；在其他书局不愿出版这套丛书的情况下，高长虹甚至“想让狂飙出版部挑起这一付[副]担子来”。在《科学方法对于政治手腕的革命》(第 20 期)中，高长虹甚至如此写道：“我们现在最重要的，是须废弃了那政治手腕，而去找来那科学方法。那达到革命的目的的，也只有科学方法。靠了政治手腕去纵横捭阖，总不会通行无阻，总有作茧自缚的一日。而又〈，〉怎么样去找得那科学方法呢？第一，是要建设科学，第二，是要行为的科学化。各种生活的革命中那最根本的革命是这科学方法对于政治手腕的革命。”在《每日评论》栏[③]内也有不少提倡科学的文章：《我们需要的

① 《“自由人的崇拜”》，《张申府文集》第 2 卷，河北人民出版社，2005 年，第 454 页。

② 《每日评论 · 我也许仍然在演悲剧》，《高长虹文集》下卷，第 242 页。

③ 在《世界》周刊第 2 期的《每日评论》栏内，高长虹还发表了《建设科学》。

是建设行为的逻辑》(第 1 期)、《什么是一个科学家》(第 7 期)、《科学治国》(第 7 期)、《一个未来的物理学家》(第 8 期)、《偏激的论调》(第 9 期)、《征求科学的朋友》(第 9 期)、《科学上的黄金时代》(第 9 期)、《科学家的缺乏》(第 10 期)、《张惠长的商用飞机计划》(第 11 期)、《飞行界的新消息》(第 12 期)等。飞机在当时是一种尖端科技,高长虹不但为此写了两篇文章,还在第 8 期刊登了飞行家张惠长的两张照片。

三 与"艺术"有关的文章、图画

《世界》周刊发表的小说有:《小东西启启的故事》(长虹,第 3 期)、《生的一瞥》(高歌,第 5 期)、《春天的人们(1—8)》(长虹,第 7、9 期),《世界》月刊发表的小说有:《快亮的明天》(克农),《狂飙运动》月刊发表的小说有:《人和人开幕了》(高歌)、《两个没有灵魂的人》(罗西)、《天堂与地狱》(沐鸿)、《喜筵》(石君)。

《小东西启启的故事》写小孩子启启对哥哥骂他是一个"没出息的小东西"很生气,希望自己快快长大,于是给自己戴上假胡子。《春天的人们》是高长虹写给冰心的书信体小说,由 28 封信组成,发表的是前 8 封信。《快亮的明天》故事梗概为:为反抗兵捐,自以为刀枪不入的红枪会成员决定晚上攻打方老五家,尽管老爹同意儿子大秃子他们这样做,但在大秃子出门后,老爹却在家坐立不安,既为儿子担心,又幻想儿子能够得胜回来,该小说的显著特点是以心理描写为主。《两个没有灵魂的人》用白描手法写乞丐阿东将自己捡到的两块钱全部用来救治一个素不相识的、病得快死的妇人,自己则忍受着病痛的折磨,相依为命的乞丐毛松开始很不理解,后来看见阿东痛苦的样子原谅了阿东。阿东、毛松被暴风雨吹倒的房子压死后,有人建议凑点钱"请几个和尚来超度他们的冤魂",一个妇女却说:"呵,真好笑！乞儿也有鬼魂的么?”《喜筵》“写的是南京一部分青年的两性生活”[①]:写一个因情感受过伤害而有些玩世不恭的校对随着年龄的增加与一个妓女结婚的故事。《生的一瞥》、《人和人开幕了》、《天堂与地狱》写的尽管是传统题材:《生的一瞥》“瞥”见的是令人失望的人生,《人和人开幕了》主要写交媾,《天堂与地狱》写世界是富人的天堂穷人的地狱,但抽象的人物和简洁的“电报式”风格等,很容易让人将它们与表现主义联系起来。

《世界》周刊发表的诗歌有:《雨夜》(维周女士,第 5 期)、《留别中国》(长虹,第 6 期)、《献词》(朋其,第 7 期)、《血钟响了》(戴敦智,第 9 期),《世界》月刊发表的诗歌有:《焚王渡头看飞燕》(皎我)、《心啸》(化霖),《狂飙运动》月刊上发表的诗歌有《漠林——末林》(仲平)。《雨夜》流露出一种幻灭感:“不可捉摸的人生,/教我何从奋斗?”《留别中国》写自己第二天就要起程,“今夜晚我在织着一朵鲜花啊,给我的民族留赠!”《献辞》于 1926 年元旦完稿后,“当时就由长虹郑效洵,带往上海,预备刊诸《狂飙月刊》,计时□月即可出版”[②],由于《狂飙》周刊停刊,计划中的《狂飙月刊》未能出版,所以只好在完稿一年多后发表在《世界》周刊上。《血钟响了》呼唤“深葬于睡梦中的朋友”醒来,“冲过这垂危的夜色底荒场”。《焚王渡头看飞燕》写“我”来到焚王渡头看飞燕的情景,全诗 120 行,80 多行押 an 韵,并且用了不少双声叠韵词,还运用了顶针和反复手法,加上长短句的交错使用(最长的 29 字,最短的 1 字),读来抑扬顿挫,有非常强烈的韵律感。《心啸》由 24 首小诗组成,基调是表达一种痛苦和幻灭之感:“昨日的梦,/创痕叠创痕,/明

---

① 《在南京》,《高长虹文集》下卷,第 338 页。

② 刘传辉:《讽刺幽默作家黄鹏基》,《鲁迅研究月刊》,1991 年第 1 期。该诗在 1928 年 2 月 12 日出版的《世界》周刊第 7 期发表后,时在成都的黄鹏基因不知这一情况,又将其以《寄无人》为题发表在同年 8 月 27 日出版的《白日新闻》副刊《白光》。

日的梦，/血泪裹血泪。”《漠林——末林》写的是柯仲平与丁月秋的第一个爱情结晶漠林艰难的诞生过程和漠林死后夫妻那种悲痛欲绝的感觉。在这首诗中，柯仲平的感情如脱缰的野马一发而不可收拾：全诗长达480行，还有22行长长的省略号，中间却没有分节。

刊物上发表的散文有：《黎明的悲剧》（禹玄，《世界》周刊第9期）、《轮及其变动》（前人，《世界》周刊第9期）、《佚秋老人》（高歌，《世界》月刊）。《黎明的悲剧》呼唤青年战士们“爱你所处的时代”，“为了未来的战士——伟大的孩子们”继续战斗。《轮及其变动》是朱谦之运用未来主义方法创作的一篇文章：“这时代表我的文艺倾向的，还是以狂飙社为中心的狂飙运动，我这时因对于写实派的反动，极倾向于那主张在物质世界发见新美的未来派。”[①]《佚秋老人》的写法与被认为具有表现主义色彩的《清晨起来》非常相近，该文曾给《小说月报》编辑，但因“看不懂”[②]而只得在《狂飙运动》月刊发表。

《世界》周刊1—4期发表的独幕剧《从人间来》（向培良）将在《狂飙演剧运动大事记》中介绍，在此略。

狂飙刊物在发表创作文章的同时，也发表了一些翻译文章：《Beethoven的信》（效洵，《世界》周刊第5、6期）、《关于艺术》（白涛，《世界》周刊第6期）、《以自己做主》（白涛，《世界》月刊）、《有史料以前的人类艺术》（剑波，《狂飙运动》月刊）。郑效洵翻译的是贝多芬的信，任白涛翻译的是有岛武郎的文章，卢剑波翻译的文章出自俄国《自然杂志》。《长虹周刊》上的翻译文章有：《Le Dernier Ouvrage》（朱鹊华，第1期）、《鹿母夫人》（沐鸿，第1期）、《善友太子》（沐鸿，第5、6期）、《Spirito Kaj Rozo》（鲁彦，第18期）。《Le Dernier Ouvrage》是朱鹊华用法

---

① 《奋斗廿年》，《朱谦之文集》第1卷，第69—70页。朱谦之在《世界观的转变——七十自述》中说过类似的话（《朱谦之文集》第1卷，第135—136页）。

② 《情书四十万字·生活在藩篱里》，《高歌作品集》下卷，第245页。

文翻译的高长虹的小说《最后的著作》,《Spirito Kaj Rozo》是鲁彦用世界语翻译的高长虹的散文诗《精神与蔷薇》,高沐鸿翻译的童话由高长虹选自《佛报恩经》。关于佛教故事,高长虹在 1927 年 10 月 12 日给儿子高曙的信中如此写道:“我还是喜欢释迦牟尼唱歌儿,谈故事。报恩经谈善友太子,鹿母夫人的故事,都非常美。我所说的小孩子们可以看的,便是指着这些,印度的故事,简直没有一点势力的成分,这是中国所少见的,中国故事中的漂亮角色,大抵不是英雄,便是才子,不是功名,便是放荡。离却这些,中国人便再没有思想的时[对]象。佛教到了中国,也只变成隐逸,凑合成释道。没有掀起艺术的波澜。还远不如德意志之后来居上。流风余韵,保存在现今的,只有几卷佛经,几尊佛像而已。”①

高长虹在《长虹周刊》发表的小说有:《神仙世界》(第 1—4 期)、《母亲的故事》(第 2 期)、《一个兵回到他自己的家里》(第 9 期)、《上海之夜》(第 10、11 期)、《爱的遗失》(第 19 期)、《两个朋友的故事》(第 20 期)、《逃亡与捕获》(第 21 期)、《空想的花》(第 22 期)。《神仙世界》、《逃亡与捕获》、《两个朋友的故事》属自传体小说:根据专门介绍《神仙世界》女主人公吴桂珍的《模特儿的故事》可以知道,《神仙世界》写的是高长虹 1928 年 9 月 2 日至 11 月 30 日逛茶楼神仙世界迷上女招待吴桂珍的事情,不过,小说中另一条线索写小说家李健雄(又名近真)与出生高贵而又才貌双全的女文学家王静和的恋爱婚姻则是与冰心“开一点玩笑”②——即想当然的;《逃亡与捕获》写高长虹 1929 年 3 月下旬到苏州后游太湖、虎丘、北寺等情况,其中,生在广州、长在北京、留学日本的新托尔斯泰主义者白智君被情敌诬告为共产党而远走他

① 《曙》,《高长虹文集》上卷,第 507 页。

② 《情书五则》,《高长虹文集》下卷,第 172 页。

乡并最终被捕等事情则属虚构;《两个朋友的故事》写一个思想家和一个历史家旅行到济南,住在一家旅馆里以讲故事打发时间,后来高长虹的外甥言行将这篇"小说"中的事情写进了高的传记[①]。剩下几篇有些晦涩难懂,应该是高长虹学习西方现代派手法的结果。创作《神仙世界》时,高长虹便说自己"完全在试验一种新的小说的体裁。要他是写实的,同时又要它是表现的,同时又要它是通俗的"。[②] 但从小说内容看,《神仙世界》过分拘泥于"写实"、"通俗"而没有多少"表现"成分。《母亲的故事》、《一个兵回到他自己的家里》等小说则有所不同。《母亲的故事》故事梗概为:开始写饥饿的孩子围着床上的母亲哭泣;中间写夜晚母亲找不到自己的孩子;结尾写孩子们停止了哭泣并从世界消失,母亲则又生了孩子。就是这样一篇晦涩难解的小说,当时在法国的阎宗临看后却认为它"确是启示出人类的福音,一切,都装在里边"[③]、"真是说不来的好法。它比那篇《黑的条纹》都进步的多。虽然在音节上不如那些美"[④]。

《长虹周刊》发表的诗歌有:《送长虹远行》(沐鸿,第 2 期)、《给未识面的朋友长虹君》(刘和邦,第 3 期)、《诗的作法》(第 9 期)、《给——》(长虹,第 10、11、22 期)、《真空》(第 19 期)。《送长虹远行》送高长虹出国,祝愿他一帆风顺。《给未识面的朋友长虹君》称赞高长虹是"艺园的理想者"、"心灵的探险家"。《诗的作法》表达了高长虹对诗歌创作的看法:"诗自然地流动,/我自然地抄写。"在将献给石评梅的《给——》结集出版时,高长虹 1927 年 6 月 20 日曾写下这样一段话:"这本诗集,还说不得是完全的恋歌。别一个新建筑,已在'献给自

① 言行:《一生落寞,一生辉煌——高长虹评传》,第 259 页。

② 《每日评论·我宣布了这篇小说的名字》,《高长虹文集》下卷,第 185 页。

③ 已燃:《读了长虹周刊之后》,《高长虹研究文选》,第 386 页。

④ 《已燃(阎宗临)致长虹》,《高长虹研究文选》,第 421 页。

然的女儿'的题目下去开始，去完成了。"[①]尽管高长虹1927年下半年为冰心写作了15首《献给自然的女儿》，1928年4月出版了书信体小说《春天的人们》，1928年10月、11月在《长虹周刊》第1、4、5、6、7期发表了21则情书，冰心却不为所动，大失所望的高长虹只好在给冰心的最后一封情书中如此写道："我此后将是一个无心的人了！我一定很喜欢是一个无心的人呢！倒要谢你作成我，完了我几年来的宿愿。我此后将只有行，行，行，我此外便再没有其他。"[②]在这种情况下，高长虹又开始在《长虹周刊》第10期发表《给——》——前两首为"旧作"，后两首为"新作"。遗憾的是，石评梅已于同年9月30日去世，失去了倾诉对象的高长虹已没有原来那样的激情，所以目前只知道他后来在第11、22期发表了《给——》。

《长虹周刊》发表的散文有：《雪的世界》（第12期）、《迎榇宣传车停济南时的写照》（第19期）、《晓庄学校的一瞥》（第21期）、《我的那个朋友死了》（第21期）《从娘子关进去从雁门关出来》（第22期）、《北海漫写》（第22期）、《南海的艺术化》（第22期）等。《雪的世界》描写的不是常见的雪花飘飘或大雪纷飞的"世界"，而是一个不知所云的"世界"。从"必须有三手五脚，没有头脑，而一秒钟能有一千种动作，而且不能叫他做人"[③]这样的语句可以推断，该文大概是高长虹学习未来主义的结果。《迎榇宣传车停济南时的写照》写孙中山灵柩由北平送往南京途中的"迎榇活动"。《跑泰山》即如标题所示，写高长虹1929年5月8—10日匆匆忙忙"跑"泰山的情景。《晓庄学校的一瞥》为游记，记录自己与教育家武灵初、小说家鲁彦到晓庄学校去看小朋友曼尼女士、学礼先生并顺便参观学校和燕子矶的情景。《我的那个朋友

① 《写给〈给——〉》，《给——》，《高长虹文集》上卷，第288页。

② 《情书十则》，《高长虹文集》下卷，第264页。

③ 《雪的世界》，《高长虹文集》下卷，第353—354页。

死了》表达了对死去的朋友的深刻的思念之情："我的那个朋友死了，死了已经好久好久了。我时常在想念她，我想，只要她还在活着来呵！唉，晚了，她死了！"《南海的艺术化》盛赞南海是"自然的女儿"，"最需要的是音乐会"。《北海漫写》描写北海，认为"北海也有南方的风味"："你一听见声响，便可以想得见那草上的波纹呵！芦草变做美人儿，她们在临[凌]波微步呢！"

《长虹周刊》刊登的 4 个剧本将在《狂飙演剧运动大事记》中进行介绍，在此略。

《长虹周刊》还刊登了大量图画：现存 18 期共刊登图画 81 幅，每期最少 3 幅，最多 9 幅，其中包括人物画、风景画、剧照、照片等。同时还发表了不少介绍这些图画的文章：《倍多文与华格纳》（第 1 期）、《最后几行》（第 2 期）、《为什么介绍莫索利尼》（第 3 期）、《邓肯同邓南遮的恋爱》（第 5 期）、《关于插画》（第 10 期）等。由于周刊刊登大量图画，使得价格较高，读者来信建议降低价格，高长虹在回信中却如此写道："长虹周刊，因图多纸好，所以定价不免贵些。不易普遍，这自然是其原因之一。……但美术的素养，中国人还嫌太缺乏些。也不便因购买力的薄弱而使中国没有一种较精美的刊物。长虹周刊，不敢便说尽到这精美二字的职责，但愿向这一方努力。"①1927 年 9 月高长虹在西湖养病写作时，由于西湖驻军不断戒严，他有一次甚至同一个朋友如此说："西湖的建设，是要用贝多芬代替蒋介石的呵！"在他看来："很少艺术家来到西湖的；便全来了可又有几个？几十个人够了，足够把西湖装点成一个地上的天国。"②尽管高长虹的这一想法太过简单，但也可看出"艺术"在他心目中的重要作用。现在他不惜牺牲销路刊登图

① 《通讯九则》，《高长虹文集》下卷，第 396 页。

② 《曙》，《高长虹文集》上卷，第 458 页。

画，很明显与他对“艺术”的看法有关。

四　提倡“新劳动运动”

何谓“新劳动运动”，高长虹有专文说明：

最光明的，最现在的劳动运动是这个：

做工去

劳工自决

空谈劳动运动，当然是没有什么意思。即便是去实做，但是不自己去劳动，而只想组织起劳工们来，自己做领袖，也不算最光明的劳动运动。最光明的劳动运动是要自己去劳动，自己先做成一个劳工。

做工去！这是劳动运动的第一步。但是，又为了什么去做工呢？为了要握得政权吗？真是如一般人所揣测的，到工厂或田庄去，只是为了去换取做官的资格吗？除了政治的原因之外，我们还能不能给这种运动以一个新的解释？

做工去！不，我们完全不必要借用政治上的根据。我们做工只是为了做工，我们为了经济上的必须，我们去做工，甚至说，我们为了身体上的健壮，我们去做工。

…………

做工是一件经济的事实，做工去也是为了经济的原因，只这样直接明瞭便行。

…………

劳工自决，在较大的观点看时，也可以叫做经济自决。他不愿受政治的支配，也不愿受政治的煽动，他也不必去反对那一种方式的政治。他的积极的和完全的任务，只是他要自动地解决劳工间的一切问题。

这两种方式的劳动运动，都是时代所需要的，也是一定要产生的。这两种方式的劳动运动，不但没有相互间的冲突，而且是可以互相为用，一定会结合在一起的。并且从这里下去，他将显现出两种必然的趋向：——

建设劳动的经济的科学

建设科学的经济的劳动世界①

至于“劳动”的具体范围，高长虹也有专文说明：

凡是用体力所做的工作都叫做劳动。工作的意义已表明它一定有某种生产品。所以打球，斗牌之类，不能算劳动。我们并不需要把劳动看得怎样光荣，我们当然更不会把劳动看得怎样卑贱，我们只是要说明，劳动这两个字所指定的是人类的什么方式的行为。

最代表的劳动是机器下的劳动，没有一个人能够说它不是劳动的。其次是农场和手工的劳动，也没有人能反对。再其次，我以为，如抄写，校对，搬运一类的工作，也各是劳动的一种。邮差送信，这种工作诚然不过是走路而已，然而没有人能说邮差不是工人的一种。当我们说印刷工人的时候，我们并没有预先便声明：这里的工人是要把印刷局里的校对除外的。商店和官场里的下级职员，无论他们所做的工作代表的是什么意义，他们终是十全十足的劳动家。

在经济上，最要不得的是少数人。第一我们须取消这些

① 《每日评论·新劳动运动的略说》，《高长虹文集》下卷，第319—320页。

少数人。第二我们须改变某一些劳动的意义。第三须劳动都机械化。①

在高长虹看来,“劳动运动”在狂飙运动中占有极其重要的地位:

狂飙运动的最基本的工作,或者说最独特的工作是劳动,最基本的精神,或者说最独特的精神是和谐。狂飙运动中的其他种种,或者可以是暂时的,是变迁的。但是劳动和和谐,则在现在的人类所能思想与所能勉励的范围里,是永久的,不变的。一个人只要明白了狂飙运动的这种工作和精神,那便,他加入狂飙运动也行,乃至不加入狂飙运动也行。②

另外,高歌在《世界》月刊发表的文章也阐明了他对“劳动”的看法:

不劳动,没有吃的,没有穿的,没有住的——总而言之,不劳动就没有生活。

由地球的旋转产生了日子,但,如我们没有劳动的时候,我们会失掉了这日子。因为,日子是自然的给与,还得我们用我们自己的力去完成。

人人都知道五月一日是一个劳动日,但,我们想想,哪一个日子不是劳动日呢!只要我们一天不能离开劳动去生活,那我们就一天不能说:〈是〉哪一个日子是劳动日,哪一个不

① 《每日评论·劳动》,《高长虹文集》下卷,第302—303页。

② 《劳动与和谐》,《高长虹文集》下卷,第404页。

是，天天都是呀！

五月是：承继着春而开始了夏的，正是一个自然突变和暴长的时期，有生物和无生物都在它的支配之下。应运而生的人事，最显著的就是五月一日这个劳动日了。这，发祥在美洲，跨大西洋而走到欧洲，且走遍了欧洲，又跨乌拉山、地中海而来到中国，正在中国走着。

但劳动日所创造出来的三八制，不但在中国没有实现，连欧美也不完全应用，甚而至于人们崇拜或仇视的苏俄也不能。

但，我们对于一天八小时的劳动还嫌太长呢！我们愿意再短再短，短到一二小时。如果还能再短，就再短下去。

据机械的能力讲，人的劳动一天有二小时足够生活，且有余。

据人这一面讲，劳动的人，一天做十二、十四、十六小时还不能食足衣足。

所以，我们如何使机器普遍——人人都是劳动者，且人人都使用机器来劳动，就成为我们的一个大工作吧！这工作正在需要人去做。谁去做呢？做去吧！人人！

不劳动，不得吃，不得衣，不得住——不得生活！

不劳动的人，滚开！从生活里！[①]

从引文可以看出，狂飙运动提倡的“劳动运动”确实“尚停滞于个人主义的原始的工会主义”这一阶段，与当时“全世界喧腾着的革命”[②]

① 《劳动》，《高歌作品集》上卷，第437—438页。
② 《任之初致长虹》，《高长虹研究文选》，第425页。

实在有些格格不入。分工是社会发展的必然,历史已经前进到 20 世纪,高长虹还将“劳动”限定为“用体力所做的工作”,真不知道是什么时候的劳动观。

五 其他:批评及通信

上海后期,随着哲学家张申府、无政府主义者卢剑波等人的加入,狂飙社成员的构成已相当复杂,因而此时的批评确实具备了张申府所希望的“无所不谈”[①]的特点。

张申府 1927 年底至 1928 年初共写作 139 则《所思》,前 6 则发表在《世界》周刊 1、2 期。在此之前的 1925 年 3 月至 8 月,张申府在《京报副刊》发表了 9 则类似短文。后来,张申府又以《续所思》为题写作了 207 则类似短文。在张申府一生所写的文章中,类似短文还有:《生之反映》(13 则,1928 年)、《感》(4 则,1932 年)、《重感》(9 则,1932 年)、《读感》(5 则,1932 年)、《人间闲话》(7 则,1936 年),由此可见张申府对该类文章的喜爱。该类文章主要表达了张申府对世界、人生、哲学、社会等的看法,是作为哲学家的张申府一生写作的哲学方面的主要文字。张申府在《性的艺术与性的自由》(《世界》周刊第 10 期)这篇文章中重申并发展了他的“性欲自由”的观点:“性的艺术同性的自由,二者相辅相成,二者缺一不可。没有性的艺术,虽有性的自由,必不能美满。没有性的自由,性的艺术又有多大意义?”[②]高长虹在《世界》周刊发表的评论文章集中在《每日评论》栏:第 2 期有《小说》、《破例买语丝》、《幸而他失败了一半》、《放火救人》、《看了辛酉剧社的桃花园之后》、《恋爱的方式》、《高等幽默》、《陆小曼何不演剧》、《反跃进》,

---

① 《崧年致长虹》,《高长虹研究文选》,第 412 页。

② 张申府:《性的艺术与性的自由》,《所思》,神州国光社,1931 年,第 217 页。该文未收入 1986 年版“重印”的《所思》和 2005 年版《张申府文集》。

第3期有《玫瑰残了》、《建设科学》,第4期有《初版的〈琪珴康陶〉及其他》,第5期有《柚子和它的核子》,第8期有《无产者》、《谈犬》。与张申府偏重于哲学玄思的《所思》不同,高长虹的《每日评论》偏重于对具体作品和现象进行评价。

向培良在《世界》周刊发表了《寄春舫和戈登克雷》(第7期)、《舞台和灯光》(第8期)、《我们》(第9期),在《世界》月刊发表了《恋爱破灭论》,在《狂飙运动》月刊发表了《在我们的祭坛下祈祷》。《寄春舫和戈登克雷》认为《宋春舫论剧》第一集涉及的内容很广,"其中有些东西到现在还不见有人提到,所以此书实在可以一看,然而他讲得乱七八糟,真要疑心他了解外国文学的程度比林琴南还要高[低]好几倍",文章重点指出了宋春舫对戈登克雷的错误介绍。《我们》认为人类曾经过一个"自我的醒觉"时期,这一时期的呼声是"我是我自己",以娜拉为代表;现在已进步到"我们的醒觉"时期,这一时期"生命是一整个;存在于人类,但是不存在于个人,存在于我们,但是不存在于我"。《恋爱破灭论》长达12000多字,猛烈批判"资产阶级"的"恋爱自由,恋爱神圣,恋爱底灵肉一致"的观点而热情宣布"无产阶级"的"杂交底真理":"性生活底基础应该从经济制约之下脱离开,应该从个人底的窄狭范围里脱离开,应该扫除资产阶级所遗存的痕迹。//我们应该无产阶级底地建设起集团化的性生活来。没有家庭,没有婚姻,也没有恋爱。//无产阶级要建设起他自己的性底关系来,就是集团化的性生活,就是杂交,纯粹以性底要求建设起来的集团化的性生活。"①《在我们的祭坛下祈祷》近12000字,以极其诚恳的语言表达了向培良的表现主义戏剧观:"我以为,使自我融入人类,使人类互相认识,使人类融会成一整体,在这意义上,艺术便建筑起来了。我以为,所有一切的艺

① 向培良:《恋爱破灭论》,卢剑波编:《恋爱破灭论》,泰东书局,1928年,第36页。

术品，所有一切的艺术工作，都是以这个为归依的”、“一切艺术之中，最和人接近的是戏剧，最使人了解的是戏剧——人的语言，人的动作，人的欢欣与忍受，这一切，都确实是我们自己的”、演员的动作“将成为创造的，将径直组织表现人类的思想”、“艺术不是生活底重现，而是生活底创造，所以[有]琐节和一切不必须的软弱是必须避免的。我们要径直捉住事件和核心，捉住思想的形式，径直用动作表现出来，而把不必须的东西毅然抛开”。从《我们》和《在我们的祭坛下祈祷》两篇文章可以看出，此时的向培良已经形成“人类的艺术”观。

卢剑波在刊物上发表的文章有：《谈性》(《世界》月刊)、《托尔斯泰》(《狂飙运动》月刊，目录未列)、《柴尔里雪夫斯奇百年诞生纪念》(《狂飙运动》月刊)。《谈性》清楚地表达了一个无政府主义者对“性”及“社会运动”的看法：“第一，认定由性而生的反社会的行为，必定要在经济的自由共产主义，和政治的 Anarkiismo 实行许久才有消灭的可能；第二，我又认定社会的经济制度虽然可以决定当时之性关系，但不能全部决定它。因此，我和我的同志都常常主张在社会运动的过程中，决不能漠视妇女的解放运动，而且参加社会运动的各成员，不能不对于两性关系观念有明晰的了解。”《托尔斯泰》借纪念托尔斯泰诞辰一百周年的机会严厉批判了当时的无产阶级文学：“单以托尔斯泰而论。——在中国最近一般革命文学家(无产阶级文学家)的口里和笔下，都判定他是‘卑污的说教人’！是‘小资产阶级意识的作家’……然而我们——如果青年朋友们的脑子还有点客观地思维与比较的可能——试一考察和比较托氏和他们的作品，看一看谁是卑污的说教人，谁把艺术奸污化了做他们狭陋的充满着专政欲的马克斯列宁主义的宣传品？你们读过郭沫若的‘恢复’没有？读过王独清的‘11Dec’没有？读过在创造月刊上发表过的创作没有？那就是他们自认为(怕不是卑污的说教罢！)革命无产阶级的文学！那就是用马克斯和列宁教义（他们用这样反革命的教义来包办了革命的无产阶级）来奸污了文学的以第一宣传，第二宣传，第三也是宣传为目的的作品”。《柴尔里雪夫斯奇百年诞生纪念》根据克鲁泡特金《俄国文学中的理想和现实》的观点，介绍了为中国读者陌生的柴尔里雪夫斯奇的生平和主要作品，同时也对当时中国的无产阶级文学进行了攻击：“这个时代，在中国，一般崇奉着马克斯列宁的教义者，他们想以他们的教义来 dogmatize 艺术理论，事实上，他们所要求的艺术品是什么？不过是以艺术的形式来填塞着说教和对马克斯列宁主义者的谀词而已。”

刊物上发表的批评文章还有：《“病”中喊出的性的苦闷》（亦我，《世界》周刊第 3 期）、《海夜歌声作者的消息 · 后记》（长虹，《世界》周刊第 7 期）、《著作者出版者的新时代及其新生命》（皎我，《世界》月刊）、《谈造反》（勉之，《世界》月刊）。亦我是这样评价尚钺的短篇小说集《病》的：“在‘病’这一本书里，便是‘性的苦闷’的喊叫。作者用写实的笔在‘性的渴望’的热诚中，呼号出性的苦闷，使我们看见了性的死灭，和性的复活。”应该说《病》确实具有这方面特点：在收入的 16 篇小说中，《洗衣妇》、《被羡慕的人》、《一次旅行》、《疑团》、《山中茶话》、《病》、《临死的夫妻》、《命运所给与她的》、《生命的条痕》等都写到了“性”。但从具体内容可以看出，尚钺写“性”的目的不仅仅是表达“性的渴望”，而是从人道主义立场出发对传统婚姻道德进行批判，是服从于“人的解放”这一目的的。在《海夜歌声作者的消息 · 后记》中，高长虹高度评价了柯仲平的《海夜歌声》：“便是卓然有立的女神与野草，我们如从那里抽出了那所谓欧化的分子，所剩下来的独创，未必会使我们感到那是太多了呢。不，我不是说那是一无可取的作品，但不是我们这个时代的作品了。在历史的意义上讲，它们确是给我们的时代做过一番生容的工作，它们的价值是不可磨灭的。但他们不是属于我们的时代的，不是我们的时代的开创者。虽即是野草的发表，在时间上，是不能截然记入旧的簿录上，但在我们看来，它们代表的艺术上同人生上的精神，都是历史的过去的了。新艺术的真的开创者，不是女神，也不是野草，而是海夜歌声。”皎我（王培义）是如此评价1927年末到1928年春的出版界的：“书多而好书真有价值的书不多，刊物多而不带色彩的能激人们深处的刊物不多，书店多而能不像中国新闻界一样腐化的不多”，并且还谈到了时代变化对出版界的影响：“论及自然的结果，就不能不注意到实生活的新变化，在一九二七年大凡以著作为生活的多多少少都要有更易，这种更易给予了它们一些新生活的冒险，新生活的困顿，新生活的亢进；同时出版者亦直接间接的感觉到‘生活’向前的急需。最使他们了解的即‘生活的奋斗’与‘时代的重心。’”《谈造反》针对国民党的独裁统治而鼓吹造反有理：“在造反的时代里，没有谁可以专利，谁都可以造反。”

《长虹周刊》发表的批评文章有：《我来为世界辟一条生路》（第1期）、《〈给——〉的女主人之一》（第5期）、《热情的生成》（第6期）、《危机》（第6期）、《出了那股毒气便好了》（第7期）、《大众文艺与革命文艺》（第8期）、《寄小读者》（第8期）、《在南京》（第10期）、《时代的伤风》（第12期）、《我的防御战》（第13期）、《雪林女士说——》（第18期）、《西哈诺》（第19期）、《女子不能加入行健会？》（第20期）、《黑假面人》（第20期）、《克兰丽蒙特》（第20期）、《未有学校之前》（第21期，佚文）。《我来为世界辟一条生路》的副标题为《你在苦难中的人类呵，我援救你们！》，该文相当于《长虹周刊》的发刊词，由此可知高长虹创办该周刊的远大抱负。《〈给——〉的女主人之一》是担心有人误会诗集《给——》而介绍其中的一位“女主人”。《热情的生成》认为社会缺少热情：“我们不少人在追求热情，在创造热情，而又都觉得世间还没有热情——或者主观一点看，只有自己是一个有热情的人，而又没有可向之发展的地方，倒常被冷却了。”《出了那股毒气便好了》认为三年来中国的许多作品都是在发泄“毒气”:“先有艺术运动,后有实际运动。果然实际上的毒气不久便爆发了! 但那里没有红日,只有黑心!那是莽原和洪水乌合之后的私生子,不是狂飙的嫡宗!”《大众文艺与革命文艺》对郁达夫提倡的“大众文艺”[1]和创造社提倡的“革命文艺”[2]提出批评:“大众文艺,固然没有大众文艺的理论。革命文艺只也有革命文艺的政治理论,而没有革命的艺术理论。所以,同样是,革命文艺与大众文艺都没有他们的革命的或艺术的理论。革命文艺是不是大众文艺,大众文艺是不是革命文艺,乃至他们是不是文艺,都同样是有问题的。”甚至认为郁达夫提倡“大众文艺”是在与人“争地盘”:“郁达夫因为有些文艺团体垄断了文艺界的买卖,所以大声疾呼用了大众文艺的名义来维持自己既得的权利。”《寄小读者》完稿于 1927 年冬,认为冰心的《寄小读者》“是一本充满了潜伏的爱的泄露的抒情的通讯,甚至说是一本高尚的而又变态的情书一束。”《时代的伤风》认为自己的杂文犹如“时代的伤风”:“时代精神保存在我的杂感里,打出来看看,要快些,久了时他会变旧。是的,它的时间性不免太重了。但是,我欢喜这个。”《我的防御战》批评《屠格涅夫致长虹》(《青海》第 7 期)的观点,认为屠格涅夫的小说还不如罗西的《玫瑰残了》、《桃君的情人》好。苏雪林在《生活周刊》第 14 期(1929 年 3 月 3 日)发表《读胡适之先生译的〈米格尔〉》,内云:“我的朋友某女士常说读了西洋文学可以教人发生上进的心思,读了中国文学只使人趋于堕落的思想。灵与肉,真与伪,光明与黑暗,崇高与卑陋,伟大与渺小,可以代表两派文学不同的面目。//我也说中国文学界好像佛经里的‘火宅’,一所墙壁圻坼,泥涂堕落的大宅子,里面百虫横行,粪溺流溢,死尸腐烂,浓血流

① 1927 年 1 月郁达夫因发表政论《广州事件》引起创造社内部争论,从而声明退出创造社,1928 年春秘密加入太阳社,9 月在鲁讯支持下主编《大众文艺》。

② 1928 年创造社成员在《创造月刊》、《文化批判》等刊物上提倡“革命文艺”。

离，走进去教人气都透不过来。”《雪林女士说——》对此提出批评：认为中国“已有火宅般的文学内容”，“拿中国文学来同西洋文学比较，我觉得在过去是不如，在现在是不相上下，在未来是过之”，文学家应该承担起“善恶上的责任”。《西哈诺》高度评价法国戏剧家罗斯丹的著名浪漫主义剧本《西哈诺》：“全剧的结构，对话，情节都富有奇特的美。”并高度评价西哈诺这个人：“他本身自然就是想象的产物，他是诗歌，音乐，恋爱，武侠四者集合的化身。”《女子不能加入行健会?》对女子不能加入行健会的做法提出批评。《黑假面人》评论安特莱夫的作品尤其是《黑假面人》。《克兰丽蒙特》谈自己看了戈蒂耶的《克兰丽蒙特》的感想：“这个爱之宫里也许什么都有，但只有一件东西却没有，那便是爱。”《未有学校之前》主要观点有：“教育是要创造一种新的生活，用了教育的方法”，“教育的工作在给将来的人类以科学和艺术的素养”，“新教育的教员，第一重要的是他须有真正的科学的或艺术的知能，第二是他须同学生们共同生活，第三，当然也需要他会讲话”，“教授的方法，特别注重旅行和实验”等。

《长虹周刊》同样开设了《每日评论》专栏，高长虹在第1—13、18期的专栏内都发表了文章，最多25则，最少4则。这些文章最长的1500字左右，最短的只有1句话10个字。从内容上说，与其说是“评论”，不如说是信笔写下的杂感，所以不作专门介绍。

《长虹周刊》还发表了几篇评论高长虹及其作品的文章：《关于〈献给自然的女儿〉》（已燃，第4期）、《读了长虹周刊》（左明，第5期）、《时代的先驱》（觉非，第6期）、《评长虹的〈心的探险〉之一部》（皎我，第8期）、《好泼皮的长虹》（左明，第8期）、《关于走到出版界》（伯言、赵景深，第11期）、《读了长虹周刊之后》（已燃，第18期）。已燃（阎宗临）认为《献给自然的女儿》“是一个穿破一切神秘的匕首。他以最高的诚意，来做一个归根结底的说明”，认为高长虹有“两个很重要的观念”：

“1,要使人类是动的;2,要人类有行为的自由”。觉非高度评价高长虹的《时代的先驱》,认为高长虹的作品“在今日的中国是很前进的……能够读得{懂}他作品的人寥寥无几”。皎我(王培义)高度评价收入《心的探险》中的诗歌:“长虹的诗思不但丰富并且优美,宛如在蔚蓝的略有白色浮云天空下的一湾绿水,雨[两]岸有垂柳多株,微水过时所起之涟波一般的优美恬静。”《读了长虹周刊》是左明读了《长虹周刊》后向高长虹伸出的橄榄枝:“我愿做先生的同志,只要不嫌我的微细与浅薄”,《好泼皮的长虹》是答辩高长虹误会的文章。《关于走到出版界》内含《长虹的真面目》(赵景深)、《走到出版界》(伯言)两篇文章。赵景深在文章中说高长虹骂焦菊隐是因为与焦菊隐有宿怨:高长虹“居然到燕大(去年)代常乃德历史班,到班上驴头不对马嘴,被学生当面赶跑了,周刊上批评一段,他老羞成怒,遂借弦上发泄,小气,如此人终不会有何成就的!”在《艺术批评与艺术》中骂自己“批评的丑态”是因为自己对焦菊隐的散文诗集《夜哭》“公允”地做过既有肯定又有否定的评价。伯言的《走到出版界》针对赵景深的“长虹的走到出版界,居然也发印单行本了”高度评价高长虹的同名集子:“这本书的内容,是一个大胆的批评,在中国的文坛,所特有的产品。可以说,自从有了长虹的这些产品后,中国的文坛才有了批评,才有了一点生气。”《读了长虹周刊之后》回忆了高长虹在 1925 年初就有创办《长虹周刊》的情景,并对《长虹周刊》给予高度评价:“不要坐在公园的凳子上,思索你们的未来,还是多睁开你的眼才好,睁开些,再睁开些!有谁不感觉到周身的空气是多么沉闷啊,他窒息了我们的呼吸,在过去,在现在,怕的还在未来!我又不说‘长虹周刊’便是修身,齐家,治国,平天下的经典,我是说在你们走着这条不平而又无尽的路上,敢不敢整起你们的力量,劲[尽]力地改变改变我们周身的闷气?”

柯仲平在《世界》周刊发表的 3 篇文章全为通信:《海夜歌声作者

的消息》(第7期)、《致长虹》(第7期)、《关于“献给自然的女儿”》(第9期)。前两信报告自己的近况,后一信高度评价高长虹的《献给自然的女儿》:“这是努力着,艺术与科学并进,新的宇宙观与大爱的人生态度融和成韵调的一部分结果。”

《长虹周刊》除发表了高长虹给冰心的21则情书外,还发表了以下通信:《通讯四则》(申府、仲平、长虹两则,第1期)、《通讯三则》(长虹,第3期)、《大连泰东日报的两封信同我的附识》(香冷、铁弦、高长虹,第7期)、《通讯》(史济行、长虹,第8期)、《通信九则》(长虹,第9期)、《通讯二则》(谦之、六汗,第10期)《通讯一则》(仲平,第11期)、《通讯二则》(雨农、六汗,第12期)、《通讯四则》(长虹,第13期)、《通讯十一则》(已燃、任之初、长虹9则,第18期)。这些信件的主要内容是交流信息、讨论问题等。

第二节　狂飙出版部大事记

朱联保的《近现代上海出版业印象记》记录了近600家出版单位,其中不少单位仅出一本书,收罗殆尽应是其追求目标。就是这样一本书,却没有记录出版了以下书刊的狂飙出版部:《长虹周刊》(22期)、《狂飙运动》月刊(3期)、《狂飙出版部》不定期刊(3期)、《狂飙演剧部》不定期刊(1期)、《青白》(高长虹,短篇小说集)、《草书纪年》(高长虹,童话集)、《革命与艺术》(柯仲平,文艺讲演集)等,这是令人遗憾的。在笔者看来,了解狂飙出版部不但对正确认识和评价狂飙社有非常重要的意义,还能通过狂飙出版部了解20世纪20年代末中国出版界的一些情况,所以将相关文字不厌其烦地抄录下来。在这些文字中,不少人的姓名用拉丁字母表示,知道姓名的有:C为高长虹、P为向培良、B为高沐鸿、N为柯仲平、W为柯仲平爱人丁月秋——若有意外情况,将特别加以说明。

1927 年

8 月中旬，张申府同爱人刘清扬“变装从武汉搭船转赴上海”：“上岸后我们就在法租界租了一间房子住下了（记得叫明德里）。一时无从找职业，又开始以买文为活。”①

10 月 14 日，鲁迅给台静农、李霁野写信：“狂飙社中人似乎很有许多在此，也想活动，而活动不起来，他们是自己弄得站不住的。”

10 月 19 日，高歌来到西湖。

10 月 20 日，高长虹给儿子曙写信：“我想着那些‘小弟弟们’，竟至无言可说。看来我还得做些繁难的事情”，“三四个月后，我必将出版我的周刊”。②

10 月 22 日，高氏兄弟离开西湖前往上海。

11 月 3 日，鲁迅给李霁野写信：“狂飙社的人们，似乎都变了曾经最时髦的党了。尚钺坏极，听说在河南，培良在湖南，高歌长虹似乎在上海。这一班人，除培良外，都是极坏的骗子。长虹前几天去访开明书店章君，听说没见他。”

12 月，“高远征牺牲的消息传来，长虹与高歌悲痛欲绝。长虹埋怨高歌不该让远征参军，为此兄弟一度失和。高歌一气之下躲到西湖写作去了。”③

1928 年

1 月 1 日，《世界》周刊创刊，由高长虹和张申府合办。共出版 10

---

① 《所忆·我的教育、职业、活动》，《张申府文集》第 3 卷，第 553 页。

② 《曙》，《高长虹文集》上卷，第 519 页。

③ 言行：《高长虹生平与著作年谱》，《一生落寞，一生辉煌——高长虹评传》，第 497 页。董大中在《狂飙社编年纪事》中认为是 11 月。

期,第 1、10 期已佚。发行通讯处:上海霞飞路协平里 5 号(第 2 期)、上海英租界宁波路 76 号(第 3—9 期),世界周刊社。

2 月 8 日,高歌梦见高长虹:"是我一个人在我的房里正在看一本我现在想不起名字的书来,突然,C 来了,一个具有极大快乐和极大高兴的脸子的 C,要不是他的姿势在表现出他是 C 来,我真要不知道他是那一个了。我一见他,我就想起他正在做他的重要工作——我不能不对他这突然来有所疑问了。"①

3 月 2 日,高歌听见高长虹病了的消息时,"一副悲哀到极点,痛苦到极点才能够形成的脸子在我的心里耸立起来了。我的眼睛像秋天的早树似的在潮湿了。我真想马上跑去看他去"②。

4 月 1 日,高歌从西湖回到上海:"C 的精神还好,并不如人们所说的那样不好。你也放心。他大概四五号就动身了。世界已决定改出月刊,从十一期起";"给 C 的花。一见面我就用我的右手给与了他了。你知道我的右手是一双[只]什么样的手呵。他的沈静的微笑里给我的热烈的快感,现在,我转给你吧。"③

4 月 5 日,计划成立狂飙出版部:"狂飙丛书。将有一种很精致的本子出现,由出版部印。出版部也只在实际上印书,年内拟五六种,并不大闹。"④

4 月 6 日,高长虹前往北京。

4 月 12 日,高歌给利那写信:"我要辩[办]理出版部的事物——更其是狂飙的事物。我知道我是不会弄好的,然而我之外没有别人。我

---

① 《情书四十万字·初春的苦恼》,《高歌作品集》下卷,第 16 页。

② 《我的日记》,《高歌作品集》上卷,第 313 页。

③ 《情书四十万字·生活在藩篱里》,《高歌作品集》下卷,第 187 页。

④ 《情书四十万字·生活在藩篱里》,《高歌作品集》下卷,第 190 页。《高长虹生平与著作年谱》、《高长虹年表》、《狂飙社编年纪事》均认为上海狂飙出版部成立于 1928 年 4 月,北京狂飙出版部成立于 5 月,这是错把计划时间当成成立时间。

能不让C走吗！虽然我也不能留着在这里，然而我能因我的不能留而丢开而不管吗！况且，我的C对于狂飙的辛苦也写[实]在受的太大太多了。况且我的已有四五个{月}不问狂飙的事而专推在我的C身上了。别的朋友不在上海——你大概知道是些谁吧——有在的，唉唉，又不愿动手，好像他们的手腕是纸做的似的，一用劲汗水会湿坏了。有的——是的，上海也没有几个人，一要说了。C一人编辑，一人校对，一人发行，自己又得垫钱出来。落得自己要走时受了困难。”从下面这句话可以知道，高长虹此次到北京除办理狂飙社事务外，还希望能从冰心那儿“早得一结果”：“我愿他早日去，是要他早得一结果，彼此都可相安。”①

夏初，张申府送刘清扬带着新生一女搭船回天津居住。②

6月，《世界》周刊改出月刊，高歌编辑，上海西门路西门31号世界月刊社发行。

7月29日，高歌给利那写信：“我们——也许我们用在这里有点不相配——的世界决计停刊了。这是它的发起人们决定了而通知我的。而我呢，连第二期也不让它出版，虽然我已经校对过第一次，而且如其我早几天就到印刷厂看去，第二次的校对也一定已经做过了，而且或许也已经出版了。实在说，我是为了解救别人的困难才接手它的，如今是这个样儿，唉唉！利那，我又何乐[苦]而去做呢！解职，正我之所愿，因为这样，我才能过我自己的生活去。是的！我要过我自己的生活！现在只等着C来，他来了我便他去。”③

8月3日，高歌给利那写信：“C已于三十日来到上海。三十一日午后约一时他来看我。我们关于过去的事谁都没说一句话。我们说

① 《情书四十万字·生活在藩篱里》，《高歌作品集》下卷，第205、210页。

② 《所忆·我的教育职业·活动》，《张申府文集》第3卷，第535页。

③ 《情书四十万字·生活在藩篱里》，《高歌作品集》下卷，第282页。

我们现在要做的和我们的将来。我们决计好生做我们的狂飙运动，在不久我们要有一次较大的集会。P也已写信叫他来。N，B都要来；但B来的要迟点，因为他离这里较远。我们应用分工合作的办法来做我们的运动——科学的，艺术的运动。我们要P来是要他做我们戏剧的那一部。我和C，一天总见好几面，我们住的很近。他益发苍老了，白发也更添的多起来。”①

8月初，柯仲平从西安经南京来到上海，无论高长虹怎样谈起狂飙运动，柯仲平“都似乎在极热烈中显出冷淡”。②

8月10日，高歌给利那写信：“你不会知道现在是什么时候，其实连我也一点都不知道。我是刚从一个酒菜馆回来，同席的人是N，G，C和我；另外还有两个人，都是俗而薄的，所以我不把他们的名字告你。今天，N原来计算要起身到北京去，但当我们到黄浦滩看船时，才知道我们是受了广告的骗，船是十五日才开行而广告上说的是今天。我们便到北四川路吃广东馆去了”；“Z，是我和C都教他给狂飙稿过，但这在从前是没有做到的；今回Z在上海需要钱用了，而他的一部稿子又是卖过几家书局而又都是碰钉子的，后来，他和我提议归狂飙丛书了，同时他又给一本关于相对论的译稿，而我实在知道这书都不容易找书局印，但是，我能拒绝了他么，而且他又正是一个穷人——唉唉！我真诚的成了一个傻子，我哄他了，说我已拿关于相对论的稿子找到二十元，呵！我是为了他必需要付房钱！然而，我是哄他的，因为稿子还是放在我的抽屉里，但我对他说的是从稿上预支来的版税。”③

8月中旬，上海狂飙出版部在上海四川路194号惠新洋货店二楼成立，北平狂飙出版部在宣外广安里19号成立。根据：一、《两个月以

① 《情书四十万字·生活在藩篱里》，《高歌作品集》下卷，第284页。

② 《仲平致长虹的信》，《高长虹研究文选》，第409页。

③ 《情书四十万字·生活在藩篱里》，《高长虹文集》下卷，第289—291页。

来的狂飙出版部》中有这样一句话:“狂飙出版部,上海和北平两处,成立已满两月了。”《狂飙出版部》不定期刊第3期的出版时间为11月13日,由此可知出版部的成立时间当在9月13日以前。并且,由于文章写作时间在出版时间以前,所以成立时间会早一些。二、高长虹在真实性很强的自叙传中篇小说《神仙世界》中如此写道:书店开了半个月后近真与王静和吵了一架,近真来到一茶社神仙世界,回家后写了一信,落款为“九月二夜二时”[①],由此可知成立时间当是8月中旬。

8月21日,柯仲平回到北平。[②]

9月5日,高长虹给冰心写信,全信为:“红心,我想他同Outline一般大,小道林八开,用八十磅的,更为厚些,减去四页,只用二十四页,或再加四页添足三十二页,两张纸恰好。这样算起来,每期总有三万字上下。若出周刊,每月三四十二万字。还须给狂飙运动撰稿,一个人是万万办不来的。都因你现在不肯出来!刊物中最可宝贵的,又是一个周刊被搁浅了。我不愿意要月刊。便只有出隔周刊了。我同旬刊,半月刊的感情最坏。隔周刊,这被隔的自然是你的那一周。隔月刊更寂寞得利害。那一周,你自然会来填满它的时候。我只努力我的。也是一种创举,我们还没有看见这样新鲜的刊物呢!你如说,读者会不喜欢去看,虽就是你说,我又如何能够相信?//我想每期多有些插画。自然的照像[相]也好。也许可以每期有你的一幅小照。我的照像[相]也好。总要热闹一些,象[像]一个花花世界。他的颜色,总要时常是红的。他将跟着我走遍地球,他将充满了地球,地球也将充满了他。我将到东京,南洋,到印度,到欧罗巴,到亚非利加,到冰洋

① 《神仙世界》,《高长虹文集》中卷,第375页。

② 柯仲平在1928年9月13日的信中如此写道:“月秋说我已到北平二十三天了”(《仲平致长虹的信》,《高长虹研究文选》,第409页)。

的两极。便是没有太阳的地方,也将有我们的红心!"①

9月11日,张申府给高长虹写信:"三日信昨晚收到。不定期刊尚未收。今日由效洵送来两册,股当尽力招之,多少难豫[预]定。至少当然要在十股以上。唯节前未必能得。所思今当着手重编。编好再定如何印。天津书铺,有两个亲戚想办,尚无成议,也无多大资本。困难在恐书无消[销]路。贩卖须先交半价,自更为难矣。北平门市也不好办。问题也在怕买卖不好","狂飙出版部协社还应有个详细章程。协社组织法我不甚了解。近来想研究研究,还未果。意思即想买 Gide 的书看看"。②

暑假后,张申府回到上海,在暨南大学、大陆大学、大夏大学等校教书。③

9月21日,《狂飙出版部》不定期刊第2期(第1期已佚)由上海狂飙出版部出版,发表的文章有:《出版部的消息》、《批评与感想》④(高长虹)、《关于出版界》(有恒)、《通讯:申府与罗素》、《新刊介绍:〈荒岛〉》、《新书预告》、《再版中的书》。《出版部的消息》内含《协社是经济的新运动》、《小书局加入协社》、《协社资金》、《世界周刊社股金移交狂飙出版部》四则短文,是了解狂飙出版部非常重要的文献,详见本节附录。

9月下旬,高沐鸿应高长虹之邀到达上海,负责狂飙出版部工作。⑤

9月30日,高长虹给张申府写信:"狂飙运动的信约,我只又将劳动运动明白标出。如没有十分把握,我不愿多说一句话,不愿多用一

---

① 《情书五则》,《高长虹文集》下卷,第171页。

② 《崧年致长虹》,《高长虹研究文选》,第411—412页。信中的《所思》1931年7月由上海神州国光社出版。

③ 《所忆·我的教育、职业、活动》,《张申府文集》第3卷,第553页。

④ 内含3则短评:《春痕》、《战士冰淇淋》、《艺术超越政治》。

⑤ 《看了袁牧之演剧之后》,《高长虹文集》下卷,第166页。

个字。这里的劳动运动，也只是狂飙运动者自己去劳动。因已非个人的行动，所以与洁身异趣。劳动，即先从出版，印刷方面做起。劳心不能算劳动，我的意思是这样。别样方式的劳动运动，此时也谈不到，可不必空谈。"[①]

10 月 1 日，高长虹给柯仲平回信："出版部有沐鸿，编辑所有高歌，培良，月刊，他们是可以担负下来的。我这次走是走定了。我只是还不能够毅然地远走。有事，我是立刻可以回来的！从东京到上海，怕比从北平来还便当些。"[②]

10 月 7 日，高长虹作《刊物与行程》："起先我想，我的周刊第一期出版之后，我便可以动身去日本了。结果却不然。我虽然用尽了我的力在催迫，然而第一期终于在今天还没有赶出。印刷厂说，至迟明日下午是出来了。如果最后这次靠得住时，周刊是迟出了一天。恰恰相反，我是要他早出一天的。我因此，必须再多住一个礼拜把我的刊物完全放在我的计划的下边。如其这一个礼拜五周刊的第二期能够出来，我至迟礼拜日可以动身了。否则，我也许还得再停一个礼拜。"[③]

10 月 9 日，高长虹作《双十节的前夜》："今天有三件可以使我满足的事情，而这三件事情今天都没有使我满足。第一，一家书局说定了今天给我四百元钱，却只拿出三十元来。第二，周刊照出版日期已经延迟三天，不但今天仍不能印出，并且须迟到礼拜六日，我只得索性把出版日期退后了一个礼拜。第三，制得几块铜版也都过期无货，并须十二日才有，又将影响及第二期的出版时日。"[④]

10 月 13 日，《长虹周刊》创刊。目前见 22 期：1—18 期由上海狂

① 《通信二则》，《高长虹文集》下卷，第 175 页。
② 《通信二则》，《高长虹文集》下卷，第 177 页。
③ 《每日评论・刊物与行程》，《高长虹文集》下卷，第 194 页。
④ 《每日评论・双十节的前夜》，《高长虹文集》下卷，第 197—198 页。

飙出版部出版,19—22期由北平狂飙出版部出版。

10月13日,高长虹给冰心写信:"我现在是一个走头[投]无路的人了。不怕你笑话时,我一定又会看你去了呢!不走,又没有情热能够勾留住我。走时,也觉得什么都放不下。这时的苦楚,便不必对你细说,听了也不很卫生。还没有动身,所筹的几百元路费倒快要用光了。书店的老店[板]为我打算,字数不妨少算,价钱也不妨少算,钱不够时可再卖一部稿子,我真地须听他的忠告吗?""今天,我的周刊出版了。在发稿前几天,我决然干脆把他叫做长虹周刊了。免得被人说假冒招牌,免得自欺欺人说谎话。你不会为这个触发什么的,我完全没有一点坏的意思。我无时不在向那最好的,最好的一方面想。你如不明白这个时候那你才冤枉。"①

10月14日,高长虹给冰心写信:"我不会走远,你放心。我三五个月是必须回来一次的。我也许还不止须回来一次。第一也许是因为你,第二是因为这里的出版部。我才不愿意再轻易起头做事了呢!区区一个出版部,有十个不爱惜钱的朋友垫资本,有三十个不讨厌麻烦的朋友任流通,将来还不止有一百个不爱惜时间的朋友来做所谓下层的工作,还不只有一万个朋友每人至少拿得出五元来共同于协社的运命,自然更有长于经济的朋友从中策划。然而这个不重要的我,才是有国而不能出,行矣而不能远!我是决定了要把我这十年的努力集中在某一个事件上呢!然而我也许须待至二年以后。"②

10月16日,高长虹给冰心写信:"再谈谈我们的长虹周刊。从这个刊物出版后,我已经知道的在世上所发生的影响,便是这两天之内有不少人托人或者差人来问我要刊物看。这可证明他们还喜欢看。

---

① 《情书五则》,《高长虹文集》下卷,第208—209页。

② 《情书三则》,《高长虹文集》下卷,第209页。

有一位是拿了他们的刊物来交换的。至于是，完全乐意地帮我来做点小事的呀，送五元钱的股来的呀，或者报纸上一篇简短的介绍呀，或者来登广告呀，或者……总而言之，就是，用以证明这个世界还不很简单的证据，总归是没有什么！我还须等候三五天再看！”①

10月28日，高长虹给订阅《世界》满期的读者写信，全信为：“你们当不会忘记，你们定[订]阅世界周刊的时候，还正是今年的一二月间。现在已是十月将尽了，半年期限的刊物，你们才得看完。这中间不知道耽搁了多少次，不知道多么使你们失望过。以斤斤焉常在以负责任自励的我，对于此等举措，我不止是一万分抱愧，而今长虹周刊出版，正可按期寄出，用补前愆的时候，偏这半年的期限，到此周刊寄出第二期时已经满了。我以最忠诚的态度，特再为诸君赠寄二期，算不得什么。诸君如愿看这个刊物，自然以后欢迎诸君继续定[订]阅。如不愿看，则再寄二期之后，我也不必多麻烦了。”②

10月31日，高长虹给定阅《长虹周刊》的读者和流通处的朋友写信：“从本刊出版以来……外埠寄邮票来的，本埠代售的，本刊流通的范围，都超于我所预定的之上”，“流通处的工作真繁杂得很，我们都是在书房里过过一度四体不勤的生活的。跑路，接纳人，抄帐[账]本，再同各式各样无谓的麻烦讲交情，我干得时常想怠工。朋友们，我赞美你们的坚实与辛勤！我将写诗来赞美你们。我们把这个叫做了劳动，我们在做一种初步的劳动练习。我们的成绩总不错，我们是会进步的”。③

11月10日，高长虹作《出了那股毒气便好了》，内云：“狂飙出版部所坐立的地方，在上海几乎可以说是最闹的闹市了。所以选定了这个

① 《情书三则》，《高长虹文集》下卷，第210—211页。

② 《通信三则》，《高长虹文集》下卷，第201页。

③ 《通信三则》，《高长虹文集》下卷，第202页。

地点的缘故：一，这一带的街道最阔大整齐；二，这里的建筑最雄伟；三，这里最接近近代的文明；四，这里最富有动的美，可以鼓励起人的一种新精神。狂飙出版部并且预备了在大马路外滩一边开设门市部，一年内或者未必能实现，但也可知狂飙出版部在用什么步骤前进了。这种进行中的努力，决不至有懈怠或动摇的时候。当然，狂飙印刷局也在努力进行中，只是这里不必要说到。//沐鸿从娘子关里初次出来，在这个出版部里担任了编辑的工作，没有住得几天，对于这种近代的文明有点不能亲善，终于又搬到乡村似的地方住了。而且，搬出之后，对于这个出版部还似乎保存着一些余怨，所以在自己接触儿童或者皈依宗教，做做官呢或者抱一块肉的歧路徘徊中还有时间用来试出一些注意，竟想连出版部都搬到乡村中去。”①

11月上旬，高长虹的短篇小说集《青白》由北平狂飙出版部实际出版。

11月13日，《狂飙出版部》不定期刊第3期由上海狂飙出版部出版，发表的文章有：《两个月以来的狂飙出版部》、《狂飙出版部协社入社章程》、《狂飙流通处一览表》、《狂飙出版部代售处一览表》、《新书》。前3篇文章是了解狂飙出版部非常重要的文献，详见本节附录。

11月13日，高长虹作《去掉长虹两字》，全文为：“有一个朋友为我给狂飙出版部问人招股，那人说，要他认那股不难，必须把长虹周刊上这长虹两字去掉。那人说：‘为什么拿了我们的钱给他个人办刊物去？’//这人的话说得很对。无论我的刊物所代表的是什么，拿了别人的钱为我个人办刊物，我不大愿意。所以，长虹周刊的资本，从头便是由我个人拿出来的。但因为是我个人刊物，便为没有拿出钱来的必要，却也不很对。刊物有刊物的读者，狂飙出版部是协社的组织，则每

---

① 《出了那股毒气便好了》，《高长虹文集》下卷，第250页。

一个读者都拿出钱来加入协社，原是应该的事。这样看来，如其这人的话说得完全对时，他该预先声明他是决不看这个刊物的。至于刊物上用不用长虹这两个字，却没有关系。//我也说了吧：去掉长虹两字不难，待我改掉名字时再看。”[①]

11月26日，上海艺术大学的史济行给高长虹写信：“其外尚有种种不满意的地方，如常常延期，以及文字单调，推其原因，只为先生一个人负责来编，当然有许多处不能周到。我以为不如改为‘狂飙周刊’，一方面多载先生与向〈慰问〉培良高歌沐鸿罗西等作品；一方面定价减低（每期定价至多五分，最好如狮喉式），则一般读者，恐格外欢迎哩。//至于另有‘狂飙运动’月刊，不妨依旧照出，因为‘狂飙运动’月刊是关于学术的，而‘狂飙周刊’宜趋重于文艺，对于文字，尤宜要一般化，不知先生，以为然否？//我今年，本打算在宁波办一个创造社分部，后来听说宁波不能公开卖创造社的书，所以未成。现在我想在宁波办一狂飙社分部，谅来终是可以的，未识先生赞同不赞同？”[②]

11月27日，高长虹给史济行回信：“常常延期，大部分的原因是印刷局的耽误，起先由一家印刷局印，不能按期出版。后来由两家印刷局印，不料到第六期还没有出版，印刷局忽又发生风潮，又致第六期直至今日才能订出，又延期至十日之久。小部分的原因，是我太忙，也太不努力，所以稿件到第八期即这一期时，便有点不很充足”；“变革周刊的计划，这是不可能的事。我个人无论如何需要一种个人刊物。我在四五年前，没有办任何一种狂飙刊物的时候，我已先想过办个人刊物。到今日才办，我已嫌太迟。我常说，我只为了讲恋爱，也有办个人刊物的必要。这一点都不是笑话，至少我自己实在有这样的需要。你不

---

① 《每日评论·去掉长虹两字》，《高长虹文集》下卷，第267—268页。

② 《史济行致长虹》，《高长虹研究文选》，第413页。

看,周刊一期到七期不是有情书累累吗?这种事,第一个人来做时,不免惹人非笑,然他会是将来的人的常事的。这只是说了一点不很重要的办个人周刊的原因";"狂飙周刊,大概不再出版。狂飙运动月刊出版后,到可能时,也许还出一种狂飙运动周刊,这时难说定。这是人与稿件与经济的问题,必须三者和谐,才能成为事实。狂飙运动刊物,无论何时,我必尽一分子的责任,所以你所希望的那样一种刊物,也许有见到的时候。但那时你一定又以为他太单调了";"定价减低,只取消图画便成。若再把纸张换次一点的更方便。狂飙运动月刊便采用这种办法。但不必个个刊物都这样办,因为那也太单调。长虹周刊,还更将向图画多处发展";"在宁波办狂飙社分部——当名宁波狂飙流通处——,我当然赞同,并且感谢你的好意。但此事有关经济,你如愿意,详情请来出版部面谈!"①

11 月 30 日,高长虹给柯仲平写信:"出版部的工作,我同效洵干了,出力不讨好。我们习惯养得还不坏,受人攻击,不介意。效洵觉得有点苦。我深以为比我年轻的朋友不该比我更悲哀。少年们应该有方法让自己欢乐些。//我们的前面,一处是印刷局,一处是书店。印刷局我望朋友们合力去进行,我帮忙。书店,由我负专责,朋友们帮忙。印刷局至少须百人来做事。书店至多三个人。"②

11 月 30 日夜,高长虹不想睡觉,给柯仲平再写一信:"招股办法,只在狂飙出版部不定期刊第一期狂飙运动的消息中约略说过。其实这只是一种消息,说不到是招股办法。我原想,我们的出版部未必便能办成功,便是办成,也未必能够取信于人。所以,第一,必须有比较坚固的基础,才好向外面招股。所以,第一批的资本须由狂飙运动者

---

① 《通信一则》,《高长虹文集》下卷,第 289—290 页。

② 《通信九则》,《高长虹文集》下卷,第 312 页。

自己拿出。一面，各人也分头招呼各人的朋友有没有赞助这种举动的意思。这才到第二步的招股，正式发表招股的章程。从九月一日到十月三十一日这两个月，算是第一个时期。从十一月一日起，各方面已证明愿意加入协作的大有人在，所以便开头印招股章程，想来你已见到了"；"我近来也很穷。书局据说也都穷，所以我又卖的两部稿子都没有卖出。这于我们的出版部却无大妨碍，出版部并不穷。房金虽不少，但由我与效洵担任去了二十元；剩下的便全算作出版部的开消［销］，也无几。将来也许连这十几元都由我拿出，则出版部可以不破费一文钱。所以此后他的发展的限度，便全看各地的流通后的成绩而决定。还有加入协社的朋友们，自然更是重要的。"①

12 月 2 日，高长虹给张青萍写信，全信为："今天才知道你想办刊物，并且要我代为筹画［划］。我自然高兴做这一类事。我也早已计意过做这一类事了。我至少也想为青年朋友们办两个丛书，一是科学的，这里还有一种特别的计划，一是普通的。我也想为青年朋友们至少办一个定期刊物，老早说过的民间便有这种作用。所难的只是钱。办世界大的一个刊物每年也须二百{元}钱来垫。你翻出狂飙出版部不定期刊第二期，不是可以看见那个出了十期周刊一期{月}刊的世界曾经用过一百五十九元的资本吗？我们是反对资本主义的，但我们一做起事来，却不能反对资本，而且还须想法去找她。再说则，想办刊物的朋友们很多很多，办世界那般大，你满意了，别的朋友们一定又会嫌太小。我很希望想办刊物的朋友们常来信，说说自己的计意，大家集合起来办一个较大的青年刊物。中国现在还没有这样刊物。大家也分头去集合资本。这也许又是难题目。但是，我自己在目前是没得法拿出这一笔痛快钱来的，出版部也没有能力来做这件事。//望你同想

① 《通信九则》，《高长虹文集》下卷，第 313—314 页。

办刊物的青年朋友们都注意。”[①]

12 月 6 日，高长虹给张申府写信：“那天，因为狂飙运动也开编辑会议，所以没得抽身到新雅去参与著作者协会的盛宴，没得又认识几个新朋友，很遗憾！”[②]

12 月 15 日，《长虹周刊》第 10 期刊登了狂飙出版部小伙计袁学易(袁殊)的照相。袁殊成为狂飙出版部小伙计的经过为：“袁殊在北伐军 18 师时，有一次住[驻]扎在江西的一个小市镇，在那儿无意买了一本《长虹周刊》(按：当为上海《狂飙》周刊)，行军途中细细地读了几遍，思想上发生了共鸣。自南京出院后，在街市上又买到《长虹周刊》，读完后就贸然写信给上海的高长虹，简述了自己的经历，要求参加狂飙社。没有想到高长虹竟回信同意袁殊参加，于是袁殊成为狂飙社的一名小伙计。”袁殊在出版部的情况为：“袁殊回到上海住在狂飙社出版部，地址是四川路老青年会惠星[新]公司的楼上。出版部一共只有三个人，头头是高长虹，两个小伙计一个是袁殊，另一个是比袁殊稍大一点的北京人郑效洵。生活上他们三个人同吃同住，小伙计吃住不收钱，但也没有固定工资。小伙计的工作是把出版的《长虹周刊》打包邮寄到各地。《长虹周刊》，的确名符其实，因为它完全由高长虹一人包写。出版部的经费只靠卖刊物得来的钱支持，常常寅吃卯粮，每有讨债的来催逼，高长虹就躲起来由小伙计去应付。慢慢地郑效洵对高长虹产生了不满情绪，但袁殊和高长虹的关系一直融洽。”袁殊晚年在回忆时如此评价此时的高长虹：“高长虹这个人忙得很，当时已有 40 多岁了，还不成家(按：高长虹 1914 年就已结婚)。他书读得很多，也有

---

① 《通信九则》，《高长虹文集》下卷，第 314—315 页。该信落款为“长虹，2，11”，根据前一封信的落款“长虹，30，11”和后一封信的落款为“长虹，4，12”可推知，该信的写作时间当为 12 月 2 日。

② 《通信九则》，《高长虹文集》下卷，第 318 页。

才气；主要搞文学活动，有时也搞点政治投机。他常常一个人跑到南京去，告诉我们说是和阎锡山代表联系，帮助他们开展文学活动，实则作点交易。出版部有时连房租都付不出，可高长虹照样买当时最昂贵的英国进口毛毯，他精神上要求讲究。”①

12 月 21 日，柯仲平给高长虹写信，末尾“附告”：“白庙胡同五号将开喇叭书店，以后可为北平狂飙特派处”。②

1929 年

1 月 14 日，高沐鸿得肺病住院。③

1 月 15 日，高长虹写作《第一个狂飙书店将在南京成立》，全文为：“狂飙运动，关于出版事业，有出版部做印行的工作，有流通处做推销的工作。但这两种组织，都是没有门市的，此外，另有一种专做门售的工作的，便叫做狂飙书店。它的第一处，又将出现在南京。//狂飙书店，在上海的，将来预备设在大马路。一年内大概可以实现，为[另]外，各省也都在随时进行开设。狂飙书店的第一特色，便是一律由女子经营。//妇女解放的先决条件，是妇女经济独立。而做官生活，又不如做工生活较为彻底。狂飙书店同一般的商业书店性质不同，除尽传布文化的职责外，并且要做成一种劳动的机关，为一部分解放的妇女开一经济独立的路径。”④

1 月 19 日，高长虹给在太原的壮桥写信：“我们不反对商业的本质。分配流通的工作，到什么时候都需要。但是，现在的商业的组织，却必须根本毁弃。你做这种生活已四五年，则你当已有相当的经商的

① 曾龙：《我的父亲袁殊》，接力出版社，1994 年，第 50—51 页。

② 柯仲平：《通讯一则》，《长虹周刊》第 11 期（1928 年 12 月 22 日）。

③ 高沐鸿不但是狂飙出版部负责人，并且他的病在让捉襟见肘的狂飙社成员焦头烂额的同时，也让他感受到了狂飙社成员的关怀，所以本节抄录了与此有关的内容。

④ 《每日评论·第一个狂飙书店将在南京成立》，《高长虹文集》下卷，第 360 页。

经验,那便换一个方式,你当能发挥你的所长。”①

1月20日,高长虹给史济行写信:“效洵来信,说你曾到出版部商办宁波流通处事。此事在现在办来,倒很简单。从前各地流通处,本兼发各书局所发行的狂飙丛书。近以手续上多感困难,已暂行停止。此时的流通处:第一,有托实的朋友愿尽这种义务,又有确定的住址,又能按月寄得书款回来,那便第二,出版部将本版书志寄去,第三,流通处接到书志,当即分发本地各书店销售:这样,流通处便算成立。代售办法,详出版部不定期刊中。”②

1月,《狂飙运动》月刊第1期由上海狂飙出版部出版。1928年10月13日出版的《长虹周刊》第1期有《狂飙运动》月刊广告:“狂飙运动月刊是狂飙运动的机关报,由狂飙编辑所六人分类编辑:张申府,数学,物理;陈德荣,生理,心理;长虹,经济,教育;柯仲平,诗歌;高歌,小说;向培良,演剧。每期由编辑所编辑之稿件,又经出版部编辑沐鸿再行编辑一次,然后付印。可说是狂飙运动的全力的表现。第一期,十一月内出版。”

1月,柯仲平的文艺讲演集《革命与艺术》由上海狂飙出版部出版。

2月14日,高长虹给安庆的宗昆、天津的张友渔写信,全信为:“差不多我同时接到你们两位的信,想在安庆和天津开办书店,我当然十分赞成。第一个狂飙书店已将在南京成立。我们此后,正想随时乘机在各地创立狂飙书店。上海的狂飙书店也想赶在六个月内实现。你们已经知道,狂飙书店是要女子经管的。所以最好,你们找一两位女朋友来担任起这种工作。关于上海方面各书店批发代售等事,出版部可负全责办理。//定君来找我两次,我找过他一次,都没有遇到。现

① 《通信四则》,《高长虹文集》下卷,第383页。

② 《通信四则》,《高长虹文集》下卷,第385页。

在想已回安。听说安庆书的销路很滞，所以在做生意上，是不得不特别注意的。望你们详细计划后告我。//天津，申府本想办一书店，没有办成，天津极需要一个好的书店。怎样才算是好？我的意思以为：一要选择适宜，二要新书快到，三要货物齐全。如办狂飙书店，我可以负一半责任，履行到这几种条件。//望你们早点赐复，以便进行。”①

2月15日，高长虹给廖道行写信：“你所要求的狂飙周刊，在狂飙出版部的进行计划中则为狂飙运动周刊，是关于狂飙运动的基本生命问题，何时能够出版，一定会马上出版了的。所困难的只是经济的条件。我们自然希望这个狂飙运动周刊能够在最近最近的将来出版。”②

2月15日，高长虹给已燃写信：“现在的中心问题，便只在狂飙印刷局要不要在六个月内实现？我们如把这事展缓到一年以后，没事，我走我的好了。可是第一，没有印刷局，则出版部的生命是难于稳定的。出版部的生意是出多而入少，入不及出的五分之一。上海印刷界生意忙，印书很慢，出版部办起五个月，没有印出一本书。资本垫得太多，即便有，也不上算。第二，没有印刷局，狂飙的劳动运动没有方法去做。狂飙印刷局，除出版部的关系外，最大的原因是为狂飙的劳动而办的。如不能早把印刷局实现，则狂飙运动不能有大规模的进展，使各方面同情于狂飙运动的朋友们失望，而我应负空谈的罪。所以，我的意见，是想再在中国停留，至多六个月完成了这一件工作。”③

2月16日，高长虹给做了十年的商人牟均写信：“狂飙是从民间来的。所以，工人，农民，小商人，以及一切下层工作者，都正是狂飙的朋友。十元钱的消费股，给与狂飙出版部，在你是最有价值的资本。狂飙出版部的股本，如收足一万元，而又都是象[像]你这样的来源时，狂

① 《通信九则》,《高长虹文集》下卷，第395—396页。

② 《通讯九则》,《高长虹文集》下卷，第396页。

③ 《通信九则》,《高长虹文集》下卷，第398页。

飙出版部真尽到协社两字的功能了。只怕，唉，不能够这样！协社在中国也许还来得太早。只是，我们要努力。”①

3月中旬，高长虹离开上海：“后来长虹骗了大家，他一个人跑掉了，跑到哪里去了谁也不知道，连和他最接近的演剧部柯仲平也不知道。出版部的房费欠了几个月了，没有办法，只好散伙。郑效洵回北京去了，我就搬到演剧部和柯仲平住在一起。”②根据现有资料可以知道，袁殊的回忆应该是对错参半：为了逃避债务，高长虹离开上海时没有告诉加入狂飙社不久的袁殊，却应当告诉了自己的二弟高歌和老朋友柯仲平。

3月30日，高沐鸿出院：“坐汽车来，上下都是用椅子抬。我的公寓老板很着急的，看见我接来这么个不能举足的病人。”③

4月6日，高沐鸿“又到医院里去了。今回是坐东洋车去了”。④

4月23日，高沐鸿第二次出院：“第二次住在我这里，现在在等着钱的到手，钱到手就去西湖的。而且看来能够坐火车去。这次也是从医院走到黄包车走到我的房里的。”⑤

4月25日，高歌给利那写信：“我想，至少也得你担保，不然的话，那怕是你也不成，一定得——有一名说是要得有老资格的人做保。这老资格亲爱的哟，你会想得出刘是指着谁！不过，利那我的利那，我想只有我的利那保也或许会成功，因为这个保是；[：]一者证明房子是实有的；二者保证着我们到期有负责还钱的能力；不然，三者是还不了钱也有房子能够抵价。……我的亲爱的妹妹呀！我们的事业需要

① 《通信九则》，《高长虹文集》下卷，第398页。
② 曾龙：《我的父亲袁殊》，第51页。
③ 《情书四十万字·归来到我的乐园吧》，《高歌作品集》下卷，第399页。
④ 《情书四十万字·归来到我的乐园吧》，《高歌作品集》下卷，第420页。
⑤ 《情书四十万字·归来到我的乐园吧》，《高歌作品集》下卷，第435页。

你——需要你——需要你——需要你呀！我的妹妹你来！是的！这是我们的事业的一个生死的转变时期，一切都集中在这个时候了！”[①]

5月2日，高歌给利那写信：“我们的狂飙是失掉了和谐，因此我们的事情都弄得稀糟！这个我早已料到的！我曾对你说过，将来出版部是弄僵的！我想预防，但这实在不可能！无已，等到僵期来临了，再尽我的全力来恢复他吧！但是，现在呢！僵期已到了！我才没有力！——不过，利那，请你放心，这僵不会致死命的！只要这些人有一个存在着狂飙就有生机的！因为这些也都只是些工人！都是做工的人！虽然也都是创造的人吧！但这些人已经被时代创造了呵！已经被时代创造成功为时代的工人了！”[②]

5月4日，高歌给利那写信：“唉！妹妹呀！泰东的老板真把我气灰了！唉，他妈的这混占[账]王八蛋他的[对]我说的每月给我百元，我给李[他]稿子；后来他要减少——后来——唉！他妈的后来他说不行了！唉！这真是个混占[账]东西！说话如同放屁！没有责任！此来——此来我只见过他一面，后来连人都找不见了！——还好他给我二十元，但是那两天就用光了！他妈的混占[账]东西，我真想把他的眼珠子剜出来喂给狗吃！——//唉！妹妹呀！我告诉你——一九二五年的冬天我们是接受到出版家和著作家们的经济封锁！而我们的现在又隐隐〈的〉约约像是要接受这经济封锁的第二次了！唉！他妈的登[证]据是一家新书店因为〈的〉他妈的鸟威权有关系拒绝了我们诗人大艺术人大行为人的一部大剧本！”在下面文字中高歌明确说到了鲁迅：“自然，我们这些不入时派的人儿，我们的著作自然是不入时派的著作！被拒绝！被压制！自然这也是应有而必有的事实！只是

---

① 《情书四十万字·归来到我的乐园吧》，《高歌作品集》下卷，第436—437页。
② 《情书四十万字·归来到我的乐园吧》，《高歌作品集》下卷，第460页。

应该而鲁迅而——而——唉！幽默火传真广矣哉！甚而——唉呀呀！甚而我的一个最好最好最好的朋友都拿我和文章做幽默来解释，险些我和他闹翻{。}幽默之害大矣哉！”①

6月1日，高沐鸿回山西省武乡县老家养病：“从农民那里来，他又回到农民那里去了！但是，这个世界是由农业到工业的呵！——C常常写信来骂我！是的，我的过错太多了！”②

6月3日，高长虹作《最后几行》，内云：“我从上海出发，经过了三个月的光景，苏州，镇江，南京，泰安，济南，天津，旅行到北平来了。我的周刊，也随了我旅行。但是，因为印刷和经费上的困难，一连停顿了三个月的光景，直到现在，才能在北平续出第十九期，读者当能够谅解这种不得已的事实。//我在北平停不了多久，又要往西北去旅行。此后的周刊，在我没有离开北方以前，大半都在北方出版。平津印刷界，纸张，图版不及上海好，价值[格]又贵，但在时间上守信约。这一期起，在这一个段落内，大概只能用光道林了。”③

6月4日，高歌给利那写信：“Q和W是昨天晚上走了！现在只剩下出版部的搬家问题和演剧部的还帐[账]”；“现在是因为泰东要在我借款的地方借款，数目是一万，款子大了所以要费时间”。④根据《长虹周刊》第22期目录页下半部方框内的文字可以知道，上海狂飙出版部

---

① 《情书四十万字·归来到我的乐园吧》，《高歌作品集》下卷，第468—469页。此处的“一九二五年的冬天”应为“一九二六年之冬季”：“想起一九二六年之冬季来，那是第一次我们接受到经济封锁的策略，我们是不得不三个人只借到二元钱来做我们的新年五天的生活费用！”（《情书四十万字·归来到我的乐园吧》，《高歌作品集》下卷，第420页）此处的“大剧本”当是柯仲平完稿于同年1月21日的诗剧《风火山》——1930年由上海新兴书店出版。

② 《情书四十万字·归来到我的乐园吧》，《高歌作品集》下卷，第478页。

③ 《最后几行》，《高长虹文集》下卷，第429页。

④ 《情书四十万字·归来到我的乐园吧》，《高歌作品集》下卷，第482—483页。此W不是丁月秋，因为该段中有这样的语句：“W也快〈的〉生孩子了！N得招呼她”，此处的W才是丁月秋——N为柯仲平。

的新地址在宝山路954号。

6月8日，高歌给利那写信："我们的狂飙运动，现在只陷于经济困难不能进行！朋友们一个一个的都在觉悟着，而且一个一个的都在坚决的要干——干呵！干呵！干干干"；"爱人，爱人呀！伸手来，搭成一道桥梁呵！便利这人类的交通！——前些时，我的人，一切待着借款——借款未成！现在，——我的人呀！我请你再向刘说说！——或者和你的母亲——这些个人类的孩子！这些个人类的孩子呀！爱人呀！救助他们——是救助我们呀！完成我们为人类服从[务]的机会！——二千三千到五千都可以！总之：要说明我们是为生产！还款期限一年至二年！我们的朋友都没有经济活动的能力！所以现在是单看你的这一下!!!——爱人爱人呀！用你用全部的信用冒险这一下!!!——有两家书局愿意印我们的恋爱和创造！但是我的主意是这书我们自己印。印费总共得一千元。还有N的风火山，我也主张自己印。这书印起来只要四五百。有这两部大著作，一定可以震惊世人的听闻！让他们认识这狂飙运动的真形！此外，别的朋友们也有——再办一个周刊，做我们狂飙运动的机关报！单分五百元至八百元做这事！别项不能通用！而且，我的爱，现在是，外面只在等着我们自己的发动！如果我们有动作，外面就有援助的！如果我们没有动作呢！援助就没有了"；"唉！我的爱！借款是失败了！原因是泰东的老板怕犹太人凶！大款不借，小款也不能不跟着失败了"。①

6月10日，高歌给利那写信："我的爱！C来信说北平有大学讲师当，要朋友商议谁去，并且谁去合适，这，自然是得我去了。因为N必得留着办大家的事"；"大借款你看可不可以进行一下？自然不成也算！不算又怎样！但是，还有一点我须告诉你的是——如果我这里小

---

① 《情书四十万字·归来到我的乐园吧》，《高歌作品集》下卷，第490—492页。

款借不成的话！——我现在还有两处可进行，数是五六百，由泰东归还——不知你能否于大借款不成时就进行小借款？总之：我们必得先设法——是自[至]少我们必得让我们开展一下！还清我们的借债和我的积欠和我担负着的那一些大家的事的积欠！忠实和我们〈和我们〉的事业是我们的生活的基调！我们的现在是太〈的〉困苦了！不！我的爱！不是我们怕困苦！而是我们没有预先弄好！"①

6月19日，鲁迅给李霁野写信："听说现在又有一些人在组织什么，骨子里是拥护五色旗的军阀之流。狂飙社人们之北上，我疑心和此事有关。长虹和培良大闹，争做首领，可见大概是有了一宗款子了（大约目下还不至于）。希留心他们的暗算。"

6月22日，《长虹周刊》第21期由北平狂飙出版部出版。目录页下半部方框内用大号字印有如下文字："本刊现在也举行一种运动，叫做突破千卷预定运动。这种运动，也可以说是本刊生命上最重要的一次运动。一俟这次运动成功，本刊便像泰山一般坚稳，再不会受经济上的动摇。希望各界朋友同本刊的爱读者热诚赞助！"

6月24日，高歌给利那写信："C在北京办起一个日刊，我们计划抽稿费归出版部哩！"②

6月27日，高歌给利那写信："北平的一家报馆里愿出版一狂飙运动作副刊，月出钱六百元。另外天津还有一个副刊叫前线上也是狂飙的！"③

7月，高长虹的《草书纪年》出版。《长虹周刊》第21、22期的广告

① 《情书四十万字·归来到我的乐园吧》，《高歌作品集》下卷，第496页。

② 《情书四十万字·归来到我的乐园吧》，《高歌作品集》下卷，第510页。到目前为止，尚未发现该日刊。

③ 《情书四十万字·归来到我的乐园吧》，《高歌作品集》下卷，第516页。到目前为止，尚未发现该副刊。

《本刊编者的著作》说该书由“北平狂飙出版部发行”，但藏于上海图书馆的该书版权页上标明为“上海狂飙出版部”。

暑假前，张申府应中国大学学生邀请回北平讲学，暑假后遂在中国大学任专任教员。[①]

8 月 14 日，高歌给利那写信：“P 又带三人来住这里，连 D，连本部的人，所这里的人现在连我是十个。”[②]

8 月 16 日，高歌给利那写信：“我想把狂飙造成真的生活的和行动的集团；这是我一年来所日夜想做而没有做起的；再加上我们自己的生活上的需要；所以我们想到北方去；正如你说是为我们爱的和精神的扩大！现在，或者有机会〈会〉让我成起[为]那生活和行动的集团的开始；或许不能够完全的做而是部分的；或许完全不能够，我现在实在没有真实的把握！不过，在我们，我们已经有住在上海的经济能力了！我昨天对你说有人要我教书，我昨天下午就去看那个人来的。虽然没得见着吧，但据 P 说，他看见那里的教员名单上已经有了我的名字，那末，这已经由他们内定了的。并且据说每月有百元的收入。就是只有这点收入，已足够我们在上海生活了的。”[③]

8 月 17 日，高歌给利那写信：“替我介绍事情的是那位陈空三。学校是一个初办的叫做建设大学的学校。我的工作在附中。在几个月前，我就给他一信，说我们的朋友在上海做着艺术的文化的运动，不用说，大家都是穷的人，所以我来信要他替我们介绍教员的事情，一者朋友们的生活有靠，可以安心的尽力的做自己所愿意做的工作；二者可以让青年的学生们认识认识我们的艺术和思想和行为——我还说，我

① 《所忆·我的教育、职业、活动》，《张申府文集》第 3 卷，第 553 页。

② 《情书四十万字·归来到我的乐园吧》，《高歌作品集》下卷，第 552 页。

③ 《情书四十万字·归来到我的乐园吧》，《高歌作品集》下卷，第 553 页。

们是怀抱着艺术来售卖苦力的人呵！”①

8月19日，高歌给利那写信：“我的稿子还没有卖出去。听说启智刻下拿不出钱来。我叫P卖南华，但他一味拖延着，直到我回来到今天五六天了他还没和南华确实的说。今天他说来，但还得二三天才定。唉！我没想到朋友也是这样呵！而且，P是一再催我来，我来了他又不正式的和我一谈，无已，我的利那呀！我的唯一的心{上}人，我们还是走开上海吧，但我不是放开我们的事业也！现在，我真确的知道是狂飙的第二危机到了。第一次的显明表现是C周刊（按：高长虹主办的《长虹周刊》）之出版。第二次是青春（按：向培良主办的《青春月刊》）了。C周刊一再表明是和狂飙运动一致的，但不言而知的那是C周刊呵！青春你如[说]哩！留待事实证明吧！”②

9月21日，高歌在赴安庆的船上给利那写信：“我是为人类而来而作战的！为人类！为狂风！是的，我的主！如果我们不能够创造成功狂飙是优秀的人类的集合体的话！那我们捣毁了他！我们再创造一个来！我完全是为我们的狂飙！正如你完全是为我们的狂飙！”③

9月26日，高歌在安庆给利那写信：“我要在十月一日起正式的尽力编制那个副刊”④，该副刊为安庆《国民日报副刊》。向培良发表在自己主编的《青春月刊》1卷3期（12月1日）的《没有接到回信的朋友》中有这样一段文字：“口漫君的芥小龙之介的译稿我转到安庆国民日报副刊高歌那儿去了。青春有登不下的稿子（篇幅之多么小）倘有转去的，不见怪吧？”

10月12日，高歌在安庆给利那写信：“昨天N又来信了。今天有

---

① 《情书四十万字·归来到我的乐园吧》，《高歌作品集》下卷，第555页。
② 《情书四十万字·归来到我的乐园吧》，《高歌作品集》下卷，第558页。
③ 《情书四十万字·离别》，《高歌作品集》下卷，第560页。
④ 《情书四十万字·离别》，《高歌作品集》下卷，第570页。

W 的信，——双十节把我噪住了！可是——我今明天一定要给他回信哩！P 这个糊涂的小兄弟，他气愤愤的给我一封回信；很可怜的！”[①]

秋或冬，《长虹周刊》改版：“记得他的《长虹周刊》后来由十六开本改为二十四开本，似又将‘长虹’改为‘长红’过，文章则不只是他自己的，首篇是张申府的。再后又改为三十二开的油印本，内容则记得有谈张国焘的，谈‘铁的纪律’的等等，大概那时他的政治倾向有所变化了。一个时候他说要去探寻金矿（不是比喻），在上海时又要编辑辞典……”[②]冈夫的回忆能够得到戈风回忆的部分证实：“1928 年‘狂飙出版部’停办后，高长虹负气由沪北上，易名‘长红’，表示要由‘区区诗人’转入实际‘行动’，即建立‘行动学’和创造‘新国际语’。”[③]

附

出版部的消息[④]

协社是经济的新运动 狂飙出版部协社不以营利为目的，是一种经济上的新运动。除举行贷金而外，所有股金不特无利润，而且无利息。财政完全公开。每年有盈余时，概以之作为公债，或提出一部用于公众的事业，如办图书馆，演剧院及其他科学上，艺术上的事业。出版部编辑，簿记，监印，发行，广告，各事物[务]，亦由协社社员分工担任，不雇职员。分担协社工作者，在相当时候，给与相当的报酬。其所担任之工作如有损失时，亦须负赔偿责任。

小书局加入协社 狂飙出版部协社对于读者与著作者便利极大。

---

① 《情书四十万字・离别》，《高歌作品集》下卷，第 596 页。

② 《忆长虹》，《冈夫文集》第 3 卷，第 1415 页。

③ 戈风：《高长虹的著作》，《高长虹研究文选》，第 27 页。高长虹“由沪北上”的时间是 1929 年 3 月而不是 1928 年。

④ 《狂飙出版部》（不定期刊）第 2 期（1928 年 9 月 21 日）。

兹为对于各地专以推销为职务的小书局也与以相当的便利起见，因定小书局加入协社的办法如下：

1. 认一百元股金者买书时照批发章程再打一折

2. 认五百元股金者买书时照批发章程再打二折

协社贷金 协社与股分[份]公司不同的要点，在：协社注重生产与消费，而没有利润，公司则注意利润；协社以生产者与消费者为单位，而公司以资本为单位。但协社也不能摈绝营业，资本在营业上的重要性，在协社仍无变更。所以，协社也常采用与普通集资相类的办法，举行贷金。详情另志。

世界周刊社股金移交狂飙出版部 世界周刊本由撰稿者摊钱来办，也间得朋友读者的协助，已具有协社的雏形。数月来所集印资，移归狂飙出版部管理。现开陈如下：

长虹：三十八元　　柯仲平：四十元

申府：十八元　　周曙山：三十元

沐鸿：十五元　　宋梦甜：六元

鲁彦：十元　　吴化霖：二元

石君：五元

两个月以来的狂飙出版部[①]

狂飙出版部，上海和北平两处，成立已满两月了。这两月中所做出来的成绩：1，当然是上海出版的长虹周刊，2，便是北平出版的小说集青白了。在印刷中的有革命与艺术，论文集，黑暗里的红光，独幕剧，草书纪年，寓言集，我们自然要竭力要这几部书快点出来。狂飙出版部不定期刊现在是已出到三期，狂飙演剧部第一期也已在印中。狂

① 《狂飙出版部》(不定期刊)第3期(1928年11月13日)。

飙运动月刊,亦已付印,其他在计意中的书报,自然都须一一让他们实现出来。

出版界的信用,也许向来便不大好。狂飙出版部决计要为出版界树立一点新的精神,信托两字,无论如何要做得到。起先,为慎重起见,资金都先由狂飙运动者拿出,也有最熟托的朋友,愿意从热狂中赶忙来加入协作的。现在狂飙出版部,已有稳固的基础,已有那种真诚的自信,可以招呼各方朋友们的加入了。在这里,正式发表了入社章程,狂飙出版部极盼望各方的朋友们以最高的热诚来加入协作,来担任这文化的生命上第一步的工作,为出版界开创一新时代!

狂飙出版部协社入社章程①

第一条　本社定名为狂飙出版部协社。

第二条　本社由著作者,读书者联合投资出版各种出版物,以最经济的方法,作文化上的贡献。

第三条　本社股额定为一万元,分生产,消费两种股分[份],生产每股五十元,消费每股五元。以后随时均可增加。

第四条　本社社员直接向出版部或流通处,购买本社印行的出版物,价目照成本核算,每书自六折至八折不等。此外别无股息。

第五条　本社每年所获赢余,除开支外,作十成分派:以二成充公积金,以三成举办文化事业,以二成作职员酬劳金;余三成,按购书价值多寡摊还社员。

第六条　本社招股委员会担任各地招股事宜。

第七条　本社每年终结账,将一切进支存欠缮具报告书,在本社不定期刊发表。

---

① 《狂飙出版部》(不定期刊)第3期(1928年11月13日)。

第八条　本社暂设职员二人，担任社中各项工作，不支薪金。

第九条　社员入社，须填明姓氏及通信地址连同股金交与本社，自收股金之日起，在本社不定期刊公开发表，不另发股证。

第十条　社员欲将股份转让他人，应向本社声明，俟得允许，即在本社不定期刊发表，便生效力。

本社招股委员会

沐　鸿　高歌　向培良　张申府　罗　西　长　虹（以上上海）

柯仲平　张用五（以上北平）

张友渔　郭瑞庭　朱鹃华（以上天津）

武灵初　高成哲（以上太原）

罗石君　梁痴若　纪医凡（以上南京）

陈凝秋（哈尔滨）

王皎我（广州）

丁月秋（曲阜）

吴化霖（武汉）

本社社员

长　虹　郑效洵

狂飙流通处一览表[①]

1. 太原狂飙流通处　太原平民工厂高成哲。

2. 广州狂飙流通处　广州东山培正学校王皎我。

3. 天津狂飙流通处　天津特二区平安街华利胡同二号朱鹃华。

4. 大连狂飙流通处　大连市浪速町中华青年会王兰。

5. 武汉狂飙流通处　汉阳针钉场第三中学吴化霖。

---

① 《狂飙出版部》（不定期刊）第 3 期（1928 年 11 月 13 日）。

6. 南京狂飙流通处　南京军官团四连梁雪亭。

7. 运城狂飙流通处　运城中山书店家珍。

8. 哈尔滨狂飙流通处　哈尔滨道外同记工厂职工青年会陈凝秋。

9. 长沙狂飙流通处　长沙书院坪第一中学简鹏翰。

10. 开封狂飙流通处　开封自由东街桥北嵩阳中学张长工。

11. 曲阜狂飙流通处　曲阜第二师范丁月秋。

12. 泰兴狂飙流通处　江苏泰兴县东门三层楼张青萍。

第三节　狂飙演剧运动大事记

在笔者看见的戏剧史著作中，没有一本提到过狂飙演剧运动，这应该是由于对狂飙演剧运动不了解造成的。在笔者看来，了解狂飙演剧运动不但对正确认识和评价狂飙社有非常重要的意义，还能通过狂飙演剧运动了解 20 世纪 20 年代末中国戏剧界的一些情况，所以同样将相关文字不厌其烦地抄录下来。为了更好地了解狂飙演剧运动的时代背景，还在本节末尾附录了《南国公演的过去简记》。在这些文字中，不少人的姓名用拉丁字母表示，知道姓名的有：C 为高长虹、P 为向培良、B 为高沐鸿、N 为柯仲平、W 为丁月秋——若有意外情况，将特别加以说明。

1927 年

12 月 26 日，高长虹作《看了辛酉社的桃花园之后》，内云："剧情很单纯，第一幕的变化又太仓促。全剧很不调和。但还不失真，一看便知道是日本式的。我并不羡慕有这样一个桃花园，但能有这样一个桃花园也未尝不可。”①

12月26日，高长虹作《陆小曼何不演剧》，全文为：“感谢蔡孑民，郑毓秀诸君给我以机会得看陆小曼的京戏。我是认真有京戏癖的，虽然不以为它在艺术上有什么价值。陆小曼的扮，做，唱，都是非常之好的，罗曼一点说，胜过所有的戏子。//我于是想，陆小曼何不演剧？这剧，对京戏而言，当然是欧剧了，如能认真来演欧剧，一定会有很大成功呢！//至于徐志摩呢？除台步，道白，做派都不好外，其余的也还很好。”②

1928年

1月，向培良的独幕剧《从人间来》在《世界》周刊1—4期连载。故事梗概为：旅行者（祖母最小的儿子）二十年前的一个晚上坐船不辞而别后，楼上的期待者（三个女儿的姐姐）就从未下过楼，并且只打开对着河流的那扇窗。三个女儿二十年如一日将客厅保持原样，每天都陪祖母、祖父等待着旅行者归来。祖母等白了头、等弯了腰、等瞎了眼，旅行者终于“从人间”回来了，祖母、三个女儿都非常高兴。在旅行者的反复恳求下，楼上的期待者衣衫不整地蹒跚着走下来，短暂握手后

---

① 《每日评论·看了辛酉社的桃花园之后》，《高长虹文集》下卷，第142—143页。

② 《每日评论·陆小曼何不演剧》，《高长虹文集》下卷，第143页。1927年12月6、7日，天马剧艺会在夏令配克电影院组织了两场票友演出，第一场中有陆小曼、翁瑞午、徐志摩、江小鹣演出的《玉堂春》（韩石山：《徐志摩与陆小曼》，团结出版社，2004年，第167页）。

又慢慢回到楼上。旅行者呆立一会后又出走了。[①]

4 月中旬至 7 月下旬，在北平期间，高长虹几次托上海的朋友转信给时在湖南的向培良，要他到上海来正式挑起狂飙演剧运动这副担子。

8 月初，回到上海的高长虹同陈凝秋说“大家努力去做”狂飙演剧运动。但由于以下原因未能成功：“第一，必须培良到上海，然后才能正式做，否则不能正式做。凝秋等不到培良来，又因为生活问题，我也知道他还有别的缘故，回哈尔滨去了。”于是高长虹只好等待机会：“这以后，便不是不做，是要等到做的时候。别一方面，我又已同朋友们说了，在今年内，各试作一剧本，预备明春公演。凝秋去时也有明春再会上海的约定。因他是熟演员，不必需要从头来练习。”[②]

9 月 29 日，高长虹作《看了袁牧之演剧之后》，内云：“我昨夜请了五个朋友（按：高沐鸿、罗西、高歌等）去看戏，原想看过之后，请每人写一点批评或感想，在本刊发表，为大家添一点生趣，也藉此引起一些人对于演戏的兴味，至少也使它成为一个问题。一面也算是对于演员的一点小帮助，热闹些，可以增加些豪兴！”“袁牧之的演剧，去年在青年会饰桃花园的桃仙，给我以极好的印象。我看过的新剧也许不算多，

---

① 这应该是一部非常优秀的作品，当时便引起了人们的重视：“从人间来的艺术是很达到一浑圆的境界。内容是写一个战士，几年不归，父母和爱人都在等待着。可惜的是不能用新写实的手腕把故事拱[烘]托出来，却用了许多象征的和{现}实生活隔离的字眼去表现，那结果，是艺术是[的]气份[氛]很高而人间性却是清淡了。然而那一贯的等待和归来的情绪溢得很足以动人，加之那战士们叫那归来的战士重上征途的歌声悲壮地倡[唱]出，全篇是够紧张的了。”（韩起：《狂飙社论》，《流露月刊》第 2 卷第 1 期）作为左联成员的韩起以“新写实”为标准评论该剧，犯了成仿吾用浪漫主义评价《呐喊》的同样错误。该剧与战士出征没有任何关系——水手唱的离别之歌是“回去到地母伟大的怀中”而不是重新加入革命队伍。该剧很容易让人们想起贝克特创作于 1952 年的《等待戈多》：不仅仅情节都是“等待”，也不仅仅等待者等待过程中的言行都差不多，更重要的是该剧非常抽象地表现了“等待”这一人间常见的主题，存在很大阐释空间。

② 《关于演剧的文字上的答辩》，《高长虹文集》下卷，第 205 页。

但给我以好印象的演员却直到现在还只有两个，袁之外的那一个，便是吴瑞燕。朋友陈凝秋，我初次见他便看他能演剧，人也常说他演得好，但我一次都没有看过他演剧。固然是演员太少，也没有好剧本，有时简直会糟蹋了演员。”“我愿把我的全力交付给演剧运动，尤其是中国的演剧运动。中国民族，现在已成了无剧之国。没有剧本，没有剧场，没有演员，没有观众，所以在民众的行为上也看不见戏剧的力。艺术的新的趋势，戏剧又将代小说而兴，戏剧也却比小说更为艺术。只想想，躺在床上看小说，多腐败。然而戏剧要你兴奋，鼓舞，欢欣，痛绝，要你动作，给你以大悲哀或大快乐。新生的民族，要表示你的新生正在澎湃，踊跃，来来，起来演演剧看！”“第一，须选择好的剧本，更须有新的创作；第二，须有好的剧场；第三，仅有的好演员须聚在一处，通力合作，献身艺术，牺牲一切；第四，须有预定的观众；第五，须有好的导演和布景。这五个条件都能做到，中国的演剧运动纵然还未到成功，离成功终不远了。这五个条件还没有做到，那便，做这五个条件，是到演剧的成功唯一的路向。”[1]关于此次看戏，高歌次日在给利那的情书中如此写道：“在坐的有 C，顺便告诉你，我们都是他请去的。若在往日，夜里这一次，我是不去的了，但，现在我和 C 间像是隔着什么似的，我们谁都觉着很生气，——就说是为了通通我们的气吧，所以这便是我再去的第二个原因了。他的神经是太〈的〉过敏了呵！比如我要不去，他会以为我是在拒绝他的情谊。”[2]

10 月 7 日，高长虹作《演剧运动》。该文是了解狂飙演剧运动的一篇非常重要的文献，详见附录。

10 月中旬，向培良痛别新婚妻子来到上海参加狂飙演剧运动：“他

---

① 《看了袁牧之演剧之后》，《高长虹文集》下卷，第 166—168 页。

② 《加里的情书》，《高歌作品集》下卷，第 671 页。

的忠诚的女人，几乎留住了他。当他接到我要他来的信而他回我信说他一定要来时候，其实——他说了，他还没有能够离开她的决心呢！澈[?]是他专到浓[澧]陵看了她一次才决定了的现在，他来了。"[①]到上海后，向培良常因思念妻子而哭泣。向培良在一篇文章中如此写道："我现在已经结婚，刚结婚不久又跑到上海，工作着。"[②]关于向培良与狂飙演剧运动的关系，南国社员赵铭彝有如此回忆："他是负责狂飙社戏剧部的，常和我们几个南国社员谈演出的事。他没有基本的演员队伍，只能临时拉人凑合着上台。南国社的陈凝秋、吴似鸿都去演过戏，另外，是江湾立达学园的部分师生支持他，因为他们常帮立达学园排戏。"[③]

10月中旬，南国社的左明看了《长虹周刊》第1期后作《读了长虹周刊》，内云："狂飙的戏剧运动在前五个月我已风闻到了，这也是我们的朋友凝秋告诉我的，并且他还转托了我一件事，就是教我去找辛酉剧社的袁牧之先生，当时我是多么高兴啊！一个爱好戏剧也是愿把全力交付给演剧运动的我，听了这样可喜的消息那[哪]有不高兴的呢，[?]况且狂飙社的戏剧运动多少还与我有点关系，长虹虽然是新发现的同志，可是狂飙戏剧运动主干的人物培良先生，可是我们二年前一块儿在北平戏剧的书友了，我毫不推诿的把这个请托应允了，第二天我就去找朱穰承先生，由朱先生得识了袁牧之。当时说明了我的来意，并力说我们有联合的必要，袁先生大约也是戏剧忠实的信徒，他很愿接受我的请求，可是自此以后我们的朋友凝秋也走了；长虹再也没提起找袁牧之的那回事，一直一直一直到长虹周刊出版了，我才又看到狂飙社戏剧运动的消息，[。]长虹啊！不要忘了'空言是一种游戏'，

① 《加里的情书》，《高歌作品集》下卷，第718—720页。
② 向培良：《被遗忘者》，《英雄与人》，启智书局，1929年，第160页。
③ 赵铭彝：《我所知道的高长虹及狂飙社二三事》，《新文学史料》，1993年第3期。

我这并不是鄙视的冷嘲，是一种毫无恶意的热诚的盼望。请不要误会！//小剧场运动是中国戏剧运动的唯一的途径，在经济压迫之下，政府资本……一般人还没有了解戏剧的意义以前，我们只有作可以免除一切阻碍的小戏场运动，本刊前几期已经讨论到这个问题，不久的将来我想出一期小剧场讨论的专号，狂飙的戏剧同志可否多赐我们些讨论的材料。[?]//狂飙要实际作戏剧运动，这也是我们的志愿，不像那些戏剧专家，靠政府靠资本家拿钱出来办剧场的戏剧专家，只是在纸上谈得热闹。近来他们连在纸上也不谈了。中国的戏剧运动要靠戏剧专家负责，我早已说过，如像靠老牛耕荒地，是靠不住的。只有我们这些有热{情}有诚意，不怕牺牲的傻小子，才肯干这种背时，不投机的傻事，将来的成功也是我们的，——不，是戏剧专家的，你不看我们过去的事实吗，[?]凡是一种什么运动，成功不都是靠那些不知名的肯牺牲的傻小子吗，[?]可是后来坐享其成的，还是我们聪明的知进退的专家啊！我们知道，但是我们还是得干，不然我们的生命更微小得没有价值了，[。]狂飙，我们携手，我们实际作演剧的运动。”①

10月20日，高长虹作《以时事作内容》，内云：“今天听说辛酉剧社已在进行编演关于黄慧如与陆根荣的一剧。并有黄慧如的哥哥澄沧参助导演事宜。将来的成绩，也许可以较好一些。”②

10月21日，高长虹作《电影里的浮士德》，内云：“昨日下午，罗西来约我今天下午看卡尔登映浮士德去。我对于浮士德自然是想看得很，两三个礼拜以前，在影片公司的窗外早看见他的广告了。不料到开映的时候，我竟然被厄于卡尔登的高价三天了没有去看，似乎已打算忍痛把他扔开了。也因为去年在夏令派克看漫郎摄实戈的片子，牵

① 左明：《读了长虹周刊》，《高长虹研究文选》，第362—364页。

② 《每日评论·以时事作内容》，《高长虹文集》下卷，第212页。

强附会，令人不快。所以有时不好的内容不愿去看，有时取材于艺术上的名作更不便去看。但既有朋友来约，便不是看浮士德，也没有不去的道理。却偏遇今日下午与培良约定了商量狂飙小剧场的进行，在时间上不免冲突。终于提前，在昨夜一同看去了。”“浮士德也极不容易演。凝秋曾有意思去演剧场上的浮士德，但是，其他且不说，第一个问题便是，对话或者唱呢？在电影里，这一个难关，倒是轻轻地被闯过去了。”①

10 月 22 日，高长虹作“答辩”左明的文章：“我曾托凝秋打听过袁牧之君的住址，也曾一次一同到二马路找过朱穰承君。但这只因为我想认识认识袁君，说不到这便算演剧运动。后来，因为凝秋走了，培良未来，我便想等一个机会再看袁君的一次表演倒好，不必要急急去找。狂飙的演剧运动，是要从自己做起，自己从[重]新训练演员，尝试剧本，以及其他，都是要从自己做起。已有的好演员，有几个人，我们自然也希望他们来加入或临时参加。我们自然也希望所有从事演剧工作的同行从旁来帮忙。但却并不想趁火打截[劫]，人家取得荆州我们坐，拉拢一些已有成绩的朋友来演一两次剧，便算是狂飙的演剧运动！//凝秋转托明君去找袁牧之君，我不知道有这一回事，凝秋并没有同我讲过。明君识得袁牧之君说明来意，不知是在凝秋走前或走后？如在走前，何以凝秋也未同我说及？我还几次问凝秋说，狂飙的演剧运动，可不必预先宣布。我们找朋友，可谈演剧，但不必谈狂飙。因为一件事情没有做起之前，多说话时常是多添阻碍，有时更无意地变成说谎。明君从朋友的话里闻得狂飙的演剧运动，从未同我接头，所以不明白狂飙的演剧运动的内容，是当然的事。”“现有的国产剧本，想在演剧上成功，我知道是不行的。较好的剧本，还须从翻译中来。

① 《每日评论·电影里的浮士德》，《高长虹文集》下卷，第 214 页。

小剧场中，翻译的剧本对观众倒无大问题，只是表演上终是生涩些。我不承认短时期内能有大成绩，所以如只为小剧场着想，第一可先演国内现有的一些在文艺上有价值的短剧，其次是演几本翻译的写实剧，如有合适的演员，最好是再试演几种国外的象征剧，表现剧。这些个，我须特别声明：都只是狂飙运动的演剧运动中的一种练习的过程，确是必经的路径，但还不是正文。一旦到了狂飙的演剧运动成了热潮的时候，那时的演员是真正的演剧的艺术家，那时的主要剧本，是新造的狂飙的剧本，那时的观众便是一般的民众，那时的舞台，我现在还不能够预先给你们打出建筑的草样，以上这些都不是空言。"①

10 月 25 日，高歌给利那写信："我们相隔的很远。好笑的是出版部住在我们的中间。B 住在西门里。我住在马浪路——里名西湖坊。P 住在北四川路的北头，靠近虹口公园。关于演剧，现在正在进行，结果总不会坏的，因为我们是在宁缺不滥的选择演员。最先只是小小的开演，观众是一些朋友。但如能在明春有一次较大的公演，那我们是如何的乐意的。P 还是有许多孩子气，这在戏剧运动上，要减少一些力量。我很可怜他。"②

10 月 31 日，高长虹给南京的杜逵写信："你对于演剧既富有兴味与经验，你一定会在演剧上有所贡献的。狂飙运动的演剧运动现正开始，在可能的范围里，极希望得到你的助力！"③

11 月 1 日，高长虹与向培良同去看《漠中情血》，"更加迫切了要在五年之内，在电影界做起狂飙运动来"④。

---

① 《关于演剧的文字上的答辩》，《高长虹文集》下卷，第 205—207 页。

② 《加里的情书》，《高长虹文集》下卷，第 735 页。

③ 《通信三则》，《高长虹文集》下卷，第 203 页。

④ 《每日评论・败兴的酋长》，《高长虹文集》下卷，第 249 页。

11 月初，狂飙演剧部成立。[①]

11 月 6 日，高歌给利那写信："N 有消息要来上海了。这对于我们的演剧运动是好的一个消息：这便是说，他来了我们有二个基本做戏剧运动的工人了。S 也要来，他是一个演员，我也愿他是一个正式的工人，如果能够。愿意加入演剧的人很多，只是卓越的太少。我们是不打搅人的，但如果是一个卓越的，我是要设法招他来的。其实呢，既是卓越的，则不是我们招，而是我们互相招呢！"[②]

11 月 7 日，高长虹来到南京。

11 月 11 日，向培良在《民众日报》副刊《戏剧周刊》发表《狂飙演剧部的开始》："狂飙演剧都是狂飙小剧场底准备，从事于整个的戏剧的运动。……我们可以说是演剧中心，准备踏上我们新的路之一步。"

11 月 12 日，高长虹在南京给冰心写信："这一次的举动在几件事务上还不算失败，而且有出乎意外的成功。南京真是有希望，前途好，中兴的气运已成，人到了这里，总觉得百般都待自己去动手。这便是难得的。上海便时常使人有此间乐那种不长进的念头。"[③]

11 月 12 日，左明作《好泼皮的长虹》，内云："长虹先生，你的勇敢我是很佩服，不过勇敢得近于英雄主义我就有些不赞成了。你知道现代的觉悟，是要集团的，社会的，个人英雄主义的迷梦，早已被许多事实给我们打破了。你说'狂飙的演剧运动，是要从自己做起，自己重新训练演员尝试剧本，以及其他，都是要从自己做起……却并不想趁火打劫，人家取得荆州我们坐，拉拢一些已有成绩的朋友来演一两次剧，便算是狂飙的演戏运动'。长虹先生谁个在趁火打劫？拉拢一些已有

---

① 高长虹在 1929 年 2 月 6 日完稿的《狂飙演剧运动说略一》中说："狂飙演剧部成立至今已有三个月了"，加上高长虹 11 月 6 日前往南京，故推断成立时间为 11 月 6 日前。

② 《加里的情书》，《高歌作品集》下卷，第 741 页。

③ 《情书十则》，《高长虹文集》下卷，第 260—261 页。

成绩的演员来演一两次比较好的戏，这又何尝不是一种有意义的工作，[?]一定要自己作起，自己能不能作？何时作起？即如作起来了，也得到相当的成功{，}那么狂飙的演剧运动成功了，离中国整个演剧成功还有多远呢？假若我们真正是为了演剧运动，不想独占什么虚荣与美名，那么已有成绩的演员为什么不可以拉拢呢？而且还要通通拉拢，这是多么经济而有力的运动呢？个人英雄的迷梦快醒来吧！演剧运动不是长虹先生个人可以很快的而有力的干起来的！你办的个人周刊也许就是英雄主义的特征吧！刚才说过，你的勇气我非常佩服，假若你的周刊有两个长虹！内容不更充实了么。[?]千万不要误会，我不是说你周刊不充实，是说假若有两个长虹的话，你是学科学的，你知道'能力不减'，两个长虹该比一个长虹要有力多了罢！一个人办周刊，也许是长虹之外再没有长虹，不然就是我说的长虹想当一个英雄啊！//英雄，你错了，我不是你的敌人，不信请问凝秋，或者问你们演剧运动的主干培良，我是你的朋友，也是你的同志，我正在同培良商筹我们今后的演剧运动怎样作[做]法，培良帮助我们的剧刊的稿子，这就是我们准备合作的表示，就是那篇读了长虹周刊的文字，也并未有意底[诋]毁你半句。（你可以找出来再读一遍）你何故要在那里'冷箭暗算'的瞎骂呢？你周刊没有稿子了罢？你要知道我们周刊的稿子并不见得多！你说卖文，我倒没那样想，不过你只要不怕卖折了本，你尽管卖吧。"①

11 月 18 日，高长虹回到上海。

11 月 30 日，高长虹给柯仲平写信："月秋给效洵信，要介绍她加入狂飙演剧部。朋友们都以为你能演剧。只有凝秋，他未见你时说你能演剧，见了你后又说你不能演，因为喉哑。我以为这也不是大缺点。

① 左明：《好泼皮的长虹》，《高长虹研究文选》，第 377—378 页。

你和月秋，都当是演剧的能手。你的剧本写成后能卖出，你不可以南下正式干起这件事情吗？你不可以和月秋一同南下来创造我们舞台上的狂飙世界吗？”①

12月4日，高长虹给卢汉写信：“听说你喜欢演剧，我们在这里正同运命奋斗。如果我们有能力，得到一些朋友们的同情与帮助，其实老实说，就是我们如能筹到二三千元款，不久不久，我们一定会有一个演剧的大集团。你愿意是这里的一分子吗？”②

12月4日，高长虹给向培良写信：“一千元钱我保证可拿到手。我们只是须得最经济地把这笔款子用到额要的处所。我们必须用这一千元钱做好演剧的基础。如再有一千元，我们必须做好我们的集团。此外，如有钱，当然是建筑大剧场。这其实，又只是时间上的问题。”“狂飙演剧部不定期刊第一期，已校过。印刷局有风潮，不知何日才印出。热心于演剧的朋友们如想看，只好请稍待。如有急需也可以拿出来到别处印。”③

12月7日，高长虹再次来到南京，21日回到上海。这次上海之行给高长虹留下的印象与上次相比有了很大不同：“南京所给人的刺激太少，交通又不便利，使人不想动，也不便动。南京最缺少的，便是上海最富有的那种动的精神。人在南京很难享乐，但也不想去吃苦。睡眠笼罩了南京。”④

12月中旬，高长虹作《在南京》，内云：“石君第一个提议在南京演剧。我初次来到南京，朋友有麟，也主张在南京演剧，并且担任筹款。培良也赞成。狂飙演剧部于是决定了在南京演剧。//南京，人已经聚

① 《通信九则》，《高长虹文集》下卷，第311—312页。
② 《通信九则》，《高长虹文集》下卷，第315页。
③ 《通信九则》，《高长虹文集》下卷，第316页。
④ 《每日评论·南京与睡眠》，《高长虹文集》下卷，第324页。

集得不少,只缺乏艺术的场所。寻常游逛,电影及旧戏院一两家外,大抵都出入于夫子庙的书场。一个演剧院可以说,正是人们所要求的。//在南京演剧,必须给一般人看,不能给少数人看。所以小剧场目前不适于南京。南京必须为公众演剧。南京演剧,容易成功,但在艺术上须多少受一点损失。//南京比上海更缺乏的是演员,尤其是女演员。"①

12月中旬,柯仲平给高长虹写信:"自从说起我们要做了狂飙底演剧运动,而我又实作大戏曲,我很想物色演员,尤其是女的演剧艺术人,但我衣服太不行{,}尝尝[常常]五角钱也没有,这般说固近于浮笑,但如何接近她们呢?我确信,不管是虚荣也吧[罢],我实在是人类中一大诗人,然而她们肯和我接头〈接头〉吗?也怪我来[未]去实行就先在此预想碰钉子{。}我该干就干,那[哪]管这些那些。""我想认识她们!自然全盘心肠只在艺术上。……啊!她们是可以往大处深处开发的,而资质很好,又在幸运中受高等教育,她们若轻轻放过自己,我真要为她们{,}为中国,为全人类伤心呢!""最近在晶清主辑的民副上发表了我从前那幕'战士的儿子',我只想换几个钱来解解困;但新认识一位小弟弟莘茹,他们曾有一个艺术团体叫'海邻社',他们也在出刊物,将来我看后想介绍一下,他们年假想演一次剧,我这幕剧也想试演的,还好六汗较有舞台经验,试后成绩〈成绩〉如何再告。——有时是一种运动包含许多社,有时又是一个社包含着许多运动。狂飙演剧运动必有一天在北平实做的。若有国语速成校,我必去训练一{下},我也作演员。"②

12月23日,高长虹作《看了南国剧社演剧之后》,内云:"唐叔明女

① 《在南京》,《高长虹文集》下卷,第340页。

② 柯仲平:《通讯一则》,《长虹周刊》第11期(1928年12月22日)。

士，今天我看过她的演剧了。我今天所以看南国剧社演剧去，的确是去看她的成分多。第一，因为女演员的特别重要和缺乏，容易引起人的特别的注意。第二，因为她的名气大，而又毁誉不一。第三，因为我曾托石君给她去信问她愿不愿加入狂飙演剧运动。我在南京的时候，便听说南国社在上海演剧，我那时很以不能立刻回上海来为一件憾事。不料回来之后，南国社居然又续演两天，使我终于复获了这个难得的机会。//今天演的剧，我去得晚，走得早，只看了两种。一是苏州夜话，去时又已误了一大半。一是湖上的悲剧，我是完全看过了。还是说到题上来。唐叔明女士这次给我的印象的确不坏，但是没有人们所说的那样好。"①

1929 年

1 月 4 日，高长虹第三次来到南京，1 月底回到上海。

1 月 6 日，高长虹作《苦人们的延期》，内云："苦人们，在编演两方{面}，都不得不延期了。这个，我很惭愧！我本定一个月的工夫把它编成，但一个月的期限已过，而我还没有动手。我的这件工作，被几种必然的阻碍阻碍住了。在明年阴正开演，也不能照原来的计划实施。因为这个剧本演起来，在布景和人物两方{面}，工程都不是简单的。演是一定要演，但时间是不能不往后移动一些。"②

1 月 11 日，高歌给利那写信："他一人流落在古都——是的{，}N也快来上海了！来做时代的我们的演剧工作！自然，不只这一点，U也要来！利那呀！我这里不久有一次壮大的集会！"③

1 月 19 日，高长虹给太原的蕴璞女士写信："二三年前，我与其说

① 《看了南国剧社演剧之后》，《高长虹文集》下卷，第 341 页。

② 《每日评论·苦人们的延期》，《高长虹文集》下卷，第 355 页。

③ 《情书四十万字·从冬天到春天》，《高歌作品集》下卷，第 340 页。

是时常空谈演剧，倒不如说我时常是反对随随便便地演剧。这些闲话本没有说起的必要。不过，他们立刻使我联想起从前的事来。当你在北平的时候，我确凿同你谈起过进行演剧的事。你是十分欢跃地赞成了我。我始终认为你有演剧的天才，你一定可以做成演剧的大家，艺术的光荣！那时只是因为缺少一些相当的人，所以没有能够进行。我以后也便离开北平。我以后也便再没有看到你。我以后也便只谈到过一次演剧，我随即又取消了那种太早的拟议了！//时代到了现在，虽然还没有到完全的演剧的时代，但演剧已经是这个时代的重要的内容了。时代在需要它，时代也在铸成它。而今不谈演剧便罢，一谈演剧，便可以谈到舞台上去。不上舞台便罢，一上舞台，便可以开示艺术的曙光。曙光中没有你，会是最大的缺憾了呢！而今演剧上仅有的困难，便是女演员的缺乏。反过来说，也便是，女演员应需要而来的时机已经到了！"①

1月21日，柯仲平的《风火山》完稿，全剧共五幕。第一幕《打麦场》写老三参加革命军；第二幕《冒火线》写王连长化装成流浪汉和一个歌妓到围城的大兵中做策反工作；第三幕的《生死与交战》写革命军队中的排长安慰士兵相信王连长的诈降计划能够成功，女宣传官也来鼓动士兵英勇杀敌，王连长回来后指挥战友发起突然袭击；第四幕《人吃人》写被围困的城池出现了粮荒，甚至出现了人吃人现象，大姑娘为了弄来食物，同意跟牵马婆到军需长那儿去，但军需长是一个廉洁奉公的人，他送给大姑娘的食物只是颗人头。第五幕《风火山》写冲出重围的革命军与前来增援的农工部队狂欢，人们安慰因母亲被杀、军需长牺牲而疯了的大姑娘，总司令严厉批评企图逃跑的文学家、哲学家，说他们有小资产阶级的懦弱，传信者向总司令报告，革命军卡住了敌

① 《通信四则》，《高长虹文集》下卷，第383—384页。

人的咽喉，总司令带领大家冲下山去。

1月底2月初，高长虹作独幕剧《上海之夜》。故事梗概为：因过年要罚五元钱，诗人和学徒只好呆在家里；一个脱离党籍半年的共产党人被仇人告密，躲到这位诗人家，准备到广东去；一位舞女不爱少爷公子而爱诗人，因此要被收养她的母亲赶出家门，于是来到诗人家；一位女工到诗人家寻找一位每天在外轧姘头的女子，在门口发现一个冻僵了的婴儿。随着婴儿生命的复活，他们喊出了"穷人们的生命复活了"、"革命的生命复活了"、"人类的生命复活了"的口号。①

2月初，选择上海宝山路天通庵一所石库门房子作为狂飙演剧部地址。②

2月6日，高长虹作《狂飙演剧运动说略一》，内云："这次的演剧，我们固然不希望大成功，但更不希望失败。就这几天排演的成绩而论，从人间来（按：向培良的剧本）是很可以上场的，娜拉的演员有点不合适。上海之夜（按：高长虹的剧本），这几天的练习的成绩，完全失败了；但现在演员已大部更动，结果是可以好起来的。这次的演剧是狂飙演剧部成立纪念第一次的试演，不是公演。所以所说的好，只是不很坏便算。剧本，我们还想排演战士的儿子（按：柯仲平的剧本）。这次演的一共有三个独幕剧，都是我们自己的创作。[，]也都是试作，所以大的成功，我们都还希望在将来。娜拉，我觉得没有演的十分的必

① 《上海之夜》，《高长虹文集》下卷，第362—371页。该剧未写创作时间，根据排练时间推知，写作时间应该是此时。

② 高长虹在写作于同年2月6日的《狂飙演剧运动说略一》中如此写道："在现在，在最近这一个礼拜以内，狂飙演剧部已经安设好固定的地址，已经练习起剧本了"（《狂飙演剧运动说略一》，《高长虹文集》下卷，第372页），由此可推断出时间；赵铭彝在《我所知道的高长虹及狂飙社二三事》（《新文学史料》，1993年第3期）中如此写道："他到上海后，住在宝山路天通庵一所石库门房子里，正好南国社员陈凝秋也住在附近，他们两人很熟"，由此推断出地点。

要，不过演演也可以，第一，她可以演得时间长一些，第二，添一点异国风味。此外，我们也许还再试排几个别的剧本。//狂飙演剧运动是狂飙运动中的一种。狂飙演剧部是狂飙运动的组织中的一种。所以，对于演剧的成功或失败，他负完全的责任。但我所做的工作，则只有几种。第一，我看什么时候演剧有成功的可能，我便决定了开始演剧。第二，演剧部的进行无论发生什么困难，我坚持了下去，非到做成功不可。第三，我担任筹款。第四，我集合演剧的同志。第五，我给演剧部以必要上的组织。第六，我在演剧运动中使其与全个的狂飙运动和谐一致。”“至于筹备演剧的一切工作，都是培良担任了的。起先，也预备他完全担任导演。后来因为事实上的便利，导演也分工担任。演员，自然更是各有各的工作。临时来参加我们的运动的，演员或办事员，更都是各有各的工作。我自然更希望这些已经参加或未经参加的朋友们都来长期加入，集合大家的努力于艺术的建设，扩大狂飙运动的阵营。”①

2月上旬，高歌来到南京。

2月11日，高长虹作《演剧与团体》，内云：“演剧是一种动作的艺术。离却表演，剧本根本没有意义。演剧是集团的动作，一人登场只是例外中的例外。集团的，这不是新的创发，从古至今，演剧都是集团的。”“事实在说明：演剧的团体在过去自然有它的功绩，但现在是不必要的，而且是应该取消的了。我们第一是忠于演剧。第二是忠于演剧，说到了仍然是忠于演剧。团体如对于演剧不能尽它的集团的职责时，则团体是不必顾惜的，可以舍弃的。团体的壁垒崩溃了！演剧上的新的方式的集团要形成了！”②

---

① 《狂飙演剧运动说略一》，《高长虹文集》下卷，第373页。

② 《演剧与团体》最初发表于马彦祥主编的《现代戏剧》1卷1期（5月5日），后又发表于高长虹自编的《长虹周刊》第22期（8月24日）。

2 月 13 日，高长虹作《小剧场，附设茶馆，书店，跳舞厅》，全文为："有这样一块地方，在南京路或者北四川路，或者霞飞路，但最好是在南京路，就象[像]大三元茶馆或者福禄寿饭馆般大小便使得，楼上设置小剧场，楼下大半开设茶馆，带咖啡，留一隙地开书店，小半开跳舞厅。福禄寿，据说每月房租二百五十两。大三元，每月一千二百元。楼上，每礼拜六，礼拜日演两天剧，平时，也可以跳舞。楼下，茶馆，书店，一律女子招呼。跳舞，绝对不是交际舞。选择四五个长于跳舞的女子，请一两个人专门来教授各种艺术的跳舞。得便时，也时常创一些新的方式。来创造狂飙舞！每月租金不要太多。需要有这样一块地方。//四川路有一家西茶馆，是楼下，做小剧场最合适。据说，那里没房租，做一元生意抽一角税，每月统计一千多元。//总之，在经济上，要简洁些，在艺术上，要美富些，这便是狂飙的小剧场，附设茶馆，书店，跳舞厅！"①

2 月 13 日，高长虹给杜逵写信："当你几次说要加入狂飙演剧运动的时候，狂飙演剧运动却没有能够做起来。现在，做是做起来了，你才又开始了军事的生活。……大抵，不出两个礼拜，狂飙演剧部要举行入京的演剧旅行了。我这次大概不去。你如有暇时，可以出来看看我们这第一次的成绩。我的根本的见地：二年以来，演剧完全在试验时期。所以，我根本不希望大成功。尽试演的责任，是初期的狂飙演剧运动的工作。忠于试演：初期的狂飙演剧运动在这样宣誓。"②

2 月 16 日，高长虹给在法国留学的阎宗临写信："最近最近，我本计算狂飙演剧部开始了第一次的试演之后，我总可动身出国。不料又有狂飙印刷局，狂飙小剧场两件工程摆在面前。我如不去担当些责

① 《每日评论·小剧场，附设茶馆，书店，跳舞厅》，《高长虹文集》下卷，第 393—394 页。

② 《通信九则》，《高长虹文集》下卷，第 395 页。

任，我够不上是一个狂飙运动者！各方面希望于这两件工程的完成者，也十分恳切。没有小剧场，演剧运动是无法长期做下去的。有演剧界的朋友，听我说了要在三个月内在上海成立狂飙小剧场，便立即去信叫北平的七八个演剧的朋友们到上海来，说有小剧场要出现了。狂飙演剧部，自然更是，没有小剧场，生命经常是断续的。这个自然是重要。但须款，却并不很多。一千以至二千都可以。”①

2月16日，高长虹给任之初写信：“狂飙演剧部近来在排演剧本，预备一两个礼拜内开演，想来你已知道。在远来的各位演员中，有一对爱人们，男的姓朱，女的姓李。”②

2月中旬，高长虹作《狂飙演剧部的拟议》，这是一篇了解狂飙演剧部的非常重要的文献，详见附录。

2月23日，狂飙演剧部来到南京。由于闹意见，“长虹留上海，培良去湖南，仲平高歌在南京撑台”③。

2月25日下午，决定租下“小而又偏僻”的大中街通俗教育馆作为剧场。南国社一个月前曾在此演出，“承受了他们热诚的招待”：“不但替我们让出了一间空屋做下榻处，还肯把那讲演厅借给我们做舞台——就和在杭州时得湖滨公共体育场假借讲演厅给我们演剧一样——一面又替我们备好饭食，又把我们的办公处让出一席地来，又允为我们备办一切，他们那种殷殷情意实给我们以无限欣慰！使我们悬悬的心，顿时安贴下来——因为我们的旅费已用尽了，要不是加[如]此，但住旅馆也成问题——在客中而有‘Athome’之感！//这是人生多么愉快的事呢?！//这里有宽宏的园地，有亭榭花木，使我们一见了就心旷神怡，惊叹着这才是‘南国的别面’。我们的寝室是一间狭

---

① 《通信九则》，《高长虹文集》下卷，第397—398页。

② 《通信九则》，《高长虹文集》下卷，第400页。

③ 韩起：《狂飙社论》，《流露月刊》2卷1期(1931年5月15日)。

长的屋子，北首窗外是秦淮河。我们男女同志一道就在这儿杂乱地摆下地铺，大家都似弟妹般看待，并不分界限，也没有什么不方便处……”[①]

2月28日至3月3日，在南京演剧。演出剧目有两种版本：1.“剧本有柯仲平的《战士的儿子》和《海夜歌声》(?)及长虹的《上海之夜》”[②]，2.“剧目有《娜拉》、《在人间》、《风火山》等”[③]。结合《狂飙演剧运动说略一》(高长虹)、《从人间来》(向培良)、《归来到我的乐园吧》(高歌)等文章可以知道，实际演出剧目应为：《战士的儿子》(柯仲平)、《海夜歌声》(柯仲平)、《上海之夜》(高长虹)、《从人间来》(向培良)、《娜拉》(易卜生)。《从人间来》的角色分配情况为：“祖父——马彦祥先生；祖母——丁月秋女士；三女——陈沉樱女士(只用了一个人)；旅行者——陈凝秋先生；楼上的期待者——李剑英女士。”[④]由于演员不够，连不是演员的高歌也登台表演：“只是，丑的很。但是丑吧呀！在没有人的时候，自己那[哪]能不打杂儿呢！”[⑤]此次公演“以剧本欠佳，几全失败”[⑥]。

3月3日晚，柯仲平表演自己创作的《海夜歌声》：“他的海夜歌声又是我们的最后一幕，他喝[唱]，他歌，他舞，他跳，狂的，暴的，狂飙是属于他的——我在替他司灯光！最后，最后，幕闭了，我用力击了他一掌，在他那有力的肩上！呵，它在如火的发焰呢！累极了！”[⑦]

---

① 明中：《南国在南京》，阎折梧编：《南国的戏剧》，萌芽书店，1929年，第127—128页。

② 刘尚达：《两年来中国话剧运动之进展(二)》，《大公报》副刊《大公戏剧》第101期(1930年1月10日)。

③ 《塞克年表》，《喉狮——塞克文集》，文化艺术出版社，1993年，第772页。

④ 向培良：《从人间来》，第38页，收入《光明的戏剧》，南华图书局，1929年。

⑤ 《情书四十万字·归来到我的乐园吧》，《高歌作品集》下卷，第379页。

⑥ 转引自刘尚达：《两年来中国话剧运动之进展(二)》，《大公报》副刊《大公戏剧》第151期(1930年1月10日)。

⑦ 《情书四十万字·归来到我的乐园吧》，《高歌作品集》下卷，第380页。

3月上旬，本该在1月12日至2月2日出版的《长虹周刊》第14、15、16、17期合刊出版，该合刊发表了高长虹根据雨果的《悲惨世界》改编的话剧《苦人们》(已佚)。

3月中旬，《长虹周刊》第18期出版后高长虹离开上海。[①] 该期登有一广告："本刊十四至十七期出一合刊，定为苦人们(改编的剧本)专号，自十九期至二十一期出一合刊，定为狂飙演剧专号，插画都很多，不日出版。"

3月24日，高歌给利那写信："从北站到四马路，再到四川路，再到北四川路，再到宝山路——傍晚和N取汽炉，买辣菽[椒]，回去，拖着大肚子给我们煮饭又炒菜，还有E，她的胸部高而腴的耸着，动着……我觉着她也怀了一个生命"[②]。

3月24日，高歌给利那写信："W，四月(旧)里要生孩子，我们的大人类要产生小人类了！……说起W来，呵！利那呀！她真的是一个苦行者呵！过去的且不说；现在——这次来上海，唉！利那哟！她带着她大肚子来上海，在她是迫切的需要了那生活上的舒气，衣食住行都在迫切的需要着舒适的！而且我也曾经想，让我来帮助她一点点！然而，唉！空幻的想是终于空幻了！带着大肚子到南京，现在回来了，现在每日的还要带着大肚子做饭！那天她说了，她来到上海没有好生玩过一次，唉！人类的妈妈是这样的缺少了生活上的满足！"[③]

3月30日，高长虹作独幕剧《火》。故事梗概为：十年前，大儿子离家出走后，李有光搬到一个小村庄隐姓埋名；在二儿子也离家出走两

---

① 本该在2月9日出版，该期有3月3日完稿的文章，故推定为此时。

② 《情书四十万字·归来到我的乐园吧》，《高歌作品集》下卷，第381页。

③ 《情书四十万字·归来到我的乐园吧》，《高歌作品集》下卷，第389页。丁月秋不但在怀孕的情况下参加了狂飙演剧运动，并且她的生产在让捉襟见肘的狂飙社成员焦头烂额的同时，也让她感受到了狂飙社成员的关怀，所以本节同样抄录了与此有关的内容。

天后，李家房屋被烧，李有光为了抢出他日常最喜爱的一座雕像（留学法国时一个最好的法国朋友送的，代表着和平、真理和人间的幸福）被烧成重伤，躺在床上。仆人和女儿到处寻找老人的雕像却不得。一位新闻记者来采访，却发现自己就是那位十年前离家出走的大儿子。最后，老人死了，雕像找到了，二少爷有信来了，女儿告诉哥哥："我们到外面去，我们去叫了我们的小弟弟，我们到那外面的世界……"①

4 月 5 日，狂飙演剧部只剩下柯仲平、丁月秋、陈凝秋三人："那里，现在和以前是完全不同；寂静的很！寂静的很呵！"②

4 月 6 日，高歌给利那写信："这里，我已经给 W 找到医院了。一天一元的是四五人一个房子住。一天二元的是一二人一个房子住。一样的外加接生费十元。她很想回北平。那里有她的妹妹。但是怕她去不成〈起〉。"③

4 月 21 日，高歌给利那写信："我一来就到了演剧部，那里有好些人，N，W，凝秋，沸生，A，U 一干人都在坐着，我走进去，我带着我的妹妹送给我的皮夹走进去；他们正在看着一个人做舞台上的人的姿势，我不知道他是谁，我也没有问他是谁。"④

4 月 24—25 日，高长虹作《白蛇》。该剧共 5 场，改写白蛇与许仙的故事，剧中的白蛇、许仙多了一个诗人身份，法海一度放过白蛇，也因为白蛇"肚里怀着这一个未来的诗人"。⑤ 高长虹认为，演白蛇的女演员应该具有"神异的美"："因为你的神异，所以你有时才能变成庸俗，而庸俗中还能保存你的神异"；演许仙的男演员则给人"平庸"的感

① 《火》，《高长虹文集》下卷，第 432—440 页。

② 《情书四十万字·归来到我的乐园吧》，《高歌作品集》下卷，第 418—419 页。

③ 《情书四十万字·归来到我的乐园吧》，《高歌作品集》下卷，第 422 页。

④ 《情书四十万字·归来到我的乐园吧》，《高歌作品集》下卷，第 426 页。

⑤ 《白蛇》，《高长虹文集》下卷，第 416—426 页。

觉："他虽像很平庸，然而他也是富于情感的，只不过他的情感过于人间的，缺少伟大性和悲剧的质素。"①

4月26日，高长虹作《写白蛇的前后》，内云："我写完白蛇的时候，我觉得怅然得很。第一因为我的创作欲没有满足。第二我问我自己：为什么我不拿日常的生活来做材料写剧本，而又来写这一段传说呢？释迦牟尼，我仍在想写。我不写他，似乎也有一种缺陷。但无论如何，我此后必须多写民众生活。我以民众的态度，写了民众的生活给民众赏鉴，这样也许可以使我的剧本比较多具一些民众性。""什么表现，象征，当人没有领解到他们的时候，觉得有不可攀延的高，觉得那里边的人物可以站在喜马拉亚山上吃日头。一经达到那种境地，便又觉着也实在平淡无奇。显微镜下面放大的细胞，只要那显微镜可以达到无限的深，那镜下的细胞便可以放到比喜马拉亚山更其大。那时人如想像他是站在那粒细胞上，他拿了这个做背景，他也许会写出一篇奇伟的作品来。//据我的实验，描写日常生活的剧本，最难写好。这样剧本，我写过很少，我看过也很少。有客观的标准放在一边，他在试验那艺术家有没有公平的尺度。在一件普通的琐事中，你须发现了他的艺术性出来。你可以随便在一个雷雨的日子看见电，可是，却是要你在绵[棉]花里，在无论什么东西都看出那电来。//关于日常生活的剧本，我不是不想写，而是还不能写。我现在最没有能力写的，是一个以儿童生活做材料，儿童能演，儿童能看，而在艺术上又能成功的剧本。其次，我便是很想多试写一些民众生活的剧本。民众和艺术，你们需要联合，这不是一个口号，而是须成事实，你们在需要艺术家们的努力。"②

---

① 高长虹：《白蛇上演的时候》(佚文)，《长虹周刊》第22期(1929年8月24日)。

② 高长虹：《写白蛇的前后》(佚文)，《长虹周刊》第22期(1929年8月24日)。

5月29日，高歌给利那写信："我们的演剧是又停顿了呀！呀！我们的演剧是又〈又〉停顿了虹[呀]！爱人呀！我们的——呀！爱人呀！我们的什么不在停顿了呀！一月过去了！二月过去了！三月过去了！四月过去了五月——再过两天呀五月也就过去了呀！"①

5月31日，高歌给利那写信："我忘记教凝秋画图了。他日来不住在这里，他在南国排剧本，并且他们要演沙乐美，凝秋演约翰，如果得到好的对手——祝他们舞台的成功呢！昨天晚上他来，他很忙的就走了，忙到我没得教他画画！近来的上海是演剧者很多，听来很惹眼热的；没有演得好的，这真更眼热了呵！眼热于舞台的艺术——祝福呵舞台！然而我们现在是没得法——唉！""W，据医生说，十天半月要生孩了。昨天挂号了，二元钱！随时可入院住十天，大概得二十元呵！N近来身体也不大好！B明天起身回家去！Q和W②是下星期一也回家去"。③

6月1日，高歌给利那写信："昨天C给她（按：丁月秋）寄五十元来做生产费。这样，我也有点放心了！我正不知道怎样给她找这笔钱呢！"④

6月10日，高歌给利那写信："昨天晚上是沈[沉]樱他们的婚宴。我本来不想去。但是N得守护W，那末我就不能不去了。而且就是N能够去吧。[，]我也该伴着去的。是的，我去了，我到冠生园买了三元的二瓶白兰地的一个花篮，我们真穷极了！一者是没有钱让我置合适的东西送他们！二者这事我们是没有好的感应呵！所以这真是成了礼物了！这是酬答，他们有请贴，而且彦祥二日前亲自来。……呵！

① 《情书四十万字·归来到我的乐园吧》，《高歌作品集》下卷，第473页。
② 此W不是丁月秋。
③ 《情书四十万字·归来到我的乐园吧》，《高歌作品集》下卷，第475页。
④ 《情书四十万字·归来到我的乐园吧》，《高歌作品集》下卷，第477页。

N来了！他比我来的晚点。他也比我走的早点，因为有W。但是，我去的早，去的原因我是说过的，有点头痛，而且心不耐烦！"高歌认为同桌的田汉"可厌可恶"："先前我以为他是个忠诚的人！而且我还记的十多年前我同情于他和他的叔瑜！后来叔瑜死了，我会替他伤心哩！唉！现在一见才是个文氓样！唉！上海居住之难矣哉！唉！上海的文艺是流氓和地痞们的！我真为中华民族耻辱呀！——呵！我的爱！我愿意那个人不是田汉！因为介绍我们见面的人没有把他的名字说清楚！我没听清楚他的名字呀！不过，我不是有怎么宏愿于他！我只是感觉着他是个忠诚的人好些呵！至少于他！至多于他的南国一般……——听说他们要演沙乐美，并且要到杭州，能成我也不敢替他们负责！我实在不能替他们负责呵！——连我们的都是说空说空呀！——不过，我已买来一本沙乐美翻译本，改天寄你！并且，我的爱！有一个朋友对我说，听说那个演沙乐美的人'很沙乐美'呢！祝福她'很沙乐美'！祝福我们的凝秋很约翰！祝福南国！祝福沙乐美！"①

6月24日，高歌给利那写信："一直到现在我才能报告你这个消息——我们的Storm单名飙的是昨天的清晨诞生了！而且是一位美貌的姑娘呢！"②

6月29日，高长虹在天津作《演剧运动的现状》，内云："我根本相信，演剧运动的成功，一定还在两年之后。但为什么我这半年来，忽然也凑热闹，居然像是来做演剧运动呢？这里的缘故，第一，就为的是演剧界热闹一些，第二是为给将来崛起的演剧家添一些机会，第三为了编剧本。再说到观众一方面，我们虽然都承认现在的演剧运动最缺乏的是观众，然而那超过演剧界的供献而希求伟大的舞台艺术的发现

---

① 《情书四十万字·归来到我的乐园吧》，《高歌作品集》下卷，第497页。

② 《情书四十万字·归来到我的乐园吧》，《高歌作品集》下卷，第511页。

的，的确也不是没有人在。我为了这些站在人类进化的前线上的朋友们，我爱惜他们这一念的长情呵！我来做演剧运动，便是为了给他们看，虽然我知道他们不会满意他们所看到的，然而终胜于他们不看。我想陪伴他们伫候在那天堂的门口呢！那末，我们的天使们，时候到了，准备了接受人类的代表者们的欢呼吧！你真的演剧家们，舞台上的明星，在艺术的世界上降生了吧！""演剧运动，在目前是没有成功的可能。但是，每一个从事演剧运动的人，必须于演剧有真的认识与努力与诚意，三者是缺一不可的。每一个演剧运动者不必都要使演剧运动成功在自己的手里，然而每一个演剧运动者都需要去造成那演剧运动成功的原因！但是假如现在从事演剧运动的人，而才她和他的目的，都在演剧运动之外的时候，我们会看见二年后的演剧运动史还同现在一样是空白呢！//所以，我现在的希望是：——/1. 有真正的艺术家去努力于舞台设备。/2. 有演剧的天分的人去努力于艺术的修养。/3. 这些艺术家们完全以艺术的态度，和谐一致，去努力于演剧运动。/4. 此外一切事实上的困难，都只可认为是暂时的，可想法解除的。不要因一时一事的困难而尽弃全功。"①

7 月 1 日，在北平作《白蛇上演的时候》，内云："演剧，第一怕的是小丑。他把艺术蹋[踏]在脚底下，手里挑了三花面在叫卖艺术。欢迎的人越多，受骗的人也越多，而艺术越没有出路。这里所说的小丑，却不止是旧戏台上唱蒋干的。连小生，小旦，胡子，文明新戏以及趣味剧中的一切货色，都是小丑的正身。第二怕的是有希望的演员不肯深造，变成新的职业剧和爱美剧。演剧艺术的成熟，如须分三个时期的话，这样结果，便是刚到第一个幼虫时期便停顿了。这是演剧运动的硬化。这第二种危险正需要目前的演剧界十分注意呢！//剧本在前，

① 高长虹：《演剧运动的现状》(佚文)，《长虹周刊》第 22 期(1929 年 8 月 24 日)。

是现代演剧艺术的实情。如其演员对于自己不能了解的剧本，不但不去追求，而更反回头来指摘剧本，是最不好的现象。演员对于剧本，的确可以表示出自己的充分的意见。但是不能于不能了解之中，而潜行其我慢。如其真正的演剧家又能创造真正的艺术的剧本，我极希望他去演他自己的剧本。否则，对于剧本必须忠实，才不致于毁灭了自己向上的路。”①

夏天，楼适夷遇到在上海狂飙演剧部的柯仲平、陈凝秋等：“这一带，基本上是贫民窟了。临前一条铁道，火车经过，楼房就轰轰地发抖，后边是一个空场，堆满了各种垃圾。住在这儿的大都是劳动者，流浪人，还有一些白俄，常常喝醉了酒，就在马路边的水潭里呼呼大睡。我一搬入，很快发见顶上的三楼亭子间住的是诗人殷夫，还有他的朋友美术学生林林，而贴邻的一幢，上下三层空空洞洞的屋子，则住着几个流浪青年，我认识其中的一个，就是柯仲平。他一个人占楼下一大间，一床一桌，几条凳子，地上乱堆一些书报。这意外的相见使两人特别高兴。原来那座楼是狂飙社租下来的。楼上还住着单身的陈凝秋（那时还没有叫塞克），两个恰巧都是彪形大汉，可另外还住着一对瘦小的男女，那是我第一次认识的袁殊，和他那时的同居者曼妮，比起大汉们正像一对侏儒。这四个人，不待聚集在一起，就可以在仲平那间空洞的屋子里，光赤裸裸的墙头上，看到用木炭双勾的一幅硕大无朋的影画的群像，一眼便认出正是这四位居民的留影。是哪晚上停了电，点着一支蜡烛，首先是凝秋的手笔，把映在壁上的人影，即席绘成了壁画，当然，他自己那影像是别人给补上去的。反正再没别的装饰，这壁画就显得分外触目。我是独居者，殷夫和林林经常不在家，晚上闲下来，我就上邻居那里去参加他们的灯下会，大家天南地北地无所

① 高长虹：《白蛇上演的时候》（佚文），《长虹周刊》第 22 期（1929 年 8 月 24 日）。

不谈，有时还唱歌，甚至跳起舞来，门外的世界暂时远离我们的心目，好像自己有了一个另外的天地。”[①]袁殊住在狂飙演剧部时的情况为：“在演剧部的那段生活，袁殊只简略地谈过吃饭搭平伙（即一起吃饭共同分担饭费）。”[②]

夏末秋初，高长虹到北京：“这一次长虹到北京，曾组织过演剧活动，记得在中山公园开过一次谈话会，有女师大有名的马女士参加，当年他和几位北平艺专学画的学生（王××、徐××）及北京师范学校的音乐家老××同志等有联系，似乎想开展文艺宣传，但没有进行什么具体活动。不久，他就到太原，组织演剧活动，只记得他要我在北京买几盘音乐唱片，买得[的]是贝多芬的《月光曲》，后来他说《月光曲》和他演的戏剧内容不太吻合，不知道是什么剧本。”[③]

11月，高长虹在北平、天津组织人演出：“十一月三日有所谓‘艺术旅行团’者，在平公演长虹的《火》及《当兵去》。//演后又到天津去，除剧外又添了唱歌……等，似乎近于游艺会的性质了。//据说长虹在北平民报的副刊上说过：他的戏剧运动，正像小孩子学步走，有人还要笑骂，实在可笑。//天津公演的结果不知道，据说在北京平安电影院，只是晚六点到八点三个钟头，剧院的赁价就是一百多元，因之当然是赔本。”[④]

冈夫晚年曾如此回忆他参与演出独幕剧《火》的情况：“就在这一年的秋天，我还同他到北平演出过他创作的一个剧。我们同住在王府

---

① 楼适夷：《永远活在诗歌里——追怀诗人柯仲平》，《柯仲平纪念文集·研究卷》，第135页。

② 曾龙：《我的父亲袁殊》，接力出版社，1994年，第51页。

③ 张恒寿：《回忆长虹》，《高长虹研究文选》，第61—62页。

④ 刘尚达：《两年来中国话剧运动之进展（二）》，《大公报》副刊《大公戏剧》第101期（1930年1月10日）。目前尚未找到高长虹创作的《当兵去》，1928年11月26日出版的《光华周刊》4卷3期发表了董阳方的《当兵去》（落款为：“十七，八，八”）。

井大街的东方公寓里，演出地点就在王府井大街南头东拐弯处的一个小剧场里。剧名可惜忘了，记得剧中人物只有三个：老人、其女及一老仆。我在剧中扮演老人，其女是由一位姓陈的女同志扮演的，另一个记不清了，由陈楚樵[桥]为我们化得[的]妆。剧词几乎全部都是老人的独白，剧情也并不复杂。但是演出效果却不错，五十多分钟，观众始终静悄悄地沉浸在一种抒情气氛的朗诵与吟味中。从经济上讲，当然是赔了，不过我们那时还赔得起。"①

张恒寿晚年曾如此回忆他参与演出的情况："这一年从太原回北京时，偕来了郭森玉同志（当时为太原女师学生，解放后为北京电力部科长，60 年代病故），郭很有文学才能，平定三泉村人，和甄梦笔（现名甄华，曾任 19 兵团政委，兰州大学副校长，山西大学校长等职）是朋友。当时我和梦笔住在一个公寓，介绍他参加了长虹的演剧活动。记得在北平平安电影院，演了一次话剧，演的是他写的一个剧本，女主角演员是北京法大的学生任××，男主角即是梦笔，演剧的经费是我在暑假回阳泉时代他向商店捐募的。北京演完后，又赴天津演了一次，这次演剧的经费也是由我给他筹借的。""天津演剧结束回到北平后，长虹仍住在王府井大街东华公寓，不知又住了若干时间，因生活无着，交不起房租，于是不辞而别，去了上海。//长虹离北平一段时间后，我才知道他已经走了。后来听梦笔说因他交不起房租，公寓就拿他的书籍作抵押，公寓的人希望长虹的朋友代他交付房租即可将书籍取走。于是我便代他交了房租，取回了书物。其中有英文版《资本论》三册，英文版《歌德诗集》一册，综合英文辞典两册，《资本论》第一册比较旧，可见他还是看过的，可惜他没有在这方面多下功夫。"②

---

① 冈夫：《忆长虹》，《冈夫文集》第 3 卷，第 1415 页。

② 张恒寿：《回忆长虹》，《高长虹研究文选》，第 61—62 页。

附

演剧运动[①]

高长虹

从我提议开始狂飙的演剧运动之后，有几个朋友便都想尝试尝试舞台上的身手。似乎演剧运动很可以鼓励大家的精神，为狂飙运动助一帆风顺。是的，不必定要至精，能不离开艺术便好。对艺术有素养，有相当的了解的人，纵然不能在演剧上有极好的成绩，也许他缺乏的是那种表演的天才，然而只要他有舞台上的练习，他不会有太多的反感给与观众，他终不至于使艺术脸红。我希望我的朋友们只要愿演，便决然去演，纵然不好公开，也不妨演给自己看，这也是演剧运动中应有的一幕。

适于演剧的人，未必了解剧本，了解剧本的人，未必适于演剧。这两种人，当然都不是演剧运动的中心人物。演剧既然是艺术之一，则于艺术的全景有所忽视，不能够做成艺术家。于艺术的动作外，最关重要的是艺术的行为。真正的演剧家一定有一天会出现，他或她一定是艺术家，不必在最近的半年之内，不必一定是新的人物，但他或她一定是演剧的创始者。

演剧没有女演员，便是没有灵魂，无从做起。最需要的也常是最缺乏的。同样，最大的满足，最大的震惊，也常是从这最缺乏的需要处来。女朋友中能演剧的本来不多，又难得聚在一处。于此我只可希望有天上的明星突然出现。

中国现有的剧本，据我看来，没有一本好的。除努力创作之外，仍

---

① 《演剧运动》，《高长虹文集》下卷，第189—190页。

须多演外国的剧本。易卜生的，演来最为合适。因为一，容易表演。二，观众也容易接受。织工与威廉退尔，更是象[像]为现代的中国而作。不演剧还可，演时是不能够让它俩缺席的。梅德林克，唐农遮，太戈尔的剧本，都很难上场。表演难，布景也不容易。

在最近三个月内，如果大家认真努力，小剧场是可以建筑起的，至少有五六个剧本是可以练习好的。则在旧历年的前后，来几次公众表演，未必不可以为普通的观众一新耳目。在上海，艺术如想得到一般人的了解，固然是很远的事。然而他们很容易接受一种新的影响，容易使他们同艺术亲近。

狂飙演剧部的组织拟议①

高长虹

狂飙演剧部正式开始排演剧本以来，已有两个礼拜的光景。参加的演员，已有十几个人。已经有四个剧本在排演中。第一次试演的日期虽然还没有确定，然大致总不出一两个礼拜之外。所以，现在急须有相当的组织。

狂飙演剧部的组织，以能尽到下列的几种责任为标准。第一，这种组织须能稳定狂飙演剧部的生命，使他能时常继续他所进行的工作。第二，这种组织须能给与狂飙演剧部的每一个人以发展其才能最大的便利。第三，这种组织须能使狂飙演剧部的行动与全个的狂飙运动和谐一致。

集合全体演员与事务员而成狂飙演剧部。但关于组织事项，则大抵属于事务一方面。演员方面，将来有类似学校的组织，招收新演员给以演剧上的必须的教育。但现在还不到时候。现在的狂飙演剧部

① 《狂飙演剧部组织的拟议》，《高长虹文集》下卷，第374—375页。

虽也在竭力招集新演员，但这也只是少数的共同工作者，没有学校的形式。

狂飙演剧部，关于出版界的剧本及演员的书报须收集考查，关于自己所应排演的剧本须选择修正，在演剧期中须有文字与广告上的宣传。设一人专担任这几项工作。

狂飙演剧部关于布景灯光的布置，须有一专人担任。

狂飙演剧部须有一人管理每次演剧每剧本中所应用的道具。

狂飙演剧部须有一人专任征集演员与主任训练新演员，与招待临时参加的演员等事项。

狂飙演剧部须有一人管理经济与一切杂务，经济方面，须能使狂飙演剧部时常处于自足的状况中，必要时候并须负筹款的责任。

狂飙演剧部关于演剧时临时应有的事项，则临时增加担任的人员。

最后，这一点必须再郑重提出：狂飙演剧部关于剧本的选择，宣传，演员的加入或参加，以及经济的分配，必须与全个的狂飙运动和谐一致。狂飙演剧运动是狂飙运动中的一部。

狂飙演剧部正式组织之后，狂飙演剧运动的经常工作可以经常地进行了。至于特殊的工作，则随时可有特殊的组织。在目前，关于小剧场的筹备，便是须别有组织进行的。预计在三个月内，第一个狂飙小剧场须在上海成立。狂飙小剧场筹备事物，分：1，筹款；2，监工；3，装置。

南国公演的过去简记①

艺术鱼龙会　民国十六年十二月十七日至廿三日

① 《附录·南国公演的过去简记》，阎折梧编：《南国的戏剧》，第217—219页。

公演　1. 生之意志 2. 苏州夜话 3. 画家及其妹妹 4. 江村小景5. 烧野鸭子 6. 到何处去 7. 名优之死 8. 潘金莲 9. 父归等

地点　上海善钟路上海艺术大学举办

南国小剧场旅杭公演　民国十七年四月十九日至廿三日

公演　1. 苏州夜话 2. 湖上的悲剧 3. 未完成的杰作 4. 父归 5. 白茶等

地点　杭州湖滨公共体育场公共讲演厅公演

南国小剧场试演　民国十七年六月十九日至二十日

公演　1. 湖上的悲剧 2. 父归 3. 未完成的杰作 4. 桃花源

地点　上海西爱咸斯路南国艺术学院小剧场

南国社第一次在沪公演　民国十七年十二月十五日至十七日

公演　1. 湖上的悲剧 2. 生之意志 3. 最后的假面 4. 名优之死5. 古潭的声音 6. 苏州夜话等

地点　上海方浜路梨园公所

南国社第一次在沪公演续演　同年十二月廿二日至廿三日

公演　1. 湖上的悲剧 2. 名优之死 3. 白茶 4. 贼 5. 生之意志 6. 苏州夜话 7. 古潭的声音等

地点　同前

南国社第一次旅京公演　民国十八年一月十八日至廿二日

公演　1. 父归 2. 未完成之杰作 3. 生之意志 4. 名优之死 5. 湖上的悲剧 6. 古潭的声音 7. 苏州夜话 8. 秦淮河之夜 9. 颤栗等

地点　半边街通俗教育馆

南国社在晓庄临时公演　民国十八年一月廿三日至廿四日

公演　1. 生之意志 2. 颤栗 3. 苏州夜话 4. 一文钱 5. 新村之夜等

地点　南京晓庄

南国社旅粤公演　民国十八年三月七日至十二日

公演　1.颤栗 2.未完成之杰作 3.生之意志 4.苏州夜话 5.名优之死 6.强盗(即贼)7.古潭里的声音 8.父归加戏剧研究所歌剧及话剧 1.空与色 2.人面桃花 3.刺虎 4.车夫之家等

地点　广州国民体育会

第四节　“狂飙运动”夭折

一　“远离社会的狂飙运动”

1928年11月14日,高长虹作《远离社会的狂飙运动?》,内云:

> 从实际到实际,是狂飙运动的全史。
>
> 批评狂飙运动的人,最好须同狂飙运动者有长期的结识,其次也须读过狂飙运动的出版物。没有经过这两种手续,随便向狂飙运动发一些攻击的论调,是不会说得中听的。[①]

人们批评错了吗?

狂飙社再次开始“狂飙运动”的时间是1928年,相关通信发表在同年10月13日《长虹周刊》第1期。一年前的1927年,中国共产党和国民党已经开始了你死我活的斗争,在这种情况下,狂飙社还希望“废弃了那政治手腕,而去找来那科学方法”[②],还希望用“劳动运动”来

① 《每日评论·远离社会的狂飙运动?》,《高长虹文集》下卷,第268页。

② 《科学方法对于政治手腕的革命》,《高长虹文集》下卷,第431页。

代替政治革命，难道不“远离社会”吗？对当时共产党武装反抗国民党，高长虹甚至有这样的看法：“中国人之喜欢暴动，是因为他们不喜欢劳动的缘故。”①

对狂飙社的“经济上的新运动”即“新劳动运动”，当时一位年仅二十岁的青年便提出了这样的批评：

> 劳动运动是现在的经济制度发展的必然，革命是现在的人类的错误的组织之下行为的必然。而现在的劳动运动之径直的变成革命运动，超于十九世纪的工会主义的单纯的经济活动之上，而革命运动之含有政治性的，都是必然的必然。
>
> 先生在前几年算是很进步的人，但是，时代前进了，而先生犹然停着不前，我认为很可惜。无疑的，先生对于现在全世界喧腾着的革命旁观，而且藐弃，而且似乎不懂。先生似乎是一个处在自足经济的小资产阶级中的人，不能与世界的无产阶级相通，不能看见革命的世界化，普遍化，组织化，只是一个人在玄想将来的天堂，有时表示着尚停滞于个人主义的原始的工会主义之中。②

对当时中国的前途，高长虹有这样一种天真想法：“国民党做政治工作，共产党做劳动运动，国家主义者办教育去，语丝，创造两派去当大学，中学教员，狂飙运动者来做科学运动，艺术运动，这样大妥协起来，倒可小康于一时”，也正如他接着所写：“可惜，妥协也有办不到的！”③

---

① 《每日评论·这几句话我还没有说》，《高长虹文集》下卷，第309页。

② 《任之初致长虹》，《高长虹研究文选》，第424—425页。

③ 《每日评论·妥协也有办不到的！》，《高长虹文集》下卷，第376页。

由于“狂飙出版部协社不以营利为目的，是一种经济上的新运动”，所以规定：“除举行贷金而外，所有股金不特无利润，而且无利息。”[①]单从经营策略上说这也是“远离社会”的：“1928 年前后涌现出来的新书店中，既有同人性质的，例如开明书店、新月书店、第一线书店等，也有专业的出版商经营的，例如光华书局，现代书局等。然而最明显的是其商业色彩。1928 年前后的同人书店和‘五四’时期的同人刊物虽然同是志趣相投、理想一致的同人结合体，但是其性质已经完全不同。‘五四’时期的同人刊物完全不以营利为目的，仅仅为了发表自己的言论主张。而书店却不同，即使是同人书店也基本建立在营利的目的上，具有明显的营业性质。”[②]

狂飙社成员作品中经常可以看见这样一些句子：“我来为世界辟一条生路——你在苦难中的人类呵，我援救你们”[③]、“我们的方法是指导青年人的思想，我们的努力是供给大众以知识，我们的期图是融合所有人的生活为一体”[④]、“我是为人类而来而作战的！为人类！为狂风”[⑤]、“中国的革命运动是停在一个危急的小段落上了，狂飙运动的开发呵！中国！世界”[⑥]……看着这样的句子，人们会很自然地觉得这是一群“以天下为己任”的人。不过，若这群人的行为与时代潮流背道而驰，则容易将他们与挡车的螳螂联系起来。时代潮流对“狂飙运动”的影响，孙犁的论述可谓一针见血：

---

① 《出版部的消息·协社是经济的新运动》，《狂飙出版部》第 2 期（1928 年 9 月 21 日）。

② 旷新年：《1928：革命文学》，山东教育出版社 1998 年，第 38—39 页。

③ 《我来为世界辟一条生路》，《高长虹文集》下卷，第 155 页。该文是《长虹周刊》的发刊词。

④ 《菘年致长虹》，《高长虹研究文选》，第 412 页。

⑤ 《情书四十万字·离别》，《高歌作品集》下卷，第 560 页。

⑥ 柯仲平：《通讯一则》，《长虹周刊》第 11 期（1928 年 12 月 22 日）。

任何运动的兴起，都必有时代思潮做基础，狂飙运动，不过是五四运动的一个余波。它体现的还是爱国精神和民主科学两个口号，但时代思潮，继续向前发展，狂飙的主将，没有这方面的准备，也没有这方面的热情，很快就被“时代的狂飙”，吹到了旁边，做了落伍者。因此，他们的运动，也就成了尾声。①

关于此点，狂飙社重要成员鲁彦在当时便有清醒认识：

鲁彦同我讲，狂飙运动只能昙花一现，但他的价值也正在此，他打开一个新的局面。他自谓这是一种定论。我则只觉得是一种新颖之论。我说，狂飙运动有艺术运动，有科学运动，有实际运动，纵然一种运动有时衰歇，别种还可以接续而上。他说，他知道的，但这也仍然是昙花一现，不会长命的。②

二　生不逢时的“狂飙运动”

1927 年大革命失败后，中国的文化中心从北京转移到了上海。“随着文化中心的南移，新文艺书店中的老大哥北新书局迁移到了上海。而上海本身，新文艺书店像雨后春笋一样充满生机和不断涌现，新书店的涌现成为 1928 年上海一个引人注目的现象。”③《大江》月刊创刊号（1928 年 10 月）《出版界消息》里记录的北四川路的书店有：“北

① 《读〈高长虹传略〉》，《孙犁全集》第 9 卷，人民文学出版社，2004 年，第 397 页。

② 《每日评论·“昙花一现”》，《高长虹文集》下卷，第 323 页。

③ 旷新年：《1928：革命文学》，第 35—36 页。

四川路一带，据编者所知道，已有下列这许多书店：在北四川路的，有创造社出版部春野书店复旦书店新宇宙书店良友图书印刷公司及老爷书店商务印书馆虹口支店与教会的协和书局广学会售书处；东宝兴路，第一线书店；老靶子路，时代书店及骆驼书店筹备处；吟桂路，乐群书店；东横滨路景云里四号，大江书铺。"上海新书店的大量涌现，一方面说明了上海出版业的繁荣，另一方面也意味着竞争更加激烈："自从十六七年(1927—1928年)以后，新书事业，已经是十分凄惨，每一家新书店都在艰苦挣扎之下苟延残喘。"[①]

狂飙社办出版部，还会遇到一般出版部都会遇到的问题："出版一本书，在算盘上打起来，总可以赚钱的，而且赚得很不坏，那么为什么有很多很多的书店会倒闭会归并呢？为什么著作人自己掏腰包印行一本作品，到头连'造本'都捞不回来呢！这就是'账底'的关系。换一句话说，就是说你要花上半年一年的精力，将赚来的钱来铺这'账底'，没有'账底'就没有人替你做贩卖。就是有人替你贩卖，卖出之后还是不还你的钱。这'不还的钱'说来说去还是'账底'。""这'账底'，也可以说是'千年不还，万年不赖'的长期欠账。一家书店要先有了一层'账底'，然后逢节逢年，在'账底'以外的欠款项内，收到了三五成已经卖掉了的书款。"[②]关于这点，高长虹在自传性很强的中篇小说《神仙世界》中有详细叙述："在中秋节前半个月的光景，新时代书店发出二百三十封信去外埠各代售处收帐[账]。这个书店的资本，已经有三分之二存在外埠了。有人说，开封有一家小书局便靠了这种生意赚钱：向上海各书局要了书去，却不寄钱来。积久之后，它的信用坏了，谁都不给它书，可是它也已经赚到钱不想再开书局，改作绸缎业了。只怕这

---

① 张静庐：《在出版界二十年》，江苏教育出版社，2005年，第98页。

② 张静庐：《在出版界二十年》，第63页。

种办法，还未必是它的新发明。这些小虫们，你看不见它们，却须被他们吃，还须你亲自送上口去。批发处没有法子把货都藏在堆栈里。”①根据市场法则，越是供过于求的时候，供方越要“亲自送上口去”，否则，真的只有“把货都藏在堆栈里”了。本就没多少本钱的狂飙出版部，又有多少本钱来铺“账底”呢？把仅有的本钱铺完后，只好关门大吉。

从下面这些文字可以知道，当时的战争也影响到刊物发行：

> 山西是我的故乡，陕西，河南是我的邻乡，我纵然不能够偏爱他们，但更不能够不爱他们。山西，我阔别已三年多了，我还不知道娘子关的嘴巴上长没有长起胡须来？潼关，武胜，在戏台上也看得熟了，却还始终一次没有到过。且不管是旧交新识，远乡近邻，总而言之，在文字的因缘上，他们同我总算是投契得很。在这长虹周刊出版的今日，无论如何，我是极其喜欢他立刻到这三个地方逛一趟去的！
>
> 几次，几次，包裹不通，寄不出去，我真不知道中国的邮务为什么办得这样蹩脚？②

高长虹这段文字写于 1928 年 10 月 22 日，“长虹去不了豫，晋，秦”的主要原因不是中国邮务办得“蹩脚”，而是当时的军阀战争：1928 年 6 月北京张作霖安国军政府垮台后，蒋介石与冯玉祥、阎锡山、李宗仁的临时团结转化为激烈的内部斗争，1929 年蒋介石先后打败李宗仁、冯玉祥、张发奎、石友三和唐生智并威逼阎锡山，1930 年 5 月

---

① 《神仙世界》，《高长虹文集》中卷，第 405—406 页。

② 《每日评论·长虹去不了豫，晋，秦！》，《高长虹文集》下卷，第 233—234 页。

阎锡山联合冯玉祥、李宗仁等与蒋介石开始了中国近现代史上规模最大的军阀战争——“中原大战”。

狂飙社开展演剧运动虽然正值中国戏剧界活跃时期，但这所谓的“活跃”只是相对而言：“在这样伟大的时代背景的戏剧运动，但是并不是无阻无碍地进行着。运动的道路是困难充满的羊肠险道。一直到现在，许多许多的剧团，许多许多热心的专门家，都在中途遇着艰阻而失败了。”①关于此点，只要看看南国社开展的“小剧场运动”便可知道。洪深在评价田汉与南国社“小剧场运动”关系时说：“我们有五种困难，我们缺少了五样紧要东西：一没有剧本，二没有演员，三没有金钱，四没有剧场，五没有观众。幸而田汉是个跌不怕，打不怕，骂不怕，穷不怕的硬汉。没有剧本么？他自己来翻译，自己来创作；没有演员么？寻几个同志，组织一个南国社，刻苦的练习起来；没有金钱么，索性不希望国家的津贴、有钱人的资助，自己负了债来穷干；没有剧场么？先寻一个小剧场，或者借人家的剧场；观众不来么？我们自己走到观众那里去，拿出些好东西给他们看看，再对他们说，还有比这个更好的东西藏在家里呢，慢慢的引观众走入我们门里来。”②要知道，田汉领导的“小剧场运动”不但得到了自己的老朋友唐槐秋、吴家瑾、万籁天、顾梦鹤、辛汉文、孙师毅等大力支持，还有自己培养的一批学生陈凝秋、陈白尘、左明、陈明中、唐叔明、吴似鸿、王素等追随左右。狂飙社开展演剧运动，不但只得到南国社的陈凝秋、吴似鸿，复旦剧社的马彦祥、沉樱等支持，狂飙演剧运动负责人向培良的影响力也无法与田汉相提并论。南国社开展“小剧场运动”都遇到这么多困难，狂飙社遇到的困难一定大得多。并且，需要大投入的演剧运动最多给狂飙社带来了短期

---

① 郑伯奇：《中国戏剧运动的进路》，《中国新文学大系 1927—1937 · 文学理论集一》，第 306 页。

② 洪深：《南国社与田汉先生》，《南国的戏剧》，第 2—3 页。

轰动效应，却因此使狂飙社背上沉重债务，加速了狂飙社解体。狂飙社首次公演后才三个月，高歌便写下了这样的文字："现在只剩下出版部的搬家问题和演剧部的还帐[账]。"①

三　思想分歧的"狂飙运动"

1926年10月10日上海《狂飙》周刊创刊时，不但发表了具有发刊词性质的《狂飙周刊的开始》，还在《狂飙社出版物预告》、《狂飙周刊》等广告中反复宣布"狂飙运动"的宗旨。1928年秋狂飙社再次正式开展"狂飙运动"时，张申府希望："纲领拟定，我觉可以作一个宣言一类的东西登在月刊第一期。这样子明明白白地把旗帜打出去，必可立时发生影响。"②高长虹却在回信中如此写道："纲领，将来或有需用处，但此时则亦无用。"③分析一下张申府和高长虹的信件便可知道，真正原因是他们对此次开展"狂飙运动"的宗旨存在严重分歧：就"科学"而言，张申府强调的是"科学法"——"如何根据科学法的精神以评衡一切从事一切"，高长虹重视的是具体的"科学"——"狂飙运动，你正式担任的数学，物理一部分的工作，望你立刻做起"；就"艺术"而言，作为哲学家的张申府对"艺术"根本就不感兴趣，这恰恰却是以高长虹为首的多数狂飙社成员的强项；就"劳动"而言，张申府强调的是"劳心劳力并无二致"，高长虹所谓的"劳动"仅指体力劳动："劳动，即先从出版，印刷方面做起。劳心不能算劳动，我的意思是这样"。作为一场运动，连基本宗旨都存在重大分歧，怎可能取得成功？

为了再次开展"狂飙运动"，高长虹曾去信叫太原时期即加入狂飙社的成员高沐鸿、藉雨农前往上海。高沐鸿于9月下旬来到上海，藉

① 《情书四十万字·归来到我的乐园吧》，《高歌作品集》下卷，第482页。

② 《崧年致长虹》，《高长虹研究文选》，第412页。

③ 《通讯二则》，《高长虹文集》下卷，第175页。

雨农却在信中对其他狂飙社成员的作品和文学观毫不客气地提出了批评：

从我们的朋友们的作品看来，大概你们对于文学上的主张，和我不能同意；但是我以为你们的主张，实在离生活太远了。所以我也许有把我的主张，说述给你们知道，或者我们的主张，有可以互相接触而减少隔离的必要吧！

为减少麻烦起见，我必须把我的话，缩短来说：我虽然现在还不很明白象征派，未来派……是如何一种东西，但我却武断地以为他们都是些文学上——技巧上——的开倒车者。老实说：我是主张人生的艺术的。这是就文学的实质上讲，而形式方面我以为还是写实派好些，虽然不必就是指俄国的写实派，我不过为说话便利起见，便这样说罢了。

并且向来的文学家，对于艺术的见解，总是很浮浅的，尤其是我们中国。他们用了浮浅不切的字，来掩饰他自己作品的浅薄无聊，这真是无谓哪。有些人——往古如此，现在也如此——以为技巧的本身，便是艺术，这是一种纯艺术论者，我最反对这类说法，那末艺术在人类中不过是赘疣罢了！而如长虹所说的艺术，更使我莫名其妙。究竟艺术是一种什么东西？实在有些神奇了！我总以为无论欧洲，或中国往古直到现在一般的文学家同没有脱却贵族的气息：离实际生活，总是太远。那种大[文]学，我们简直不要它吧！不过我却承认这不过是时代的错误，责任不应完全归他们负的。

我以为文学的任务，至少必须具有下面三个条件：一，叙述人生；二，批评人生；三，指导人生。若在唯美派的见解，是以为这简直是破坏艺术了。我并且以为艺术的平民化，不仅是形式上的通俗，尤须选择万人都能了解的题材，若谓平凡的题材，不能表现高深的人生，都便等于说白话文不能说理的一样的是无理取闹了……

…………

高歌的作品，我不能懂；尤其是清晨起来。总之我是不高兴这类作品的。长虹的献给自己[然]的女儿，实质总嫌空洞些，而对于艺术的忠实也差一点。又如春天的人们，曙等等，全无一点勇力而是一种浴乎沂，风乎舞雩的态度，我的以为我们的时代，还不是涵煦万物时代，正在需要努力前进呢！

仲平的海夜歌声，情调很好，勇力也大。少合脾胃的还是培良，不过他的作品，如：沉闷的戏剧，我离开十字街头，我还没有看完，所以我还没有批评的机会。

沐鸿的诗，从形式上说，好象[像]是有罗曼气味的作品，但就技巧（方法）上说，却仍然没有脱却古典主义的窠臼。天河较好？夜风便没有那样富于创作力的了，好友们！请努力吧！①

很明显，艺术观的严重分歧，是藉雨农没有像高沐鸿一样应邀前来参加“狂飙运动”的重要原因。

从《我们》（《世界》周刊第 9 期）和《在我们的祭坛下祈祷》（《狂飙运动》月刊第 1 期）两篇文章可以看出，在参加狂飙运动的 1928 年，向培良已经形成“人类的艺术”观。这种情况下，向培良脱离狂飙社自立山头只是时间问题。而向培良是狂飙社中仅次于高长虹的二号人物，他自立山头对狂飙社的打击不言而喻。正因为“人类的艺术”观形成

① 《雨农致沐鸿并转长虹》，《高长虹研究文选》，第 419—420 页。

于“狂飙运动”时期，所以人们才会将二者如此联系起来：“培良于主编《青春月刊》时，曾发表《人类的艺术》一文，与提倡狂飙运动时的主张及精神，一以贯之。”①

狂飙社成员中，1926年秋加入狂飙社的柯仲平一直是一个思想比较左倾的人物。到1928年冬，柯仲平不但将5幅《无产阶级美展画》转给高长虹发表在1928年12月22日《长虹周刊》第11期，还“着手创作以反映工农武装斗争为内容的五幕诗剧《风火山》”②。这样一个人物，随着形势发展，是会离“狂飙运动”越来越远的。

“狂飙运动”的宗旨是“科学”、“艺术”、“劳动”，朱谦之却认为“科学与艺术是冲突的”：“他讲科学时反对艺术，讲艺术时反对科学。”③尽管朱谦之也将“科学”与“艺术”结合起来写了一篇未来主义色彩很明显的作品《轮及其变动》（《世界》周刊第9期），但狂飙刊物上再没看见他的其他作品。

从下面文字可以知道，高长虹并不赞同卢剑波大力宣传无政府主义：“剑波好吗？多研究些经济的实况，少谈些主义，是我呈现给他的意见。”④

可以这样说，严重的思想分歧，是导致“狂飙运动”偃旗息鼓的一个非常重要的原因。

四　难辞其咎的高长虹

首先是《长虹周刊》的创办。1928年9月11日，张申府给高长虹写信，在较为详细地谈了自己对“狂飙运动”和《狂飙运动》月刊看法

---

① 绪声：《向培良与邵惟》，杨之华编：《文坛史料》，中华日报社，1944年，第355页。

② 仲源、若亚：《柯仲平事略》，《柯仲平纪念文集·研究卷》，第160页。

③ 《每日评论·谦之走着看书》，《高长虹文集》下卷，第269页。

④ 《通信四则》，《高长虹文集》下卷，第384页。

后，对高长虹提出了如下希望："我觉着最好你两年内来干这件事，两年以内再不想出国，更不必写什么情书。老老实实地大家共同把责任担起来。不作科学家，不作艺术家，不作文人诗人政客，但要作一个志士。"[①]高长虹却在回信中如此写道："我说得透亮：大家干，我干{，}大家不干，我不干。我干，只干我个人的。我干，也只有待时而干。或者，我干，又将以如何如何的方式去干。"[②]高长虹不但如此说，实际行动更甚一筹：在大家都干的情况下，《狂飙运动》月刊第1、2期却没有盟主高长虹的文章，这怎称得上是"狂飙运动的全力的表现"[③]？可以这样说，《长虹周刊》的创刊，使得《长虹周刊》和《狂飙运动》月刊两败俱伤。

《长虹周刊》才出版7期便有读者来信批评该刊"常常延期，以及文字单调"并建议改刊："推其原因，只为先生一个人负责来编，当然有许多处不能周到。我以为不如改为'狂飙周刊'，一方面多载先生与向〈慰问〉培良高歌沐鸿罗西等作品"[④]。高长虹却拒绝了这一建议："变革周刊的计划，这是不可能的事。我个人无论如何需要一种个人刊物。我在四五年前，没有办任何一种狂飙刊物的时候，我已先想过办个人刊物。到今日才办，我已嫌太迟。我常说，我只为了讲恋爱，也有办个人刊物的必要。这一点都不是笑话，至少我自己实在有这样的需要。你不看，周刊一期到七期不是有情书累累吗？"[⑤]据现有资料表明，

① 《嵇年致长虹》，《高长虹研究文选》，第412页。

② 《通信二则》，《高长虹文集》下卷，第175页。

③ 《狂飙运动》月刊的广告词，刊登在《长虹周刊》第1—13期上。

④ 《史济行致长虹》，《高长虹研究文选》，第413页。

⑤ 《通信一则》，《高长虹文集》下卷，第289页。

高长虹爱上冰心的时间是 1927 年初[①]，最初打算创办个人刊物《长虹周刊》的时间是 1924 年[②]；《长虹周刊》上只有部分文章是写给冰心的，且集中在前 9 期。所以，“讲恋爱”只是创办《长虹周刊》的原因之一，更重要的目的应是“为世界辟一条生路”。高长虹现在却以《长虹周刊》有给冰心的“情书累累”（共 21 信）为理由拒绝将《长虹周刊》改成《狂飙周刊》，这也未免把自己的“恋爱”看得太重了！与狂飙社具有“一损俱损，一荣俱荣”关系的盟主高长虹，由于创办“发表我所有的文字，与关于我的文字”[③]的《长虹周刊》，致使《狂飙运动》月刊一再延期：“十一月出版”（《长虹周刊》第 1—4 期）、“十二月内出版”（《长虹周刊》第 7 期，笔者手头缺第 5、6 期）、“十八年一月初出版”（《长虹周刊》第 9—11 期，笔者手头缺第 8、12 期）。狂飙出版部一方面声称“决计要为出版界树立一点新的精神，信托两字，无论如何要做得到”[④]，另一方面却用事实告诉人们实际情况并非如此，人们对狂飙出版部（进而对狂飙社）怎信得过？

并且，从下面这段文字可以看出，《长虹周刊》对出版部的招股也造成了严重影响：

> 有一个朋友为我给狂飙出版部问人招股，那人说，要他认股不难，必须把长虹周刊上这长虹两字去掉。那人说：“为什么拿了我们的钱给他个人办刊物去？”

---

① “是的，简直还有人为我担心——我真感激他们对我的好意——怕我上当。我想，如其怕我上当的时候，我已经上当一年又加一个半年了！”（《情书五则》，《高长虹文集》下卷，第 172 页）这段文字写于 1928 年 9 月 10 日。

② “上次信上，我告诉过你，长虹月刊要提前出版，现在那种计划已打消了。”（《通信一则》，《高长虹文集》下卷，第 20 页）这段文字写于 1924 年 11 月 7 日。

③ 《我来为世界辟一条生路》，《高长虹文集》下卷，第 155 页。

④ 《两个月以来的狂飙出版部》，《狂飙出版部》第 3 期（1928 年 11 月 13 日）。

这人的话说得很对。无论我的刊物所代表的是什么，拿了别人的钱为我个人办刊物，我不大愿意。所以，长虹周刊的资本，从头便是由我个人拿出来的。但因为是我个人的刊物，便为没有拿出钱来的必要，却也不很对。刊物有刊物的读者，狂飙出版部是协社的组织，则每一个读者都拿出钱来加入协社，原是应该的事。这样看来，如其这人的话说得完全对时，他该预先声明他是决不看这个刊物的。至于刊物上用不用长虹这两个字，却没有关系。

我也说了吧：去掉长虹两字不难，待我改掉名字时再看。[①]

《长虹周刊》的出版与狂飙出版部解体及“狂飙运动”夭折之间的关系，狂飙社重要成员、高长虹的二弟高歌曾有如此说法：“C周刊一再表明是和狂飙运动一致的，但不言而知的那是C周刊呵！”[②]与狂飙社有密切关系的张稼夫1982年在回忆文章中也如此写道：“尤其严重的是由于‘狂飙社’的内部分歧，高长虹竟把《狂飙月刊》改为《长虹周刊》，造成并加速了‘狂飙社’内部的众叛亲离。这样，狂飙社也就渐趋没落了。”[③]

其次，狂飙社内部闹意见。1929年2月底3月初狂飙演剧部到南京公演，这在狂飙社历史上是一件非常重要的事情，结果却是“长虹留上海，培良去湖南，仲平高歌在南京撑台”。下面文字虽然主要与高长虹创办《长虹周刊》有关，但同样适用于他与狂飙演剧运动之间的关系：“他把自己看得太重，太爱表现自己，特别是社会略略张开口欢迎

---

① 《每日评论·去掉长虹两字》，《高长虹文集》下卷，第267—268页。

② 《情书四十万字·归来到我的乐园吧》，《高歌作品集》下卷，第558页。

③ 张稼夫：《我和“狂飙社”》，《高长虹研究文选》，第34页。

他的时候，即他多少有点名头的时候，便不免把自己的全生命的一切搬出来不论是成熟的，幼稚的，个人的，社会性的。生活在他面前展开来，他却不沉着地去承受，去前进，去抓住生活的中心——劳动，反而以自我意识盖住了全生活的个人周刊去生活着。因之狂飙整个的集体运动的前途便不堪设想了。狂飙不但是受时代的浪击而正在经验个人主义的苦痛，长虹，培良，对个人的地位，物质生活有了多少的笨拙的自信也是使整个狂飙内部意见分歧的原因。狂飙社之有长虹周刊，难道这也是通过集体的情绪吗？”[①]1929 年 2 月 6 日高长虹写作《狂飙演剧运动说略一》，内云：“对于演剧的成功或失败，他（按：向培良）负完全的责任。但我所做的工作，则只有几种。第一，我看什么时候演剧有成功的可能，我便决定了开始演剧。第二，演剧部的进行无论发生什么困难，我坚持了下去，非到做成功不可。第三，我担任筹款。第四，我集合演剧的同志。第五，我给演剧部以必要上的组织。第六，我在演剧运动中使其与全个的狂飙运动和谐一致。”“至于筹备演剧的一切工作，都是培良担任了的。起先，也预备他完全担任导演。后来因为事实上的便利，导演也分工担任。演员，自然更是各有各的工作。临时来参加我们的运动的，演员或办事员，更都是各有各的工作。我自然更希望这些已经参加或未经参加的朋友们都来长期加入，集合大家的努力于艺术的建设，扩大狂飙运动的阵营。”[②]从这段文字看来，高长虹在狂飙演剧运动中举足轻重，向培良则可有可无，实际情况却大为不同：向培良才是狂飙演剧部的真正负责人。看见这样的文字，已经同样具有“笨拙的自信”的向培良不会没有意见：该文写作才一个星期，高长虹 2 月 13 日给杜逵的信中便出现了这样的文字：“大

① 韩起：《狂飙社论》，《流露月刊》2 卷 1 期（1931 年 5 月 15 日）。

② 《狂飙演剧运动说略一》，《高长虹文集》下卷，第 373 页。

抵，不出两个礼拜，狂飙演剧部要举行入京的演剧旅行了。我这次大概不去。你如有暇时，可以出来看看我们这第一次的成绩。”[①]信中虽然没写到闹意见的事情，但高长虹不到南京参加演剧运动应与“闹意见”有关。向培良甩手南去后，高长虹有责任将更多精力投入到狂飙社集体工作中。但从下面两段文字可以知道，高长虹不但没到南京参加狂飙演剧部的首次公演，而且于 3 月中旬便离开了上海：“我从上海出发，已有两个月光景”(5 月 15 日)[②]；“我从上海出发，经过了三个月的光景，苏州，镇江，南京，泰安，济南，天津，旅行到北平来了”(6 月 3 日)[③]。高长虹离开上海不到一个月的 4 月 5 日，狂飙演剧部便只剩下柯仲平、丁月秋、陈凝秋三人，“那里，现在和以前是完全不同；寂静的很！寂静的很呵！”[④]

其三，与左明的一场误会势必会使不少人对正在开展的“狂飙运动”保持沉默。《长虹周刊》刚出版一期，南国社的左明便向高长虹伸出了橄榄枝：“我愿做先生的同志，只要不嫌我的微细与浅薄。”[⑤]因为左明在文章中客观地表达了自己对高长虹和演剧运动的看法，高长虹便在“答辩”文章开头如此写道：“有些没要紧的人们，没有事干，知道我不好说闲话，便拿嘴巴子四处游行了给我说坏话，吵得空气污浊，我不知道受了多少这些小人们的害。更不知道有多少人上恶当，还来埋怨我，钻在闷葫芦里没出路。我也常招呼：‘好汉们，写在纸面上，公来公道，别仅管放冷箭！’唉，唉，没得回响！不须解释，聪明的人们如何会不知道我的笔头岂止比十万狼牙强？所以，我看了明君在戏剧周刊

① 《通信九则》，《高长虹文集》下卷，第 395 页。
② 《女子不能加入行健会》，《高长虹文集》下卷，第 452 页。
③ 《最后几行》，《高长虹文集》下卷，第 429 页。
④ 《情书四十万字 · 归来到我的乐园吧》，《高歌作品集》下卷，第 419 页。
⑤ 左明：《读了长虹周刊》，《高长虹研究文选》，第 362 页。

上《读了长虹周刊》一文，无论论调如何，敢在文人的门前来卖文，已经是一位勇士了！所以我，也无论论调如何，终高兴在这里答辩答辩！”①看见这样的“答辩”文字，左明只好在文章开头说自己“这才是‘好心作了牛肝肺’”，接着写道：“我在十一期剧刊上作了一篇杂感，题目是‘读了长虹周刊’，我写这篇东西的目的，一方面是介绍狂飙的戏剧运动，一方面是表示联络，准备将来有合作的机会，因为戏剧这东西她是需要多数的劳力与智慧。个人英雄主义在她面前是用不上的。不料想长虹先生在他的周刊第四期上板起面孔臭骂我一顿。好！好！我没有什么说的。我只叫一声‘活该’。”②第一次开展“狂飙运动”时，高长虹误读周作人的《南北》，从而将高鲁冲突转变为与周氏兄弟的冲突。由于遭遇这两个“小鬼”的“攻击”③，高长虹不得不将自己的主要时间和精力用来应战，致使不少远大计划中途夭折，并使得由北新书局出版《狂飙丛书第二》的计划付诸东流。狂飙社刚正式开始第二次“狂飙运动”，高长虹又把左明伸过来的橄榄枝当狼牙棒，以后还有谁愿在“笔头岂止比十万狼牙强”的高长虹“门前来卖文”？这大概就是当时人们很少谈及“狂飙运动”的部分原因吧？鲁迅曾说：“凡有一人的主张，得了赞和，是促其前进的，得了反对，是促其奋斗的，独有叫喊于生人中，而生人并无反应，既非赞同，也无反对，如置身毫无边际的荒原，无可措手的了，这是怎样的悲哀呵”④。从现在很少看见相关文字可以知道，“狂飙运动”便遭遇了这种“置身毫无边际的荒原”的悲哀，为此，“风声鹤唳草木皆兵”⑤的狂飙社盟主高长虹难辞其咎！

---

① 《关于演剧的文字上的答辩》，《高长虹文集》下卷，第 204 页。
② 左明：《好泼皮的长虹》，《高长虹研究文选》，第 376 页。
③ 《走到出版界·所谓自由批评家启事》，《高长虹文集》中卷，第 223 页。
④ 《呐喊·自序》，《鲁迅全集》第 1 卷，第 439 页。
⑤ 左明：《好泼皮的长虹》，《高长虹研究文选》，第 379 页。

第五节 加入狂飙社的张申府、陈凝秋等

一 张申府

(一)简历(1893年6月15日至1986年6月)

河北省献县人,名崧年。1908年暑假高等小学尚未毕业便以第一名成绩考上当时北京很有名气的顺天高等学堂中学班。1913年未待中学毕业考上北京大学理预科。1914年未待预科毕业考上北京大学本科哲学门,进校后转入数学系。读本科时发起"不考运动",因几门功课未考而未拿到毕业文凭。1917年暑假以助教名义留校工作。在协助李大钊管理北京大学图书馆时,曾是毛泽东的"顶头上司"。1918年与李大钊、陈独秀一起创办《每周评论》。1919年冬与李大钊创立马克思主义小组。1920年春与李大钊、陈独秀通信商量组织共产党。1920年9月罗素来华讲学时,以学校名义前往上海迎接,并与陈独秀会晤商量建党工作。1920年底到法国,1921年介绍周恩来加入中国共产党。1924年回国到广东大学任教,兼任黄埔军官学校政治部副主任。1925年1月参加在上海召开的中国共产党第四次代表大会,因意见分歧决定退党,并说定以后在党外仍配合党进行工作。1926年夏天孙伏园告诉高长虹,张申府佩服他的见识。[①] 1926年农历年底,张稼夫希望到革命中心武汉却苦于没有路费,高长虹写信介绍张稼夫去找张申府,问题得到解决。[②] 1928年1月与高长虹合办《世界》周刊,共

① 《走到出版界·谨防冷箭》,《高长虹文集》中卷,第142页。

② 张稼夫:《我和"狂飙社"》,《高长虹研究文选》,第33页。

出版 10 期。在世界周刊社入股 18 元(9 人共 159 元,后全部移交狂飙出版部)。1928 年 9 月高长虹曾将拟定的“狂飙运动”纲领给正在北京的张申府,张申府提出了自己的看法。高长虹在 1928 年 12 月 6 日给张申府的信中如此写道:“从同你认识后,我常视为是友谊中的奇迹”,并相信:“再过二十年,我还可以保持住我们初识时的那种相互间的尊敬。”[①]为狂飙编辑所 6 个成员之一,负责编辑《狂飙运动》月刊数学、物理方面的文章。在狂飙刊物上发表 17 篇文章(含书信):《世界》周刊 13 篇(其中《所思》6 则)、《世界》月刊 1 篇、《狂飙出版部》不定期刊通信 1 则、《长虹周刊》通信 1 则、《狂飙运动》月刊 1 篇。1931 年起任清华大学哲学系教授,九一八事变后经常利用讲坛宣传爱国主义,并投身于抗日运动,参加了一二·九运动的游行。1933 年 5 月 4 日,在自己主编的《大公报》副刊《世界思潮》第 36 期刊登了高长虹题为《民自为战》的来信,并加上了一段按语:“这是友人高长虹由柏林来的信……”1937 年卢沟桥事变后去武汉。1938 年 7 月国民党在汉口召开国民参政会一届一次大会时,与救国会的沈钧儒等 6 人被聘为第一届参政员。1942 年加入中国民主政团同盟,1944 年改组为中国民主同盟时当选为常务委员会兼文化工作委员会主任。1946 年 1 月出席在重庆召开的政治协商会议。1947 年初回到北平。1948 年因写作《呼吁和平》而受到中共领导人严厉批判并被开除出民盟。1949 年 9 月起被安排到北京图书馆工作。1957 年划为右派,1960 年摘帽。在文革中受到冲击,1979 年获得彻底平反,后任第五、六届全国政协委员。[②]

---

① 《通信九则·申府》,《高长虹文集》下卷,第 317 页。

② 主要资料来源:《所忆》(《张申府文集》第 3 卷,第 460—607 页)。

(二)作品集目录①

1.《现代哲学引论》(约德著),商务印书馆 1928 年。

2.《所思》,神州国光社 1931 年 7 月,三联书店 1986 年 12 月增订出版,三联书店 1995 年 10 月再版。

3.《我相信中国》,上海杂志公司 1938 年 4 月 15 日。

4.《什么是新启蒙运动》,生活书店 1939 年 11 月。

5.《"四大自由"及其它有关战后国际和平组织的重要文件》(编译),五十年代出版社 1945 年 5 月,五十年代出版社天津分社 1946 年 3 月。

6.《独立与民主》,文献出版社 1945 年 12 月。

7.《张申府学术论文集》,齐鲁书社 1985 年 6 月。

8.《名理论(逻辑哲学论)》(维特根什坦著),北京大学出版社 1988 年 3 月。

9.《罗素哲学译述集》,教育科学出版社 1989 年 6 月。

10.《张申府散文》,张燕妮编,中国广播电视出版社 1993 年 8 月。

11.《所忆:张申府忆旧文选》,中国文史出版社 1993 年 10 月。

12.《思与文》,河北教育出版社 1996 年 5 月。

13.《张申府文集》(4 卷本),河北人民出版社 2005 年 1 月。

二　陈凝秋

(一)简历(1906 年 7 月 26 日至 1988 年 11 月 18 日)

---

① 另,据《我出过的单行本书及小册子等》(张申府,《张申府文集》第三卷,第 604—605 页),张申府还出版过以下单行本和小册子:《华北各界救国联合会纲领》(1937 年初华北各界救国联合会成立时印发)、《文化·教育·哲学》(约在 1940 年由桂林一个书店代为编辑出版)、《我们的出路》(1948 年夏季汇印,包括《论中国的出路》、《知识分子的自觉与自处》、《一个新的文明在产生》三篇文章)、《我们的旨趣——北社组织缘起》(1948 年 6 月集合在北方的民主同盟一部分盟员成立北方民主同志共进社(简称北社)继续开展活动时印发)。

河北霸县(今霸州市)人。原名陈秉钧,1923年春因反对父亲包办婚姻离家出走到哈尔滨,并改名陈凝秋。1924年底到《晨光日报》任副刊主编,1926年因发表欢迎北伐军进驻武汉的文章被捕。1927年到上海参加田汉组织的南国社,因主演菊池宽的名剧《父归》中的父亲一举成名。1928年8月左右,高长虹对陈凝秋说“大家努力去做”狂飙演剧运动,并托其打听辛酉社重要成员袁牧之住址,还与高长虹一道去找过辛酉社另一重要成员朱穰承。1928年秋天离开上海前往哈尔滨,行前与高长虹约定于次年春天回上海。[①] 1929年1月5日《长虹周刊》第13期发表了题为《狂飙演剧部演员陈凝秋》的封面画。1929年2月底3月初,“陈凝秋君和吴似鸿女士被狂飙社请去南京演剧”[②],曾在向培良的独幕剧《从人间来》中扮演“旅行者”[③]。1930年3月在《南国月刊》发表诗剧《弟弟》(与左明合作)。1933年创作独幕剧《铁队》、《狱》,同年加入明星影片公司。1934年夏第一次用“塞克”为笔名写出三幕剧《流民三千万》。1935年后,先后参加中国歌曲作者协会、救亡演剧第一队、中华全国戏剧界抗敌协会、西北战地服务团等。1935年3、4月间创作的《救国军歌》唱遍大江南北。1936年2月应向培良之邀协助主持上海剧院,后因“成绩不佳后台老板(按:潘公展)拒绝供给开销”于6月“失业”。[④] 4月发表独幕剧《秋雨》。卢沟桥事变后参与了《保卫卢沟桥》的创作。1938年与萧红、端木蕻良、聂绀弩共同创作三幕抗敌话剧《突击》,同年创作独幕剧《争取最后胜利》,同年底到延安,先后任鲁迅艺术学院教授、陕甘宁边区参议员、延安青年艺术剧院

---

① 《关于演剧的文字上的答辩》,《高长虹文集》下卷,第205页。

② 明中:《南国在南京》,阎折梧编:《南国的戏剧》,第178页。

③ 向培良:《从人间来》,第38页,收入《光明的戏剧》。

④ 《上海剧院寿终正寝,向培良陈凝秋同时宣告失业》,《娱乐周报》2卷25期(1936年6月27日)。

院长、陕甘宁边区政府文化工作委员会委员等。1939 年与冼星海合作《生产大合唱》。1942 年 3 月创作三幕歌剧《滏阳河》。解放战争期间先后担任热河省文联主任、全国文协佳木斯分会主任、辽北省政府教育厅副厅长兼辽北学院副院长、东北鲁迅文艺学院院长等。1946 年与阿霞合作四幕歌剧《翻身的孩子》。解放后先后任东北人民艺术剧院院长、中央实验歌剧院艺术顾问、中国歌剧舞剧院艺术顾问。"文革"开始后被打成"资产阶级反动学术权威"、"黑帮反革命分子"等,粉碎"四人帮"后彻底平反。①

(二)作品集

1.《追寻》,励群书店 1928 年 10 月。

2.《紫色的歌》:"(1929 年),在哈尔滨,内收二、三首长诗,为 1928 年在上海艺术大学时创作。"②

3.《歼灭》:"(1938 年春),与周伯群在西安合作剧本《歼灭》,后由生活书店出版,1939 年 6 月被国民党查禁。"③

4.《喉狮:塞克文集》,文化艺术出版社 1993 年 9 月。

三 一般成员

(一)欧阳山(1908 年 12 月 11 日至 2000 年 9 月 26 日)

湖北荆州(江陵)人,原名杨凤岐,笔名凡鸟、罗西、龙贡公等。1924 年 9 月考入广州市立师范。1926 年 1 月因参加"择师运动"被开除;4 月邀约原来的同学组织广州文学会,任《广州文学》周刊主编。1927 年广州起义失败后离开广州前往上海,1928 年 9 月底与高长虹认识,并在 1929 年 1 月《狂飙运动》月刊发表小说《两个没有灵魂的

---

① 主要资料来源:《塞克年表》(《喉狮——塞克文集》,第 769—794 页)。

② 《塞克年表》,《喉狮——塞克文集》,第 772 页。

③ 《塞克年表》,《喉狮——塞克文集》,第 781 页。

人》。1930 年 1—6 月任南京拔提书店编辑,7 月回上海,10 月回广州。1932 年组织广州普罗作家同盟,主编《广州文艺》周刊。1933 年为逃避国民党当局通缉秘密到上海,加入左联,先后参与《作品》、《夜莺》、《人民文学》、《小说家》等刊物的编辑工作。1937 年抗日战争爆发后回广州,12 月当选为广东省文化界救亡协会宣传部长。1939 年到重庆参加中华全国文艺界抗敌协会工作。1940 年 7 月由沙汀、吴奚如介绍加入中国共产党。1941 年到延安,先后任延安中共中央文化工作委员会常委、延安中央研究院文艺研究室主任、陕甘宁边区政府文化工作委员会委员、边区文化协会理事、晋冀鲁豫边区文化协会副理事长、华北政府文化工作委员会委员、华北文艺协会常务理事等职。1949 年参加中华全国文学艺术工作者第一次代表大会和第一届中国人民政治协商会议,11 月调回广州。历任广东省人民政府文教厅副厅长,中南军政委员会文教委员会委员,广东省文联主席。"文革"期间遭到迫害。1977 年 12 月恢复广东省文联主席和中国作协广东分会主席职务。1979 年 11、12 月,先后当选为中国作家协会副主席、广东省人大常委会副主任。第三、五届全国人大代表,中顾委委员。2000 年 1 月被授予中国文艺界最高荣誉"中国文联荣誉委员"纯金证章。①

高长虹作品中有不少与罗西有关的文字:一、上海《狂飙》周刊时期,在《走到出版界》专栏中发表《略谈广州文学》、《再谈广州文学及其他》、《新时代的消息》、《我们的性生活》等高度评价罗西和他主办的刊物《广州文学》,并在第 10 期给皎我的回信中说:"广州有一广州文学,我也喜欢看,已出九期。"②二、高鲁冲突爆发后,在针对鲁迅的《所谓"思想界先驱者"鲁迅启事》的诗歌中如此写道:"我爱读冯至,也爱读

① 主要资料来源:《欧阳山年谱》,《欧阳山文集》,第 4390—4423 页。

② 《通信四则》,《高长虹文集》下卷,第 112 页。

罗西,那[哪]怕罗西也来登启事。”①三、1927年12月26日,撰文高度评价罗西的小说《玫瑰残了》“是今年出版的小说里边最好的一种”②。四、1928年9月与罗西认识不久,即请罗西和新来到上海的高沐鸿等5位朋友到市政厅看袁牧之演剧。③ 五、在1928年10月1日给柯仲平的信中高度评价罗西的小说:“在中国人的作品中,我最喜欢读他的小说。我有一次同一个朋友说,他的作品比都盖纳夫还好。”④六、1928年10月20日,罗西约高长虹21日下午到卡尔登看电影《浮士德》,“罗西很赞叹于德国的特殊的街道”⑤。七、看见《青海》第7期(1929年1月25日)的《屠格涅夫致长虹》(力山)后撰文强调:“我说过,罗西的小说比屠盖纳夫好。我再说一句:罗西的小说比屠盖纳夫好。你们只要看了玫瑰残了,桃君的情人这两本小说,也只须看这两本小说,你们只要觉到那里不是时代的描写,而是时代的申诉,你们感觉到那里的热情,紧张,那便够了。”⑥

另,高歌在1929年6月10日给情人利那的信中提到过罗西:“昨晚罗西和他的爱来了。”⑦罗西曾在自己的小说中曾提到向培良的中篇小说《我离开十字街头》:“在案头向我怒目而视的培良的‘我离开十字街头’和达夫的‘茑萝集’,三两本白露半月刊。”⑧

(二)任白涛(1890年2月3日至1952年8月)

河南省南阳市人,笔名冷公、一碧,中国现代著名新闻学者。辛亥

① 《时代的先驱·诗人的启事》,《高长虹文集》上卷,第449页。
② 《每日评论·玫瑰残了》,《高长虹文集》下卷,第144页。
③ 《看了袁牧之演剧之后》,《高长虹文集》下卷,第166页。
④ 《通讯二则》,《高长虹文集》下卷,第176—177页。
⑤ 《每日评论·电影里的浮士德》,《高长虹文集》下卷,第214页。
⑥ 《我的防御战》,《高长虹文集》下卷,第386页。
⑦ 《情书四十万字·归来到我的乐园吧》,《高歌作品集》下卷,第498页。
⑧ 罗西:《玫瑰残了》,光华书局,1929年,第121页。

革命前后，曾任上海《民立报》、《神州日报》、《时报》、《新闻报》特约通讯员，曾参与反袁斗争。1916 年进日本早稻田大学政治经济科实习，知道 20 世纪的学术界已有新闻学这一新兴学科，从此爱上新闻学，并加入日本新闻学会并成为首届会员。1918 年夏完成 10 余万字的《应用新闻学》写作，为我国第一本应用新闻学著作，1922 年 11 月出版发行。在《世界》周刊第 6 期(1928 年 2 月 5 日)、《世界》月刊(1928 年 6 月)发表《关于艺术》、《以自己做主》。1933 年在将这两篇译文收入《有岛武郎论文集》时感谢了高长虹和高歌："对于曾经刊载过本书中的某某部分的《民铎杂志》，《新女性》，《椰子集》(《南洋日报》特刊)，《野火》(杭州《国民新闻》副刊)，《世界》，《晨光》(安庆《民国日报》副刊)，以及他们的编者石岑，锡琛，馥泉，从云，长虹，高歌，乃至在排版时特别代我做过一次校正工作的于海诸位友好，谨致谢意。"[①]赵景深在《申报·艺术界》发表《十七年度中国文坛之回顾》后，任白涛 1929 年初将它寄给高长虹。[②] 高歌 1929 年 8 月初曾给任白涛去信："就是八十元也把那部稿子卖掉"，"要卖掉的话送一半给 J"。[③] 1937 年完成 130 多万字的《综合新闻学》，为我国第一部融入传播学视角的体系化的新闻学著作。1939 年经周恩来介绍到郭沫若主持的国民革命军事委员会政治部第三厅担任设计委员。曾在高长虹主编《大江日报》副刊《街头》(1940 年 4 月 1 日至 6 月 28 日)发表不少文章。曾任第六战区中校参谋、湖北省政府参议等。解放后定居上海，致力于新闻学研究。1952 年春周恩来电邀去北京工作，因病未能成行，同年 8 月逝世。[④]

---

① 任白涛：《写在卷头》，《有岛武郎论文集》，神州国光社，1933 年。

② 《每日评论·十七年度中国文坛之回顾》，《高长虹文集》下卷，第 356 页。

③ 《情书四十万字·归来到我的乐园吧》，《高歌作品集》下卷，第 538 页。

④ 主要资料来源：《浅论任白涛的新闻思想》(杜胜祥，《新闻爱好者》2002 年第 1 期)、《任白涛的两个"第一"》(李秀云，《新闻爱好者》2005 年第 1 期)。

(三)卢剑波(1904年至1991年)

四川省合江县人,原名卢廷杰,笔名剑波、吴沄、矛突、大吉、黑囚等。1919年考入合江中学,被无政府主义思想吸引。1920年到重庆,结识无政府主义者陈小我,并打算通过陈小我的介绍到苏联去,后因北洋军阀封锁中苏边界未果。1921年先后在四川省合江、泸县、华阳发起成立无政府主义团体觉社、明社、无社,并两次被捕。1922年春天为逃避即将来临的第三次被捕离开四川前往南京。1923年与箓华(胡迈)在南京发起成立民锋社,创办《民锋》,原为不定期刊,后改为半月刊,约出六七期,被查禁后于年底改名《黑澜》(仅出一期)。五卅惨案发生后到上海定居,先后与沈仲九(信爱)、吴克刚(友三)、匡互生、刘薰宇、郑佩刚、陈翔鹤等著名的无政府主义党人相见,后经友人介绍到上海国民大学学习。1926年至1928年在上海发起成立无政府主义团体民锋社联盟、中国少年无政府共产主义者联盟、革命工团主义研究会等,并复刊《民锋》(共出三卷)。1927年与种因合编《土拨鼠》(仅出一期),1928年编辑出版《时与潮》月刊(共出四期)。1928年2月21日写作的《谈性》中引用了高长虹的《论杂交》并进行了评论。1928年9月编辑出版的《恋爱破灭论》内收五篇文章:《前言》(剑波)、《恋爱破灭论》(培良)、《谈性》(剑波)、《论杂交》(长虹)、《非恋爱与恋爱》(谦弟)。1928年10月26日写作的《由"红日"说到其他》评价了高沐鸿的《红日》。1929年1月20日高长虹在给卢剑波爱人邓天矞的信中如此写道:"剑波好吗?多研究些经济的实况,少谈些主义,是我呈现给他的意见。"[①]已知在狂飙刊物上发表文章四篇:《世界》月刊(1928年6月)一篇、《狂飙运动》月刊第1期(1929年1月)三篇。1931年冬因患严重的神经衰弱症回四川休养,先后发起成立无政府主义团体憧憬

① 《通信四则》,《高长虹文集》下卷,第384页。

社、惊蛰社、破晓社，并编辑出版《憧憬》(1933 年至 1934 年)、《惊蛰》(1937 年至 1940 年)、《破晓》(1939 年至 1941 年)等刊物。解放战争期间曾主编《长江月刊》。1944 年入四川大学任教，后为历史系教授，并任四川省历史学会理事、省语言学会理事、中华全国世界语协会理事等职。①

(四)朱谦之(1899 年 11 月 17 日至 1972 年 7 月 22 日)

福建福州人，字情牵，曾用笔名前人。1913 年入省立第一中学学习，因自编《中国上古史》、《英雄崇拜论》等小册子知名于乡里。1917 年中学毕业，以全省第一名成绩考取北京高等师范学校(北京师范大学前身)。到京后改入北京大学法预科，1920 年转入哲学系。1920 年与人创办《奋斗》旬刊，宣传无政府主义。1920 年 10 月参与无政府团体，因散发传单被捕入狱，经北京学生集会营救和全国各地声援于次年 1 月获释。1921 年离京南下至杭州从太虚大师出家，后不满意于佛家生活前往南京，向著名佛学家欧阳竟无求教，因不满意于唯识论，未久留即离去。以后往返于京、沪、杭各地，遁迹于江湖之间，过着"飘零身世托轻飘，浪漫生涯亦自豪"的生活。1923 年经陈德荣、郭祐介绍，与在北京大学音乐传习所学习的杨没累开始了"汪洋甜蜜的通信"。1924 年应厦门大学之邀出任教职。1925 年 5 月辞去厦门大学教职，与杨没累隐居于西湖葛岭山下，实践恋爱至上的唯情生活。1927 年秋赴广州，在黄埔军校任政治教官，12 月在广州起义前夕回杭州。1928 年 4 月杨没累病逝再赴广州，后往返于沪杭之间，与文艺界朋友往来。高长虹在 1928 年 11 月 14 日写的《谦之走着看书》如此评价朱谦之：

---

① 主要资料来源于《无政府主义资料选》下册中的下列文章：《时代中无政府主义者的工作·编者注》(黑囚，第 804 页)、《卢剑波早年的无政府主义宣传活动纪实》(蒋俊，第 1009—1022 页)、《无政府主义社团名录》(第 1059—1068 页)、《无政府主义书刊名录》(第 1069—1087 页)。

"除了他的玄学的质素我不赞成外，谦之是我的最好的朋友中的一人。才干，见识，人格，他都很高。"[①]朱谦之在1928年12月10日给高长虹的信中如此写道："近来越发了解你，我认你是个确能极端'表现自我'的人。"[②]高长虹在1929年3月3日的信中称朱谦之是"我的最童贞的，最童真的朋友"[③]。《长虹周刊》第19期刊登的插画《表现派雕刻四种》"是谦之从日本寄来的"[④]。在《世界》周刊第9期(1928年2月26日)发表未来主义作品《轮及其变动》(署名前人)，朱谦之在《奋斗廿年》、《世界观的转变——七十自述》两篇自传性文章中都提到此事。1929年4月获中央研究院资助赴日本进修两年，潜心于历史哲学研究。1931年归国后任暨南大学教授。1932年8月起至广州解放止，一直在中山大学任教，历任历史系主任、文学院院长、哲学系主任、研究院文科研究所主任、历史学部主任等职。1952年全国院系调整后回母校北大哲学系任教。1964—1970年调中国科学院哲学社会科学部世界宗教研究所。[⑤]

(五)王培义

笔名皎我，狂飙出版部协社招股委员会成员(负责广州)，广州狂飙流通处负责人。1926年11月1日在给高长虹的信中如此写道："依稀是故人的我已多日未给你信了。说起来我们也未免太无缘了。前年冬季一个狂风的傍晚你去访莲友时，我们未得见着，亦华，莲友同我

---

① 《每日评论·谦之走着看书》，《高长虹文集》下卷，第269页。

② 《谦之致长虹》，《高长虹研究文选》，第414页。

③ 《通信九则》，《高长虹文集》下卷，第403页。

④ 《最后几行》，《高长虹文集》下卷，第429页。

⑤ 主要资料来源：《回忆》、《奋斗廿年》、《一个哲学者的自我检讨——五十自述》、《世界观的转变——七十自述》、《中大二十年》、《朱谦之传略》(何绛云)(《朱谦之文集》第1卷，第1—200页)；黄心川：《跋》，《朱谦之文集》第10卷，第603—607页；张国义：《朱谦之先生学术年谱》，《世界宗教研究所》2004年第3期。

去五老胡同访你和培良时又未得见着，去年夏由京赴开封时又未得见着，由津返京时又未得见着，并还教你跑了一次空”，“北京的莽原，上海的狂飙，开封的飞霞如能永久维持下去，并且态度丝毫不变，我想文艺界和出版界的妖气总可以减少些吧！”[①]1927 年夏与高长虹同住杭州西湖广化寺。在《世界》月刊(1928 年 6 月)发表诗歌《焚王渡头看飞燕》(120 行)、评论《著作者出版者的新时代及其新生命》，在《长虹周刊》第 8 期(1928 年 12 月 1 日)发表文章高度评价高长虹的作品集《心的探险》。

(六)朱鹏华

狂飙出版部协社招股委员会成员之一(负责天津，另有张友渔、郭瑞庭)，天津狂飙流通处负责人，曾将高长虹的短篇小说《最后的著作》翻译成法语《Le Dernier Ouvrage》发表在《长虹周刊》第 1 期，高长虹在一篇文章中曾如此写道：“鹏华也是从诗到数学的。”[②]

(七)袁殊(1911 年 3 月至 1987 年 11 月 26 日)

湖北蕲春人，狂飙出版部成员。本名学易，曾用名严军光、曾达斋等。北伐战争时曾任国民革命军第六军第十八师政治部连指导员，行军途中看见上海《狂飙》周刊时思想产生共鸣。1928 年冬在南京看见《长虹周刊》后给高长虹写信，希望加入狂飙社，高长虹回信同意。《长虹周刊》第 10 期(1928 年 12 月 15 日)的封面画“是新近到狂飙出版部来的袁学易的照像，是一年前照的。也是当过军人的”[③]。上海狂飙出版部关门后，1929 年夏搬到演剧部与柯仲平、陈凝秋等住在一起。狂飙社解体后，在自己主编的《文艺新闻》第 3 号(1931 年 3 月 30 日)、第 9 号(5 月 11 日)发表《狂飙的国际进出　长虹在地球上行动，火力场

① 《王培义(皎我)致长虹》,《高长虹研究文选》,第 395—396 页。

② 《每日评论・一个未来的物理学家》,《高长虹文集》下卷,第 286 页。

③ 《关于插画》,《高长虹文集》下卷,第 343 页。

的火力》、《五元日金生活一月　长虹在困窘中之苦斗》介绍狂飙社和高长虹近况。1929 年 8 月到日本留学，在东亚预备学校攻读新闻学。1930 年回国，1931 年 3 月创办《文艺新闻》，曾当选为中国左翼文化界总同盟常委、上海文化界爱国抗日同盟总会执行委员。1931 年 10 月经潘汉年介绍加入中国共产党，参加中共情报系统工作。1932 年夏担任吴醒亚、潘公展领导的法西斯反共秘密团体“干社”情报组长。1935 年因“怪西人案”入狱，出狱后征得冯雪峰同意前往日本留学。1937 年 4 月被驱逐回国后，经潘汉年批准加入军统，被戴笠亲自任命为军统局上海区少将独立情报员。后根据组织安排充当“汉奸”，打入日本谍报机关，出面组织“兴亚建国同盟”。“兴亚建国运动本部”解散后，在中共组织授意下，先后出任汪伪国民党中央宣传部副部长、苏南清乡区政治工作团长、党务办事处主任、江苏省教育厅长等职。1945 年 10 月在党组织安排下秘密到苏北解放区。1946 年重新履行入党手续，结束长达 14 年的地下生活。1947 年由华东局派往大连，在李一氓领导下从事新解放区的城市建设工作。1949 年 2 月被李克农点名调到中央情报部门工作。1955 年 4 月因潘汉年案株连而被捕入狱。1982 年又因潘汉年平反而平反。[①]

（八）罗石君

曾为浅草—沉钟社成员。在世界周刊社入股 5 元(9 人共 159 元，后来全部移交狂飙出版部)。狂飙出版部协社招股委员会成员之一(负责南京，另有梁痴若、纪医凡)。“第一个提议在南京演剧”[②]。1927

① 主要资料来源:《剑胆琴心——红色情报员袁殊传奇》(胡肇枫、冯月华、吴民，四川人民出版社，1999 年)、《一个长期做国民党和汪伪特务的人——记秘密战线上的中共地下党员袁殊》(徐林祥，《党史纵览》1994 年第 6 期)、《袁殊：难得的情报人才》(袁成亮，《文史春秋》2004 年第 6 期)

② 《在南京》，《高长虹文集》下卷，第 340 页。

年12月曾给在西安省立第一中学教书的柯仲平去信要他到南京。1928年9月给柯仲平去信说要“隐秘”自己的行踪。[1] 高长虹曾托罗石君给南国社成员唐叔明去信“问他愿不愿加入狂飙演剧运动”[2]。在《狂飙运动》月刊(1929年1月)第1期发表反映“南京一部分青年的两性生活”的短篇小说《喜筵》[3]。

(九)吴化霖

在世界周刊社入股2元(9人共159元,后全部移交狂飙出版部),狂飙出版部协社招股委员会成员(负责武汉),武汉狂飙流通处负责人,在《世界》月刊(1928年6月)发表《心啸》(内含24首小诗)。

(十)吴似鸿(1907年3月28日至1990年)

浙江绍兴人,狂飙演剧部成员。11岁入小学,毕业后进绍兴女子师范,成绩优异。五四后为新思想新文化所激荡,曾在郭沫若的诗剧《棠棣之花》中扮演刺客聂政。1926年冬北伐军到绍兴时,出任绍兴妇女协进会会长、绍兴女师自治会主席。毕业后到女师附小教书,因导演《月明之夜》、《麻雀与小孩》引起注意,受邀到省立五师兼课。因受环境压迫,1928年夏到上海开明书店,插班到新华艺术专科学校二年级,开始在《新女性》发表作品。1928年冬加入田汉倡导成立的南国社,并写了《流浪少女的日记》、《毛姑娘》等作品,受到文坛瞩目。1929年1月5日《长虹周刊》第13期刊登了《狂飙演剧部第一次试演参加演员吴似鸿》相片两张。1929年寒假与蒋光慈相识,不久同居。1932年加入左翼艺术家联盟。1934年在叶灵凤帮助下由现代书局出版小说集《流浪少女日记》。曾帮助沈兹九编辑《妇女生活》。西安事变后参加北上慰劳团,慰问收复华北的傅作义部。1943年夏在桂林加入文

---

① 《仲平致长虹的信(四封)》,《高长虹研究文选》,第405、409页。

② 《看了南国社演剧之后》,《高长虹文集》下卷,第341页。

③ 《在南京》,《高长虹文集》下卷,第338页。

化委员会参加抗日救亡宣传工作，撤退到重庆后加入中华文学艺术界抗敌救国协会。1949 年后由重庆调浙江省文联工作，后回绍兴州山与农民一起劳动。文革期间遭到批判，1979 年春季平反。文革结束后先后撰写了《记达夫先生》、《田汉回忆录》、《萧红印象记》、《记许地山先生》等回忆文章。1984 年、1992 年先后出版长篇回忆录《浪迹文坛艺海间》(浙江人民出版社)、《我和蒋光慈》(广西教育出版社)。曾任乡人民代表、县政协委员、绍兴市文联委员、浙江省文联委员、浙江省作家协会会员、浙江省鲁迅研究学会会员等。①

(十一)沉樱(1907 年 8 月至 1988 年 4 月)

山东省潍县人，狂飙演剧部成员。1921 年进入山东省立第一女子中学，1925 年考入上海大学中文系，1927 年考入复旦大学中文系。1928 年参加洪深领导的复旦剧社，因主演田汉的《咖啡店之一夜》蜚声话剧界，同年 11 月在《大江》月刊发表处女作《回家》，得到茅盾称许。1929 年 2 月底 3 月初随狂飙演剧团到南京演出时，曾一人独扮向培良独幕剧《从人间来》中的 3 个女儿。1929 年 6 月 9 日与马彦祥结婚。参加婚礼后，高歌在 6 月 10 日给情人利那的信中描写了婚礼上沉樱的形象："美丽的沉樱，沉静的沉樱！披了她的长发，拖在肩上了；穿着一身白纱衣，好像是舞装，须[顺]着身势，一个衣角长拖着快要到地面了，而且配着一条带，白的；衣服上配着的那白的发亮的光我不知道是什么。胸前偏左点是一朵粉红花，开着在含羞草的上海。"6 月 26 日高歌再次写到沉樱："我们的沉樱昨晚来这里了！她有点消瘦了！而且我特别要告诉你的是她那嘴角儿上的那一块红迹！我的人，妖娜的沉樱很喜欢我的文章，我的人！这是你所乐于听的！我特别的特别要告

---

① 主要资料来源：《浪迹文坛艺海间》(吴似鸿，浙江人民出版社，1984 年)、《我和蒋光慈》(吴似鸿，广西教育出版社，1992 年)、《她这一生——记前辈作家吴似鸿》(费淑芬，《西湖》2007 年第 6 期)。

诉你!”[1]是年,《喜筵之后》、《某少女》、《夜阑》由北新书局出版。1930年大学毕业,年底与马彦祥离婚。1931年与刚从法国归来的梁宗岱认识,过从甚密,1935年11月两人正式在天津结婚。1939年随同梁宗岱入川,以照顾家务为主。1946年到上海市立实验戏剧学校任教。1947年到复旦大学图书馆工作。1948到台湾,在大成中学任教,并从事创作、翻译。1957年受聘于台北市第一女子中学教授国文,1967年退休后自办家庭译文出版社。1972年前往美国定居,1982年曾回大陆探亲。[2]

(十二)马彦祥(1907年7月5日至1988年1月8日)

原籍浙江鄞县,生于上海,狂飙演剧部成员。1924年冬被聘为张恨水主编的《世界日报》《明珠》副刊基本撰稿员,1925年入复旦大学读书。1926年夏加入洪深创立的复旦剧社。1927年应朱穰承之邀加入辛酉剧社。1929年2月底3月初随狂飙演剧团到南京演出时,曾在向培良的独幕剧《从人间来》中扮演祖父。在自己主编的《现代戏剧》1卷1期(1929年5月5日)发表了高长虹创作于2月11日的《演剧与团体》。与沉樱结婚前,不但早早送来了请贴,结婚前一天晚上的1929年6月8日还亲自到狂飙演剧部“特别”请高歌、柯仲平前去,第二天,穷得叮当响的高歌“到冠生院买了三元的二瓶白兰地的一个花篮”作为礼物送去。[3] 1934年应聘山东齐鲁大学副教授。1935年被聘为南京国立剧校专任导师。抗战爆发后在上海参加《保卫卢沟桥》的集体创作,并和洪深一起导演。1937年8月中旬加入上海戏剧界救亡协会,任第一队队长,12月被选为中华全国戏剧界抗敌协会理事。1938

---

① 《情书四十万字·归来到我的乐园吧》,《高歌作品集》下卷,第497、515页。

② 主要资料来源:《沉樱著译年表》(杨洪承,《新文学史料》1992年第1期)。该文认为《夜阑》的出版时间为1930年,但上海图书馆藏有1929年12月初版本。

③ 《情书四十万字·归来到我的乐园吧》,《高歌作品集》下卷,第488—497页。

年到政治部第三厅电影科工作。1939年5月到怒潮剧社(后改名中国万岁剧团)任编导。1942年到江安国立戏剧专科学校任教。1943年到重庆任中央青年剧社社长。1946年1月到北平主编《新民报》副刊《天桥》,秋天正式加入民盟。1947年6月北平市戏剧工作者联谊会成立后被选为理事长。1958年9月华北人民政府成立后被任命为戏剧音乐工作委员会主任委员。1949年后任文化部戏曲改进局副局长、艺术局副局长。"文革"期间被下放到湖北咸宁五七干校接受劳动改造和审查。1979年10月当选为中国文联全国委员会、中国戏剧家协会副主席等职。①

(十三)丁月秋

云南省广南县人,狂飙出版部协社招股委员会成员(负责曲阜),狂飙演剧部成员。曾给郑效洵写信"要介绍她加入狂飙演剧部",高长虹给柯仲平写信询问:"你不可以和月秋一同南下来创造我们舞台上的狂飙世界吗?"②丁月秋"带着大肚子"来到上海后,参加了南京的首次公演:"他们是为了我们的疾风暴雨,忍耐的忍耐的来——怀孕着生命而背负着生命,如何重的担负呵!"③1929年2月底3月初随狂飙演剧团到南京演出时,曾在向培良的独幕剧《从人间来》中扮演祖母。

(十四)赵特夫

狂飙演剧部成员。曾当兵,《长虹周刊》第10期发表了赵特夫为高长虹的中篇小说《神仙世界》画的封面画,同期还发表了赵特夫的照片。"我请特夫为我的神仙世界作封面画。他说他想画成象[像]但丁

---

① 主要资料来源:《马彦祥年表》,《马彦祥文集》第1卷,文化艺术出版社,1995年,第498—568页。该年表认为马彦祥"临时参加狂飙社组织的剧团去南京演出"的时间是1929年11月有误。

② 《通信九则·仲平》,《高长虹文集》下卷,第311—312页。

③ 《情书四十万字·归来到我的乐园吧》,《高歌作品集》下卷,第380页。

游地狱的样子，画出几层地狱"，"特夫长于绘画，布景，他将在狂飙演剧部担任布景工作"，"我在改编苦人们作一剧本，特夫预备扮华尔扬。我觉得他也许扮茹找会更好些"。[①]"特夫，现在已到北平了。不久也许回南京来，参加狂飙演剧运动，我们预备了欢迎他吧！"[②]

（十五）王莹（1913 年 3 月 8 日至 1974 年 3 月 3 日）

安徽省芜湖市人，狂飙演剧部成员。原名喻志华，曾从母姓改为王克勤。小时曾做童养媳，因不堪虐待离家出走。1928 年秋经党组织安排由南京来到上海，参加党的外围组织济难会，并先后就读于复旦大学、上海艺术大学、中国公学。参加过狂飙演剧运动，曾与袁殊同台演出。1930 年加入共产党。1933 年因主演《铁板红烛泪》得到广泛赞誉。1934 年初到日本东京帝国大学文学系求学。1936 年因《赛金花》女主角一事与蓝苹（江青）闹翻。抗战爆发后，参加洪深为队长的上海救亡演剧二队，曾到 15 个省区演出。1939 年上海救亡演剧二队改名为新中国剧团，任副团长和主要演员，赴香港、南洋等地演出，募集新加坡币 1300 多万元支援抗战。1942 年 8 月与谢和庚前往美国宣传中国抗战，争取美国支持。经赛珍珠牵线、游说，得以进入白宫为罗斯福总统、华莱士副总统等演出并大获成功。1952 年因准备回到大陆受到美国移民局刁难，1954 年被捕，经多方营救两个多月后出狱并被驱逐出境。1955 年分配至北京电影制片厂做编剧工作。1967 年被逮捕入秦城监狱，后被迫害至死。[③]

---

① 《在南京》，《高长虹文集》下卷，第 339—340 页。

② 《关于插画》，《高长虹文集》下卷，第 343 页。

③ 主要资料来源：《两种美国人》（中国青年出版社，1980 年）、《宝姑》（中国青年出版社，1982 年）、《剑胆琴心——红色情报员袁殊传奇》（胡肇枫、冯月华、吴民，四川人民出版社，1999 年）、《"少年党员"王莹的传奇人生》（于继增、赵秀玲，《党史博采》2007 年第 6 期）、《王莹与赛珍珠的跨国情》（王炳毅，《党史纵览》2005 年第 7 期）。

(十六)李剑英

女,曾到上海参加狂飙演剧活动,1929年2月底3月初随狂飙演剧团到南京演出时,曾在向培良的独幕剧《从人间来》中扮演"楼上的期待者"[1]。

(十七)朱××

男,李剑英爱人,曾到上海参加狂飙演剧活动。

(十八)张恒寿(1902年3月24日至1991年3月7日)

山西平定人,字越如,狂飙演剧部成员。1920年入太原市第一中学读书。1922年春或夏,认识到太原文庙图书馆工作的高长虹:"他的办公室和石评梅的父亲石鼎臣先生同屋,我去看望鼎臣叔父时,便认识了长虹",并开始了密切交往:"那时我和几个同学住在一起,他来了后只和我谈话,跟别人不打招呼,因此人们觉得他有点'特别'"。1925年考入北京师范大学预科班,与狂飙社成员的交往情况为:"在他(按:高长虹)那里见过的人有陈德荣、向培良、尚钺、郑效洵等,因多是见过一面,又因我不是学纯文学的,所以以后除郑效洵同志一人有交情外,其余都没有什么来往。"1929年夏秋参加高长虹在北平、天津主持的狂飙演剧活动。[2] 九一八事变后在家乡发起成立平定青年奋进社,创办《奋进》、《平定评论》等刊物。1937年清华大学中文系研究生毕业。抗战期间在北平生活困难也不到伪大学教书。抗战胜利后曾到辅仁大学、华北文法学院任教。建国后历任中央美术学院、河北天津师范学院副教授,河北北京师范学院副教授、历史系主任,河北师范学院教授,河北省历史学会第一、二、三届会长。晚年写作的《回忆长虹》可信

---

① 向培良:《从人间来》,第38页,收入《光明的戏剧》。

② 张恒寿:《回忆长虹》,《高长虹研究文选》,第57—59页。

度很高，是一篇研究高长虹和狂飙社的极其重要的文章。[①]

（十九）甄华（1908 年至 1994 年 1 月）

山西阳泉人，原名甄梦笔，字子华，狂飙演剧部成员。1922 年高小毕业后考入平定中学。1926 年春加入中国共产主义青年团，同年转为中国共产党正式党员，并担任中共平定县特别支部书记。1926 年 8 月考入太原三晋高级中学，任该校党支部书记。1928 年 8 月赴北平考入中国大学。回村度假时被告密，春节前被逮捕押送至太原国民党省党部拘留所受审，以“思想左倾”的罪名被送入“自新院”。8 个月后由同乡孙汝蓉（时任绥靖公署机要科长）保释出狱。高长虹到北京开展狂飙演剧运动时，曾在一部戏中扮演男主角。1930 年考入北平大学艺术学院。1931 年冬与同乡张恒寿、郭绳武、董书芳一起回到平定筹备成立平定青年奋进社，被推选为副社长。1933 年大学毕业后争取到平定县的留学津贴，东渡日本考入明治大学，1937 年 5 月离开日本回国。同年 10 月中共党员组织关系得以恢复，在中共领导的抗日民主统一战线组织——第二战区民族革命战争战地总动员委员会任供给部长。从 1939 年起，先后任冀中军区政治部敌工部科长、副部长、代部长，冀中区党委敌工部部长等职，出色完成组织安排的工作任务，被誉为“敌工匕首”，多次受到军区首长表扬。解放战争时期先后担任晋察冀军分区联络部副部长兼野战军联络部副部长、部长，十九兵团联络部部长等职，继续从事对敌宣传和瓦解敌军工作。1949 年 8 月兰州解放后，受命多次接触上层民主人士，为和平解放宁夏做出了重大贡献。其后，任西北军区独立第二军政治委员兼军党委书记。新中国成立后，任宁夏军区副政委、西北军区卫生部政委兼党委书记、后勤政治部

---

① 主要资料来源：《张恒寿先生传略》（高淑娟，王俊才，秦进才，《张恒寿先生纪念文集》，河北教育出版社，1993 年，第 84—97 页）、《自传》（张恒寿，同前，第 359—373 页）。

主任。1956 年被国防部授予大校军衔。1957 年转业到地方工作，先后任中国科学院兰州分院副院长、兰州大学副校长。1980 年 2 月任山西大学校长，1982 年离职休养。[①]

(二十)冈夫(1907 年 1 月 4 日至 1998 年 4 月 14 日)

山西武乡人，本名王玉堂，曾用笔名陈迹、沙雨、沙玉、季玉、愚堂、宇堂、安克、山仁、昂夫、冈捷耶夫等。1919 年秋考入公费的山西外国文言学校，1926 年毕业后在太原兵工厂当德文见习生。次年与同学在《晋阳日报》上创办文学副刊《SD》(Sturm und Drang 的缩写，意为狂飙突进)及周刊《白光》等。1929 年秋随高长虹到北京参加狂飙演剧运动，在高长虹的独幕剧《火》中扮演老人。1930 年赴北平《民言日报》工作，1932 年参加北平左联，同年 12 月被捕。1933 年在狱中加入中国共产党。1936 年秋冬经组织营救出狱后回太原从事抗日救亡工作。1937 年太原失守后赴晋东南参加抗战动员和文化教育工作，先后任中共武乡县临时工委书记、山西第三专区民革中学政治主任、晋东南文教界抗日救国总会理事，中华全国文艺界抗敌协会晋东南分会理事、《抗战生活》编委会、前方《鲁艺校刊》编委会主任、太行文联副主任等职。1949 年夏赴北京参加第一届文代会，会后回山西筹备成立山西省文联，被选为文协主任。1951 年调回北京，筹组华北文联。1954 年调中国文联，任联络部部长、学习部部长、党组成员等职。1966 年春调回山西省文联。“文革”开始，被诬为“六十一人叛徒集团”成员遭到批斗，1978 年平反。曾任山西省第四届政协委员、第五届人大常委、省文联副主席、省作协副主席、省诗人协会名誉会长、省诗词学会顾问等职。[②]

---

① 主要资料来源：http://wjh19550228.bokee.com/viewdiary.14017082.html。

② 主要资料来源：《作家小传》(《冈夫文集》，山西人民出版社，2001 年)。

(二十一)陈楚桥(1907 年 1 月至 1970 年 8 月)

山西省解虞县人,曾用名陈学良,狂飙演剧部成员。在演出高长虹的独幕剧《火》时负责化装。1932 年北平大学艺术学院毕业,因病回家休养。1934 年在山西运城中学任教。1937 年秋经同事介绍到民族革命大学任教。1938 年 3 月到延安,在陕甘宁边区抗战剧团工作,因病不能坚持正常工作,自觉力不从心离开延安。1939 年到山西中条山动员剧团任导演,曾加入中华文艺抗战协会与中国青年记者协会,担任文艺通讯员。1940 年至 1946 年曾先后在山西中条山战垒报社任编辑,在山西太原民革通讯社任记者。1946 年 5 月至 1947 年 12 月,在山西运城救济分院小学任主任。1948 年在山西运城师范学校高中部任国文教员。1949 年至 1950 年在山西永济中学任国文教员,兼国文业务研究组组长、校务会议委员,被评为模范教员。1951 年分配到西北艺术学院戏剧系任副教授。1953 年 4 月任西北人民话剧团艺术处副处长。1956 年 4 月任西安市政协委员。1956 年 10 月调入西安师范学院中文系任副教授,兼文学评论教研室副主任。1960 年起任陕西师大中文系副教授。1970 年 8 月在泾阳农场劳动时,因暴雨造成泾河水猛涨,过河时不幸遇难。①

(二十二)郭森玉(? —1960 年代)

山西平定人。在太原女师读书时,曾到北京参加高长虹主持的狂飙演剧活动。解放后曾任北京电力部科长。

(二十三)陈××

在北京参加高长虹主持的狂飙演剧活动,曾在高长虹创作的独幕剧《火》中扮演女儿。

---

① 主要资料来源:陈楚桥(http://archives.snnu.edu.cn/xiaoshi/XSShow.asp? ID=59,陕西师范大学档案馆)。

(二十四)任××

女,曾为北京法大学生,在北京参加高长虹主持的狂飙演剧活动。

四　狂飙社"小伙计"

我与高长虹①

张磐石

由于我同沐鸿的友谊与同好,从此,我好像同长虹同"狂飙社"有一种"当然"的关系。这种关系中有任行健;还有王玉堂和他在外国文言学校的另一位爱好新文艺的同学;有长虹的三弟高仰慰(即远征)及他在进山中学的朋友;我们常分头或聚会在沐鸿处座谈。这期间,我们也从《莽原》和狂飙社小刊物《弦上》上看到其它[他]"狂飙"成员的文章,看到了鲁迅对"狂飙社"的鼓励、支持和合作。大约从这时起长虹写了大量的作品,其中有不少我认为是出色的,有他自己独特的风格。

…………

1929年我游学日本之前,长虹又来过一次太原。当时好像沐鸿不在,长虹找到我,我和玉堂接待了他,在他住的正大饭店同太原的朋友们座谈了狂飙社的创作和出版计划,并合影留念。……从1925年大革命形势的发展,狂飙社的朋友们先后就地参加了政治活动,绝大部分参加了共产党和共产党领导下的革命活动。在山西就有人南下参加黄埔军校和北伐军了,如高远征和李楷(李逸山)就是这时南下的,这就说明狂飙社只是一个新文艺团体,它抨击那些反动的政治思想,本身不是什么独立的政治派别,它只想推动社会进步,并不束缚或阻碍它的成员或朋友参加这样那样的革命活动,特别是"四一二"以后,

---

① 张磐石:《我与高长虹》,《高长虹研究文选》,第37—38页。

阎锡山趁国民党清党捕杀进步分子，我避居寿阳中学教书，任行健也回平遥教书去了，但是太原仍然有狂飙社的活动，除玉堂外并且扩大到赵石宾、李远青、王仙三等参加。

严正宽厚　立己立人——忆念沐鸿同志①

冈夫

一九二七年春季，沐鸿又帮助我们几个青年办起一个后来简称为《SD》的小型文艺刊物。先是青年张青萍去拜访沐鸿，说他很佩服"狂飙"作家们的作品并说自己也想办个类似性质的刊物。沐鸿介绍我和他认识了。我又介绍我的同学郭子明和他认识了。几个人一碰头商量，思想上都同情和倾向于"狂飙"，但觉得不宜沿袭"狂飙"的名字，因为《狂飙》杂志和它的作家们在社会上都已有了一定的影响和地位，我们则还只是几个习作者，不可妄驾虚名。后来想了个法子，干脆把德文的原名字搬出来算了，反正在中国还没见别家用过这名字。于是决定我们共同撰稿、组稿，由张编辑。他并找人作了个木刻的、刊头署着Sturm und Drang的刊物就在《晋阳日报》的一角上每周一期地出版了。发刊词是推我代写的：

> 灵与肉/爱与敌/外的压迫/内的抑郁/冰冷与火热/晴空与霹雳/生的欢乐/死的壮烈/时代的飞越/跳荡的旋律……/艺术家/请尽力记录。

刊物的篇幅不大，每期约四五千字，都是短小的诗文，以抒发情感的诗为多。张和另一个姓李的写的较多，郭则写的较精练。郭和我同

---

① 《严正宽厚　立己立人——忆念沐鸿同志》，《冈夫文集》，第1420—1422页。

时还译一些诗，他译波德莱尔的，我译歌德的。

比这个刊物稍后，第一师范由李政平、孙大悲、马延龄编的《蜜蜂》(后又改为《山羊》)也出刊了。国民师范由张丽云(张艾丁)编的《蝴蝶》也出刊了——都是在同一的或相异的报纸上借那么一小块地方发表。这即《狂飙》出版之后在太原引发的直接的和间接的反响。

…………

……这一年(按:1928年)，任行健同志和我在太原某报上办过副刊《白光》，其性质和《SD》相似。记得磐石还从日本寄回评论文章支持，其中还有我写的对《红日》的短评。沐鸿也写信回来颇赞赏。行健在《SD》和后来的《前线上》和《开展》上都写过文章。他和沐鸿、磐石都是前后同学。

高远征和石燃社[①]

言行

1926年秋第四学年开始后，远征就和他的"小圈子"中的几位同学商量，想建立一个文学社和办一个刊物，专门发表他们自己的作品，大家都同意。参加者有裴丽生(后曾任山西省省长)、辛安亭(后曾任兰州大学副校长)、席尚谦(后曾任兰州师大教师)、宋劭文(后曾任晋察冀边区政府主席)、常风(后曾任山西大学外语系教授)、杨达三(后曾任山西大学中文系教授)、狄景襄(后曾任上海市委副书记)、张琦(后参加南昌起义)和高远征等9人。鉴于这个学校高年级学生已有了一个综合性的刊物"学余社壁报"，他们决定创办一个纯文艺性刊物。

办刊物没有经验，远征就写信向高长虹请教。长虹立刻推荐在太原一师附小教书的狂飙社成员高沐鸿为他们出谋划策。高沐鸿两次

① 言行:《高远征和"石燃社"》,《历史的沉重》,第157—158页。

到进山中学与他们座谈，介绍狂飙社创办《狂飙》和《弦上》的经验。当他们听说《狂飙》是在一个报上办的副刊时，大受启发，远征就和张琦通过熟人找到太原一家刚刚创办的日报联系。这家日报因刚刚开办而稿源不足，同意给他们半版篇幅让他们开辟一个文艺副刊，但不支付稿酬。

园地有了，用什么名称呢？开始他们用《语丝》的办法在字典上查，无结果后，远征就建议用辛安亭的字“适燃”的谐音“石燃”为社和刊的名字，大家一致同意。这样，进山中学的新文学社团“石燃社”就在1926年秋天成立了。《石燃》副刊也在加紧筹办。高远征是“石燃社”的负责人兼《石燃》副刊的总编辑。

《石燃》副刊的创刊号于这年初冬见报。刊头字是擅长草书的宋劭文题写的。首篇文章大家一直推荐发表高远征的杂文。这样，山西省报刊上有史以来的第一个文艺副刊就和读者见面了。这个副刊一直办到1927年春，共出了六七期。之后报馆的稿源多了，就很少给他们留版面了。再加上“四一二”反革命政变后，阎锡山加紧了反共活动，学校白色恐怖猖獗，“石燃”无法活动，《石燃》副刊也便停刊了。

结　语

狂飙社研究的意义

在6年多时间里，狂飙社先后以太原、北京、上海等地为中心开展过“狂飙运动”，确知有10多个省市的49人加入（不含19位“小伙计”），成员中不但有文艺工作者如作家、演员等，还有历史学家、哲学家、心理学家等。他们不但办刊物、出丛书，还成立出版部和开展狂飙演剧运动，在中国现代历史上留下了多方面探索的足迹，其中既有成功的经验，也有失败的教训，这对今天的我们来说是一笔宝贵的财富，值得好好珍惜。写作过程中笔者便强烈感到，若不是以“人事为主创作为辅”而是以“创作为主人事为辅”来写作本书，写出来的一定是另一番面目。根据自己的治学态度、带着自己的知识储备等来处理与狂飙社有关的资料，笔者便可能写出两本内容有很大不同的书，换一个人来写一定会有更多不同。由此可以断定，狂飙社值得我们多方面深入研究，它给我们的启示一定也是多方面的。

在笔者看来，一个研究对象价值的大小，不但取决于其自身价值，还取决于它对其他研究对象的辅助价值。正因为狂飙社是一个相当复杂的社团，所以它的辅助价值是多方面的。由于这方面价值不是本书研究重点，所以前面论述较少。笔者在结语中讨论这方面问题，希望能为人们的相关研究提供线索。

一　有助于深化中国现代文学史研究

尽管狂飙社是非常重要的一个团体，但现在通行的中国现代文学史如果介绍社团的话，狂飙社盟主高长虹一般作为莽原社成员出现在文学史上，狂飙社则要么不提，要么语焉不详。造成这一现象的原因在于过去人们对狂飙社不了解，因此，研究狂飙社便具有填补现代文学史空白的作用。考察一下狂飙社成员的知识背景便可知道，不但大多数狂飙社成员没有留学经历，不少人甚至没有上过大学，但就是这样一群人，在当时的中国却一次又一次地掀起“狂飙运动”，他们很明显代表着我们过去不很重视的一群人。所以，就填补现代文学研究空白而言，研究狂飙社不仅与量有关，而且与质有关。再考察一下狂飙社成员的命运便可知道，狂飙社解体后，他们的作品很少再版，这一方面为收集资料增加了难度，但同时也为我们保留了未被“污染”的、最原始的资料，所以，要想知道 20 世纪 20 年代中国文坛的部分真实情况，研究狂飙社应该是一个很好选择。为了更好地说明研究狂飙社与研究中国现代文学史之间的关系，笔者拟举三个具体事例。

要想知道创造社在当时的影响(包括正面的和负面的)，研究狂飙社无疑是很好的切入点。从鲁迅认为狂飙社成员有一副“狂飙社嘴脸”[①]、创造社成员脸上有一种“创造气”[②]便可知道，从气质上说，狂飙社成员与创造社成员更接近。狂飙社移师上海后对周氏兄弟的围攻，与创造社成立后同文学研究会的冲突何其相似——他们都试图用“打架”的方式“杀开一条血路”[③]。看看高长虹最终决定发表令鲁迅极为

---

① 《两地书・八三》，《鲁迅全集》第 11 卷，第 226 页。

② 《伪自由书・前记》，《鲁迅全集》第 5 卷，第 3 页。

③ 刘纳：《“打架”，“杀开了一条血路”——重评创造社“异军苍头突起”》，《中国现代文学研究丛刊》，2000 年第 2 期。

恼火的《1925，北京出版界形势指掌图》便可明白这点："我本想写三万六千字来答复鲁迅，因为这恰好可以作满一版狂飙的篇幅。写到三分之一的时候，想想说：'鲁迅老了，何苦这样呢！'后来我看到他的岂有此理的事时，才想，要是写满三万六千字的时候，也许还要好一点。文章写好后，给一个朋友看，我还说：'不发表吧！'那个朋友说：'写了，就发表好了。'我擦干眼泪，就交给书店付印了。"①在笔者看来，这所谓的"朋友"便是那些书局老板。理由是戈风和张谦的回忆文字："高长虹的著作大多由泰东、光华、现代这些书局出版。书局的老板曾企图在郭沫若等留日青年文学者之外，树立起高长虹等跑到上海滩的青年文学者的名声，来捞一笔大财"②；"承印《狂飙》周刊的书局老板，看见这伙人劲头很足，《狂飙》周刊的销路也好，很有发展前途，便鼓励高长虹说：'你们好好搞下去，将来也能搞到郭沫若他们那个样子。'"③上海《狂飙》周刊第5期发表了令鲁迅极为恼火的《1925，北京出版界形势指掌图》后，第6期又发表了本准备不发表的《谨防冷箭》："回上海后，面见春台田间两君，我亦疑事出误会，深悔冒失。两君生活甚苦，我对之深表同情，且大家都是青年，何必无事相争？我遂想不发表这一段闲话。但又一朋友则以为读者亦不无作如是观者，仍然是发表的好。因将文中较意气的文句抹去，只存事实，仍发表在此，为或然的读者释疑。并请春台田间两君谅解。"④从落款可以知道，《谨防冷箭》写作在前——1926年10月19日，《1925，北京出版界形势指掌图》写作在后——同年10月28日。由此可知，高长虹确实不准备发表《谨防冷箭》。从落款还可知道，前面引用的《谨防冷箭》那段跋语写于《1925，

---

① 《一点回忆——关于鲁迅和我》，《高长虹文集》下卷，第522页。

② 戈风：《高长虹的著作》，《高长虹研究文选》，第25—26页。

③ 张谦：《谈〈狂飙社〉成员高长虹》，《高长虹研究文选》，第293页。

④ 《走到出版界·谨防冷箭》，《高长虹文集》中卷，第142页。

北京出版界形势指掌图》完稿的同一天——10 月 28 日，并且高长虹在这段话中又说到是“朋友”要他发表。这种种“巧合”告诉人们，这不是巧合，而是一种有计划的行为：在书局老板引诱下，狂飙社成员决定同创造社成员一样，要用“打架”的方式“杀开一条血路”了。关于此点，还可从向培良这段话中得到证明：“这些琐事，以前不说，现在才说者，第一因为看到‘阿 Q 正传的成因’一文，看似希望的已将成泡影，已无所顾忌，正不妨再说一下。第二从朱之缪住处，知道谈鲁迅是可以登广告的。狂飙现在销路虽然很好，广告却还是需要。”[①]把攻击鲁迅当作为《狂飙》登广告，这难道不是用“打架”方式“杀开一条血路”吗？遗憾的是，由于狂飙社成员对周氏兄弟的攻击搀杂着不少私人因素，并且缺乏有力的理论武器，尽管高长虹一战而暴得大名：“‘长虹是因骂鲁迅而得名’这是社会对于他反对鲁迅后的一般的声音”[②]，狂飙社却不但没能像创造社一样“异军苍头突起”，反而一度陷入低谷：上海《狂飙》周刊出至第 17 期便停刊了。

在谈到进化论思想“轰毁”的原因时，鲁迅如此写道：“我一向是相信进化论的，总以为将来必胜于过去，青年必胜于老人，对于青年，我敬重之不暇，往往给我十刀，我只还他一箭。然而后来我明白我倒是错了。这并非唯物史观的理论或革命文艺的作品蛊惑我的，我在广东，就目睹了同是青年，而分成两大阵营，或则投书告密，或则助官捕人的事实！我的思路因此轰毁，后来便时常用了怀疑的眼光去看青年，不再无条件的敬畏了。”[③]这段话告诉我们，造成鲁迅进化论思想“轰毁”的原因有两个：一、“对于青年，我敬重之不暇，往往给我十刀，我只还他一箭”；二、“我在广东，就目睹了同是青年，而分成两大阵营，

---

① 向培良：《为什么和鲁迅闹得这样凶》，《高长虹研究文选》，第 355 页。

② 韩起：《狂飙社论》，《流露月刊》1 卷 2 期（1931 年 5 月 15 日）。

③ 《三闲集·序言》，《鲁迅全集》第 4 卷，第 5 页。

或则投书告密,或则助官捕人的事实”。人们却常常只说第二个:“蒋介石发动‘四·一二’反共政策,广州也发生对共产党人和革命青年的大逮捕、大屠杀。鲁迅营救中山大学被捕学生的努力,遭国民党右派的拒绝,鲁迅愤而辞去中山大学的一切职务,三次退回中山大学的聘书。残酷的阶级斗争的现实,促使鲁迅思想发生从进化论到阶级论、从革命民主主义到共产主义的质的飞跃。”①实际上,只要认真读读高鲁冲突发生后鲁迅与许广平的通信和相关文章便可知道,“对于青年,我敬重之不暇,往往给我十刀,我只还他一箭”中的“青年”指的是以高长虹为首的狂飙社成员而不是其他人——四一五政变发生后,并没有青年给鲁迅“十刀”。由此说明,哪怕为了更好地研究鲁迅,也应该加强狂飙社研究。

由于“狂飙社作家群是《莽原》的第一集团军”②,并且北京时期大部分狂飙社成员与鲁迅交往密切,所以鲁迅留下了很多与狂飙社成员有关的文字。由于人们对狂飙社缺乏深入研究,致使 2005 年版《鲁迅全集》出版后,笔者发现 24 处与狂飙社有关的注释值得商榷,内容涉及狂飙社团、狂飙刊物、狂飙社主要成员。③ 由此说明,哪怕为了以后重新修订出版《鲁迅全集》时少出一点错误,也应该加强狂飙社研究。

二 有助于中国现代思想史研究

尽管人们都知道鲁迅创办《莽原》的目的是开展“文明批评”和“社

---

① 吴宏聪、范伯群:《中国现代文学史》,武汉大学出版社,2002 年,第 75 页。鲁迅离开中山大学的原因,笔者认为下列说法更符合实际:“顾颉刚的到来,是最直接的促使鲁迅很快作出辞职反应的导火线。”(李运抟:《鲁迅辞职由于顾颉刚吗?》,《广东鲁迅研究》,1999 年第 3 期)

② 董大中:《鲁迅与高长虹》,第 76 页。

③ 廖久明:《关于 2005 年版〈鲁迅全集〉与狂飙社有关的部分注释》,《鲁迅研究月刊》,2006 年第 4 期。

会批评”:“中国现今文坛(?)的状态,实在不佳,但究竟做诗及小说者尚有人。最缺少的是‘文明批评’和‘社会批评’,我之以《莽原》起哄,大半也就为得想引出些新的这样的批评者来,虽在割去敝舌之后,也还有人说话,继续撕去旧社会的假面。”[①]但笔者还没看见其他人将《莽原》的创办与《语丝》、《现代评论》、《猛进》等刊物的创办联系起来,并进而与“五四后思想革命”联系起来。由于高长虹在《今昔》、《旧事重提》、《1925,北京出版界形势指掌图》(均收入《走到出版界》)等文章中反复强调以这些刊物为代表的“思想革命”,甚至认为这次“思想革命”是由狂飙社成员最先提出来的:“大家想来知道当时引人注意的周刊可以说有四个,即:莽原,语丝,猛进,现代评论。莽原是最后出版的,暂且不说。最先,那三个周刊并没有显明的界限,如语丝第二期有胡适的文字,第三期有徐志摩的文字,现代评论有张定璜的《鲁迅先生》一文,孙伏园又在京副说这三种刊物是姊妹周刊,都是例证。徐旭生给鲁迅的信说,思想革命也以语丝,现代评论,猛进三种列举,而办文学思想的月刊又商之于胡适之。虽然内部的同异是有的,然大体上却仍然是虚与委蛇。最先对于当时的刊物提出抗议的人却仍然是狂飙社的人物,我们攻击胡适,攻击周作人,而漠视现代评论与猛进。我们同鲁迅谈话时也时常说语丝不好,周作人无聊,钱玄同没有思想,非攻击不可。鲁迅是赞成我们的意见的。而鲁迅也在那时才提出思想革命的问题。但这个是没有什么结果的,因为并没有怎么实行。思想运动倒是从别一方面才表现出来,从实际的事件。”[②]再回过头来看《语丝》、《现代评论》、《猛进》、《莽原》创刊前后思想界的情况,便会发现当时创办这些刊物确实是为了将一度中断的五四新文化运动继续下去。

---

① 《250428致许广平》,《鲁迅全集》第11卷,第486页。

② 《走到出版界·1925,北京出版界形势指掌图》,《高长虹文集》中卷,第150页。

1923年10月9日，胡适在给高一涵、陶孟和等的信中如此写道："《新青年》的使命在于文学革命与思想革命。这个使命不幸中断了，直到今日。倘使《新青年》继续至今，六年不断的作文学思想革命的事业，影响定然不小了。//我想，我们今后的事业，在于扩充《努力》，使他直接《新青年》三年前未竟的使命。再下二十年不绝的努力，在思想文艺上给中国政治基础建筑一个可靠的基地。"[①]1924年9月9日，胡适致信《晨报副刊》记者说明自己拟办《努力月刊》的原因："今日政治方面需要一个独立正直的舆论机关，那是不消说的了。即从思想方面看来，一边是复古的思想，一边是颂扬拳匪的混沌思想，都有彻底批评的必要。"[②]由于种种原因该月刊没有办成，胡适的办刊思想却在《现代评论》上得到一定程度体现："尽管胡适没有直接参与《现代评论》的组织和编辑工作，但他在《现代评论》上发表过文章，更重要的是，他与'现代评论派'有着必然的精神联系，他与'现代评论派'的观点同出于一个精神母胎。我们可以这么说，胡适是中国现代文化史上自由主义的代言人。"[③]

再来考察一下《语丝》撰稿人不难看出，他们多像鲁迅一样，在《新青年》解体后，"落得一个'作家'的头衔，依然在沙漠中走来走去"而"在散漫的刊物上做文字"[④]的人及他们的学生辈。在周作人代拟的《发刊辞》中，交代了《语丝》的办刊宗旨："我们并没有什么主义要宣传，对于政治经济问题也没有什么兴趣，我们所想做的只是想冲破一点中国的生活和思想界的混浊停滞的空气。我们个人的思想尽自不同，但对于一切专断与卑劣之反抗则没有差异。我们这个周刊的主张

---

① 《致高一涵、陶孟和、张慰慈、沈性仁》，《胡适全集》第23卷，第415页。

② 《致〈晨报〉副刊》，《胡适全集》第23卷，第440页。

③ 倪邦文：《"现代评论派"的团体构成》，《新文学史料》，1995年第3期。

④ 《南腔北调集·〈自选集〉自序》，《鲁迅全集》第4卷，第469页。

是提倡自由思想，独立判断，和美的生活。”

1925年3月6日，政论性周刊《猛进》创刊。鲁迅收到《猛进》第1期后，在给主编徐旭生的信中也提出了再次进行“思想革命”的主张：“我想，现在的办法，首先还得用那几年以前《新青年》上已经说过的‘思想革命’。还是这一句话，虽然未免可悲，但我以为除此没有别的法。”徐旭生在回信中如此写道：“‘思想革命’，诚哉是现在最重要不过的事情，但是我总觉得《语丝》，《现代评论》和我们的《猛进》，就是合起来，还负不起这样的使命。我有两种希望：第一希望大家集合起来，办一个专讲文学思想的月刊。里面的内容，水平线并无庸过高，破坏者居其六七，介绍新者居其三四。……第二我希望有一种通俗的小日报。”鲁迅在回信中如此写道：“有一个专讲文学思想的月刊，确是极好的事，字数的多少，倒不算什么问题。第一为难的却是撰人，假使还是这几个人，结果即还是一种增大的某周刊或合订的各周刊之类。况且撰人一多，则因为希图保持内容的较为一致起见，即不免有互相牵就之处，很容易变为和平中正，吞吞吐吐的东西，而无聊之状于是乎可掬。现在的各种小周刊，虽然量小力微，却是小集团或单身的短兵战，在黑暗中，时见匕首的闪光，使同类知道也还有谁在袭击古老坚固的堡垒，较之看见浩大而灰色的军容，或者反可以会心一笑。”[①]同年4月24日，鲁迅联合青年创办《莽原》，开展“文明批评”和“社会批评”。

从上面的分析可以看出，《语丝》、《现代评论》、《猛进》、《莽原》的创刊确实是为了将一度中断的五四新文化运动继续下去。当时出版界的热闹，可用时人孙伏园的一段话来表述：“这年来自《语丝》、《现代评论》、《猛进》三刊出后，国内短期出版物骤然风起云涌，热闹不可一

① 《华盖集·通信》，《鲁迅全集》第3卷，第23—25页。

世。"[①]笔者过去如果不研究狂飙社盟主高长虹，便不可能将这四种刊物联系起来，并进而提出"五四后思想革命"的观点。

尽管"科学"、"民主"是五四新文化运动的两面旗帜，但就是"提倡白话文反对旧道德的启蒙方面"也表现为"某种科学主义的追求"[②]。据统计，《新青年》上"民主""只是'科学'出现频度的四分之一强"，其他刊物如《新潮》、《每周评论》、《少年中国》上的情况也与此大体相似[③]，所以"'五四'新文化运动也是一个科学话语共同体的运动"[④]。该次思想革命的着眼点则由"科学"转向了"民主"。方敏在分析"'五四'后三十年民主思想的发展和演变"时，将 1922—1931 年间出现的"民主"归纳为新三民主义、新民主主义和资产阶级改良主义三种类型说明：在当时的中国，"民主"是国民党、共产党和中间势力的共同追求。[⑤] 这次"思想革命"若能坚持下去，"二十世纪中国人在科技和经济发展方面取得了举世瞩目的成就，然而民主和人权的进步一直步履维艰"[⑥]的情况也许不会如此严重。遗憾的是五卅惨案发生了！随之而来的五卅运动不但"把'五四'推入已逝的往昔"[⑦]，还影响并淹没了"五四后思想革命"。

五卅惨案发生后，冯玉祥以多种形式支持人民反帝爱国运动，在

---

① 伏园：《一年来国内定期出版界略述补》，《1913—1983 鲁迅研究学术论著资料汇编》第 1 卷，第 119 页。

② 李泽厚：《救亡与启蒙的双重变奏》，《中国现代思想史论》，东方出版社，1987 年，第 51 页。

③ 金观涛、刘青峰：《〈新青年〉民主观念的演变》，《二十一世纪》（香港），1999 年第 6 期。

④ 汪晖：《现代中国思想的兴起》，三联书店，2004 年，第 1208 页。

⑤ 方敏：《"五四"后三十年民主思想研究》，商务印书馆，2004 年，第 39—74 页。

⑥ 金观涛、刘青峰：《〈新青年〉民主观念的演变》，《二十一世纪》（香港），1999 年第 6 期。

⑦ 罗志田：《激变时代的文化与政治——从新文化运动到北伐》，北京大学出版社，2006 年，第 178 页。

其驻军的河南省，全省 108 县全部投入五卅反帝运动。“五卅运动后，各帝国主义勾结起来，采取联合行动。不同派系的军阀相互妥协，形成反赤大同盟。他们把同情革命的冯玉祥宣传为‘赤化’人物，视国民军为‘赤化’武装。”[①]在北洋军阀互相征伐不已时，南方革命势力决定再次北伐。北伐战争期间，五卅运动中组织起来的上海工人举行了三次暴动，“因为工人运动的高涨，引起民族资产阶级的惊恐；同时因为帝国主义者对于民族资产阶级的压制和利诱，因此民族资产阶级决然退出革命战线，因此而有上海四一二与广东四一五惨案发生。”[②]接下来便是 5 月 21 日长沙的马日事变和 7 月 15 日武汉的汪精卫、唐生智等的分共会议。8 月 1 日南昌起义爆发，中国共产党打响了武装反抗国民党的第一枪。至此，国共合作彻底破裂。之后，中国大部分知识分子逐渐演化成界限更为分明的两大阵营：以鲁迅为代表的左翼倾向共产党，以胡适为代表的右翼倾向国民党，远未完成的思想革命不为多数知识分子所重视。“五四后思想革命”虽未能取得五四那样巨大的成就，分析它产生及夭折的原因却对认识中国现代历史具有极其重要的意义，并对我们现在应该怎么做具有必要的参考意义。所以应重视“五四后思想革命”的研究。在研究这次“思想革命”时，狂飙社成员的文章无疑是非常重要的文献之一。

三 有助于西方文艺思潮在中国传播的研究

狂飙社与德国“狂飙运动”之间存在密切关系已成学界定论。董大中便认为“高长虹所提倡的‘狂飙运动’是歌德‘狂飙突进运动’的中国版”：“第一层，在高长虹所接受的西方文化思潮中，以歌德的‘狂飙突进运动’对他影响很大”；“第二层，连他的运动的名称也是照搬歌德

① 郭绪印、陈兴唐：《爱国将军冯玉祥》，河南人民出版社，1991 年，第 103—105 页。

② 华岗：《中国大革命史——1925—1927》，文史资料出版社，第 229 页。

的”;“更重要的还在当作指导思想的宇宙观上”——“崇尚自然的宇宙观,是高长虹思想的根本,他的其他种种认识、观念,都由此而来。这也是他跟歌德的‘狂飙突进运动’最基本的一致之处”。[①]

就狂飙社与表现主义之间的关系而言,唐鸿棣认为:“表现主义的传播,对我国新文学带来直接影响之一,是促成了两个文学社团——创造社和狂飙社的先后成立……另一社团狂飙社,则受到第一次世界大战后德国文坛上又一次掀起的狂飙运动的感应……二十年代中国文坛上的这场狂飙运动,是中国新文学史上一个独特的现象,它创办了各种刊物,出版了几十种‘狂飙丛书’,前后虽仅数年,但它在中国新文学史上留下了许多不容忽视的印痕”[②];许剑铭也认为:1920 年代,“借德国‘狂飙突进’运动而得名的狂飙社代表作家高长虹、向培良的理论主张和创作实践受表现主义的影响更大”[③]。高长虹、向培良、高歌、高沐鸿等狂飙社成员不但创作了不少具有表现主义色彩的作品;《长虹周刊》第 4 期还刊登了著名的表现主义舞蹈家邓肯的 8 幅图画:《邓肯,1911,在巴黎》(封面)、《邓肯》、《邓肯早年画像两幅,1898,在纽约》、《邓肯表演中夏夜之梦中的第一个神仙》、《邓肯同她的学生》、《邓肯,1911,在巴黎》、《邓肯,在巴黎》;《长虹周刊》第 6 期还刊登了 3 个国家演出凯泽的表现主义名剧《煤气厂》的剧照:《俄国演〈煤气厂〉》(封面)、《美国演〈煤气厂〉第一幕》(插画一)、《美国演〈煤气厂〉第五幕》(插画二);《长虹周刊》第 19 期刊登了《表现派雕刻四种》:《癫狂》、《海的女神》、《堕落》、《妇人》;《长虹周刊》第 22 期还发表了高长虹翻译的《跳舞家邓肯语录》,其中便有邓肯谈舞蹈与“表现”关系的文字:

---

① 董大中:《有关“狂飙社”研究和高长虹研究的几个问题》,《鲁迅与高长虹》,第 4—6 页。

② 唐鸿棣:《我国新文学初期表现主义之考察》,《上海师范大学学报》,1996 年第 1 期。

③ 许剑铭:《现代文学表现主义的审美意识阐释》,《内蒙古社会科学》,2005 年第 5 期。

"我恨跳舞。我是美的表现者。我把我的身体当工具使用正如文学家使用他的文字。不要叫我跳舞家。//我的艺术是生活的表现。我的跳舞是生活的表现。我的跳舞是想像和精神的精神在运动她。"

关于未来主义与中国现代文学之间的关系研究者有如此看法:"中国只有极少数作家身上可以看到未来主义文学的痕迹,徐讦是当时唯一明言自己受未来派戏剧影响的作家……其他作家,如郭沫若、何其芳、蒋光慈、蒲风、田间、萧三等,都或多或少受到马雅可夫斯基的影响,不过,他们所认同的与其是未来主义诗人马雅可夫斯基,毋宁说是革命诗人马雅可夫斯基。所以,他们所受的马雅可夫斯基的影响中,真正属于未来主义的极少,只是形式和情绪上还可以见出未来主义文学的一些特征罢了。"[①]得出这一结论应与作者不了解狂飙社有关。朱谦之便有意识地创作了一篇未来主义作品:"轰……/一个轮子飞向火球中去了。/我和我以外的身体仍旧旋着,很快的旋。/嚓!/另外一个分裂了,飞射到圈子以外,我们不知道什么地方的地方去了。/我和我以外的身体仍旧旋着。/——滴…隆隆隆隆隆!我的自身发出这样的声音。"[②]从下面这段文字可以看出,这是朱谦之有意为之:"这时代表我的文艺倾向的,还是以狂飙社为中心的狂飙运动,我这时因对于写实派的反动,极倾向于那主张在物质世界发见新美的未来派,我和高长虹、向培良、高歌等所提倡狂飙文字,虽然许多人莫名其妙,实则那时国际文学运动,不也是激烈争论着这一个文学革命的潮流吗?我为着试验我自己的脑筋,特地住在电车交叉点的吕班路一个俄菜馆里,我的意思,是要看看我的脑筋能否感受着大都市的喧嚣?我要写诗来赞颂机器的洪大的声音的美,这简直就是未来派的疯狂,

---

① 李鑫、宋德发:《未来主义文学在中国》,《世界文学评论》,2006年第2期。

② 前人(朱谦之):《轮及其变动》,《世界》周刊第9期(1928年2月26日)。

但是我真个疯狂了吗？我只是从必然的世界里瞥见前途的光明罢了。”[①]高长虹诗集《闪光》(内含145首小诗，收入《高长虹文集》时收138首)中的不少诗歌便具有未来主义色彩，如第8首：“‘a，b，c，d，……/打字机在活动了’”，如第62首：“害噎病的铁叉在胳膊上飞/着——/‘哗啦！哗啦！’/响了。/‘　　’/不响了。/‘哗啦！哗啦！’/又响了/……………………”。[②] 高长虹还在一篇文章中热情呼唤“再来一次未来主义的运动”：“世界上有过的未来主义，意大利的同俄罗斯的不一样。它们在艺术上所留下的成绩也没有表现主义那样大。中国需要俄罗斯式的未来主义，更需要意大利式的未来主义，而且，更需要未来的未来主义！”[③]学界也有人认为高长虹“是一位受未来主义影响的作家”，作品则包括《一个神秘的悲剧》、《人类的脊背》、《妇女的三部曲》、《我和鬼的问答》等，甚至认为徐讦的《女性史》有可能参考了高长虹的作品《妇女的三部曲》：“因高文写在1926年，徐剧写在1933年”。[④]

刘钦伟花十多年时间编选了《中国现代唯美主义作品选》(花城出版社，1996年)，在入选的四种话剧中，其中一种便是向培良的《暗嫩》[⑤]。但在写作《前言》时，尽管详细介绍了创造社、浅草—沉钟社、弥洒社、清华文学社、南国社、新月社、狮吼社、绿社这八个具有唯美主义倾向的社团[⑥]，却没有与狂飙社有关的只言片语，甚至只字未提向培

---

① 《奋斗廿年》，《朱谦之文集》第1卷，第69—70页。朱谦之在《世界观的转变——七十自述》中说过类似的话(《朱谦之文集》第1卷，第135—136页。

② 《闪光》，《高长虹文集》上卷，第40、51页。

③ 《每日评论·再来一次未来主义的运动》，《高长虹文集》下卷，第284页。

④ 孙庆升：《中国现代戏剧思潮史》，北京大学出版社，1994年，第180页。《妇女的三部曲》发表在北京《狂飙》周刊第4期(1924年11月30日)。

⑤ 另三种为：《古潭的声音》(田汉)、《名优之死》(田汉)、《兵变》(余上沅)。

⑥ 该文曾以《二十年代中国唯美主义思潮的兴衰》为题发表在《海南师院学报》1997年第3、4期。

良，造成此种现象当与刘钦伟对狂飙社和向培良不甚了解有关——《暗嫩》能够入选是因为它曾被收入《中国新文学大系·戏剧集》。向培良不但创作了具有唯美主义色彩的《暗嫩》，还翻译了唯美主义作家邓南遮的《死城》，该书作为狂飙丛书第二第七种由上海泰东书局出版。高长虹对唯美主义也很感兴趣：他不但撰文介绍了邓南遮追求邓肯而被“抵抗”的一件趣事[①]，并认为“邓南遮的作品是肉的，然而也并不伪”[②]，还在《长虹周刊》第8期（1928年12月1日）的封面刊登了《莫索利尼和邓南遮》。在看了法国唯美主义作家戈蒂耶的《克兰丽蒙特》后，高长虹“顺便也介绍你们到那爱之宫里玩玩去”因而写了《克兰丽蒙特》[③]。上海《狂飙》周刊的扉页题词为：“读者想知道这个封面画的来历（按：封面右下角是一片黄叶），可看 The Art of Beardsley；如想知道它代表的是什么意义，则看狂飙社的各种出版物。”而比亚兹莱是英国唯美主义绘画的代表人物。实际上，高长虹的《精神与爱的女神》、《给——》、《献给自然的女儿》等爱情诗集中的不少诗都具有唯美主义色彩。我们来具体看看《亲爱的》这篇文章。高长虹用诗一样的语言描写了“我们曾经居住过一刹那的那个理想的世界”后如此写道：“亲爱的！让宇宙毁灭了吧，我们所需要的只有这不灭的爱情！让地球上所有的空间都被强者去占据了吧，我们的领土只有这超于空间的神秘世界。//亲爱的，军阀爱他的权力，资本家爱他的金钱，鹿爱他致命的角，孔雀爱她招卖自由的尾巴，但是，一无所有的我呵——我只爱你的美丽。”[④]人们认为：“中国现代剧作家注重表现唯美主义剧作的美、爱、

---

① 《邓肯同邓南遮的恋爱》，《高长虹文集》下卷，第216—217页。

② 《雪林女士说》，《高长虹文集》下卷，第389页。

③ 《克兰丽蒙特》，《高长虹文集》下卷，第457页。

④ 《幻想与做梦·亲爱的》，《高长虹文集》上卷，第69页。

艺术三大主题，而且往往与死亡、神秘紧紧相连"[①]，高长虹这篇文章虽不是戏剧，却具有同样特点。

狂飙社成员的作品同样具有象征色彩："戏剧史上鲜为提及的陶晶孙、高长虹和向培良的创作也多属象征剧。陶晶孙的《黑衣人》在当时颇为有名，是于荒诞中显示象征的剧目。高长虹的《一个神秘的悲剧》也是如此，人物仅以英文字母名之，无性格，无所做，只展示了他们在不同人生阶段的愿望、情绪、意念，象征他们对真理、正义的热望、追求和最终归于失败、绝望的命运。向培良的《生的留恋与死的诱惑》，'病者'既是身体状况的显示又是精神衰颓的象征——人物主体从肉体到心灵都发生了'病变'；'死神'和'看护妇'分别象征主人公处于截然对立的两种力量的争夺之间，而罩盖着整个环境的'白色'和一道跟着剧中人的蓝色追光，更建构起绝望大于希望的象征世界。向培良的《暗嫩》则以外国历史故事，象征性地表达出与上述作品相近的题旨。"[②]这段文字提到的三人中，只有陶晶孙不是狂飙社成员。梅特林克的《青鸟》是一部典型的象征主义戏剧，高长虹在介绍《青鸟》的一篇文章中如此写道："到青鸟能够完美地在中国剧院上演的时候，时代自然要好一些了，我们去创造或者说等候那一个时代吧"[③]，并认为"梅德林克前期的作品是黑暗的，然而并不卑陋与渺小"[④]。

人们在谈到中国现代文学史上具有象征主义色彩的散文诗集时，

---

① 张宜平：《中国现代戏剧与唯美主义》，《南京工业大学学报》，2006年第4期。

② 尹康庄：《象征主义与中国现代文学》，暨南大学出版社，1998年，第84—85页。吴晓东也表达了类似观点：《生的留恋与死的诱惑》的死神"象征着主人公人生历程的最后的解脱。高长虹《一个神秘的悲剧》则是一出纯粹的象征剧。"（吴晓东：《象征主义与中国现代文学》，安徽教育出版社，2000年，第246—247页）孙庆升还认为高沐鸿的《病人与医士》也具有象征主义色彩（《中国现代戏剧思潮史》，第130页）。

③ 《走到出版界·青鸟与曙光》，《高长虹文集》中卷，第239页。

④ 《雪林女士说》，《高长虹文集》下卷，第389页。

一般从鲁迅的《野草》开始:"从鲁迅的《野草》到何其芳的《画梦录》,再到唐弢的《落帆集》,中国现代文学的散文诗创作同样与象征主义有着特殊的因缘。"[①]实际上,高长虹具有同样性质的《幻想与做梦》先于《野草》发表:《幻想与做梦》中的1、2篇发表于1924年11月9日北京《狂飙》周刊第1期,《野草》中的《秋夜》发表在同年12月1日《语丝》周刊第3期。看见鲁迅的《秋夜》后,原本对鲁迅印象不好的高长虹决定拜访鲁迅:"当我在语丝第三期看见野草第一篇秋夜的时候,我既惊异而又幻想,惊异者,以鲁迅向来没有过这样文字也。幻想者,此入于心的历史,无从证实,置之不谈。自我从伏园处得到消息,于是鲁迅之对于狂飙,我已确知之矣。在一个大风的晚上我带了几份狂飙,初次去访鲁迅。"[②]见面时,他们都称赞对方的作品:"我初次同鲁迅见面的时候,我正在老狂飙周刊上发表幻想与做梦,他在语丝上发表他的野草。他说:'幻想与做梦光明多了!'但我以为野草是深刻。"[③]从他们的惺惺相惜也可看出他们对这一文体的共同喜爱。所以在笔者看来,将高长虹称作"散文诗集的开先河者"[④]是符合事实的。

高长虹曾将雨果的《悲惨世界》改编成剧本,以《苦人们》为题刊登在《长虹周刊》第14—17期合刊上(已佚),并且在1928年12月4日给向培良的信(第9期)、《在南京》(第10期)、《苦人们》(第12期)、《苦人们的延期》(第12期《每日评论》栏)等文章、书信中反复提到该小说的改编情况。对雨果的《悲惨世界》,高长虹有非常崇高的评价:"先说他的主人翁卫尔扬,他不须说是一个伟大的人。如其浮士德是文艺世界的释迦牟尼时,那末,卫尔扬便是耶酥。我们在莎士比亚的

① 吴晓东:《象征主义与中国现代文学》,第259页。
② 《走到出版界·1925,北京出版界形势》,《高长虹文集》中卷,第146页。
③ 《走到出版界·写给彷徨》,《高长虹文集》中卷,第113页。
④ 薛林荣:《散文诗集的开先河者》,《人民政协报》,2007年6月21日。

世界里找不见那样伟大的人物。罗曼主义的文艺常在创造一种伟大的人物。在罗曼的全世界，又以浮士德同卫尔扬为最伟大。勃兰德，至多也只能够同他们相比较。罗曼主义以后的文艺，根本上便不想创造伟大的个人，当然更不能来相提并论了。”[①]看了法国戏剧家罗斯丹的著名浪漫主义戏剧《西哈诺》后，高长虹给予了极高评价：“全剧的结构，对话，情节都富有奇特的美”，并高度评价男主人公西哈诺“本身自然就是想象的产物，他是诗歌，音乐，恋爱，武侠四者集合的化身”[②]；高歌则高度评价女主人公霍克桑“是天地之精灵！是爱情的心心和核核！是艺术！是真的艺术！是超越的人！”[③]所以研究狂飙社对研究浪漫主义在中国的传播也有一定意义。

从上面介绍可以看出，尽管大多数狂飙社成员没有留学经历，不少人甚至没有上过大学，但他们也属于那种“吸收新思潮而不伤食”[④]的人。遗憾的是，人们却从未系统研究过狂飙社这方面的特点。加强这方面研究，不但能使我们更加深入了解狂飙社，而且能够更加清楚西方文艺思潮当时在中国的传播情况。

四　有助于西方哲学社会思潮在中国传播的研究

高长虹与尼采哲学之间的关系是一个争议很大的问题。一些人认为高长虹“深受无政府主义和尼采“超人”哲学的影响”[⑤]，一些人则持反对意见：“遍翻他的作品，遍寻他的脚印，也没有发现他在哪些地

---

① 《苦人们》，《高长虹文集》下卷，第 346 页。

② 《西哈诺》，《高长虹文集》下卷，第 427—428 页。

③ 《情书四十万字·归来到我的乐园吧》，《高歌作品集》下卷，第 502 页。

④ 沈从文：《论郭沫若》，王训昭、邵华等：《郭沫若研究资料》中册，中国社会科学出版社，1986 年，第 77 页。

⑤ 屈毓秀：《高长虹诗文散论》，《高长虹研究文选》，第 274 页。

方曾经‘深受无政府主义和尼采“超人”哲学的影响’”[①]，专门研究“尼采与中国现代文学”的殷克琪却认为：“在 1925 年至 30 年代这一时期，只有两个文学社仍受尼采的影响，它们是‘狂飙社’和‘沉钟社’。”[②]笔者通过比较鲁迅与高长虹后得出了这样的结论：“在鲁迅属于‘温和的尼采’的同时，高长虹则属于‘强横的尼采’——单从《狂飙之歌》的《序言》和《青年》即可听出震耳欲聋的战鼓声。”[③]鲁迅在说到上海《狂飙》周刊停刊原因时说：“拟尼采样的彼此都不能解的格言式的文章，终于使周刊难以存在。”[④]看看上海《狂飙》周刊便可知道，上面确实有不少这类文章：《灵魂的乞讨者》（尚钺，第 1、2 期，内含 6 篇文章）、《最后的凭依》（高沐鸿，第 2 期）、《清晨起来》（高歌，第 3、4、7、8 期，内含 13 篇文章）、《一线绿色的光》（沸声，第 3 期，内含 3 篇文章）、《在隧道中》（沐鸿，第 4 期）、《一个灵魂的供诉》（沐鸿，第 7 期）、《挣扎》（张敬，第 8 期）、《残灯之下》（沸声，第 12 期）、《环境》（高歌，第 15 期）等。由此可知，不少狂飙社成员都深受尼采影响。

高长虹是否是无政府主义者同样是一个争议很大的问题。1958 年版《鲁迅全集·卷 2·故事新编·奔月·注 8》认为高长虹是“一个在思想上带有虚无主义和无政府主义色彩的极端个人主义者”，1981 年版同注认为高长虹“是当时一个思想上带有虚无主义和无政府主义色彩的青年作者”。为此，言行认为这是在给高长虹“扣大帽子”[⑤]。在

① 言行：《论高长虹的悲剧》，《历史的沉重》，第 77 页。

② 殷克琪：《尼采与中国现代文学》，南京大学出版社，2000 年，第 22 页。

③ 廖久明：《高长虹与鲁迅及许广平》，第 8 页。

④ 《且介亭杂文二集·〈中国新文学大系〉小说二集序》，《鲁迅全集》第 6 卷，第 260 页。

⑤ 言行：《造神的祭品——高长虹冤案探秘》，中国文史出版社，2003 年，第 31 页。

言行强烈要求下[①],2005 年版同注去掉了这一"大帽子"。在笔者看来,1958 年版称高长虹为"极端个人主义者"很明显不对,但 1981 年版注释并没什么错误:高长虹虽不是无政府主义者,但确实带有虚无主义和无政府主义"色彩",实际上不少狂飙社成员都如此。为节省篇幅起见,没必要大量征引相关文章和事实,只需看看下面两个例子。卢剑波是"中国后期无政府主义主要代表之一"[②],他编辑的《恋爱破灭论》收录了四篇文章(另有他写的《前言》):《恋爱破灭论》(培良)、《谈性》(剑波)、《论杂交》(长虹)、《非恋爱与恋爱》(谦弟),这四篇文章对婚姻家庭的态度便极具无政府主义色彩,其作者除待考的谦弟外都是狂飙社成员。高沐鸿认为自己的两部中篇小说《狭的囚笼》、《红日》是"在无政府主义思想的影响下"创作的[③]。卢剑波在评价《红日》时如此写道:"这就是红日的主人翁之所以异于我们了!(虽然在艺术方面说,我认定它是一本较好的作品,而且是狂飙社中的较好的作品。)其实'红日'中的主人翁——准虚无主义者(因为他们杀了人类,还要让新的人类开始创造,的确比数年前朱谦之提倡的虚无主义之虚空粉碎,大地平沉要逊色多了)的见解是不新的。"[④]这段话不但正确评价了《红日》的主人翁,并且敏锐地指出了高沐鸿这些"准虚无主义者"(即

---

① 在得知《鲁迅全集》重新修订的消息后,言行先生 2001 年 6 月立刻给《鲁迅全集》修订工作委员会和修订编辑委员会领导分别写信,其中一部分内容为:"我认为,在新版《鲁迅全集》中,决不能再容纳《两注》这类文化'垃圾'了,应该把它们从民族文化瑰宝中彻底清扫出去,让《鲁迅全集》以更加纯洁的面貌展现在广大读者面前。清理《两注》,是文化领域内的'打假'、'清污'工程,是社会主义精神文明建设的一种极为重要的内容,是贯彻三个代表的具体体现。"(言行:《造神的祭品——高长虹冤案探秘》,第 152—153 页)

② 蒋俊:《卢剑波早年的无政府主义宣传活动纪实》,《无政府主义资料选》下册,第 1009 页。

③ 曹平安:《狂飙社及其他——访老作家高沐鸿同志》,《汾水》,1980 年第 12 期。

④ 卢剑波:《由"红日"说到其他》,《生与生之表现》,新时代书局,1931 年,第 126—127 页。

带有无政府主义色彩的人)与卢剑波这些"我们"(真正的无政府主义者)之间的区别。

狂飙社成员深受尼采哲学、无政府主义思想影响，首先与当时的时代背景密切相关："尼采一进入中国，就应合了中国当时渴望冲破千年思想禁锢，开拓精神新纪元的普遍心理要求，唤起了中国文人精神中的叛逆和创新意识，成了中国新文学发展中'文化英雄'的原形。"[①]同时也与他们处处受压抑的、艰难的生存处境有关：对这样的人来说，反抗强权、压迫的尼采哲学、无政府主义思想无疑具有巨大吸引力。朱谦之下面说法便具有一定代表性："作为没落的小资产阶级的我，既然在重重压迫之下，被挤出常轨，失望之极，因而提倡无政府主义、虚无主义。"[②]

五 有助于行为主义心理学在中国传播的研究

上海《狂飙》周刊发表了研究行为主义的四篇长文章：《人类与禽兽》(Watson 著，陈德荣译，第 2 期)、《什么是行为主义》(Watson 著，效洵译，第 8 期)、《取消社会心理学》(陈德荣，第 11、12 期)、《怎样研究人类的行为》(Watson 著，效洵译，第 16 期)，高长虹还在文章中极力推崇行为主义心理学家郭任远和陈德荣。为了了解与行为主义心理学和郭任远、陈德荣等有关的更多情况，笔者查阅了《中国心理学史》(高觉敷主编，人民教育出版社 1988 年第 1 版、2005 年第 2 版)、《中国心理学史资料选编》(燕国材主编，人民教育出版社 1988 年版)、《中国心理学史》(燕国材著，浙江教育出版社 1998 年版)、《心理学通史》(杨鑫辉主编，山东教育出版社 2000 年版)、《新编心理学史》(杨鑫

① 殷国明：《20 世纪中西文艺理论交流史论》，华东师范大学出版社，1999 年，第 80 页。

② 《世界观的转变——七十自述》，《朱谦之文集》第 1 卷，第 121 页。

辉主编，暨南大学出版社 2003 年版）、《心理学史》（叶浩生主编，高等教育出版社 2005 年版）、《心理学通史》（叶浩生主编，北京师范大学出版社 2006 年版）等书，很遗憾，每本书都专门介绍了郭任远，却只有高觉敷主编的《中国心理学史》第 1 版提到了陈德荣："三十年代起由著名心理学翻译家陈德荣、高觉敷、谢循初等翻译出版了几本学术价值较高的心理学史专著，如：1931 年，陈德荣译：《心理学史》（[美]皮尔斯伯里）；1934 年，谢循初译：《现代心理学派别》（[美]吴伟士）；1935 年，高觉敷译：《实验心理学史》（[美]波林），被列为汉译世界名著。"[①]看看陈德荣心理学方面的译著便可知道，他在中国现代心理学史上绝不是一个可有可无的人物：《心理学史》（皮尔斯伯里 W. B. Pillsbury 著，商务印书馆 1931 年）、《行为主义》（商务印书馆 1933 年）、《教育心理学》（盖茨 Gates. I. Arthur 著，世界书局 1933 年）、《解心术学说》（夫吕格尔 J. C. Flugel 著，商务印书馆 1934 年）、《生物学与人类进步》（汤姆生 J. A. Thomson 著，商务印书馆 1935 年）、《心理学》（亚威灵 F. Aveling 著，商务印书馆 1935 年）、《华生氏行为主义》（华生 J. B. Watson 著，商务印书馆 1935 年）、《民族心理与国际主义》（皮尔斯伯里 W. B. Pillsbury 著，上海商务印书馆 1937 年）等。[②]

笔者认为，在研究心理学尤其是行为主义心理学在中国传播时，如果不提陈德荣在其中所起的作用是不可想象的：郭任远虽然是具有国际影响的行为主义心理学家，但主要成就在著述而不在译介；陈德荣却不同，他以译介为主。高长虹的长篇论文《论人类的行为》深受行为主义心理学影响，在研究行为主义心理学在中国的传播时，也不能

---

① 高觉敷：《中国心理学史》第 1 版，人民教育出版社，1988 年，第 365 页。

② 陈德荣还翻译了《形而上学序论》（来布尼兹 G. . W. Leibniz 著，商务印书馆 1935 年）和《西洋道德史》（勒基 W. E. H. Lecky 著，商务印书馆 1937 年），并编写了《甘棠集——历史循吏汇编》（新中国建设学会 1935 年）等。

漏掉这篇文章。

由于学识有限,笔者不可能穷尽狂飙社研究的所有意义,但从上面简要讨论的五点来看,狂飙社研究的意义既是多方面的,又是很重要的。唐弢曾如此写道:“我们的现代文学研究,对这些小刊物,小流派,长期以来也多少有点忽略。如果把这些刊物找来好好读一读,把各种主张认真进行研究,看看文艺方面有哪些不同的思潮互相争执,互相消长,那么写起文学史来就充实得多,就不会是简单的‘中国现代进步文学史’或‘中国现代革命文学史’了。”[①]况且,狂飙社并非一个小社团;况且,研究狂飙社并不只与中国现代文学史有关!

① 唐弢:《艺术风格与文学流派》,《西方影响与民族风格》,人民文学出版社,1989 年,第 149 页。

附　录

狂飙刊物及发表作品

太原《狂飙》月刊

第1期(1924年9月1日):佚。

第2、3期合刊(1924年11月1日):《离魂曲》(长虹)、《佩袋》(沐鸿)、《青春之叹息》(雨农)、《别文瀛湖》(荫雨)、《扫墓》(荫雨)。

北京《狂飙》周刊

第1期(1924年11月9日):《徘徊》(长虹)、《风——心》(长虹)、《慈母》(远征)、《幻想与做梦》(长虹)、《通讯一则》(长虹)。

第2期(1924年11月16日):《狂飙之歌·序言》(长虹)、《幻想与做梦》(长虹)、《一封信》(绿旗)、《雨的哀歌》(长虹)、《给——》(长虹)。

第3期(1924年11月23日):《狂飙之歌·青年》(长虹)、《爱的报酬》(高歌)、《孤独》(沐鸿)、《村人李成》(云坞)、《幻想与做梦》(长虹)。

第4期(1924年11月30日):《荆棘的秘言》(沐鸿)、《往那儿逃走》(云坞)、《幻想与做梦》(长虹)。

第5期(1924年12月7日):《死的逃避》(返真)、《流光》(月志)、《幻想与做梦》(长虹)。

第6期(1924年12月14日):《人类的脊背》(长虹)、《解剖》(高歌)、《本刊启事》(目录未列)。

第7期(1924年12月21日):《佩袋》(沐鸿)、《爱的憧憬》(长虹)。

第8期(1924年12月28日):《精神的宣言》(长虹)、《无题》(月志)、《微细的血痕》(月志)、《明月的花园》(月志)、《邂逅》(高歌)、《从下面来的十条消息》(长虹)。

第9期(1925年1月11日):《压榨出来的第一声》(高歌)、《压榨出来的第二声》(高歌)、《诗》(宇)、《幻想与做梦》(长虹)。

第10期(1925年1月18日):《别后》(淑)、《我的悲哀》(长虹)、《幻想与做梦》(长虹)、《夺不去的自由》(沐鸿)。

第11期(1925年2月1日):《世途》(象乾)、《邂逅(续)》(高歌)。

第12期(1925年2月15日):《时代的呼声》(长虹)、《幻想与做梦》(长虹)、《世途(续)》(象乾)、《回声》(欲擒)。

第13期(1925年2月22日):《爱情》(培良)、《火灾之后》(荫宇)、《世途(续)》(象乾)、《幻想与做梦》(长虹)、《通讯》(成竹)。

第14期(1925年3月1日):《本刊宣言》、《何陋之的来信》(鸣波)、《爱神战胜了》(蕴儒)、《清晨起来》(高歌)、《攻城欤? 攻心欤?》(长虹)、《小诗两首》(祚祥)、《到艺术之宫》(培良)。

第15期(1925年3月8日):《接吻》(培良)、《陶醉在微笑的晨光里》(鸣波)、《清晨起来》(高歌)、《秋菊与梅》(已燃)、《才子佳人之鬼》(何绛云)、《本刊启事》(目录未列)、《更正》(目录未列)。

第16期(1925年3月15日):《军饷》(祚祥)、《桃媒》(已燃)、《某君日记》(蕴儒)、《我独自远行》(伊东干夫作,鲁迅译)、《通讯二则》(长虹)、《在东交民巷》(培良)、《我们的声明》(本刊,目录未列)。

第17期(1925年3月22日):佚。

《狂飙》不定期刊(1925年12月)

《在死人之侧》(尚钺)、《堕落》(成均)、《生的跃动》(长虹)、《春之消息》(雨农)、《丁大王爷》(尚钺)、《水平线下》(培良)、《五天》(高歌)、《失意的英雄》(欲擒)、《文化的横展与竖望》(燕生)、《六封书》(培良)。

《弦上》周刊

注:A 高长虹、B 高沐鸿、C 高长虹、D 高长虹、F 段复生、H 郑效洵、I 亦我、K 高歌、L 鲁迅、P 向培良、Q 黄鹏基、S 高远征、T 陈德荣、Y 荆有麟、Z 阎宗临,其他笔名待考。

第 1 期(1926 年 2 月 14 日):《没有内容》(C)、《贫乏者》(B)、《阎王也讨厌他们》(A)、《从下面来的消息》(D)、《寄到西城》(C)、《寄到巴黎》(C)。

第 2 期(1926 年 2 月 21 日):《革命会议》(M)、《一句诗》(L)、《四条腿与八条腿》(C)、《所谓开放也者》(Ĝ)、《〈所谓开放也者〉的插画》(G)、《从西城回来的消息》(P)、《小猎人》(F)、《翻译一点》(H)、《骂几个人》(C)、《从下面来的消息》(D)、《人类的历史》(C)、《恭贺新禧》(P)、《启事》(我们,目录未列)。

第 3 期(1926 年 2 月 28 日):《关于事实的几句话》(C)、《没有题》(Ĥ)、《死》(Y)、《翻译一点》(H)、《高一涵与军阀》(F)。

第 4 期(1926 年 3 月 7 日):《现代大学生的一生》(Q)、《步月》(C)、《翻译一点》(H)、《一歌》(C)、《两个上卷》(C)、《国咒》(Q)、《狗的哲学大纲一打》(D)、《生的喜剧》(P)。

第 5 期(1926 年 3 月 14 日):《首领们联合起来呀!》(Q)、《"闲话中的徐志摩"与徐志摩》(C)、《翻译一点》(H)、《断曲》(C)、《听说许钦文小说集又要出版了》(D)、《答无人》(C)、《茶余酒后的几句"闲话"》(C)。

第 6 期(1926 年 3 月 21 日):《张之江注意风化》(P)、《连一个苏格兰批评家都没有》(C)、《狂飙》(C)、《翻译一点》(H)、《林风眠的画同那许多的批评》(P)、《断曲》(C)、《出了林风眠个人展览会之后》(D)、《掷——》(A)、《革命——变狗——投机》(É)、《共产党的打》(É)、《一点常识——焦菊隐须知》(C)、《编后》(我们,目录未列)。

第7期(1926年3月28日):《责任中的责任》(Q)、《断曲》(C)、《冰人冰语》(D)、《士气与血色》(Y)、《翻译一点》(A)、《我这一个两条腿的"这个主义"》(Ê)、《最后一行》(A)。

第8期(1926年4月4日):《论三月十八》(C)、《胆怯者》(P)、《三月十八事件及其前后》(C)、《给一个灵魂》(A)、《谓国民党者》(P)、(最后几行)(D)。

第9期(1926年4月11日):《没有责任》(P)、《这是最后一支烟》(Q)、《三言两语》(C)、《翻译一点》(A)、《关于苏菲亚》(D)、《一句诗》(K)、《睡觉之前》(C)、《"有些人说"和"我们说"》(我们)。

第10期(1926年4月18日):《听说——》(C)、《非诗》(F)、《游离之余》(C)、《断曲》(C)、《三言两语》(C)、《幻灭》(D)、《怀一个无名的朋友》(D)、《翻译一点》(A)、《炮火声中》(F)。

第11期(1926年4月25日):《反动时期》(C)、《供状》(P)、《三言两语》(C)、《革命家的秘诀》(Y)、《翻译一点》(A)、《送C·H·》(Q)、《远礼》(B)。

第12期(1926年5月1日):《人类的弱点》(Q)、《不准哭与代人受罚》(C)、《守尸者之夜》(Y)、《在黑冰洋》(C)、《远礼》(B)、《你说咱们当媳妇的怎么办》(Q)、《那一天》(Q)、《S埠的来信》(C)。

第13期(1926年5月8日):《长虹月刊》(C)、《生的道路》(P)、《妻子及其他》(C)、《一言半语》(Û)、《三言两语》(K)、《也许是诗》(F)、《疯话》(I)。

第14期(1926年5月15日):《只有——》(C)、《板斧哲学》(C)、

《故乡》(P)、《到罪恶之路》(P)、《相反适相成》(Q)、《翻译一点》(A)、《励失败者》(Y)、《非手民之误》(Q)、《给几个兄弟们》(K)。

第15期(1926年5月23日):《今年的五月》(K)、《板斧哲学第二部》(P)、《草书纪年》(C)、《强人和善良的百姓》(Q)、《永久的呓语》(F)、《三言两语》(K)、《翻译一点》(R、Q)、《心衣》(Z)、《远礼》(B)。

第16期(1926年5月30日):《时代的两面》(C)、《黑暗中起来》(P)、《心衣》(Z)、《五卅》(K)、《两首小诗》(T)、《狗的宴会》(K)。

第17期(1926年6月6日):《美的憧憬》(F)、《其他》(C)、《春天已经失去了》(P)、《一个发见》(K)、《草书纪年》(C)、《哲学之外》(F)、《一群狗》(P)、《马克思和列宁的遗产》(Ĉ)。

第18期(1926年6月19日出版):《三个时期》(B)、《三言两语》(K)、《烧饼与文学》(Q)、《我觉得》(U)、《翻译一点》(R)、《为此,邵飘萍该死》(Q)、《启事》(我们,目录未列)。

第19期(1926年6月27日):《板斧哲学》(C)、《枯骨的尊号》(B)、《我的赠与》(F)、《宵征》(Û)、《三言两语》(K)、《给K》(C)、《T城回音》(S)。

第20期(1926年7月4日):佚。

第21期(1926年7月11日,仅见目录):《时代的错误》(C)、《性的菌》(B)、《三言两语》(R)、《孤独者》(F)、《一句评》(O)、《假如……不妨》(R)、《?》(F)、《理想的幻灭》(P)。

第22期(1926年7月18日):《公开之秘密》(C)、《翻译一点》(J)、《远礼》(B)、《一句评》(P)、(说古董话)(Ê)、《三言两语》(K)、《杂种》(P)、《物质文明与精神文明》(Q)。

第23期(1926年7月25日,戏剧专号):《女人》(Q)、《恋爱之头》(K)、《翻译一点》(D)、《母亲与孩子》(P)、《最后的跳舞》(F)、《戏剧的象征与现实》(P)、《一句评》(P)。

第 24 期(1926 年 8 月 1 日):《街谈巷议第一章》(C)、《欲擒之死的报告》(K)、《一句批评》(P)、《哭欲擒》(I)、《我们的消息》(Q)。

上海《狂飙》周刊

第 1 期(1926 年 10 月 10 日):《狂飙周刊的开始》、《论人类的行为》(长虹)、《献与狱中的一位英雄》(仲平)、《灵魂的乞讨者》(尚钺)、《Don Juan》(朋其)、《从修身大事说到胡适之,从胡适之说到现在的戏剧》(培良)、《走到出版界》(长虹)、《通讯》(长虹)。

第 2 期(1926 年 10 月 17 日):《人类与禽兽》(Watson 著,陈德荣译)、《灵魂的乞讨者》(尚钺)、《论杂交》(长虹)、《最后的凭依》(沐鸿)、《走到出版界》(长虹)、《通讯》(长虹)。

第 3 期(1926 年 10 月 24 日):《暗嫩》(培良)、《清晨起来》(高歌)、《一线绿色的光》(沸声)、《译犹太作品两篇》(鲁彦)、《评胡适的中国哲学史大纲》(长虹)、《走到出版界》(长虹)。

第 4 期(1926 年 10 月 31 日):《被羡慕的人》(尚钺)、《清晨起来》(高歌)、《在隧道中》(沐鸿)、《艺术杂论两则》(长虹)、《家庭之下》(长虹)、《走到出版界》(长虹)。

第 5 期(1926 年 11 月 7 日):《贞姐》(尚钺)、《白马与宝剑》(仲平)、《译波兰民歌四首》(鲁彦)、《论孤独者》(培良)、《家庭之下》(长虹)、《走到出版界》(长虹)。

第 6 期(1926 年 11 月 14 日):《漩涡》(高歌)、《批评工作的开始》(长虹)、《警钟》(Andreyev 作,培良译)、《短歌》(沸声)、《漂泊者之放吟》(沐鸿)、《生活》(远征)、《给——》(长虹)、《走到出版界》(长虹)。

第 7 期(1926 年 11 月 21 日):《清晨起来》(高歌)、《劣情》(仲平)、《一个灵魂的供诉》(沐鸿)、《山中茶话》(尚钺)、《给——》(长虹)、《寄死者》(亦我)、《走到出版界》(长虹)、《通信二则》(杰克、长虹)。

第 8 期(1926 年 11 月 28 日):《什么是行为主义》(Watson 著,效洵译)、《我的少年人你在哪里》(仲平)、《清晨起来》(高歌)、《病》(尚钺)、《三个朋友的死》(培良)、《挣扎》(张敬)、《有话大家说:论论广州的中山大学》(白虹)、《走到出版界》(长虹)。

第 9 期(1926 年 12 月 5 日):《狭的囚笼(1—19)》(沐鸿)、《中国戏剧概评》(培良)、《在我手造的摇床中》(高歌)、《给——》(长虹)、《走到出版界》(长虹)。

第 10 期(1926 年 12 月 12 日):《洗衣妇》(尚钺)、《红日(1—3)》(沐鸿)、《写给一个失踪的友人》(沸声)、《中国戏剧概评(续)》(培良)、《给——》(长虹)、《走到出版界》(长虹)、《通讯二则》(王培义、长虹)。

第 11 期(1926 年 12 月 19 日):《取消社会心理学》(德荣)、《艺术与时代》(长虹)、《挽她来那儿住家?》(仲平)、《狭的囚笼(20—23)》(沐鸿)、《走到出版界》(长虹)、《通信》(武新宇、沄沁、长虹—2、张谅甫)。

第 12 期(1926 年 12 月 26 日):《科学与时代》(长虹)、《取消社会心理学(续)》(德荣)、《给——》(长虹)、《提奥克虏》(显克微支作,鲁彦译)、《残灯之下》(沸声)、《冰心胡说些什么》(培良)、《谁知道?》(尚钺)、《走到出版界》(长虹)。

第 13 期(1927 年 1 月 2 日):《大刀李七》(朋其)、《几个新死的阴魂》(仲平)、《天使》(鲁彦译)、《中国戏剧概评(续)》(培良)。

第 14 期(1927 年 1 月 9 日):《中国戏剧概评(续)》(培良)、《从民间来》(长虹)、《新的时代》(尚钺)、《狭的囚笼(24—32)》(沐鸿)、《赠答》(仲平、长虹)、《临死的夫妻》(尚钺)、《我走出了化石的世界,待我吹送些新鲜的温热进来!》(长虹)。

第 15 期(1927 年 1 月 16 日):《伟大的灵魂》(尚钺)、《中国戏剧概评(续)》(培良)、《“沙野冬夜”会风曲》(仲平)、《环境》(高歌)、《在骸骨中》(沸声)、《猫眼睛》(长虹)、《老时代》(长虹)、《垂发》(培良)、《推磨的老徐》(尚钺)、《有话大家说》(长虹—4、培良、尚钺、朋其)。

第16期(1927年1月23日):《怎样研究人类的行为》(Watson著,效洵译)、《中国戏剧概评(完)》(培良)、《黄叶》(拉忒维亚作,鲁彦译)、《乳母》(尚钺)、《大家的语丝》(朋其、尚钺、舫子、土地老、高歌、埃及人、培良)。

第17期(1927年1月30日):《善人之恶运》(朋其)、《新的时代·2》(尚钺)、《走到地狱下》(仲平)、《一件杀案》(尚钺)、《孤另的斑鸠》(尚彤声)、《走到出版界》(长虹)、《有话大家说》(培良—3、尚钺)。

《狂飙》增刊

绘画三:1.《Olympia》(Manet),2.《Nude》(Renoir),3.《Lithograph》(Matisse)。

雕像二:1.《Mademoiselle Pogany》(Brancusi),2.《Baudelaire》(Duchamp—Villion)。

演剧二:《Duse 演 The Dead City 第一、二幕》。

《世界》周刊

第1期(1928年1月1日):佚。

第2期(1928年1月8日):《什么是物质》(申府译)、《从人间来(续)》(培良)、《每日评论》(长虹)。

第3期(1928年1月15日):《"自由人的崇拜"》(申府)、《小东西启启的故事》(长虹)、《从人间来(续)》(培良)、《每日评论》(长虹)、《所思》(申府)、《"病"中喊出的性的苦闷》(亦我)、《补白·鲁迅挑战》(长虹)。

第4期(1928年1月22日):《原始思想与最初思想》(申府)、《论白蛇》(长虹)、《从人间来(续)》(培良)、《每日评论》(长虹)。

第5期(1928年1月29日):《科学中的新发见》(申府)、《生的一瞥》(高歌)、《雨夜》(维周女士)、《Beethoven的信》(效洵译)、《每日评论》(长虹)。

第6期(1928年2月5日):《关于艺术》(有岛武郎作,白涛译)、《旅途》(金仲芸)、《Beethoven的信》(效洵译)、《留别中国》(长虹)。

第7期(1928年2月12日):《春天的人们》(1、2)》(长虹)、《寄春舫和戈登克雷》(培良)、《献辞》(朋其)、《海夜歌声作者的消息》(仲平)、《致长虹》(仲平)。

第8期(1928年2月19日):《无谓之争》(申府)、《舞台和灯光》(培良)、《桃色的牧场》(刘枝)、《仇敌的眼睛》(梅子)、《每日评论》(长虹)。

第9期(1928年2月26日):《我们》(培良)、《春天的人们(3—8)》(长虹)、《血钟响了》(戴敦智)、《黎明的悲剧》(禹玄)、《轮及其变动》(前人)、《关于"献给自然的女儿"》(仲平)。

第10期(1928年3月4日):佚。

《世界》月刊(1928年6月)

《相对论与哲学》(申府译)、《恋爱破灭论》(培良)、《以自己做主》(白涛译)、《佚秋老人》(高歌)、《快亮的明天》(克农)、《焚王渡头看飞燕》(皎我)、《心啸》(化霖)、《谈性》(剑波)、《著作者出版者的新时代及其新生命》(皎我)、《谈造反》(勉之)、《劳动》(高歌)。

《狂飙出版部》不定期刊

第1期:佚。

第2期(1928年9月21日):《出版部的消息》、《批评与感想》(长虹)、《关于出版界》(有恒)、《通讯:申府与罗素》、《新刊介绍:〈荒岛〉》、

《新书预告》、《再版中的书》。

第3期(1928年11月13日):《两个月以来的狂飙出版部》、《狂飙出版部协社入社章程》、《狂飙流通处一览表》、《狂飙出版部代售处一览表》、《新书》。

《长虹周刊》

第1期(1928年10月13日):《作者像》(封面画)、《欢乐呵,你天上的神的火花》(插画一)、《我来为世界辟一条生路》、《神仙世界》、《留别中国》、《倍多文与华格纳》、《Le Dernier Ouvrage》(朱鹏华译)、《鹿母夫人》(沐鸿译)、《西格佛利在人生的红热的铁砧上锻炼他的宝剑》(插画二)、《每日评论》、《看了袁牧之演剧之后》、《情书五则》、《通讯二则》。

第2期(1928年10月20日):《歌德六十二岁时影像》(封面画)、《十六岁时之歌德》(铜版画一)、《二十三岁时之歌德》(铜版画二)、《四十四岁时之歌德》(铜版画三)、《五十岁时之歌德》(铜版画四)、《六十岁时之歌德》(铜版画五)、《歌德七十九岁时雕像》(铜版画六)、《歌德二十一岁时影像》(锌版画一)、《歌德三十岁时影像》(锌版画二)、《母亲的故事》、《送长虹远行》(沐鸿诗)、《神仙世界(续)》、《每日评论》、《最后几行》。

第3期(1928年10月27日):《莫索利尼和他的爱狮》(封面画)、《在前线当哨兵时之莫索利尼》(插画一)、《在特利坡里行宗教典礼之莫索利尼》(插画二)、《进军罗马纪念日莫索利尼祝贺黑衣党》(插画三)、《行抵特利坡里之莫索利尼》(插画四)、《神仙世界(续)》、《演剧运动》、《给未识面的朋友长虹君》(刘和邦)、《为什么介绍莫索利尼?》、《每日评论》、《通讯三则》。

第4期(1928年11月3日):《邓肯,1911,在巴黎》(封面画)、《邓肯》(插画一)、《邓肯早年画像两幅,1898,在纽约》(插画二)、《邓肯表演中夏夜之梦中的第一个神仙》(插画三)、《邓肯同她的学生》(插画四)、《邓肯,1911,在巴黎》(插画五)、《邓肯,在巴黎》(插画六)、《关于演剧的文字上的答辩》、《神仙世界(完)》、《情书三则》、《每日评论》、《关于〈献给自然的女儿〉》(已燃)、《编后》(目录未列)。

第5期(1928年11月10日):《作者最近像》(封面)、《杜西》(插画一)、《戈登克雷》(插画二)、《邓肯同邓南遮的恋爱》、《〈给——〉的女主人之一》、《善友太子》(沐鸿译)、《模特儿的故事》、《读了长虹周刊》(明,转载自《戏剧周刊》第12期)、《情书一则》、《每日评论》。

第6期(1928年11月17日):《俄国演〈煤气厂〉》(封面画)、《美国演〈煤气厂〉第一幕》(插画一)、《美国演〈煤气厂〉第五幕》(插画二)、《热情的生成》、《危机》、《善友太子》(沐鸿译)、《时代的先驱》(觉非,转载自《土拔鼠》周刊)、《情书二则》、《每日评论》。

第7期(1928年11月24日):《列宁夫人》(封面画)、《在西伯利亚的列宁》(插画一)、《1803年的列宁》(插画二)、《1814年的列宁》(插画三)、《握得政权后的列宁》(插画四)、《出了那股毒气便好了》、《情书十则》、《每日评论》、《大连泰东日报的两封信同我的附识》。

第8期(1928年12月1日):《莫索利尼和邓南遮》(封面画)、《中国飞行家张惠长》(照片两张)、《大众文艺与革命文艺》、《寄小读者》、《模特儿的故事(二、三)》、《评长虹的〈心的探险〉之一部》(皎我)、《好泼皮的长虹》(左明,转载自《戏剧周刊》第16期)、《每日评论》、《通讯》。

第9期(1928年12月8日):《基茨像》(封面画)、《关于基茨诗的插画三幅》、《一个兵回到他自己的家里》、《诗的作法(二首)》、《模特儿的故事(完)》、《每日评论》、《通信九则》。

第10期(1928年12月15日):《学易像》(封面)、《神仙世界封面画》、《神仙世界封面画作者赵特夫》、《每日评论》、《上海之夜》、《给——》、《在南京》、《看了南国剧社演剧之后》、《通讯二则》、《关于插画》。

第11期(1928年12月22日):《插画》(日本无产阶级美展画五幅)、《每日评论》、《上海之夜·第二篇》、《给——》、《通讯一则》、《关于走到出版界》。

第12期(1928年12月29日):《Counod》(封面)、《浮士德玛甘泪在花园中》(插画一)、《〈浮士德〉中珍宝之歌》(插画二)、《苦人们》、《一个科学丛书的拟议》、《时代的伤风》、《雪的世界》、《每日评论》、《通讯二则》。

第13期(1929年1月5日):《狂飙演剧部演员陈凝秋》(封面画)、《狂飙演剧部第一次试演参加演员吴似鸿》(插画一)、《奥国电影明星伊瓦文本》(插画二)、《作者影像》(插画三)、《上海之夜》、《狂飙演剧运动说略一》、《狂飙演剧部的组织拟议》、《每日评论》、《通讯四则》、《我的防御战》。

第14、15、16、17期合刊(1929年1月12日至2月2日):《苦人们》(剧本,改编自雨果的《悲惨世界》)。

第18期(1929年2月9日):《作者的头》(封面画)、《精神与蔷薇的译者鲁彦》(插画一)、《锻冶之神》(插画二)、《雪林女士说——》、《每日评论》、《读了〈长虹周刊〉之后》(已燃)、《通讯十一则》、《Spirito Kaj Rozo》(鲁彦译)。

第19期(1929年6月8日):《德国影片〈三只手〉》(封面画)、《表现派雕刻四种》(插画)、《劳动与和谐》、《真空》、《爱的遗失》、《迎榇宣传车停济南时的写照》、《白蛇》、《西哈诺》、《最后几行》。

第20期(1929年6月15日):《焦山》(封面画)、《中山墓四幅》(插画)、《科学方法对于政治手腕的革命》、《火》、《两个朋友的故事》、《跑泰山》、《女子不能加入行健会?》、《黑假面人》、《克兰丽蒙特》。

第21期(1929年6月22日):《睡眠的农夫》(封面画)、《饥饿》(插画一)、《靴师》(插画二)、《激怒一》(插画三)、《激怒二》(插画四)、《未有学校之前》、《晓庄学校的一瞥》、《逃亡与捕获》、《我的那个朋友死了》。

第22期(1929年8月24日):《裘霞娣》(封面画)、《大同云冈的石佛》(插画一)、《山河暴涨的张家口》(插画二)、《一时曾为政治中心的河边村》(插画三)、《热情明星克拉拉宝》(插画四)、《从娘子关进去从雁门关出来》、《演剧运动的现状》、《演剧与团体》、《白蛇上演的时候》、《写白蛇的前后》、《艺术演奏会听琴速写》、《评野蛮恋爱》、《跳舞家邓肯语录》、《南海的艺术化》、《北海漫写》、《空想的花》、《给——》。

《狂飙运动》月刊(1929年1月)

第1期:《漠林——末林》(仲平)、《行为主义的背景》(德荣)、《人和人开幕了》(高歌)、《Russell:新物理与光的波动》(申府译)、《Watson:妇女之弱点》(效洵译)、《两个没有灵魂的人》(罗西)、《在我们的祭坛下祈祷》(培良)、《天堂与地狱》(沐鸿)、《喜筵》(石君)、《有史料以前的人类艺术》(剑波)、《托尔斯泰》(剑波,目录未列)、《柴尔里雪夫斯奇百年诞生纪念》(剑波)。

第2期:佚。

第3期:佚。

《狂飙演剧部》不定期刊

第1期:佚。

参考文献

一　作品集(含译著)

《白薇作品选》,长沙:湖南人民出版社,1985年。

《蔡元培全集》(18卷本),杭州:浙江教育出版社,1998年。

陈德荣著:《行为主义》,上海:商务印书馆,1933年。

陈凝秋(塞克)著:《追寻》,上海:励群书店,1928年。

《冈夫文集》,太原:山西人民出版社,2001年。

《高长虹文集》(3卷本),北京:中国社会科学出版社,1989年。

《高歌作品集》(上、下),太原:北岳文艺出版社,1993年。

《高君宇文集》,太原:山西古籍出版社,1996年。

《高沐鸿诗文集》(上、下),太原:北岳文艺出版社,1992年。

《郭沫若全集》文学编(20卷本),北京:人民文学出版社,1982—1992年。

《胡适全集》(44卷本),合肥:安徽教育出版社,2003年。

黄欣周、沈云龙编:《常燕生先生遗集》(12卷本),台北:文海出版社,1967年。

《柯仲平文集》(3卷本),昆明:云南人民出版社,2002年。

黎舟、王昭编:《喉狮——塞克文集》,北京:文化艺术出版社,1993年。

梁启超著:《中国历史研究法》,上海:上海古籍出版社,2006 年。

梁漱溟著:《东西文化及其哲学》,上海:上海人民出版社,2006 年。

刘运峰编:《鲁迅全集补遗》,天津:天津人民出版社,2006 年。

卢剑波著:《生与生之表现》,上海:新时代书局,1931 年。

《鲁迅景宋通信集》,长沙:湖南人民出版社,1984 年。

《鲁迅全集》(18 卷本),北京:人民文学出版社,2005 年。

鲁彦著:《柚子》,北京:北新书局,1926 年。

鲁彦译:《犹太小说集》,上海:开明书店,1926 年。

鲁彦著:《黄金》,上海:人间书店,1928 年。

罗西(欧阳山)著:《玫瑰残了》,上海:光华书局,1927 年。

罗西著:《莲蓉月》,上海:现代书局,1928 年。

罗西著:《蜜丝红》,上海:光华书局,1929 年年。

罗西著:《爱之奔流》,上海:光华书局,1930 年。

罗西著:《你去吧》,上海:光华书局,1933 年。

《马彦祥文集》(2 卷本),北京:文化艺术出版社,1995 年。

《欧阳山文集》(10 卷本),广州:花城出版社,1988 年。

朋其(黄鹏基)著:《还未过去的现在》,上海:光华书局,1928 年。

朋其著:《荆棘》,上海:开明书店,1926 年。

朋其著:《刺的文学》,上海:光华书局,1930 年。

覃英编:《鲁彦》,北京:人民文学出版社,1992 年。

任白涛著:《应用新闻学》,上海:亚东图书馆,1933 年。

任白涛译:《有岛武郎论文集》,上海:神州国光社,1933 年。

任白涛译:《有岛武郎散文集》,上海:龙虎书店,1936 年。

《孙犁全集》(11 卷本),北京:人民文学出版社,2004 年。

《田汉文集》,北京:中国戏剧出版社,1983 年。

王莹著:《两种美国人》,北京:中国青年出版社,1980 年。

王莹著:《宝姑》,北京:中国青年出版社,1982 年。

王锦厚、伍加伦、萧冰如编:《郭沫若佚文集》(上、下),成都:四川大学出版社,1988 年。

吴似鸿著,费叔芬整理:《浪迹文坛艺海间》,杭州:浙江人民出版社,1984 年。

吴似鸿著,傅建祥整理:《我和蒋光慈》,南宁:广西教育出版社,1992 年。

向培良著:《飘渺的梦及其他》,北京:北新书局,1926 年。

向培良著:《我离开十字街头》,上海:光华书局,1927 年。

向培良著:《沉闷的戏剧》,上海:光华书局,1927 年。

向培良著:《中国戏剧概评》,上海:泰东书局,1928 年。

向培良著:《英雄与人》,上海:启智书局,1929 年。

向培良著:《光明的戏剧》,上海:南华图书局,1929 年。

向培良译:《死城》(丹农雪乌著),上海:泰东书局,1929 年。

向培良著:《十五年代》,上海:支那书店,1930 年。

向培良著:《人类的艺术》,南京:拔提书店,1930 年。

向培良著:《艺术通论》,长沙:商务印书馆,1940 年。

尚钺著:《病》,上海:泰东书局,1927 年。

尚钺著:《斧背》,上海:泰东书局,1929 年。

《尚钺史学论文选集》,北京:人民出版社,1984 年。

《许广平文集》(3 卷本),南京:江苏文艺出版社,1998 年。

《阎百川先生言论类编》(9 卷本),(无版权页,前有写于 1939 年 12 月的《编者识》)。

阎宗临著,阎守诚编:《传教士与法国早期汉学》,郑州:大象出版社,2003 年。

阎宗临著:《中西交通史》,桂林:广西师范大学出版社,2007 年。

杨扬编:《石评梅作品集》(3卷本),北京:书目文献出版社,1983—1985年。

《袁牧之文集》,北京:中国电影出版社,1984年。

张申府著:《所思》,上海:神州国光社,1931年。

《张申府文集》(4卷本),石家庄:河北人民出版社,2005年。

《郑振铎全集》(20卷本),石家庄:花山文艺出版社,1998年。

《周作人日记》(上、中、下),郑州:大象出版社,1996年。

《朱谦之文集》(10卷本),福州:福建教育出版社,2002年。

二 年谱、工具书

董健主编:《中国现代戏剧总目提要》,南京:南京大学出版社,2003年。

董兴泉、任惜时、冯传玺、黄万华主编:《中国文学艺术社团流派辞典》,长春:吉林人民出版社,1992年。

范泉主编:《中国现代文学社团流派辞典》,上海:上海书店,1993年。

耿云志著:《胡适年谱》,成都:四川人民出版社,1989年。

贾植芳主编:《中国现代文学社团流派》(上、下),南京:江苏教育出版社,1989年。

鲁迅博物馆鲁迅研究室编:《鲁迅年谱》,北京:人民文学出版社,2000年。

钱仲联、傅璇琮、王运熙、章培恒、陈伯海、鲍克怡总主编:《中国文学大辞典》,上海:上海辞书出版社,1997年。

唐沅、韩之友、封世辉、舒欣、孙庆升、顾盈丰编:《中国现代文学期刊目录汇编》(上、下),天津:天津人民出版社,1988年。

伍杰主编:《中文期刊大词典》(上、下),北京:北京大学出版社,

2000 年。

三　资料集

葛懋春、蒋俊、李兴芝编:《无政府主义资料选》(上、下),北京:北京大学出版社,1984 年。

刘钦伟编选:《中国现代唯美主义作品选》(上、下),广州:花城出版社,1996 年。

卢剑波编:《恋爱破灭论》,上海:泰东图书局,1928 年。

鲁迅博物馆、鲁迅研究室、《鲁迅研究月刊》选编:《鲁迅回忆录》(专著三卷,散篇三卷),北京:北京出版社,1999 年。

饶鸿竞、吴宏聪等编:《创造社资料》(上、下),福州:福建人民出版社,1985 年。

山西省政协文史资料研究委员会编:《阎锡山统治山西史实》,太原:山西人民出版社,1984 年。

上海文艺出版社编:《中国新文学大系(1927--1937)》(20 集),上海:上海文艺出版社,1989 年。

孙伏园等:《鲁迅先生二三事——前期弟子忆鲁迅》,石家庄:河北教育出版社,2001 年。

汤逸中选编:《旷野的声音:莽原社作品选》,上海:华东师范大学出版社,1996 年。

王俊才、秦进才主编:《张恒寿先生纪念文集》,石家庄:河北教育出版社,1993 年。

王训昭、邵华等:《郭沫若研究资料》(上、中、下),北京:中国社会科学出版社,1986 年。

《阎锡山早年回忆录》,台北:传记文学出版社,1968 年。

燕国材主编:《中国心理学史资料选编》,北京:人民教育出版社,

1988 年。

阎折梧编:《南国的戏剧》,上海:萌芽书店,1929 年。

杨之华编:《文坛史料》,上海:中华日报社,1944 年。

余上沅编:《国剧运动》,上海:上海书店,1992 年。

张秉真、黄晋凯主编:《未来主义·超现实主义》,北京:中国人民大学出版社,1994 年。

张静庐辑注:《中国近现代出版史料》(8 卷本),上海:上海书店出版社,2003 年。

张静庐著:《在出版界二十年》,南京:江苏教育出版社,2005 年。

张君劢、丁文江等著:《科学与人生观》,济南:山东人民出版社,1997 年。

张友渔著,陈荷夫编:《张友渔回忆录》,北京:北京大学出版社,1990 年。

张允侯、殷叙彝、洪清祥、王云开编:《五四时期的社团》(4 卷本),北京:三联书店,1979 年。

赵家璧主编:《中国新文学大系(1917—1927)》,上海:上海文艺出版社,1981 年。

中共中央马克思、恩格斯、列宁、斯大林著作编译局研究室编:《五四时期期刊介绍》(6 册本),北京:三联书店,1979 年。

中国社会科学院文学研究所鲁迅研究室:《1913—1983 鲁迅研究学术论著资料汇编》(5 卷本),北京:中国文联出版公司,1987 年。

中国艺术研究院话剧研究所编:《中国话剧史料集》,北京:中国戏剧出版社 1985 年。

左明编:《北国的戏剧》,上海:现代书局,1929 年。

四　研究论著

白舒荣、何由著:《白薇评传》,长沙:湖南人民出版社,1983 年。

[奥]巴尔著,徐菲译:《表现主义》,北京:三联书店,1989年。

[意]贝奈戴托·克罗齐著,傅任敢译:《历史学的理论和实际》,北京:商务印书馆,1982年。

陈安湖主编:《中国现代文学社团流派史》,武汉:华中师范大学出版社,1997年。

陈白尘、董健主编:《中国现代戏剧史稿》,北京:中国戏剧出版社,1989年。

陈国恩著:《浪漫主义与20世纪中国文学》,合肥:安徽教育出版社,2000年。

陈离著:《在"我"与"世界"之间——语丝社研究》,上海:东方出版中心,2006年。

陈平原著:《触摸历史与进入五四》,北京:北京大学出版社,2005年。

陈漱渝著:《鲁迅史实新探》,长沙:湖南人民出版社,1982年。

陈思和著:《人格的发展:巴金传》,上海:上海人民出版社,1992年。

陈思和著:《陈思和自选集》,桂林:广西师范大学出版社,1997年。

陈子善著:《捞针集》,杭州:浙江人民出版社,1997年。

陈子善著:《文人事》,杭州:浙江人民出版社,1998年。

陈子善著:《生命的记忆》,上海:上海教育出版社,1998年。

陈子善著:《海上书声》,南京:东南大学出版社,2002年。

陈子善著:《发现的愉悦》,武汉:湖北人民出版社,2004年。

陈子善著:《素描》,济南:山东画报出版社,2007年。

陈子善著:《探幽途中》,长沙:湖南教育出版社,2007年。

程光炜、吴晓东、孔庆东、郜元宝、刘勇主编:《中国现代文学史》,北京:中国人民大学出版社,2000年。

崔洪勋、傅如一主编:《山西文学史》,太原:北岳文艺出版社,1993年。

丁中江著:《北洋军阀史话》(4卷本),北京:中国友谊出版社,1992年。

董大中著:《瓜豆集》,太原:北岳文艺出版社,1991年。

董大中著:《孤云野鹤之恋——高长虹爱情诗集〈给——〉鉴赏》,太原:北岳文艺出版社,1993年。

董大中、郭汾阳、王峻锋著:《鲁迅与山西》,太原:北岳文艺出版社,1998年。

董大中著:《鲁迅与高长虹》,石家庄:河北人民出版社,1999年。

董大中著:《高鲁冲突——高长虹与鲁迅论争始末》,北京:中国工人出版社,2007年。

董大中著:《鲁迅日记笺释(一九二五年)》,台北:秀威资迅科技股份有限公司,2007年。

董健著:《田汉传》,北京:北京十月文艺出版社,1996年。

方敏著:《"五四"后三十年民主思想研究》,北京:商务印书馆,2004年。

[美]费正清、费维恺编,杨品泉、刘敬坤等译:《剑桥中华民国史》(上、下),北京:中国社会科学出版社,1996年。

[英]弗内斯著,艾晓明译:《表现主义》,北京:昆仑出版社,1989年。

高峰强、秦金亮著:《行为奥秘透视——华生的行为主义》,武汉:湖北教育出版社,2000年。

高觉敷主编:《中国心理学史》,北京:人民教育出版社,1988年第1版,2005年第2版。

龚济民、方仁念著:《郭沫若传》,北京:北京十月文艺出版社,1988

年。

郭绪印、陈兴唐著:《爱国将军冯玉祥》,郑州:河南人民出版社,1991 年。

郭富民著:《插图中国话剧史》,济南:济南出版社,2003 年。

郭志刚、孙中田主编:《中国现代文学史》,北京:高等教育出版社,1999 年。

[美]海登·怀特著,陈永国、张万娟译:《后现代历史叙事学》,北京:中国社会科学出版社,2003 年。

韩石山著:《徐志摩与陆小曼》,北京:团结出版社,2004 年。

胡星亮著:《二十世纪中国戏剧思潮》,南京:江苏文艺出版社,1995 年。

胡肇枫、冯月华、吴民著:《剑胆琴心——红色情报员袁殊传奇》,成都:四川人民出版社,1999 年。

姜德明著:《新文学版本》,南京:江苏古籍出版社,2002 年。

焦尚志著:《中国戏剧美学思想发展史》,北京:东方出版社,1995 年。

金宏宇著:《新文学的版本批评》,武汉:武汉大学出版社,2007 年。

[英]柯林武德著,何兆武、张文杰译:《历史的观念》,北京:商务印书馆,1997 年。

柯兴著:《高君宇与石评梅》,北京:中国青年出版社,1995 年。

旷新年著:《1928:革命文学》,济南:山东教育出版社,1998 年。

[加]雷内特·本森著,汪义群译:《德国表现主义戏剧:托勒尔与凯泽》,北京:中国戏剧出版社,1992 年。

李霁野著:《鲁迅先生与未名社》,北京:人民文学出版社,1984 年。

李怡著:《为了现代的人生——鲁迅阅读笔记》,上海:上海教育出版社,2004 年。

李泽厚著:《中国现代思想史论》,北京:东方出版社,1987 年。

廖久明著:《高长虹与鲁迅及许广平》,北京:东方出版社,2005 年。

林辰著:《鲁迅事迹考》,上海:开明书店,1948 年。

刘纳著:《创造社与泰东书局》,南宁:广西教育出版社,1999 年。

罗岗著:《想象城市的方式》,南京:江苏人民出版社,2006 年。

罗志田著:《激变时代的文化与政治——从新文化运动到北伐》,北京:北京大学出版社,2006 年。

[意]马里奥·维尔多内著,黄文捷译:《未来主义:理性的疯狂》,成都:四川人民出版社,2000 年。

孟庆澍著:《无政府主义与五四新文化》,开封:河南大学出版社,2006 年。

[法]皮埃尔·布迪厄著,刘晖译:《艺术的法则:文学的生成和结构》,北京:中央编译出版社,2001 年。

钱理群、温儒敏、吴福辉著:《中国现代文学三十年》,北京:北京大学出版社,1998 年。

钱理群著:《周作人传》,北京:十月文艺出版社,2001 年。

秦川著:《郭沫若评传》,重庆:重庆出版社,1992 年。

山西省史志研究院编:《高君宇传》,太原:山西古籍出版社,1996 年。

山西盂县政协编:《高长虹研究文选》,太原:北岳文艺出版社,1991 年。

沈卫威著:《无地自由·胡适传》,上海:上海文艺出版社,1994 年。

石曙萍著:《知识分子的岗位与追求——文学研究会研究》,上海:东方出版中心,2006 年。

[美]舒衡哲著,[美]李绍明译:《张申府访谈录》,北京:北京图书馆出版社,2001 年。

[美]舒衡哲著,刘京建译:《中国启蒙运动——知识分子与五四遗产》,北京:新星出版社,2007 年。

宋宝珍著:《残缺的戏剧翅膀:中国现代戏剧批评史稿》,北京:北京广播学院出版社,2002 年。

孙庆升著:《中国现代戏剧思潮史》,北京:北京大学出版社,1994 年。

[美]唐纳德·G·季林著,牛长岁等译:《阎锡山研究》,哈尔滨:黑龙江教育出版社,1990 年。

唐弢主编:《中国现代文学史》,北京:人民文学出版社,1979 年。

唐弢著:《西方影响与民族风格》,北京:人民文学出版社,1989 年。

王富仁著:《中国反封建思想革命的一面镜子》,北京:北京师范大学出版社,2000 年。

汪晖著:《现代中国思想的兴起》(4 卷本),北京:三联书店,2004 年。

王琳著:《柯仲平纪念文集·评传卷》,昆明:云南人民出版社,2002 年。

王琳等著:《柯仲平纪念文集·研究卷》,昆明:云南人民出版社,2002 年。

王晓明主编:《二十世纪中国文学史论》(上、下),上海:东方出版中心,2003 年。

魏建著:《创造与选择——论前期创造社的文化艺术精神》,北京:白花文艺出版社,1995 年。

温儒敏著:《文学史的视野》,北京:人民文学出版社,2004 年。

吴福辉著:《且换一种眼光》,上海:上海教育出版社,1998 年。

吴宏聪、范伯群主编:《中国现代文学史》,武汉:武汉大学出版社,2002 年。

吴晓东著:《象征主义与中国现代文学》,合肥:安徽教育出版社,2000年。

咸立强著:《寻找归宿的流浪者——创造社研究》,上海:东方出版中心,2006年。

解志熙著:《美的偏至:中国现代唯美——颓废主义文学思潮研究》,上海:上海文艺出版社,1997年。

许纪霖主编:《二十世纪中国思想史论》(上、下),上海:东方出版中心,2003年。

许钦文著:《〈鲁迅日记〉中的我》,杭州:浙江人民出版社,1979年。

徐行言、程金城著:《表现主义于20世纪中国文学》,合肥:安徽教育出版社,2000年。

严耕望著:《怎样学历史——严耕望的治史三书》,沈阳:辽宁教育出版社,2006年。

燕国材著:《中国心理学史》,杭州:浙江教育出版社,1998年。

言行著:《历史的沉重》,天津:百花文艺出版社,1996年。

言行著:《一生落寞,一生辉煌——高长虹评传》,天津:百花文艺出版社,1996年。

言行著:《造神的祭品——高长虹冤案探秘》,北京:中国文史出版社,2003年。

严佐之著:《古籍版本学概论》,上海:华东师范大学出版社,1989年。

杨鑫辉主编:《心理学通史》(5卷本),济南:山东教育出版社,2000年版。

杨鑫辉主编:《新编心理学史》,广州:暨南大学出版社,2003年。

叶浩生主编:《心理学史》,北京:高等教育出版社,2005年。

叶浩生主编:《心理学通史》,北京:北京师范大学出版社,2006年。

尹康庄著:《象征主义与中国现代文学》,广州:暨南大学出版社,1998 年。

殷克琪著:《尼采与中国现代文学》,南京:南京大学出版社,2000 年。

殷国明著:《20 世纪中西文艺交流史论》,上海:华东师范大学出版社,1999 年。

尹雪曼总编纂:《中华民国文艺史》,台北:正中书局,1975 年。

郁云著:《郁达夫传》,福州:福建人民出版社,1984 年。

[美]约翰·布鲁德斯·华生著,李维译:《行为主义》,杭州:浙江教育出版社,1986 年。

曾龙编著:《我的父亲袁殊》,南宁:接力出版社,1994 年。

张厚粲著:《行为主义心理学》,杭州:浙江教育出版社,2003 年。

郑大华著:《张君劢传》,北京:中华书局,1997 年。

[美]周策纵著,周子平等译:《五四运动》,南京:江苏人民出版社,2005 年。

朱德发著:《五四文学史》,济南:山东文艺出版社,1986 年。

朱栋霖、丁帆、朱晓进主编:《中国现代文学史》(上下),北京:高等教育出版社,1997 年。

朱联保编撰:《近现代上海出版业印象记》,上海:学林出版社,1993 年。

朱金顺著:《新文学考据举隅》,中国文史出版社,1990 年。

朱寿桐著:《中国现代社团文学史》,北京:人民文学出版社,2000 年。

朱正著:《鲁迅回忆录正误》,北京:人民文学出版社,2006 年。

庄森著:《飞扬跋扈为谁雄——作为文学社团的新青年社研究》,上海:东方出版中心,2006 年。

五　重要报刊

(一)狂飙社自办刊物(以创刊时间为序)

北京《狂飙》周刊(17期),平民艺术团编,北京:国风日报狂飙周刊部,1924年11月9日至1925年3月15日。

《弦上》周刊(24期),北京:狂飙社编辑,1926年2月14日至1926年8月1日。

上海《狂飙》周刊(17期),狂飙社编,上海:光华书局,1926年10月10日至1927年1月30日。

《世界》周刊(10期),上海:世界周刊社,1928年1月1日至1928年2月26日;

《世界》月刊(1期),上海:世界月刊社,1928年6月。

《狂飙出版部》不定期刊(3期),上海:狂飙出版部,1928年9月至1929年11月13日。

《长虹周刊》(22期),长虹编辑,上海:狂飙出版部,1928年10月13日至1929年8月24日。

《狂飙运动》月刊(1期),上海:狂飙出版部,1928年12月。

(二)其他报刊(以创刊时间为序)

《妇女杂志》,上海:商务印书馆,1915年1月至1931年12月。

《新青年》(影印本),上海:上海书店,1988年。

《小说月报》(影印本),北京:书目文献出版社,1981—1984年。

《语丝》(影印本):上海:上海文艺出版社,1982年。

《现代评论》(影印本),长沙:岳麓书社,1999年。

《京报副刊》,1924年12月5日至1926年4月24日。

《莽原》周刊(影印本),上海:上海书店,1984年。

《洪水》(影印本):上海:上海书店,1985年。

《国民新报副刊》乙刊，1925 年 10 月至 1926 年 4 月 28 日。

《幻洲》，上海：创造社出版，1926 年 10 月 1 日至 1928 年 1 月 16 日。

《北新周刊》，上海：北新书局出版，1926 年 8 月 21 日至 1930 年 12 月 1 日。

《莽原》半月刊（影印本），上海：上海书店，1983 年。

《大江》月刊，上海：大江月刊社，1928 年 10 月至 1928 年 12 月。

《现代戏剧》，上海：光华书局，1929 年 5 月至 1929 年 6 月。

《草野》，上海：草野社，1929 年 9 月至 1931 年 11 月。

《流露月刊》，南京：流露月刊社，1930 年 6 月至 1933 年 11 月。

《大夏周报》，上海：大夏大学周报社，1933 年 5 月至 1939 年 7 月。

《娱乐周报》，上海：娱乐周报社，1935 年 7 月至 1936 年 11 月。

《中国学生》，上海：中国学生周刊社，1935 年 9 月至 1937 年 6 月。

《十日杂志》，上海：十日杂志社，1935 年 10 月至 1936 年 6 月。

《汾水》，太原：《汾水》编辑部，1976—1981 年。

《新文学史料》，北京：《新文学史料》编辑部编辑，1978—2007 年。

《山西大学学报》哲社版，太原：山西大学学报编辑部，1978—2007 年。

《鲁迅研究动态》，北京：鲁迅研究动态编辑部，1980—1989 年。

《晋阳学刊》，太原：《晋阳学刊》编辑部，1981—2007 年。

《山西文学》，太原：山西文学月刊社，1982—2007 年。

《鲁迅研究月刊》，北京：《鲁迅研究月刊》编辑部，1990—2007 年。

后 记

该写后记了，我的内心充满感激之情！

我要感谢我的导师陈子善先生。2005 年初夏的一天，突然接到子善先生来信，问我是否愿意考博。尽管自己因年龄不小至少在当时还没有考博计划，但面对天上掉下来的馅饼，我怎会无动于衷？经过认真复习，次年顺利通过了考试。一些朋友听说我成了子善先生弟子后，在恭喜同时告诉我，子善先生便是一座活的图书馆，一定要好好利用这一机会学点东西。入校后深感朋友所言非虚，真是获益匪浅。我不但在平时学到了不少终身受益的东西，本书稿完成后，子善先生还多次提出了非常宝贵的修改意见。

我要感谢陈思和先生。尽管早闻陈先生大名，也看过他的一些著作、文章，但一直无缘见面。2006 年考博面试时，终于看见了自己景仰的陈先生。面试结束后回到四川，给陈先生发了一封电子邮件，谈了一下自己研究高长虹和狂飙社的情况，希望能加入他主持的“中国现代文学社团史”课题组。陈先生在 4 月 2 日的回信中如此写道：“我主持的项目已经结项，凑了七部著作出版，但无狂飙，只是在语丝社里带了一下，我正准备申请第二批项目。如果能够申请下来的话，愿意请兄来加盟。”看见这信后，我既高兴又惶恐——陈先生实在太客气了！2007 年 3、4 月果然得到了“加盟”消息。尽管陈先生一年前就答应过我，但仍感到非常意外——我毕竟并非他的入室弟子。今年 5 月，陈先生还在百忙之中抽出宝贵时间主持了我的毕业论文答辩。

我要感谢王晓明先生。拙著《高长虹与鲁迅及许广平》出版后，考虑到王先生是鲁迅研究专家，并且当时在负责华东师范大学的“中国现代文学资料与研究中心”，所以不揣浅陋寄赠一本，同时附寄史料考证文章一篇。王先生看后当即转给正好也在办公室的子善先生，所以会有子善先生给我写信的事情发生。王先生若不将拙著转交子善先生，子善先生便不会给我写信，我从师于子善先生的可能性便会很小。并且，王先生的上课非常有启发性，听讲过程中我常有茅塞顿开的感觉。

我要感谢董大中先生。从 2001 年结识董先生以来，只要我有什么问题请教，他都以最快速度认真答复我。如果我的高长虹、狂飙社研究取得了一点点成绩，那么董先生功不可没。该书初稿完成后，我寄了一本给他，董先生写了一封长达近 8000 字的信，在严厉批评的同时，提出了非常宝贵的修改意见。董先生看了我用 E-mail 发过去的修改稿目录后，在祝贺同时又提出了非常宝贵的修改意见。在一些学术观点上，我和董先生之间存在很大分歧，他私下对我的批评毫不客气，但从不因我的固执己见而不继续帮助我。想到不少人因学术之争而成冤成仇，我格外感谢董先生的宽宏大量。

我要感谢温儒敏先生和吴福辉先生。2007 年 5 月两位先生到华东师范大学参加博士毕业论文答辩时，我不但与其他同学一道聆听了他们的教诲，还得到了额外关照：温先生就我的一篇文章多次提出了非常宝贵的修改意见，吴先生多次叫他的博士生在河南大学帮我查找资料。一面之交就能得到这么多关照，我怎能不感谢？

我要感谢罗岗先生。面试时罗先生便给我留下了深刻印象，他穷追猛打的提问方式真让我有点招架不住。上过他的课以后，我终于明白了什么叫精力充沛，什么叫口若悬河。毕业论文开题时，罗先生再次用穷追猛打的方式好好敲打了我一番，使很有些固执的我不得不大幅度修改已写了大部分的该论文。在论文评阅和答辩时，罗先生又提出了非常宝贵的意见。

我要感谢李怡先生。2005年暑假在青岛大学开会时得以认识李先生，交谈后他希望我报考他的博士生。我告诉他已经答应子善先生，他告诉我可以同时报考两个学校，华东师范大学考不上，可以考四川大学。尽管后来我只报考了一个学校，李先生仍然时刻关心我，我写该书用的《狂飙汇刊》便是他复印给我的。在评阅我的毕业论文时，李先生同样提出了非常宝贵的意见。

我要感谢的老师和前辈还有：尽管我已毕业多年，我的硕士导师曾绍义先生仍然一如既往地关心着我；严佐之先生、杨扬先生、吴俊先生等的精彩上课使我获益匪浅；殷国明先生在我的论文开题、评阅、答辩时都提出了非常宝贵的意见；魏建、金宏宇、张新颖、王光东四位先生在论文评阅或答辩时提出了非常中肯的意见；这几年来，我还从姜德明、朱正、朱金顺、钱理群、王富仁、陈漱渝、王锦厚、陈平原、傅如一、蔡震、刘增人、谭继和、曾永成、秦川、陈永志、邓牛顿、孙郁、周楠本、刘思源、王锡荣、傅光明、武继平、龚明德、杨品、谢泳、苏春生、傅书华、杨矗、张石山、孙钊、蔡润田、王春林、刘运峰、李庆祥、侯福民、崔亮云、高林祖、郭瑞福等先生和郭娟、魏晓虹、石潇纯、尚嘉兰、高淑平等女士处曾得到过不少教诲、关照和帮助！

我要感谢乐山师范学院、中文系、四川郭沫若研究中心领导。工作期间我得到了多方照顾：硕士毕业两年便破格晋升副教授，考上博士生后又为我提供了许多方便，并一如既往地关心我和我的家人。我还要感谢北京鲁迅博物馆资料室的工作人员，我去查阅资料时，不但不厌其烦地为我提供了所需要的资料，还为我提供了免费的午餐。

我要感谢以下学友：张清祥的高长虹研究对我很有启发；李浩、葛涛、咸立强、贾振勇、肖伟胜、孟庆澍等惠赠的大著使我受益良多；吴琪、冯淼、刘岩、李佳、阎伊默、许剑铭等博士（生）为本书的资料收集等工作提供了大力帮助；本书初稿完成后，师弟袁洪权、室友杨志强先后拨冗审读并提出了非常宝贵的意见；与黄芳、邱雪松、夏雪飞、俞敏华、郑积梅、张黎敏、刘军等的同学经历是一段非常值得回忆的美好时光，在日常学习、生活中也曾得到多方照顾。

我要感谢我的家人。在我这个年龄，本该给家人更多时间，但我成天都在忙自己的事情，似乎永远也忙不完，想来真有点内疚。

尽管我得到这么多帮助，但由于自己天性愚钝，且资料太难查找，结果难免令人失望。我殷切期盼着来自各种层面的批评，这些批评无疑能使我知道错在何处，以便将来改正，所以，我最后要感谢的便是本书的所有读者尤其是那些提出批评意见的人。

2008 年 6 月 20 日改定